Baedeker
Allianz Reiseführer

Schwäbische Alb

www.baedeker.com
Verlag Karl Baedeker

TOP-REISEZIELE ★★

Mit aussichtsreichen Felsbastionen, geheimnisvollen Höhlen und Quelltöpfen, mit duftenden Wacholderheiden und schattigen Laubmischwäldern, mit alten Burgen und Schlössern, mit eindrucksvollen Kirchen und Klöstern und mit traditionsbewussten Städten kann die Schwäbische Alb aufwarten. Sie ist auch eine der beliebtesten Erholungslandschaften Deutschlands.

Wahrzeichen der Schwäbischen Alb
sind die »Steinernen Jungfrauen« in dem von der Brenz durchflossenen Eselsburger Tal bei Heidenheim.

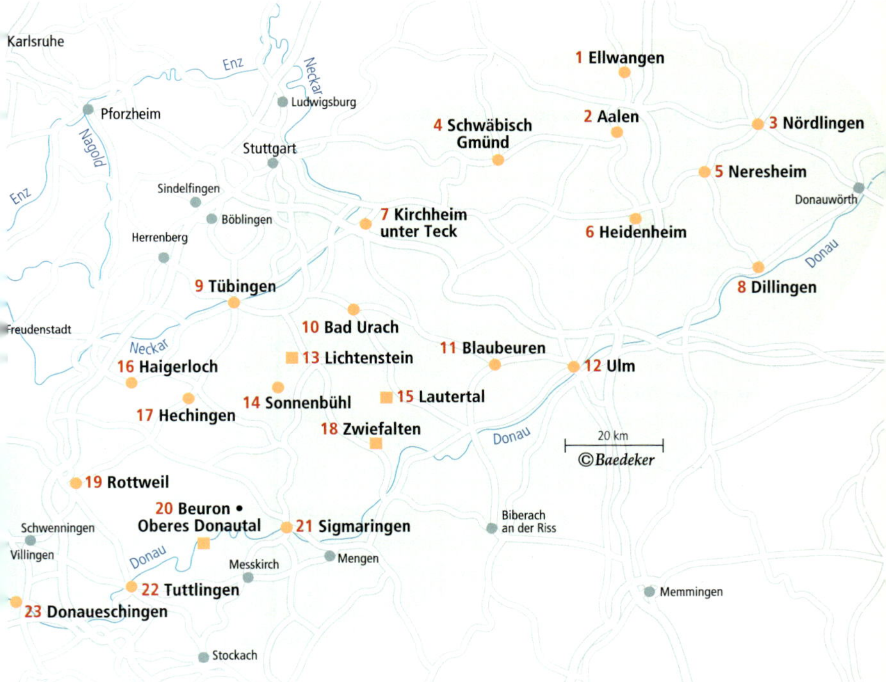

15 ✶✶ Lautertal (Großes)
Im schönsten Tal der mittleren Alb gibt es viel zu erkunden. ► Seite 241

16 ✶✶ Haigerloch
Malerisches Städtchen im Vorland der Zollernalb. ► Seite 213

17 ✶✶ Hechingen
Zentrum der zollerischen Herrschaft zu Füßen der berühmten Burg. ► Seite 216

18 ✶✶ Zwiefalten
Das hiesige Münster ist ein Hauptwerk des Spätbarock. ► Seite 372

19 ✶✶ Rottweil
Älteste Stadt Baden-Württembergs und Brennpunkt der Schwäbisch-alemannischen Fastnacht. ► Seite 304

20 ✶✶ Beuron Oberes Donautal
Das berühmte Kloster liegt im landschaftlich einmaligen Durchbruchstal der jungen Donau. ► Seite 148

21 ✶✶ Sigmaringen
Ehemalige Zollern-Residenz mit eindrucksvollem Schloss hoch über der Donau und landschaftlich höchst reizvollem Umland. ► Seite 318

22 ✶✶ Tuttlingen
Weltzentrum der Medizintechnik mit interessanten Sehenswürdigkeiten und attraktivem Umland. ► Seite 351

23 ✶✶ Donaueschingen
Die fürstenbergische Residenzstadt auf der Baar hat sich in jüngster Zeit hübsch herausgeputzt. ► Seite 175

DIE BESTEN BAEDEKER-TIPPS

Von allen Baedeker-Tipps in diesem Buch haben wir hier die interessantesten für Sie zusammengestellt. Erleben und genießen Sie die Schwäbische Alb von ihrer schönsten Seite!

! Sparen mit der Bahn
Wer die Alb preisgünstig per Bahn erkunden möchte, dem sei das Baden-Württemberg-Ticket wärmstens empfohlen. ▸ Seite 63

! Schmeck' den Süden
Immer mehr Küchenchefs bieten wunderbare Gerichte vom Alb-Lamm und greifen beim Würzen auch auf heimische Wildkräuter zurück. ▸ Seite 68

! Familien-Freizeit-Pass
Beim Tourismusverband Schwäbische Alb gibt es einen Pass, der Familien verbilligte Eintritte in vielerlei Attraktionen ermöglicht. ▸ Seite 79

! Abenteuer GeoPark
Ebenfalls beim Tourismusverband Schwäbische Alb erhält man ein gut gemachte Broschüre, die in die Geologie sowie die Landschaftsgeschichte des Karstgebirges einführt. ▸ Seite 87

! Ski und Rodel gut
Aktuelle Daten über Schneehöhen usw. findet man im Internet. ▸ Seite 94

! Heimische Genüsse
wie Holzofenbrot, Fruchtsäfte, Obstschnäpse, Fleisch und Wurst gibt es entlang des Grünen Pfades, der auf der Frickenhofer Höhe und rund ums Leintal angelegt ist. ▸ Seite 131

! Naturheilmittel
für allerlei Gebrechen hat das Kräuterhaus »Sanct Bernhard« in Bad Ditzenbach zu bieten. ▸ Seite 137

! Naturpark-Express
Dieser Zug mit Fahrradtransport verkehrt in der Hauptreisezeit an Sonn- und Feiertagen zwischen Sigmaringen und Blumberg-Zollhaus. ▸ Seite 155

! Film über den Blautopf
Fantastische Bilder aus der unterirdischen Welt der »Schönen Lau«, aufgenommen vom Taucher Jochen Hasenmayer gibt es in Blaubeuren zu sehen. ▸ Seite 156

! Fango und Fossilien
In Boll kann man erfahren, wie Jura-Fango hergestellt wird und wo es tolle Fossilien zu finden gibt. ▸ Seite 163

! Der Affe und das T-Shirt
In Burladingen auf der Alb ist die bekannte Trikotagenfabrik ansässig, die hier auch

Voll bei der Sache
sind junge Fossiliensammler in Dotternhausen.

ein Testgeschäft betreibt, in dem man günstig T-Shirts, Sweatshirts usw. erwerben kann. ► Seite 169

! Öko-Fisch
allerbester Qualität, darunter Forellen und Saiblinge, gibt in Lauingen, und zwar direkt am Donau-Radweg. ► Seite 174

! Zu Gast beim Fürsten
Bei der Brauerei Fürstenberg in Donaueschingen kann man ein Arrangement buchen, das eine Brauereibesichtigung und den Besuch des Schlosses und der fürstlichen Sammlungen umfasst. ► Seite 179

! Beste schwäbische Gerichte
gibt es im Landgasthof Adler in Rosenberg bei Ellwangen. ► Seite 192

! Geschirr aus der Fischhalle
Die Firma WMF unterhält an ihrem Stammsitz in Geislingen/Steige einen Werksverkauf, in dem man Bestecke, Gläser, Kochtöpfe etc. preisgünstig erwerben kann. ► Seite 197

! Champagner-Bratbirne
Einen vorzüglichen Schaumwein aus der o. g. Obstsorte gibt es in Schlat bei Göppingen zu probieren. ► Seite 212

! Einer der Besten
seiner Zunft kocht im Burghotel »Staufeneck« bei Süßen im Landkreis Göppingen. ► Seite 212

! Amourette, Sloggi & Co.
Auch die berühmte Heubacher Mieder-Schneiderei »Triumph International« betreibt einen Fabrikverkauf. ► Seite 229

! Dinkelprodukte aller Art
und in bester Qualität bekommt man in der über 700 Jahre alten Ostermühle bei Langenau. ► Seite 237

! Brauereigeselle
wird man nach einem fünfstündigen Seminar in »Speidels Brauereile« in Ödenwaldstetten. ► Seite 267

! Sofazügle
Mehrmals im Jahr verkehrt dieser Museumsdampfzug zwischen Nürtingen und Neuffen. ► Seite 284

! Hölltal-Trip
Ein mustergültig angelegter geologischer Lehrpfad führt von Schwäbisch Gmünd auf den Rechberg. ► Seite 318

! Umbrisch-provenzalisch
geht es in Tübingen an einem Septemberwochenende zu – mediterrane Genüsse eingeschlossen. ► Seite 336

! Des Schwaben Trost
ist sein Most. Und den gibt es gut und reichlich in Häringen bei Weilheim an der Teck. ► Seite 368

! Demeter-Vollwertkost
gibt es seit über einem halben Jahrhundert im Biohotel-Gasthof »Rose« droben auf der Alb in Ehestetten. ► Seite 375

Die prächtige Baumblüte
macht Hoffnung auf eine gute Ernte und einen guten Obstschnaps.

Moderne Alb-Schäfer
weisen den Weg

HINTERGRUND

Wellness pur
kann man in Bad Urach erleben.

PRAKTISCHE INFORMATIONEN

Als die Römer frech geworden ...
Antikes Spektakel vor dem Aalener Limes-Museum

TOUREN

REISEZIELE VON A bis Z

Atemberaubend
ist der Blick in die Laichinger Tiefenhöhle.

Kunterbunte Straßenfastnacht
in Schömberg (Zollernalbkreis)

Prachtvoll
sind die Deckengemälde von Martin Knoller in der Abteikirche von Neresheim.

Die Ruine Reußenstein *thront hoch über dem Neidlinger Tal.*

PREISKATEGORIEN

► Hotels

Luxus: ab 120 €
Komfortabel: ab 70 €
Günstig: unter 70 €
Für eine Übernachtung

► Restaurants

Fein und teuer: ab 25 €
Erschwinglich: ab 15 €
Preiswert: unter 15 €
Für ein Hauptgericht

Idylle pur
das Kesseltal bei Nördlingen

Feuer machen im
Höhlenbereich
ist verboten!
Naturdenkmal

Hintergrund

VERSTÄNDLICH GESCHRIEBEN UND SCHNELL NACHZUSCHLAGEN: WISSENSWERTES ÜBER LAND UND LEUTE, ÜBER KUNST, GESCHICHTE, WIRTSCHAFT UND ALLTAGSLEBEN AUF DER SCHWÄBISCHEN ALB.

LAND DER SCHÖNEN LAU

»Der Blautopf ist der große Kessel eines wundersamen Quells bei einer jähen Felswand gleich hinter dem Kloster. Gen Morgen sendet er ein Flüßchen aus, die Blau, welche der Donau zufällt. Dieser Teich ist einwärts wie ein tiefer Trichter, sein Wasser ist von Farbe ganz blau, herrlich, mit Worten kaum zu beschreiben; wenn man es aber schöpft, sieht es ganz hell in dem Gefäß. Zuunterst auf dem Grund saß einst eine Wasserfrau mit langen fließenden Haaren.«

So romantisch beschrieb Eduard Mörike Mitte des 19. Jahrhunderts den Quelltopf am Südrand der Alb, in dem einstmals die Schöne Lau gelebt hat, jene sagenhafte Nixe, die von ihrem Mann hierher verbannt war. Mörike machte aus diesem Stoff die »Historie von der Schönen Lau«, die in seinem Werk »Das Stuttgarter Hutzelmännlein« nachzulesen ist. Bis heute ist der Blautopf ein höchst idyllisches Plätzchen, vorausgesetzt, man kommt nicht gerade an einem schönen Sonntagnachmittag hierher, wenn ganze Prozessionen von Touristen den Quellteich umkreisen.

Geheimnisumwoben *ist der Blautopf in Blaubeuren.*

Doch die Alb hat noch mehr zu bieten: In hellstem Weiß leuchtende Felsenkränze, Höhlen, in denen schon vor Jahrzehntausenden Menschen gewohnt haben, und Ruinen trutziger Burgen, aus denen berühmte Herrschergeschlechter hervorgehen sollten, sind ebenso Markenzeichen des Mittelgebirges im deutschen Südwesten wie Wacholderheiden, auf denen Wanderschäfer ihre Herden hüten, wie Jahrhunderte alte Lindenbäume, die an den Rändern von wogenden Weizen-, Raps- und Maisfeldern stehen, wie Silberdisteln und Zittergras, die im Spätsommer und Herbst karge und felsige Magerrasen am Albtrauf und in Trockentälern zieren.

Landschaft für Romantiker

Aus der Ferne gesehen wirkt die Alb – vor allem ihre nach Nordwesten steil abfallende Stirnseite – wie eine undurchdringbare Mauer. Doch kommt man näher, so löst sich der Kalksteinriegel in Bergsporne, Tafelberge, Kegelberge und Taleinschnitte auf. Auch das Klima ist nicht ganz so rau, wie mancher unkt. Denn im Frühling, wenn auf

Jede Menge Fossilien,
darunter auch vielerlei versteinerte Ammoniten, findet man auf der Alb und in ihrem Vorland.

»Küssende Sau«
heißt diese bizarre Felsformation bei Blaubeuren.

Herrliche Tropfsteine
gibt es in der Charlottenhöhle bei Giengen an der Brenz zu sehen.

Ein beliebtes Ausflugsziel
ist der Römerstein mit seinem Aussichtsturm östlich oberhalb von Bad Urach.

Das »Zollernschlössle«
in Balingen präsentiert sich als hübsches Fachwerk-Ensemble.

Richard Meier was here ...
Das Stadthaus auf dem Ulmer Münsterplatz hat der amerikanische Stararchitekt entworfen.

der Hochfläche noch die letzten Schneereste schmelzen, erblühen ganze Waldhänge von Schneeglöckchen und Märzenbechern, wenig später ganze Wiesen von Himmelsschlüsselchen. Ab Ende April entfalten die Streuobsthänge ihre Blütenpracht. Und im Sommer, wenn es im Alvorland oft drückend heiß ist, weht immer ein frisches Lüftchen über die Albhochfläche und spenden weit ausladende Hainbuchen Wanderern Schatten. Am schönsten ist es im Herbst auf der Alb, wenn sich der Laubmischwald im wundervoll bunten Blätterkleid zeigt. Und selbst im Winter zieht die Alb Romantiker in ihren Bann, wenn die von dickem Raureif überzogenen Bäume am Albtrauf im hellen Sonnenlicht gleißen.

Kunst und Kultur

Doch nicht nur Romantiker und Naturliebhaber kommen auf der Alb auf ihre Kosten, sondern auch Menschen, denen Kunst und Kultur wichtig sind. Dass in einigen Albhöhlen die bislang ältesten Kunstwerke der Welt gefunden wurden, hat sich inzwischen herumgesprochen. Anzusehen sind diese in den einschlägigen Museen in Tübingen und Ulm. Imposante romanische und gotische Sakralbauten bezeugen, dass das Karstgebirge und sein Vorland zumindest zur Zeit der Staufer der »Nabel der Welt« gewesen ist. Auch im Zeitalter des Barock und danach hat man auf der Alb und in ihrem Vorland viel für Baukunst übrig gehabt, wie die prachtvollen Gotteshäuser in Zwiefalten, Obermarchtal und Neresheim bezeugen. Spektakuläre moderne Neubauten wie das Stadthaus auf dem Ulmer Münsterplatz und die Glaspyramide der neuen Ulmer Zentralbibliothek runden das Bild ab.

Ein kunsthistorisches Kleinod *ist der Hochaltar in der Wallfahrtskirche Ave Maria bei Bad Ditzenbach.*

Ganzjahres-Erholungsraum

Immer bedeutender wird der Stellenwert der Schwäbischen Alb als Ganzjahres-Erholungsraum für Wochenend- und Kurzurlauber aus der dicht bevölkerten und stark industrialisierten Region Stuttgart und anderen relativ nahe gelegenen Ballungsräumen, aber auch als Naherholungsraum für das dicht besiedelte Albvorland selbst. Zudem bietet die Alb optimale Verhältnisse für Freizeitaktivitäten aller Art, vom Wandern übers Radfahren bis zum Wintersport.

Fakten

Die Schwäbische Alb ist sowohl in naturhistorischer als auch in kulturgeschichtlicher Hinsicht eine der interessantesten Landschaften Deutschlands. Warum das so ist, wird auf den folgenden Seiten in allen Facetten beleuchtet. Und auch die Gegenwart kommt nicht zu kurz.

Naturraum

»Die Blaue Mauer«

Die Schwäbische Alb und ihr Vorland erstrecken sich als **Teil des Südwestdeutschen Schichtstufenlandes** in einem weiten Bogen vom Hochrhein bei Schaffhausen (Schweiz) bis hinüber zum Ries im Nordosten an der Landesgrenze von Baden-Württemberg und Bayern. Das von Nordwest nach Südost sanft zur Donau abfallende **Plateaugebirge** hat einen markanten **Trauf** an seiner jäh zum Neckarland abfallenden Stirnseite, der gerne als »Blaue Mauer« bezeichnet wird. Diese Landschaft dehnt sich etwa 220 km weit von Südwest nach Nordost aus und misst an der breitesten Stelle etwa 80 km. Die Südgrenze folgt in etwa dem Flusslauf der Donau.

Blick in die Erdgeschichte

Jurassic Park live

Das heutige Südwestdeutschland war während des **Erdmittelalters** (Mesozoikum, Beginn vor etwa 225 Mio. Jahren) Teil einer ausgedehnten Senkungszone mit seichten Meeren und flachen Küstenländern. Der Untergrund bestand aus Granit und Gneis (Grundgebirge). Darauf wurden Sande, Salze, Kalke, Tone und Gips abgelagert. Allmählich verfestigten sich jene Sedimentgesteine, die man unter der Bezeichnung **Trias** zusammenfasst: **Buntsandstein, Muschelkalk** und **Keuper**.

Das Jurameer

Bereits vor 200 Millionen Jahren lebten hier **Saurier**, wie Funde bei Trossingen bestätigen. Vor 175 Mio. Jahren drang das Weltmeer wieder in dieses Binnenbecken ein und bildete das flache und warme Jurameer, in dem verschiedene Arten von Sauriern (u.a. Fischsaurier, Flugsaurier und Meereskrokodile) und Fischen lebten, ebenso wirbellose Tiere wie z.B. **Ammoniten** und die mit den Tintenfischen verwandten Belemniten. Auch **Seelilien** und allerlei sonstige Wasserpflanzen gediehen prächtig. Aus den Ablagerungen entstanden zunächst der Schwarze, dann der Braune und schließlich der Weiße Jura mit seinen **Schwammstotzen** und **Korallenriffen**. Das Jurameer verflachte im Laufe der Zeit immer mehr. Vor etwa 150 bis 130 Mio. Jahren war das Gebiet der heutigen Schwäbischen Alb Festland.

Unruhiges Tertiär

Während der Tertiärzeit, die vor rund 70 Mio. Jahren begann, wurden die **Alpen aufgefaltet**. Außerdem brach in dieser Zeit der Oberrheingraben ein. Gleichzeitig wurden die im Erdmittelalter (Trias, Jura) abgelagerten Sedimente emporgedrückt und schräggestellt. Im Südwesten wurden die Weißjuraschichten auf mehr als 1000 m ü.d.M. angehoben, im Nordosten auf etwa 700 m ü.d.M.

Etwa vor 30 bis 40 Mio. Jahren erstreckte sich südlich der Alb das tertiärzeitliche Mittelmeer. Die Klifflinie seines Küstensaumes ist ◄ Klifflinie

← Das »Wental-Weible«, eine sagenumwobene Felsfigur

Naturraum und Geologie Orientierung

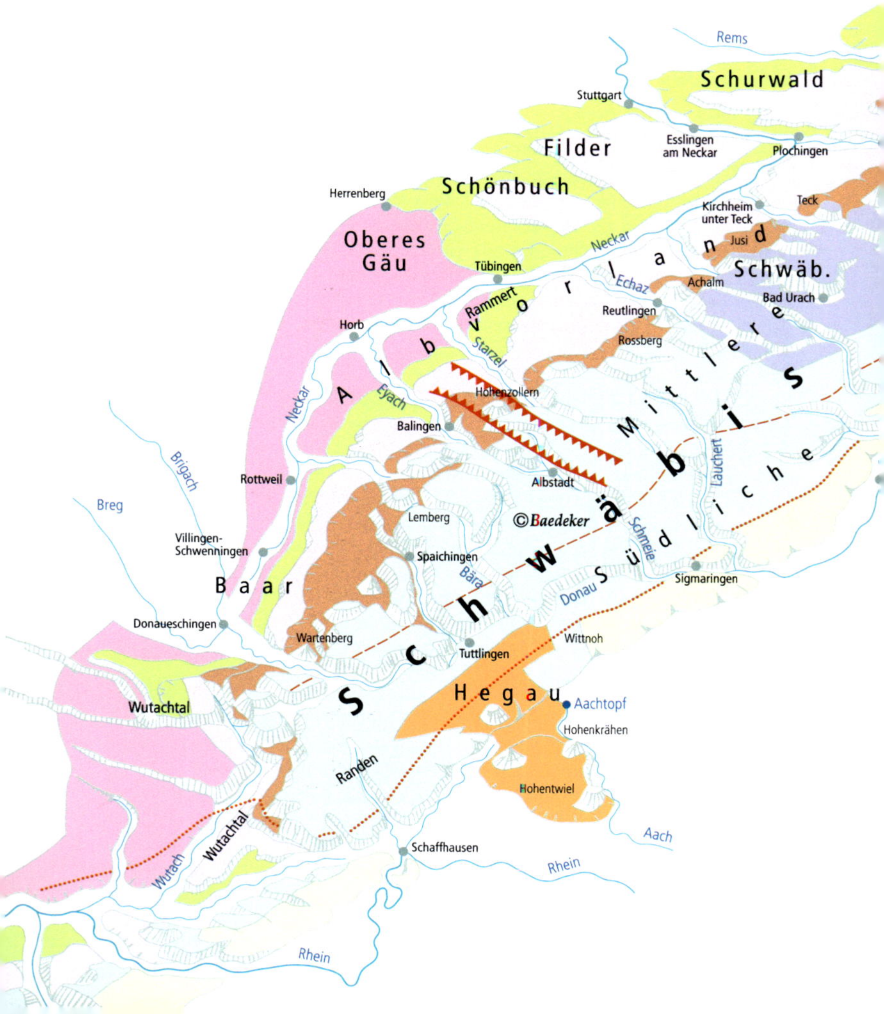

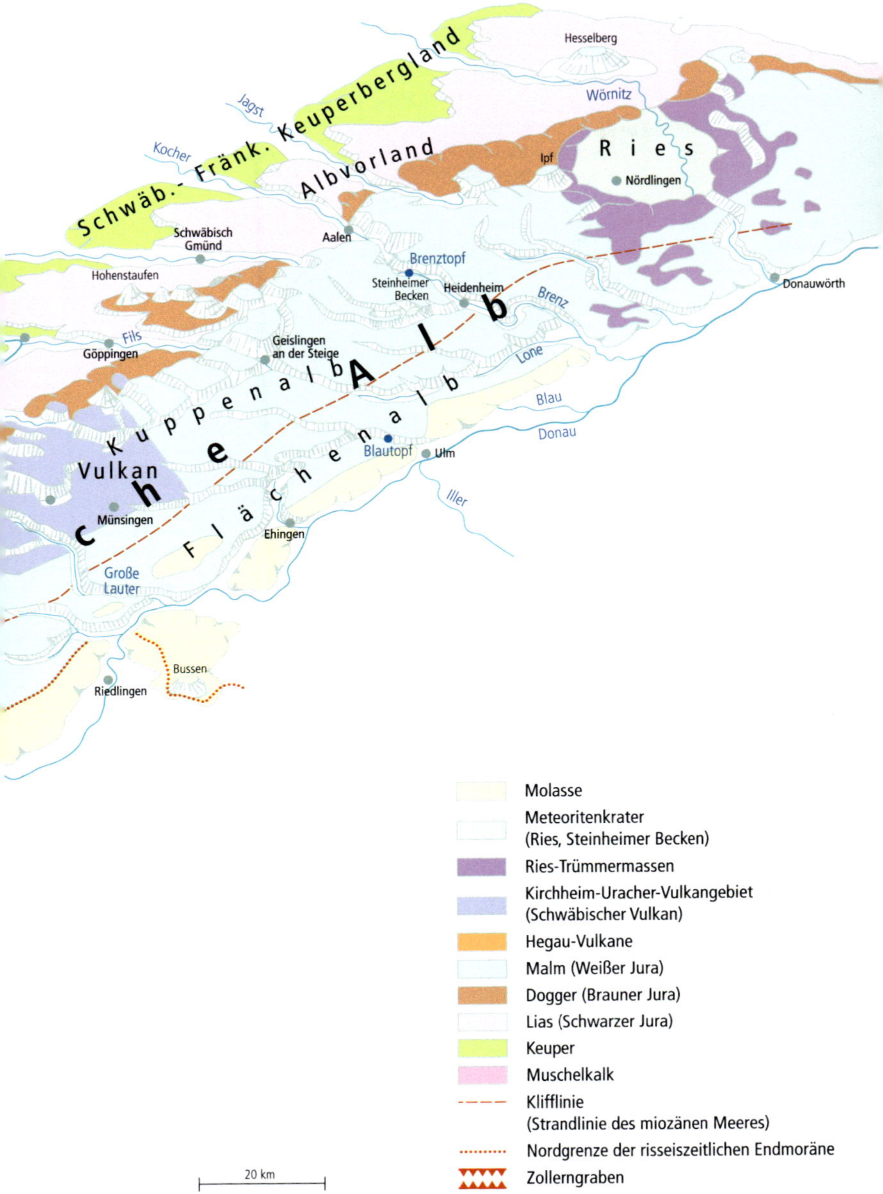

Schwäb.-Fränk. Keuperbergland
Albvorland
Hesselberg
Wörnitz
Jagst
Kocher
Ries
Ipf
Nördlingen
Schwäbisch Gmünd
Aalen
Brenztopf
Steinheimer Becken
Heidenheim
Brenz
Donauwörth
Hohenstaufen
Fils
Göppingen
Geislingen an der Steige
Lone
Kuppenalb
Alb
Blau
Donau
Blautopf
Ulm
Iller
Vulkan
Schwäbische
Flächenalb
Münsingen
Ehingen
Große Lauter
Bussen
Riedlingen
20 km
Molasse
Meteoritenkrater (Ries, Steinheimer Becken)
Ries-Trümmermassen
Kirchheim-Uracher-Vulkangebiet (Schwäbischer Vulkan)
Hegau-Vulkane
Malm (Weißer Jura)
Dogger (Brauner Jura)
Lias (Schwarzer Jura)
Keuper
Muschelkalk
Klifflinie (Strandlinie des miozänen Meeres)
Nordgrenze der risseiszeitlichen Endmoräne
Zollerngraben

heute noch an etlichen Stellen der südlichen Flächenalb auszumachen. Besonders gut erhalten ist dieses Kliff bei Heldenfingen am Südrand des Albuchs, wo man zahlreiche Löcher von Bohrmuscheln erkennen kann.

Vulkanismus Im jüngeren Tertiär brach im Gebiet Bereich der mittleren Alb der **Schwäbische Vulkan** aus. Vor ca. 16 Mio. Jahren und vor rund 7 Mio. Jahren entstanden die beiden Reihen der **Hegau-Vulkane**, deren nördlichster der Wartenberg bei Geisingen ist.

Meteoriteneinschläge Zwei Meteoriteneinschläge vor etwa 15 Mio. Jahren schufen das **Ries-Becken** und das **Steinheimer Becken**. Sie sorgten damals für eine ökologische Katastrophe, die jegliches Leben in weitem Umkreis erlöschen ließ.

Der Schwäbische Jura

Die drei Farben des Jura Die Schwäbische Alb und ihr Vorland sind aus verschieden mächtigen Kalk-, Ton- und Mergelschichten aufgebaut. Nach der vorherrschenden Färbung des Gesteins werden drei Schichten unterschieden in den Schwarzen, Braunen und Weißen Jura. Die Mächtigkeiten der drei Juraschichten sind sehr verschieden. Der Schwarze und der Braune Jura erreichen zusammen meist nicht die Stärke des Weißen Jura. Das Verhältnis beträgt etwa 1:3:5. **Friedrich August Quenstedt** (1809 – 1889), der Begründer der Jurageologie, hat jede dieser Schichten in Unterformationen gegliedert, die mit griechischen Buchstaben versehen sind.

Schwarzer Jura Der Schwarze Jura (Lias) enthält dunkle Kalke, Tone und Mergel. Am bekanntesten sind die **Ölschiefer** seiner obersten Schichten mit ihrem örtlich besonders großen **Fossilienreichtum**. Die unteren Schichten sind durch gute, schwere Lehmböden ausgezeichnet. Der Name **»Filder«** (= Felder), den die Ebene zwischen Schönbuchrand und Stuttgart nördlich des Neckars trägt, weist auf die Fruchtbarkeit der Böden hin.

Brauner Jura Der Braune Jura (Dogger) besteht aus einer Folge von zum Teil feinsandigen Tonen sowie zwischengeschalteten Kalksandsteinen und Eisenknollen (Oolithen). Seine unterste Schicht, der **Opalinuston**, liefert schwere Böden, die zu Rutschungen neigen. Die darauffolgende Schicht, der **Eisensandstein** (Personatensandstein), war früher ein geschätzter Baustein (z.B. für das Ulmer Münster) und erbrachte örtlich soviel Eisengehalt, dass sich ein Bergbau lohnte (u.a. bei Aalen und Geislingen/Steige).

Weißer Jura Der Weiße Jura (Malm) enthält überwiegend helle Kalke. Eine Ausnahme bildet die unterste Schicht, die größtenteils aus Mergeln besteht. Es folgen die **gebankten Kalke**, die wie gemauert aufeinander-

Schwarzjura-Fossilienwand in der Ausstellung des Dotternhauser Zementwerks

liegen. Die mittleren Weißjuraschichten zeichnen sich durch Felsvorsprünge und -nadeln im Bereich des Albtraufs aus. Es sind Zeugen früherer Riffe im Jurameer. Die oberste Schichtstufe bildet der obere Weißjura mit seinen Zementmergeln und Plattenkalken.

Versteinerungen (Fossilien)

In die Ablagerungen des Jurameeres sind zahllose Pflanzen- und Tierreste als Versteinerungen eingebettet. Sie geben Zeugnis vom Leben auf der Erde im Erdmittelalter. Weltberühmt geworden ist die Fossilienlagerstätte im Schwarzen Jura von Holzmaden in unmittelbarer Nähe des Albaufstieges der A 8 am Aichelberg. Ammoniten, Belemniten, Muscheln, Seesterne, Seelilien und Fische lebten damals im seichten Jurameer. Land- und Flugsaurier, Riesenechsen und andere Reptilien tummelten sich in den sumpfigen Küstenabschnitten.

◄ Leitfossilien

In den einzelnen Juraschichten kommen bestimmte Versteinerungen gehäuft vor. Man spricht dann von Leitfossilien. Sie sind wichtige Hilfsmittel bei der Unterscheidung einzelner Gesteinsschichten.

Die Alb zieht sich zurück

Betrachtet man die Juraschichten im Querprofil, so läßt sich ein treppenartiger Anstieg vom Albvorland zur Albhochfläche erkennen. Quenstedt führte dafür den Begriff **Stufenland** ein. Drei Faktoren sind für die Stufen- und Flächenbildung maßgebend: die unterschiedliche Härte des Gesteins, die Schrägstellung der Schichten im Tertiär sowie die Abtragungs- und Aufschüttungsprozesse (Arbeit des fließenden Wassers, Frostsprengung, Winderosion, chemische Verwitterung, d.h. Verkarstung). Inzwischen ist nachgewiesen, dass die Schwäbische Alb vor etwa 10 bis 12 Mio. Jahren bis in den Raum Stuttgart gereicht hat. Und noch immer weicht der Albtrauf zurück, und das teils durchaus mit Getöse (►Mössingen).

Die Landschaft

Albvorland Trotz seiner geringen Mächtigkeit (durchschnittlich 80 m) bildet der Schwarze Jura (Lias) die weite Albvorebene (u.a. Filderebene). Dicht über dem Keuper erstreckt sich die große Fläche des Unteren Schwarzjura (Lias alpha), weiter zurück erfolgt ein kleiner Anstieg zur nächsthöheren Albvorebene, die vom Ölschiefer (Lias epsilon) gebildet wird. Außer diesen kleinen Stufen finden wir im Bereich des Schwarzen Jura kaum größere Erhebungen. Ebenso fehlen tief eingeschnittene Täler und Senken. Somit gibt der Schwarze Jura das Bild einer einheitlichen, ebenen Landschaft wieder.

Zeugenberge ► Dort, wo heute Berge und Bergrücken mächtig aus dem Albvorland emporragen, senkte sich zu einer Zeit, als die Juraformationen noch geschlossen über diese Linie hinausreichten, ein Graben ein. Die Weißjuraschichten sanken damals bis auf das Niveau des Braunen Jura um rund 150 m ab. Die nun höhergelegenen Schichten des Weißen Jura außerhalb des Grabens wurden zuerst abgetragen. Die abgesunkenen harten Weißjuraschichten blieben demnach länger erhalten als der jetzt obenliegende Dogger. Als alle Schichten auf die gleiche Höhe abgetragen waren, konnte der härtere Weißjura des einstigen Grabens der Abtragung länger standhalten als der weichere Braunjura. Es bildeten sich die Zeugenberge, deren oberste Spitzen aus Weißjura bestehen. Die bekanntesten Zeugenberge sind der **Hohenzollern** bei Hechingen, die **Achalm** bei Reutlingen, die drei Kaiserberge **Hohenstaufen, Rechberg** und **Stuifen** zwischen Göppingen und Schwäbisch Gmünd sowie der **Ipf** bei Bopfingen.

Albanstieg Mit dem Braunjura beginnt der Albanstieg. Er bildet zum Teil die Albvorberge und die unteren Stufen des Anstiegs. Trotz seiner wesentlich größeren Mächtigkeit (etwa das Dreifache des Schwarzen Jura, also ca. 240 m) ist er meist nur in einem schmalen Streifen erschlossen, weil er vorwiegend im steilen Anstieg ausstreicht. Doch je nach Mächtigkeit und Widerstandsfähigkeit bildet er nicht nur schmale Leisten, sondern auch breitere Terrassen und einzelne Tafeln. Als Stufenbildner tritt vor allem der **Eisensandstein** hervor. Im Südwesten des Albtraufs tritt diese Stufe immer mehr zurück, denn die Kalke und Eisenknollen des mittleren Braunjura bewirken hier eine Verebnung im Albanstieg.

Den Braunen Jura zeichnet ein bewegtes Relief aus. Im **Opalinuston** (Braunjura alpha) finden wir tiefe Kerbtäler, Mulden und Hügel. Der Eisensandstein (Braunjura beta) und die darüber lagernde Schicht Braunjura gamma bilden Terrassen und Vorsprünge.

Steilanstieg und Hochfläche Die oberen Schichten des Braunen Jura sind bereits am Aufbau des Steilanstiegs zum Weißen Jura beteiligt. Auf den Weißjura entfällt der eigentliche Steilanstieg: Seine weißen Kalke lassen die Felsen weit ins Vorland hinaus leuchten und bedecken die Albhochfläche. Unterste Schicht des Weißen Jura ist der **Impressarmergel**, der unmittelbar im Bereich des Albtraufs ansteht und sich gelegentlich durch Rutschungen unangenehm bemerkbar macht. Die wie gemauert erscheinenden **gebankten Kalke des Weißjura beta** bilden den mächtigen Mittelteil des Albtraufs und an vielen Stellen auch ebene Hochflächen. Die Stirn des Gebirges bzw. den **Albtrauf** bilden die obersten Schichten des Weißen Jura, die leicht an ihren mächtigen **Felsbastionen** (ehem. Schwammstotzen und Schwammriffe des Jurameeres) zu erkennen sind. Im oberen Bereich des Albtraufs trifft man auf die vielfältigsten Oberflächenformen: fast senkrechte Abstürze und Steilhänge an der Abbruchkante und weite Ebenen auf der Hochfläche. Dazu gehören muldenartige Trockentäler und tief eingeschnittene, manchmal auch viel Wasser führende Kerbtäler.

Der Schwäbische Vulkan

Glut aus der Tiefe

Im Tertiär, vor etwa 18 – 16 Mio. Jahren, kam es im Bereich der Mittleren Alb zu heftiger vulkanischer Tätigkeit. Im Raum Kirchheim – Bad Urach entlud sich der sog. Schwäbische Vulkan, dessen Glutfluss jedoch in den meisten Fällen als Basalt in der Tiefe stecken blieb. Nur die Gase durchschlugen die vom Schwäbischen Jura gebildeten Deckschichten und sprengten zahlreiche Schlote aus. Bis heute sind über 360 Durschlagsröhren bekannt. Folgeerscheinungen dieser vulkanischen Tätigkeit sind die kohlensäurehaltigen Mineralquellen und natürlich auch die seit 1969 erschlossenen **Thermalwasservorkommen** (Bad Ditzenbach, Bad Überkingen, Bad Urach, Beuren).

Maare

Die vulkanischen Explosionstrichter nennt man Maare. Etliche Dörfer auf der Mittleren Alb, z.B. Donnstetten und Zainingen, liegen in solchen Maaren. Für die Besiedlung waren sie von größter Bedeutung: Wegen ihres wasserundurchlässigen Untergrundes waren sie richtige Oasen auf der ansonsten stark verkarsteten und deshalb trockenen Albhochfläche. An den tiefsten Stellen der Maare bildeten sich durch das Niederschlagswasser oft kleine Seen, die auf der Alb **»Hülen«** (Hülben) genannt werden. Doch im Laufe der Zeit verlandeten die meisten dieser stehenden Gewässer. Eine der letzten Hülen ist heute noch in Zainingen bei Bad Urach erhalten.

Vulkantuffschlot an der Neuffener Steige

Mit dem Rückschreiten des Albtraufes wurden die Vulkanschlote als Härtlinge herausgebildet. Denn die anliegenden, weicheren Deckschichten vermochten der Abtra-

Höhlenbildung Orientierung

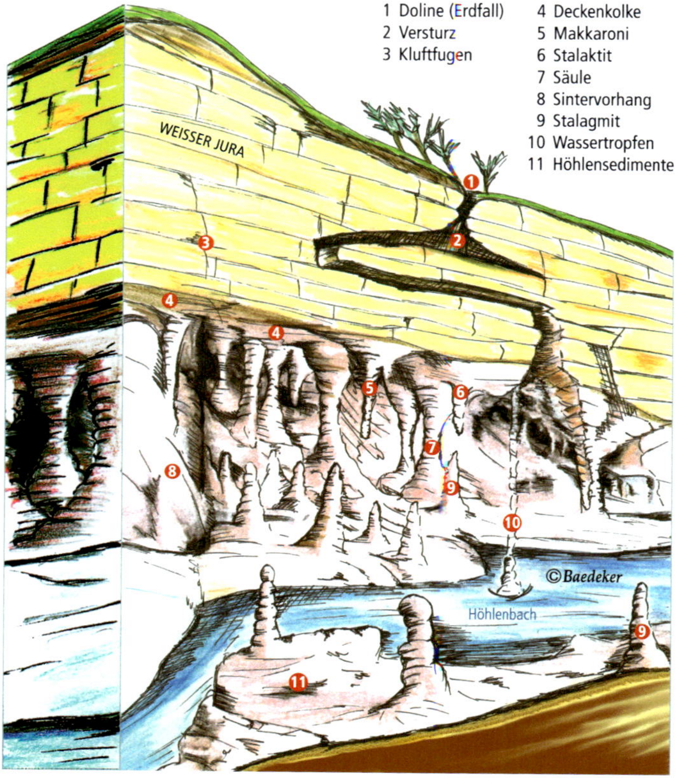

gung weniger Widerstand entgegenzusetzen als der härtere Vulkantuff. Sie treten heute als **Kegelberge** in Erscheinung. Besonders schöne Vulkantuffkegel sind der **Georgenberg** bei Reutlingen, der **Metzinger Weinberg** und die **Limburg** bei Weilheim an der Teck.

Der Schwäbische Karst

Steter Tropfen höhlt den Stein ...

Der Ausdruck »Karst« (slawisch »Krs« = Fels) bezeichnet die chemische Verwitterung im wasserdurchlässigen Kalkgestein. Besonders die Schichten des Weißjura der Alb sind von Rissen, Spalten und Klüften durchzogen, in denen Oberflächenwasser versickert und unterirdisch abfließt. Das versickernde Regen- und Schmelzwasser reichert sich vor seinem Eindringen ins klüftige Gestein mit Kohlensäure aus der Luft an. Dieses leicht säurehaltige Wasser löst dabei den Kalk in den

Rissen und Spalten auf. Die schmalen Hohlräume werden mit der Zeit immer größer, weil die nun stärker fließenden Wassermengen sie mit ihrer auswaschenden und abtragenden Kraft (Erosion) erweitern, bis eine Höhle entsteht.

Tropfsteine

Dort, wo das Wasser in die Hohlräume tropft, wird der gelöste Kalk aus dem Wasser wieder ausgeschieden. So entstehen bei der Verdunstung des Wassers an der Höhlendecke Tropfsteine, die nach unten wachsen, sog. **Stalaktiten**. Tropft das Wasser schneller auf den Höhlenboden, so bauen sich von unten nach oben als **Stalagmiten** bezeichnete Bodentropfsteine auf. Oft verwachsen diese Tropfsteine miteinander und bilden **Tropfsteinsäulen** (»Orgelpfeifen«).

Dolinen

Wenn über solchen Hohlräumen das Gestein einbricht, dann entstehen an der Erdoberfläche schüssel- und trichterförmige Mulden. Dies sind Einsturzdolinen oder, wie von den Albbauern bezeichnet, »Erdfälle«. Sie werden durch die Lösungsvorgänge im Kalkgestein langsam breiter und tiefer. Früher wurden die Dolinen zugeschüttet, um ebene Flächen für die Landwirtschaft zu gewinnen oder als Mülldeponien genutzt.

Trockentäler

Eine andere Eigenart der Schwäbischen Alb sind die Trockentäler. Diese Talformen wurden einst von Bächen und Flüssen geschaffen. Doch im verkarsteten Untergrund versickerte das Wasser weiterhin und fließt nunmehr in Höhlenbächen weit unter der Erdoberfläche. Die oberirdischen Bach- und Flusstäler blieben jedoch erhalten. Periodisch auftretende Fluten (Schneeschmelze, Gewitterregen) sorgten später dafür, dass sich fast ebene Talböden bilden konnten.

Quelltöpfe

Auf der Donauseite der Alb steigt das durch ihren Gesteinskörper sickernde Wasser sprudelnd aus der Tiefe auf. Bekannt sind die Quelltöpfe von Blau, Lauter, Brenz, Lone und Aach. Zur Zeit der Schneeschmelze fördern sie etwa achtzigmal mehr Wasser zutage als zu normalen Zeiten.

◄ Donauversickerung

Ein Karst-Phänomen ist auch die Donauversickerung. Bei Immendingen, Tuttlingen-Möhringen und Beuron versickert ein Großteil des Donauwassers im Untergrund. Durch Färbversuche konnte man nachweisen, dass es erst viele Kilometer weiter südlich im Aachtopf am Nordrand des Hegaus wieder zum Vorschein kommt.

Erdbeben

Im Raum Hechingen – Burladingen – Albstadt auf der Westalb kreuzen sich die sog. Schwäbische Erdbebenlinie, die von der Nordschweiz über die Alb bis in den Raum Heilbronn verläuft, und der Zollerngraben. Hier werden die häufigsten und stärksten Erdbeben auf deutschem Boden registriert. So erreichte beispielsweise das Beben am 3. September 1978 einen Wert von 6,5 auf der nach oben offenen Richter-Skala und verursachte besonders im Raum Albstadt schwere Schäden an Gebäuden. Die Störungszone, die sich von

Nordwest nach Südost durch die Alb zieht, ist durch tektonische Vorgänge entstanden, die im Zusammenhang mit dem seit etwa 40 Mio. Jahren anhaltenden Nordwärtsdrängen der Afrikanischen Platte gegen die Eurasische Landmasse und der damit verbundenen Alpenfaltung zu sehen sind.

Klima

Albvorland Relativ warme Sommer und recht milde Winter weisen die tieferen Teile des Albvorlandes (Neckartal, unteres Filstal, unteres Ermstal, Raum Kirchheim – Neuffen – Metzingen) auf. Sie gehören zur wärmebegünstigten Weinbaustufe. Die mittlere Julitemperatur liegt beispielsweise in Plochingen bei 18 °C und die mittlere Januartemperatur um 0 °C. In den anderen Gebieten des Albvorlandes sinken die Temperaturen entsprechend der Höhenstufe ab. Am kühlsten ist es im Albvorland bei Rottweil (durchschnittliche Julitemperatur 16 °C, durchschnittliche Januartemperatur -2 °C). Die ergiebigsten Niederschläge erhalten im Albvorland die Keuperberge zwischen Neckar und Kocher. Dort liegen die Werte über 1000 mm pro Jahr. Dagegen fallen in Tübingen nur 750 mm Niederschläge.

Eine Sonderstellung nimmt die Baar ein. Sie liegt im Wind- und Regenschatten des Schwarzwaldes und erhält aus diesem Grunde wenig Niederschlag. Dafür kann hier Kaltluft ungehindert von der Ostabdachung des Schwarzwaldes einströmen. Noch im Frühsommer werden hier bisweilen Strahlungsfröste registriert. Andererseits misst man im Sommer nicht selten recht hohe Temperaturwerte.

? WUSSTEN SIE SCHON ...?

- dass das Klippeneck am Trauf der Südwestalb die »Sonnenstube« des Karstgebirges ist? Dort oben werden pro Jahr mehr als 2000 Stunden Sonnenschein gezählt.

Albhochfläche Die Schwäbische Alb weist im Gegensatz zu ihrem Vorland kühlere Sommer und mitunter längere, auch schneereiche Winter auf. Die Apfelbaumblüte beginnt hier normalerweise in der letzten Maidekade. Die höchsten Niederschläge (rund 1000 mm) erhalten die Südwestalb und der Trauf der Ostalb. Durch die Steigungsregen ist die Scheitelzone der Alb oft in Wolken gehüllt. Bei Schönwetter entstehen am Albtrauf Aufwinde, die an vielen Stellen seit langem von Segel- und Drachenfliegern genutzt werden

Föhn Bei Föhnwetterlagen – der Wind bläst dann aus südlichen Richtungen – hat man eine gute Fernsicht, oft bis zu den Alpen.

Nebel Nebel treten häufig im Neckartal, auf der Baar, auf der Albhochfläche sowie im Bereich der Donau und ihrer Nebenflüsse auf.

Auch die Schwäbische Alb ist von den Auswirkungen der globalen Klimaveränderungen betroffen. Dies zeigt sich u. a. in der zunehmenden Sturmhäufigkeit. So haben im Frühjahr 1990 sowie am zweiten Weihnachtsfeiertag 1999 schwere Orkane schlimme Schäden vor allem in den Nadelwaldbeständen angerichtet. Schneeschmelze und lang anhaltende Regenfälle im Spätwinter bzw. im Vorfrühling haben in den letzten Jahren im Neckar- und im Donautal mehrfach verheerende Überschwemmungen verursacht. Zudem kommt es in der warmen Jahreszeit immer häufiger zu schweren Gewittern mit sintflutartigen Regenfällen und furchtbaren Hagelschlägen. Stark betroffen von solchen Schadenswetterlagen sind vor allem das Albvorland bzw. das Einzugsgebiet des oberen Neckar, aber auch einige Bereiche auf der Alb.

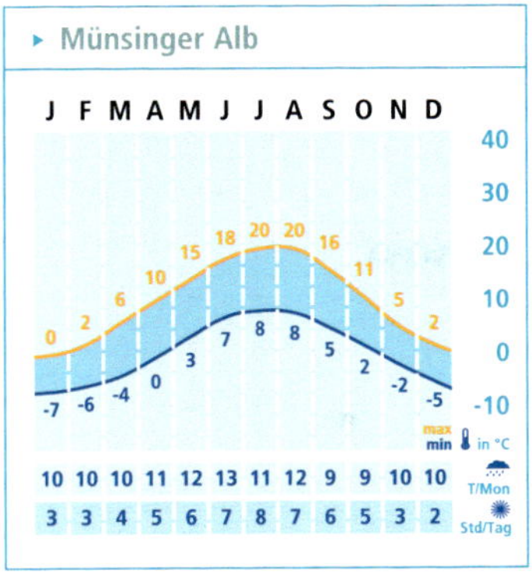

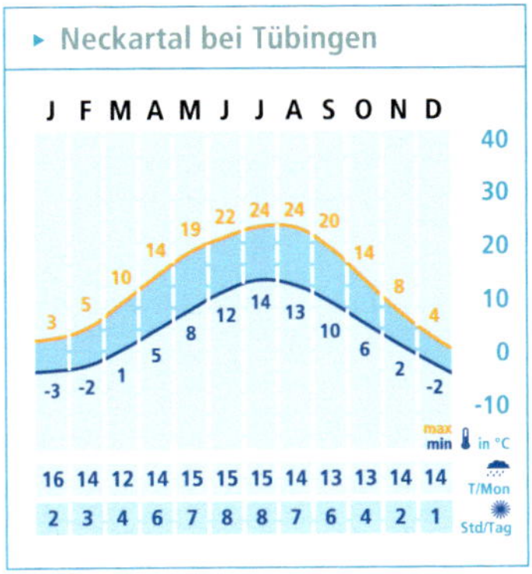

Pflanzen und Tiere

Flora

Typische Vegetationsform des Albtraufs und der Albhochfläche ist der **Buchenmischwald** mit Eiche, Ahorn, Ulme, Linde und Esche. In den niederschlagsreicheren Zonen der Südwestalb und der Ostalb sowie auf den Keuperhöhen des Albvorlandes gibt es größere Nadelwaldbestände. In den letzten Jahrzehnten erfolgte eine stärkere Aufforstung mit Fichten und Douglasien. Mehlbeere, Vogelbeere und Wildkirsche sind in den Albwäldern weit verbreitet. Schlehe, Heckenrose, Weißdorn und Haselnuss begrenzen Felder und Wiesen. Oftmals mehrere hundert Jahre alte **Linden** und **Wetterbuchen** sind heute vielfach als Naturdenkmale geschützt. Ganz typisch für die trockenen und sonnenseitigen Hänge und **Magerwiesen** (oft als Schaf-

Die Silberdistel ist die Charakterpflanze der Alb.

weiden genutzt) sind Wacholder, diverse Disteln und Trockengräser, z.B. das Zittergras. Zu den ersten Frühlingsboten gehören der **Seidelbast** im noch lichten Mischwald, die Küchenschelle an sonnenexponierten Felshängen sowie **Märzenbecher** und Gelbstern, besonders im Bereich der Quellen. In lichten Wäldern und an Waldrändern sieht man massenweise Buschwindröschen. Im März und April blühen **Schlüsselblumen**. Das **Maiglöckchen** bevorzugt wärmere Standorte im Halbschatten. Wenn es dann wärmer wird, erfreut eine vielfältige Flora das Auge. Traubenhyazinthen, Waldvögelein, Kuckucksblume, Akelei, Glockenblume, Fingerhut, Storchschnabel, der stark duftende **Bärlauch**, Ehrenpreis, Aronstab, Traubensteinbrech, Felsennelke Walderbse, Stinkende Nieswurz, Lungenkraut, diverse Kleearten und etliche Orchideenarten sind nur einige Vertreter der zahllosen prächtigen Blütenpflanzen. Den Herbst kündigt die massenhaft vorkommende **Herbstzeitlose** an. Wohl die bekannteste Verteterin der Albflora ist die **Silberdistel**. Sie liebt sonnige Plätze, Heiden und Schafweiden.

Fauna

Eine recht artenreiche Tierwelt bevölkert die zivilisationsferneren Gebiete der Alb und ihres Vorlandes. Waldameisen, unzählige Käfer, verschiedenste Schmetterlinge und Falter, Bienen, Hummeln sowie zahllose Fliegen und Mücken kann der aufmerksame Albwanderer beobachten. Viele stehen unter Naturschutz. Neben Meisen, Finken, Lerchen und Amseln sieht man häufig Spechte, Krähen, Elstern, Ringeltauben. Auch der Kuckuck ist zu hören, ebenso wie der kreischende **Eichelhäher** (»Waldpolizei«). **Mäusebussard, Roter Milan und Habicht** kreisen oft hoch über den Baumwipfeln, und nachts hört man Käuzchen schreien. In den Feuchtgebieten entlang der Donau sowie entlang einiger Bachläufe kann man hin und wieder Störche, Graureiher und neuerdings sogar Kormorane sehen. Die wichtigsten Vertreter der Säugetiere sind **Reh, Feldhase, Fuchs, Dachs** und – immer häufiger – das **Wildschwein**. Frösche und Kröten lärmen besonders im Frühsommer an Tümpeln und feuchten Waldrändern. Sonnige Steinriegel und felsige Gebiete bieten Blindschleichen, Ringelnattern und noch einigen giftigen Kreuzottern Lebensraum. In den verhältnismäßig sauberen Oberläufen von Flüssen und Bächen tummeln sich **Forellen**.

Naturschutz

Schutzgebiete

Auf der Schwäbischen Alb und in ihrem Vorland sind zahlreiche **Natur- und Landschaftschutzgebiete, Naturdenkmale** sowie zwei größere **Naturparks** (Obere Donau/Heuberg und Schönbuch) ausgewiesen. Wegen ihrer geografischen, geologischen und paläontologischen Vielfalt wurde die Schwäbische Alb 2003 als **Nationaler Geopark** und seit Oktober 2004 von der UNESCO als **Weltgeopark** ausgewiesen, zu dessen Kernbereichen u. a. die Fossilienfundplätze bei Holzmaden, das Kirchheim-Uracher-Vulkangebiet und das durch Meteoriteneinschlag entstandene Steinheimer Becken gehören.

Ein Schwalbenschwanz bei der Nahrungsaufnahme

In den besonders geschützten Gebieten wie etwa dem Torfmoor beim Randecker Maar oder dem von bizarren Felsgebilden geprägten Eselsburger Tal sind besondere Verhaltensmaßregeln einzuhalten. Es ist beispielsweise verboten, Pflanzen geschützter Arten abzuschneiden, abzupflücken, aus- und abzureißen, auszugraben oder sonst zu beschädigen. Verboten ist ferner, Tieren besonders geschützter Arten zu fangen, zu verletzen, zu töten oder ihre Eier, Larven, Puppen etc. wegzunehmen oder zu zerstören.

Bevölkerung · Politik · Wirtschaft

Bevölkerungsdichte

Im beschriebenen Raum leben derzeit rund 2,75 Mio. Menschen. Am dichtesten besiedelt ist das Mittlere Albvorland und der Raum Kirchheim/Reutlingen, ferner Aalen/Heidenheim, Ulm/Neu-Ulm, Albstadt/Balingen. Recht dünn besiedelt sind die Gebiete Randen und Großer Heuberg, die südliche Alb bei Sigmaringen und Zwiefalten, die Münsinger Alb und das Härtsfeld.

Bevölkerungsentwicklung

Wasserknappheit, Witterungsunbilden und schwer zu bearbeitende landwirtschaftliche Flächen machten das Leben auf der Albhochfläche schon seit eh und je recht mühevoll. Im Albvorland mit seinen günstigeren Möglichkeiten für die Landwirtschaft und die Ansiedlung von Gewerbe siedelten sich im Laufe der Zeit immer mehr Menschen an. Eine ungenügende wirtschaftliche Basis für die besonders im Albvorland rasch wachsende Bevölkerung führte im 19. und frühen 20. Jh. zu einer starken Abwanderung aus dem ländlichen Raum in die bereits stärker industrialisierten Städte. Auch wanderten viele Menschen nach Amerika und nach Südosteuropa aus.

Zuwanderer

Nach dem Zweiten Weltkrieg, als viele **Ostflüchtlinge** aufgenommen werden mussten, wuchsen nicht nur die Städte im Albvorland, sondern auch viele Gemeinden auf der Alb. Als Musterbeispiel mag hier Oberkochen gelten, wo man die aus Jena stammende Firma Zeiss (optische Geräte) angesiedelt hat.

Im Zuge des wirtschaftlichen Aufschwungs der 1950er- und 1960er-Jahre warben viele Gewerbe-betriebe **ausländische Arbeitskräfte** an. Zunächst waren es hauptsächlich Italiener und Jugoslawen, später Griechen, Spanier und Portugiesen. Auch Türken kamen in großer Zahl ins Land.

Eine besondere Dynamik in der Bevölkerungsentwicklung hat sich seit den 1970er-Jahren ergeben, als deutschstämmige **Aussiedlern** aus Polen, Rumänien und der damaligen UdSSR eine neue Heimat u. a. im Landkreis Reutlingen, auf der Münsinger Alb usw. fanden. Hinzu kamen seit 1989 zahlreiche Übersiedler aus der ehemaligen DDR.

Pendlerwesen

Die Ausstrahlungskraft des Wirtschaftsraumes Mittlerer Neckar erfasst immer mehr Flächen des Vorlandes der Mittleren Alb. Wo einst kaum Menschen lebten, entstehen heute dank erschwinglicher Grundstückspreise immer mehr Eigenheim-Wohngebiete. Viele pendeln zwischen ihren Wohn- und Arbeitsstätten und nehmen lange Fahrzeiten ins Albvorland und den wirtschaftsstarken Mittleren Neckarraum in Kauf.

Wirtschaft

Schwierige Bedingungen

Die Schwäbische Alb ist, was ihre natürlichen Ressourcen betrifft, eine wirtschaftlich eher benachteiligte Landschaft. Zeitweilige Wasserknappheit,nur wenige Bodenschätze, nur mäßig fruchtbare Böden und ein vergleichsweise raues Klima haben die ökonomische Dynamik in der Vergangenheit oft gebremst. Nur dort, wo Rohstoffe verfügbar waren (z.B. Eisenerzvorkommen im Braunjura des Kochertales), wo genug Wasser als Antriebskraft bzw. Produktionsmittel zur Verfügung stand oder wo sich Handelswege kreuzten, erblühte schon früh ein facettenreiches Gewerbe, z.B. in Ulm, Aalen, Heidenheim, Reutlingen, Balingen und Tuttlingen.

Ein großer Segen für die Bevölkerung auf der Alb war die ab 1869 vom königlichen Baurat **Karl von Ehmann** vorangetriebene **Albwasserversorgung**. 1871 konnte das erste Pumpwerk in Betrieb genommen werden.

Zahlen und Fakten Schwäbische Alb

Fläche und Einwohner

- Fläche: rund 12 000 km²
- Einwohner: 2,75 Mio.
- Bevölkerungsdichte:
  227 Einwohner je km²
  (BR Deutschland: 231 Einw./km²)

Verwaltung

- Land Baden-Württemberg
  Regierungsbezirk Stuttgart
  Regierungsbezirk Tübingen
  Regierungsbezirk Freiburg
- Freistaat Bayern
  Regierungsbezirk Schwaben
- 13 Landkreise:
  Alb-Donau-Kreis (190 000 Einw.)
  Dillingen (96 000 Einw.)
  Donauwörth (131 000 Einw.)
  Esslingen (512 000 Einw.)
  Göppingen (260 000 Einw.)
  Heidenheim (136 000 Einw.)
  Ostalbkreis (317 000 Einw.)
  Reutlingen (282 000 Einw.)
  Rottweil (143 000 Einw.)
  Sigmaringen (134 000 Einw.)
  Tübingen (215 000 Einw.)
  Tuttlingen (137 000 Einw.)
  Zollernalbkreis (194 000 Einw.)
- 1 Stadtkreis:
  Ulm (120 000 Einw.)

Naturraum

- Höchste Berge:
  Lemberg (1015 m)
  Oberhohenberg (1011 m)
  Plettenberg (1005 m)
  Dreifaltigkeitsberg (983 m)
  Lupfen (977 m)
- Längste Flüsse:
  Donau (Donaueschingen
  bis Brenz-Mündung: 251 km)
  Neckar (Quelle bis Plochingen: 167 km)
  Rems (81 km)
  Fils (63 km)
  Brenz (55 km)
  Eyach (54 km)
  Große Lauter (35 km)

Wirtschaft

- Beschäftigte: rund 1,25 Mio., davon in:
  Produzierendes Gewerbe: 40%
  Dienstleistungsbereich: 60%
- Land- und Forstwirtschaft, Fischerei:
  Ackerbau, Viehzucht, Milchwirtschaft, Obstanbau (u. a. Kirschen), Gemüseanbau, Holzeinschlag, Forellenzucht.
- Industrie und Handwerk:
  Zulieferer für die Automobilindustrie, Fahrzeug- und Maschinenbau, Feinmechanik, Elektronik, Medizintechnik, Druck, Textil, Zement, Baugewerbe, Lebensmittel, Brauereien.
- Dienstleistungen: Öffentliche Dienstleistungen, Gesundheits- und soziale Dienste, Forschung und Entwicklung, Bank- und Versicherungsgewerbe, Datenverarbeitung, Kommunikation, Transportgewerbe.
- Tourismus: zirka 2 Mio. Gäste und über 4 Mio. Übernachtungen pro Jahr.

Landwirtschaft

Recht gute Böden (Lösslehm) findet man auf der **Ulmer Flächenalb** sowie auf den Liasflächen des Albvorlandes, u. a. auf den **Härten** zwischen Reutlingen und Tübingen und auf den der Alb am nächsten gelegenen Gäuflächen **Oberes Gäu** und **Baar**. Hier konnten sich schon früh wohlhabende Dörfer entwickeln. Die Albhochfläche hat bis heute ihren bäuerlichen Charakter bewahrt. Hier oben werden Weizen, Gerste, Hafer und neuerdings auch wieder **Dinkel** (echte schwäbische »Spätzle« werden aus Dinkelmehl hergestellt!), **Kartoffeln, Mais und Raps** angebaut. In den Hochlagen und in Traufnähe liegt der Anteil des **Grünlandes** an der landwirtschaftlichen Nutzfläche über 70 %. Die Brachländer und **Wacholderheiden** sind traditionelle Schafweiden (►Baedeker-Special S. 150/151). Einen starken Bedeutungszuwachs erlebt derzeit die **alternative Landwirtschaft**. Immer mehr Betriebe stellen auf eine umweltverträgliche Wirtschaftsweise um und vermarkten ihre Produkte direkt ab Hof.

Industrie

In weiten Teilen der Alb und ihres Vorlandes war die **Realteilung** verankert, d. h. Haus- und Grundbesitz wurden im Todesfall unter den Erben verteilt und so aufgesplittert. Viele Menschen waren daher gezwungen, einen **Nebenerwerb in Handwerk, Heimarbeit oder Hausiererhandel** zu finden, da sie ihre Familien von der Landwirtschaft allein nicht mehr ernähren konnten. In den großen Dörfern und Städten des Raumes entstanden schon früh Gewerbebetriebe, die meist eine enge Bindung zur Landwirtschaft hatten. Aus dieser Tradition kamen im 19. und 20. Jh. die **Arbeiterbauern**, die einen Teil ihres Lebensunterhalts in Gewerbebetrieben und Fabriken verdienten. Eine weitere wichtige Voraussetzung für die Industrialisierung der Alb und ihres Vorlandes waren Werte des Protestantismus wie Fleiß und Sparsamkeit. Unternehmerischer Weitblick, oft gepaart mit patriarchalischer Fürsorglichkeit, und leistungswillige Arbeitskräfte waren Faktoren, die in dem hier beschriebenen Raum zahlreiche **Firmen von Weltruf** entstehen ließen.

Die ersten Betriebe

Vorläufer der im 19. Jh. massiv einsetzenden Industrialisierungswelle waren **Hüttenwerke** und Eisengießereien, die sich auf relativ bescheidene Erzvorkommen im Braunjura und die Bohnerze des Weißjura stützten. Aus den Eisenhütten von Königsbronn, Wasseralfingen und Ludwigstal bei Tuttlingen erwuchsen namhafte Metallbetriebe, so z.B. die Schwäbischen Hüttenwerke Wasseralfingen. Frühe industrielle Ansätze sind auch in den alten **Gerberstädten** Reutlingen, Balingen, Tuttlingen und Geislingen/Steige nachweisbar. Dasselbe gilt für die alten Standorte der **Leinen- und Baumwollweberei**, so z.B. für Ulm, Bad Urach, Laichingen und Blaubeuren. Die **feinmechanische Industrie** der Westalb erhielt ihre entscheidenden Impulse durch den Philipp Matthäus Hahn, der in den 1760er-Jahren in Onstmettingen (heute Stadtteil von Albstadt) wirkte. Der Erfinder der gewichtlosen Waage und Konstrukteur genialer Uhren machte sich auch für den Ausbau einer **Textilindustrie** stark, die heute noch

Zementwerk bei Dotternhausen

im Raum Reutlingen – Balingen – Albstadt ein wichtiger Wirtschaftsfaktor ist. Der **Ausbau des Eisenbahn- und Straßennetzes** im 19. und 20. Jh. sowie eine vom königlich-württembergischen Regierungsrat Ferdinand von Steinbeis (1807 – 1893) betriebene staatliche Wirtschaftsförderung ermöglichten an vielen Orten den industriellen Durchbruch. 1838 entwickelte der Ulmer Naturforscher Leube (1808 – 1881) den neuen Baustoff Zement. Alsbald entstanden im Blau- und im Brenztal große **Zementwerke**.

High Tech

Die Schwäbische Alb und ihr Vorland sind in den letzten Jahren zum wahren »High-Tech-Ländle« herangewachsen. Im Umkreis der Universitätsstädte Tübingen und Ulm sind eine ganze Reihe von Forschungsinstituten und hochqualifizierten Labors aufgebaut worden, die eng mit der heimischen Industrie zusammenarbeiten. Als Beispiele seien hier das NMI (Naturwissenschaftlich-medizinisches Institut an der Universität Tübingen), die Fachhochschule und die Exportakademie in Reutlingen sowie die hochmoderne »Wissenschaftsstadt« auf dem Ulmer Eselsberg erwähnt.

Tourismus

Der Tourismus hat auf der Schwäbischen Alb nur örtlich eine längere Tradition. Dies gilt besonders für die alten Heilbäder Bad Boll, Bad Ditzenbach, Bad Überkingen und Bad Imnau. Heute greifen Kur-, Ferien- und Naherholung ineinander. Die Schwäbische Alb ist Wanderregion, Kurgebiet, Sportplatz (u.a. Reiten, Segelfliegen, Wintersport) und nicht zuletzt eine hochinteressante Kulturlandschaft. Sie gehört zu den deutschen Landschaften, die mit Zuwachsraten in der Übernachtungsstatistik aufwarten kann. Alljährlich zählt man annähernd 2 Mio. Gäste, die es auf über 4 Mio. Übernachtungen bringen.

Geschichte

Die Schwäbische Alb ist eine außerordentlich geschichtsträchtige Landschaft. Das beweisen u. a. die ältesten bislang bekannten Kunstwerke der Welt, die man in einigen Albhöhlen gefunden hat. Und große Kaisergeschlechter wie die Staufer und Hohenzollern kommen ebenfalls von hier.

Vor- und Frühgeschichte

40 000 – 28 000 v. Chr.	Altsteinzeit: Tierfiguren der Vogelherdhöhle
9500 v. Chr.	Ende der Eiszeit
4400 – 3500 v. Chr.	Jungsteinzeit: Erste Bauern auf der Alb
800 – 500 v. Chr.	Frühkeltische Hallstattzeit
500 – 100 v. Chr.	Spätkeltische Latènezeit
15 v. Chr.	Feldzüge des Drusus und Tiberius.

Altsteinzeit

Die bislang bekannten ältesten figürlichen Kunstwerke der Menschheit stammen aus Höhlen der Schwäbischen Alb. Es sind die aus feinem Mammutelfenbein geschnitzten Tierfiguren aus dem »Vogelherd« und der Löwenmensch aus dem »Hohlenstein-Stadel« im Lonetal sowie die Figuren aus dem »Geißenklösterle« bei Blaubeuren. Im »Hohlen Fels« bei Schelklingen fand man zwei aus Schwanenknochen geschnitzte Flöten, die zu den ältesten bekannten Musikinstrumenten der Menschheit zählen. Alle Kunstwerke datiert man auf das Aurignacien (40 000 – 28 000 v. Chr.). Damals löste der anatomisch moderne Mensch (Homo sapiens sapiens) den körperlich robusten Neandertaler (Homo sapiens neandertalensis) ab. Landschaft und Menschen der Schwäbischen Alb besaßen vermutlich damals ein europaweit einzigartiges Potenzial für Entwicklungen und Neuerungen.

◂ Mittelsteinzeit

Aufgrund steigender Temperaturen erfolgte die Wiederbewaldung offener Steppenlandschaften, bis ab 6000 v. Chr. ausgedehnte Urwälder entstanden waren.

◂ Jungsteinzeit

Neben die Jäger und Sammler traten die ersten steinzeitlichen Bauern und Viehzüchter, die ihre Tongefäße mit Linienmustern verzierten, der Bandkeramik. Die produzierende Wirtschaftsweise begann. Man betrieb einfachen düngerlosen Hackbau (bevorzugt Emmer, Einkorn, Lein und Gerste). Im steten Wechsel von Niederwald, Brandrodung und Ackerbau wurde allmählich und erstmalig der Umbau der Naturlandschaft zur Kulturlandschaft vorangetrieben.

Bronzezeit

Man unterscheidet grob nach den Bestattungssitten, deren archäologische Zeugnisse erhalten sind, in Hügelgräber- und Urnenfelderzeit. Die Erfindung der Bronze (eine Legierung von 90% Kupfer und 10% Zinn) löste das bekannte und zu weiche Kupfer ab. Weiter löste die bis heute gültige Dreigliederung der Kulturlandschaft in Wald, Grünland und Ackerland den Wald-Feldbau ab. Imponierende Beweise stetig zunehmender Besiedlung sind erhalten. Vom Dreifaltigkeitsberg im Westen bis zum Rollenberg im Osten sind markante Höhensiedlungen und Grabhügelfelder über die ganze Alb verteilt.

← *»Attempto« (»ich wag's«) war der Wahlspruch von Graf Eberhard im Barte (1445 – 1496).*

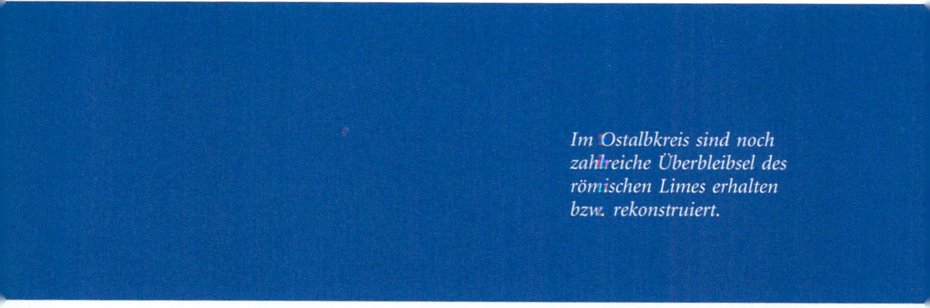

Im Ostalbkreis sind noch zahlreiche Überbleibsel des römischen Limes erhalten bzw. rekonstruiert.

AN DEN GRENZEN ROMS

Rund 250 Jahre lang zählten auch Teile Deutschlands zu Roms gewaltigem Imperium. In die Markierung der Grenzen ihres Weltreiches investierten die Herrscher viel Zeit und Mühe. In Richtung Germanien sicherte der 550 km lange Limes die Interessen Roms, ein einzigartiges Baudenkmal, das seit 2005 zum Weltkulturerbe der UNESCO zählt.

Um das Jahr 15 n. Chr. stießen Roms Truppen bis zum Bodensee vor und schoben in den folgenden Jahrzehnten die Grenzen immer weiter nach Norden. Die annektierten Gebiete, jetzt Provinz Germania Superior genannt, endeten ungefähr im Gebiet Koblenz – Miltenberg – Welzheim, östlich schloss sich die Provinz Rätien an, die sich von Lorch bis Regensburg erstreckte und zu deren nördlichsten Außenposten Schwäbisch Gmünd, Aalen und Heidenheim zählten. Stück für Stück machten sich die Römer daran, diese Grenze zu sichern, und schlugen um 100 n. Chr. eine gewaltige Schneise durch die Wälder der Germanen.

Rom lässt die Muskeln spielen

Seit 1892 beschäftigen sich Archäologen ganz gezielt mit dem Limes. Damals wurde die Reichslimeskommission gegründet, die heute in der Deutschen Limeskommission einen Nachfolger gefunden hat. Die Forscher haben in all den Jahren entlang dieser Römergrenze quasi jeden Stein umgedreht. Viele Fragen zu Verlauf und Baugeschichte konnten so geklärt werden. Anfangs bestand der Limes in Obergermanien nur aus einem hölzernen Zaun, der später durch eine Palisade aus Eichenholz ersetzt wurde, dazwischen standen hölzerne Wachtürme – also alles leicht vergängliches Material. Das beklagen nicht nur heutige Archäologen, auch den Römern behagte ihre morsch werdende Mauer nicht. Es schließt sich eine Befestigung aus Wall und Graben an und unter Kaiser Antonius Pius wird in Rätien ab 145/146 sogar in Stein gebaut. Hier ist eine Mauer auf 167 km Länge nachgewiesen: bis zu 3 m hoch und 1,2 m stark, unterbrochen von Wachtürmen aus Stein. Die Germanen dürften nicht schlecht beeindruckt gewesen sein ob dieses Bauwerks, das allen Bergen und Flüssen zum Trotz ihr Land durchschnitt. Gestaunt wird auch heute noch: Zwischen Walldürn und Welzheim verläuft der Limes auf 81 km schnurgerade – eine Meisterleistung ersten Ranges.

Ob der Limes tatsächlich dazu diente, die Barbaren wirksam draußen zu halten, muss bezweifelt werden. Zwar sorgten gut 900 Wachtürme im Abstand von 400 bis 800 m und 20 000 römische Soldaten für maximale Sicherheit, dennoch war der Limes keine militärische Verteidigungslinie. Vielmehr diente die Mauer der Kontrolle des kleinen Grenzverkehrs. Die Römer nahmen Zoll, wollten das Hinterland vor Räubern schützen – und vor Wirtschaftsflüchtlingen: Die blühenden römischen Lande übten auf so manche germanische Familie einen starken Reiz aus.

Die Teufelsmauer

Um 250/260 n. Chr. ziehen sich die Römer hinter die Donau zurück und geben den Limes dem Verfall preis. Im Mittelalter wundert man sich über die schnurgerade Landmarke und nennt sie »Teufelsmauer«, denn ihre Geschichte ist längst vergessen.

Auch wenn man heute viel über den Limes weiß, sind noch immer viele Fragen rund um den Limes offen: Wann wurde welcher Abschnitt gebaut? Waren die Türme das ganze Jahr besetzt? Eher nein, denn heizen konnte man sie nicht. Was taten die Posten, die immer zu acht Dienst hatten, den lieben langen Tag – Straßen bauen, Latrinen ausheben, Brot backen? So hofft man, künftig auch im Umfeld des Limes forschen zu können. Oberirdisch sieht man vom Limes heute so gut wie gar nichts mehr, mit Glück ein paar bemooste Steine oder fast schon eingeebnete Wälle.

Zeugen der Vergangenheit

An einigen Stellen jedoch haben Archäologen und Restauratoren die Vergangenheit sichtbar gemacht:

Im **Rotenbachtal** bei Kleindeinbach/Schwäbisch Gmünd, wo der rätische Limes beginnt, ist ein Teil der Mauer restauriert.

Bei **Mögglingen** führt ein 3 km langer Rundweg zu den eindrucksvollsten Stellen des rätischen Limes, der hier durch ein Grabhügelfeld läuft.

Das Limesmuseum in **Aalen** ist natürlich die erste Adresse für alle, die auf den Spuren der Römer wandeln wollen.

In **Rainau-Buch** gibt es am Stausee ebenfalls einen archäologischen Lehrpfad. Im Ortsteil **Rainau-Dalkingen** stand einst das berühmteste aller Limestore: Ein Prunktor, das zu Ehren von Kaiser Caracalla errichtet wurde, der 213 die nördlichen Provinzen besuchte und vielleicht das Tor höchstpersönlich durchschritt. Unter **www.deutsche-limeskommission.de** findet man viele Informationen rund um den Limes und über aktuelle Veranstaltungen.

Eisenzeit Als neuer, härterer Werkstoff ersetzte das Eisen insbesondere bei Waffen und Werkzeugen die Bronze. Wahrscheinlich wurden die reichen Bohnerzvorkommen auf den Höhen um Obernheim, im Raum Albstadt (u. a. Degerfeld) sowie um das Laucherttal schon genutzt. Die Kelten, wie Herodot in einer Schrift aus dem 5. Jh. v. Chr. sie nannte, bewohnten jetzt die Schwäbische Alb. Die aristokratische Oberschicht wurde in Hügelgräbern mit reichen Grabbeigaben bestattet. Das schönste Hügelgrab hat man bei Hundersingen gefunden: die drei Hektar große Heuneburg, deren Fürsten bereits die Handelsroute Donautal – Bodensee – Rhonetal – Marseille zu regem Handels- und Kulturaustausch nutzen.
Gegen Feinde legten die Kelten Befestigungsanlagen an, etwa auf dem Ipf bei Bopfingen. Die Viereckschanzen entstanden und auch schon ganze befestigte Städte (Oppida), etwa das Oppidum Elsachstadt auf der Grabenstetter Berghalbinsel zwischn Bad Urach und Neuffen, ein Eisen verarbeitendes Industriezentrum und eine Großstadt mit mehreren Tausend Einwohnern.

Die Römer kommen Um 80 v. Chr. wurde, zur Ausweitung und Sicherung des römischen Imperiums, die Nordgrenze der römischen Provinz Rätien von der Donau auf die Linie Burladingen – Gomadingen – Donnstetten (Clarenna) – Urspring (Ad Lunam) – Heidenheim (Aquileia) verschoben und mit Kastellen und Siedlungen befestigt: Sie wurden durch eine Reihe von Straßen miteinander verbunden. Eugen Nägele, der Mitbegründer des Schwäbischen Albvereins, hat dafür 1909 den Namen »Alblimes« geprägt. Das größte Reiterkastell wurde bei Aalen errichtet. Die Römer haben eine leistungsfähige Infrastruktur aufgebaut, mit militärischer und ziviler Bau- und Verwaltungskunst. Über das Ende der römischen Epoche ist wenig bekannt, Spuren brandschatzender Germanenhorden fehlen. Der Übergang zum frühen Mittelalter war wohl eher fließend, auch wenn große Münzschätze (wie der von 143 Denaren aus der Zeit von Alexander Severus, 222 – 235 n. Chr., bei Meßstetten-Unterdigisheim) möglicherweise aus Angst vor Plünderern vergraben wurden und nicht mehr geborgen werden konnten.

Früh- und Hochmittelalter

843 n. Chr.	Teilung des Frankenreiches
1085 n. Chr.	Die Grafen von Tübingen gründet das Kloster Blaubeuren.
1089 n. Chr.	Die Grafen von Achalm gründen das Kloster Zwiefalten.
1095 n. Chr.	Graf Hartmann von Dillingen stiftet die Abtei Neresheim.

Alamannische Landnahme

Nach 233 n. Chr., mit Beginn der Völkerwanderung, drangen immer wieder nördliche Germanenstämme aus den Gebieten um Havel, Elbe und Saale nach Süden in das römische Herrschaftsgebiet. Dies, dazu reichsinterne Auseinandersetzungen und Bedrohungen im Osten veranlassten die römischen Truppenverbände zum Abzug. Die nach Süddeutschland eingewanderten Germanen nannten sich selbst »Alamannen«. Die alamannische Besiedlung begann mit einer lockeren Streuung von zunächst Einzelhöfen, dann Hofgruppen, die mit wachsender Bevölkerung zu Weilern und geschlossenen Dörfern wurden. Auf beherrschenden Berggipfeln wie dem Runden Berg und dem Lochen entstanden befestigte Herrschaftssitze. Wie man sich mit der eventuell noch verbliebenen römischen Bevölkerung arrangierte, ist bislang unbekannt.

? WUSSTEN SIE SCHON ...?

- Die Endung »-ingen« weist auf eine sehr alte alamannische Gründung aus dem 4/5. bis 7. Jh. hin. Auf fränkischen Einfluss verweisen die Orte mit »-heim« am Ende. Danach folgen Namen, die den Siedlungstyp angeben: »-beuren, -dorf, -hausen, -holen, -stetten, -weiler«.

Unter fränkischer Herrschaft

Im Jahre 496 besiegte der Frankenkönig Chlodwig die Alamannen und damit wechselte die Zentralgewalt. Das Albvorland, die Schwäbische Alb selbst und das Alpenvorland wurden 537 als Herzogtum Alamannien dem Frankenreich eingegliedert. Den Autonomiebestrebungen des Herzogtums bereiteten die fränkischen Hausmeier im »Canstatter Blutgericht« (746) ein Ende: Der gesamte alamannische Adel wurde ermordet. Mitte des 9. Jh.s wurde die Zentralgewalt zunehmend geschwächt. Die lokalen Territorialherren gewannen an Macht und demonstrierten sie in trutzigen Burgen, von denen der größte Teil heute »verschwunden« ist. Die Schwäbische Alb wurde zur **burgenreichsten Gegend Deutschlands**. Der Burgenbau konzentrierte sich am Albtrauf, in den Tälern der Lauchert, der oberen Donau und auf der Ostalb. Den überragenden Einfluss gewannen die Staufer auf ihrer Stammburg Hohenstaufen. Von der ersten Hälfte des 11. Jh.s bis 1268 stellten sie deutsche Herzöge, Könige und Kaiser, darunter bedeutende Herrscherpersönlichkeiten wie Friedrich I., genannt Barbarossa (1152 – 1190) und Friedrich II. (1215-1250).

Spätmittelalter bis frühe Neuzeit

1279 – 1325	Graf Eberhard I. von Württemberg erweitert seine Herrschaft.
1477	Gründung der Universität Tübingen
1514	Tübinger Vertrag

Kleinstaaterei Mit dem Tod des letzten Staufers Konradin 1268 begann der Niedergang der deutschen Königsmacht. Im Verhältnis zwischen Königtum und Adel setzte im Südwesten der Prozess ein, der einen Aufbau und Ausbau der Landesherrschaften zur Folge hatte. Der hohe und der niedere Adel, die freien Reichsstädte und die Klöster traten als Territorialgewalten auf. Über 600 größere und kleinere politische Gebilde konnte man gegen 1800 im Südwesten zählen!

Klostersiedlungen wie Blaubeuren entwickelten sich besonders gut.

Die bedeutendesten Territorialherren der Schwäbischen Alb waren das Haus Hohenzollern mit der Stammburg Hohenzollern und die Staufer mit Stammburg Hohenstaufen, die wie die Hohenzollern Grafen, Herzöge, Könige und Kaiser stellten; die Pfalzgrafen von Hohentübingen; die Herzöge von Teck (Verwandte des englischen Königshauses). Daneben vollzog sich im Südwesten der politische Aufstieg der Grafen von Württemberg. **Graf Eberhard im Barte** fügte den infolge Erbstreitigkeiten geteilten Territorialbesitz 1482 im Vertrag von Münsingen wieder zusammen.

Bauernkrieg Der Bauernkrieg erschütterte 1524/1525 ganz Süddeutschland. Die Auslöser waren vielfältig. Es gab herrschaftliche, soziale und wirtschaftliche Probleme in Gefolge von Pest und Agrarkrise, auf welche die Grundherren mit erhöhten Forderungen und Änderungen des geltenden Rechts reagierten. Dagegen formierte sich in Südwest- und Mitteldeutschland der Widerstand des »gemeinen Mannes«. Im Juni 1524 begann mit Drohungen, Unruhen, Besetzung von Klöstern der Bauernkrieg. Viele Städte auf der Alb waren Schauplätze von bäuerlichen Aufständen. Am 29. April 1525 wurde die Burg Hohenstaufen unter der Führung von Jörg Bader von Bauernhorden erobert und niedergebrannt, das Kloster Zwiefalten unter der Führung von Ignaz Reiser von aufständischen Bauern geplündert. Die schwäbischen Reichsstädte, Fürsten und Ritter hatten sich schon 1488 zum »Schwäbischen Bund« zusammengeschlossen, der 1525 unter der Führung des Feldhauptmanns Georg Truchseß von Waldburg (Bauernjörg) die Bauern besiegte. Die Obrigkeit verhängte teils drakonische Strafen.

Reformation Im Jahr 1534 führte Herzog Ulrich von Württemberg für seinen Landesteil die Reformation ein. In Teilen der Alb, in den habsburgischen Territorien, in manchen gräflichen und ritterschaftlichen Gebieten und in den Reichstädten Gmünd und Rottweil entschieden sich Landesherr und Magistrat weiterhin für den katholischen Glauben.

17. bis 19. Jahrhundert

1618 – 1648	Dreißigjähriger Krieg
1763	Philipp Matthäus Hahn begründet die württembergische Feinmechanik im Raum Balingen und Ebingen.
1819	Einführung der Verfassung in Württemberg
1871	Württemberg wird Bundesland des Deutschen Reichs

Dreißigjähriger Krieg

Die konfessionellen Aufsplitterungen und Konflikte legten, zusammen mit anderen Ursachen, nach und nach die Reichsverfassung lahm. Nach der Bildung einer protestantischen Union sammelten sich die gegenreformatorischen Kräfte in der katholischen Liga, und beide Seiten rüsteten auf. 1618 begann der Dreißigjährige Krieg. Das Haus Württemberg blieb neutral, bis der katholische Kaiser Ferdinand II. 1629 das Restitutionsedikt erließ. Es verlangte die Rückgabe aller geistlichen Gebiete, die mit dem Augsburger Religionsfrieden 1555 in protestantischen Besitz gekommen waren. Da im Herzogtum Württemberg die Klosterherrschaften etwa ein Drittel des Territorialbesitzes ausmachten, wurde es davon hart betroffen. Die protestantischen Fürsten und Städte wandten sich deshalb dem Lager des evangelischen Schwedenkönigs Gustav Adolf zu. Kaiser Ferdinand II. verfügte die Reichsacht gegen den Herzog von Württemberg und alle Verbündeten der Schweden. In der Schlacht von Nördlingen im Spätsommer 1634 schlugen die kaiserlichen katholischen Truppen die Schweden und damit auch die Württemberger vernichtend.

Pest und Hunger

Mit dem langen Krieg kam der Hunger, mit dem Hunger die Seuchen. 1634/1635 wütete die Pest in Südwestdeutschland. Die Bevölkerung ging von 350 000 im Jahr 1618 auf 120 000 (um 35%) im Jahre 1639 zurück. Die Felder und Ortschaften waren verwüstet, wichtige Produktionszweige wie die Leinwandherstellung in Urach zerstört.

Frühe Industrien

Die teilweise kargen, steinigen Böden in weiten Gebieten der Schwäbischen Alb zwangen die Menschen, sich neben der Landwirtschaft zusätzliche Erwerbszweige zu erschließen. Die Alb ist rohstoffarm, doch besitzt sie Bohnerze, Rohstoffe zur Eisengewinnung. Schon seit 1635 wurde im Brenztal, bei Heidenheim und Wasseralfingen Stollenabbau betrieben (die »Schwäbischen Hüttenwerke« in Aalen-Wasseralfingen bestehen bis heute und veredeln Eisen und Stahl). Auch auf der Südwestalb, im Laucherttal und in Ludwigstal bei Tuttlingen begann im späten 17. Jh. der Bohnerzabbau.
Ein weiterer wichtiger Erwerbszweig war die **Weberei**, die in Heidenheim und Laichingen schon seit dem Spätmittelalter betrieben wurde. Der Flachs wurde mit Erfolg auf der Alb angebaut und verarbeitet. 1661 gründete Herzog Eberhard III von Württemberg die Ur-

Über die Leinenweberei informiert das Laichinger Heimatmuseum.

acher Leinwandhandelscompagnie. Leinenwebereien entstanden in Balingen, Ebingen, Blaubeuren, Münsingen und Laichingen. Immer mehr an Bedeutung gewann im Laufe der Zeit auch die Herstellung von Strickwaren vor allem im Bereich der mittleren und westlichen Alb, wo sich bereits in der Frühzeit der Industrialisierung eine lukra-tive **Maschenindustrie** entwickeln konnte, unterstützt von Feinmechanikern und Tüftlern, die immer raffiniertere Apparate und Maschinen ersannen.

1803 wurde die Neuordnung des Deutschen Reichsgebiets durch Napoleon vorgenommen. Nur die hohenzollerischen Fürstentümer wurden nicht »mediatisiert«, d.h. einem größeren Staatswesen eingegliedert, sondern blieben als eigenständige Staaten bestehen. **Württemberg** gewann vielLand hinzu und wurde 1806, mit dem Ende des Heiligen Römischen Reiches Deutscher Nation, zum Königreich erhoben. Ständische und feudale Sonderrechte wurden beschnitten und die Bauern aus der grundherrlichen Abhängigkeit entlassen. Die Wirtschaftsordnung wurde liberalisiert, Zollschranken fielen und die Gewerbefreiheit löste alte Zunftschranken ab. Der Staat förderte die Anfänge der Industrialisierung, die eine Existenzsicherung neben der Landwirtschaft bot.

1850 traten die zollerischen Fürsten ihre Länder an Preußen ab, die nun als »Hohenzollerische Lande« zum preußischen Staat gehörten.

Auswanderung

Im altwürttembergischen Gebiet herrschte Realteilung, per se ein Armutsrisiko, aber auch im östlichen Teil, wo durch das Anerbenrecht der bäuerliche Betrieb geschlossen an einen Erben überging, bot die Landwirtschaft häufig und verstärkt im 19. Jh. keine ausreichende Existenzsicherung mehr. Es kam zu einer massenhaften Auswanderung von Bauern der Schwäbischen Alb nach Russland, Ungarn, Rumänien und in die Vereinigten Staaten.

Hoffnungsfaktor Industrie

Nach und nach bot die Industrie neue Erwerbsmöglichkeiten. Verstärkt ab 1830 entstanden Spinnereien, Webereien, Bergbau, Eisen- und andere Metallindustrie, Papiererzeugung. 1838 begründete der Ulmer Apotheker Gustav Leube im Blautal die deutsche Zementindustrie. Steine gab es schließlich genug auf der Alb. 1870 wurde die Wasserversorgung der Albhochfläche über Pumpwerke sichergestellt.

20. und 21. Jahrhundert

1914 – 1918	Erster Weltkrieg
1918	König Wilhelm II verzichtet auf die Krone.
1934	Drittes Reich: Bau der Autobahn Stuttgart-Ulm
1939 – 1945	Zweiter Weltkrieg

Naziterror auf der Alb

Anfang des 20. Jh.s wurde die Metallindustrie zum führenden Wirtschaftszweig. Als 1933 die Nationalsozialisten die Macht ergriffen, wurde auch die Schwäbische Alb in das Terrorsystem miteinbezogen. Konzentrations- und Zwangsarbeitslager wurden angelegt, u. a. auf dem Heuberg, bei Balingen, Rottweil und Ulm. In der Heil- und Pflegeanstalt Grafeneck bei Münsingen hat man behinderte Menschen und psychisch Kranke getötet. Deutsche jüdischen Glaubens wurden deportiert und damit Orte wie Buttenhausen bei Münsingen mit einer traditionell jüdisch geprägten Kultur zerstört. Gegen Ende des Zweiten Weltkriegs wurden die Wirtschafts- und Industriezentren des Albvorlands massiv bombardiert. Ab 1945 besetzten die amerikanischen und französischen Streitkräfte Württemberg.

Nachkrieg

Als 1952 aus den drei Nachkriegslandesteilen Württemberg-Hohenzollern, Württemberg und Baden das neue Bundesland Baden-Württemberg gebildet wurde, gehörte der größte Teil der Alb zum neuen Bundesland, der kleinere zum Freistaat Bayern.

Förderprogramme

Seit 1971 unternahm die baden-württembergische Landesregierung das »Albprogramm« mit Maßnahmen zur Verbesserung der Lebensqualität. Straßen und Wege wurden ausgebaut, Ortskerne saniert und Flächen flurbereinigt. Auch der Landschaftsschutz hat auf der Alb Tradition.

Truppenabzug

In den 1990er-Jahren zog ein Großteil der US-amerikanischen und französischen Truppen von der Alb ab.

Die Alb im neuen Jahrtausend

Seit 2002 ist die Schwäbische Alb ein Nationaler Geopark und seit 2004 Europäischer und UNESCO-Geopark. Als Geoparks ausgezeichnet werden Gebiete, die geowissenschaftlich besonders bedeutend sind. Unter www.geopark-alb.de wird über aktuelle Termine und Ausstellungen rund um den Geopark berichtet.
Auch der römische Limes, der Teile der Alb tangiert, steht seit 2005 auf der Liste des UNESCO-Weltkulturerbes.
Seit 1996 bemühen sich Umweltschützer darum, ein Biosphärenreservat einzurichten. Zentrum soll der 2005 aufgegebene Münsinger Truppenübungsplatz werden, der ein einzigartiges Refugium für Tiere und Pflanzen darstellt.

Kunst und Kultur

Plastik, Architektur und Malerei auf der Schwäbischen Alb sind von der Vor- und Frühgeschichte bis in die heutige Zeit eingebettet in die Gesamtentwicklung des süddeutschen Kulturraumes. Kunsthistorische Besonderheiten sind an vielen Orten zu finden.

Kunstgeschichte

Die Architektur, Plastik und Malerei in der Albregion ist von der Ur- und Frühgeschichte bis zur Gegenwart eingebettet in die Gesamtentwicklung des süddeutschen Kulturraums. Trotz der Abhängigkeit von überregionalen Kunststilen haben sich einige kunstgeschichtliche Besonderheiten herausgebildet. Gute Überblicke bieten das Württembergische Landesmuseum und die Staatsgalerie Stuttgart sowie die lokalen Sammlungen in den Albstädten, besonders in Ulm, Rottweil, Heidenheim und Albstadt.

Kunstwerke der Steinzeit

Naturhöhlen und reicher Wildbestand bieten günstige Voraussetzungen für eine frühe Besiedlung der Alb. Die steinzeitlichen Jäger und Sammler stellen zwar in erster Linie einfache Werkzeuge aus Steinen und Knochen her, doch bezeugen die 25 000 bis 40 000 Jahre alten, vermutlich für den Jagdzauber verwendeten kleinen Tierschnitzereien aus Mammutelfenbein, die in der Vogelherdhöhle bei Stetten/ Lonetal und im Geißenklösterle bei Blaubeuren gefunden wurden, Höhepunkte vorgeschichtlicher Kunst.

Keltische Kunst

Einen weiteren Höhepunkt der vorgeschichtlichen Kunst bringt die Keltenzeit: Die Hallstatt- und die spätere Latènekultur bringen seit dem 7. Jh. bzw. dem 5. Jh. v. Chr. auch auf der Alb qualitätsvolle künstlerische Arbeiten hervor, z.B. formschöne Edelmetall- und Tongefäße mit Gravuren und Stempeldruck, filigranen Goldschmuck und aufwendig bearbeitete Beschläge. Eindrucksvolle Wall- und Burganlagen werden angelegt, z.B. die Heuneburg an der Donau bei Riedlingen und der Ipf bei Bopfingen. Sie dienen als Fliehburgen zum Schutz der Bevölkerung und zur Herrschaftssicherung der Adelsschicht.
Prunkvolle Fürstengräber in imposanten Grabhügeln, ausgestattet mit bronzebeschlagenen Wagen, Silber- und Goldschmuck sowie kostbaren importierten Trinkschalen, wie im Fall des Fürstengrabhügels Hohmichele bei Hundersingen, verweisen auf die Rangstellung und den Wohlstand der kriegerischen Führungsschicht.

Römerzeit

Die römische Herrschaft bringt zwar neue kulturelle Impulse auf die Alb, doch die Soldaten, die seit dem 1. Jh. n. Chr. entlang des Limes die römische Reichsgrenze sichern, haben eher bescheidene Ansprüche. Kastelle werden gebaut, Verkehrswege und Wasserleitungen angelegt, Bäder eingerichtet und vereinzelt werden Landhäuser mit importierten Kunstwerken ausgeschmückt. Das Limesmuseum in Aalen, wo sich ein wichtiger Militärstützpunkt befand, präsentiert die römische Alltagskultur in der Provinz. Auch das Municipium Arae

← *Eines der eindrucksvollsten romanischen Bauzeugnisse ist die Stiftskirche im Göppinger Stadtteil Faurndau.*

Flaviae (Rottweil) war ein römisches Verwaltungszentrum, von dessen kultureller Bedeutung u.a. ein dort gefundenes Orpheus-Bodenmosaik (Stadtmuseum) zeugt.

Frühmittelalter

In der 2. Hälfte des 3. Jh.s wandern Alamannen ein und lassen sich in der Albregion nieder. Qualitätvolle Arbeiten wie eine kostbare Goldscheibenfibel aus dem Gräberfeld von Lauchheim (► Bopfingen) legen Zeugnis von den künstlerischen Fähigkeiten der Feinschmiede ab. Der gerne angewandte »Cloisonnée-Verzierungsstil« geht auf Anregungen aus dem Mittelmeerraum zurück: Hierbei wird das goldene Zellwerk eines Schmuckstückes mit roten Granateinlagen gefüllt. Vermutlich in regelrechten Schmiedeschulen wurde die Kunst gelehrt, so genannte »wurmbunte Klingen« zu schmieden, damaszierte Schwerter, die überaus qualitätvoll waren und als höchstes Statussymbol galten. Goldblattkreuze zeigen, dass sich in der Alamannenzeit der Übergang von Heidentum zu Christentum vollzieht.

Christliche Kunst

Die Christianisierung des Frankenreichs durch anglo-irische Missionare verhilft der christlichen Kunst seit dem 7. Jh. zum Durchbruch. Die urprünglich in Holz gebauten frühen Gotteshäuser sind zerstört. Auch die ersten Kirchen und Klosterzellen aus Stein sind nur noch bruchstückhaft archäologisch oder dokumentarisch nachweisbar. Dazu zählen z.B. die Galluskirche in Brenz aus dem 7. Jh., die von Abt Fulrad 777 erwähnte Vitalis-Klosterzelle in Esslingen, und die klösterlichen Zellen in Faurndau bei Göppingen und Schwäbisch Gmünd aus dem 8. Jh. Das in der Vergangenheit sehr bedeutende Benedikti-

Über tausend Jahre alt ist die romanische Michaelskirche mit ihren höchst eindrucksvollen Fresken in Albstadt-Burgfelden.

nerkloster Ellwangen ist ebenfalls in dieser Zeit gegründet worden. Von den Bauwerken aus karolingischer und ottonischer Zeit ist wenig erhalten. Damals lag das eigentliche Kunstzentrum Süddeutschlands im Bodenseegebiet (Reichenau, St. Gallen).

Romanik

Den Übergang zur Romanik im Albraum bildet die flachgedeckte Säulenbasilika St. Martin in Oberlenningen aus dem frühen 11. Jahrhundert. Reichenauer Wandmalereien sind vermutlich vorbildhaft gewesen für die romanischen Fresken, die nur in der Michaelskirche von Burgfelden (Albstadt), aus der Zeit um 1100, erhalten sind. Unter dem Einfluß der Bauschule des Reformklosters Hirsau (Schwarzwald) und französischer Vorbilder werden im 12. Jh. die schlichten romanischen Pfeilerbasiliken in Lorch (Klosterkirche St. Peter und Paul), in Sindelfingen (Stiftskirche St. Martin) und in Denkendorf (Heiliggrabkirche des Klosters) erbaut. Zu den wichtigen romanischen Gewölbebauten zählt die Pfeilerbasilika des Benediktinerklosters Ellwangen (um 1180).
Noch sehr spät, in den ersten Jahrzehnten des 13. Jh.s, werden die Johanniskirche in Schwäbisch Gmünd und die Benediktiner-Kollegiatskirche in Faurndau (heute Stadtteil von Göppingen) im Stil der ausklingenden Romanik erbaut. Die Säulen des Faurndauer Gotteshauses sind mit reich skulptierten Kapitellen geschmückt.
Von den Staufern und anderen werden am Albrand eine Reihe von Burgen errrichtet. Der wirtschaftliche Aufschwung in den Städten hat eine vielgestaltige Profanarchitektur zur Folge.

Gotik

Die Stil- und Schmuckelemente der französischen Kathedralgotik gelangen über Straßburg im 14. Jh. in die Albregion. Sie werden bevorzugt in den Reichsstädten beim Bau repräsentativer Stadtkirchen verwendet: Esslingen (Frauenkirche), Reutlingen (Marienkirche), Rottweil (Kapellenturm), Schwäbisch Gmünd (Heiligkreuzmünster), Ulm (Münster). Zu den bedeutenden Meistern der Bauhütten zählen die Künstlerfamilien Parler, Ensinger und Böblinger mit ihren Werken in Ulm, Schwäbisch Gmünd und Esslingen.
In allen größeren Albstädten, vornehmlich in den wohlhabenden Reichsstädten, entstehen besonders im 15. Jh. zahlreiche Rathäuser, Bürgerhäuser, Fruchtkästen, Keltern und Getreidespeicher in Fachwerk- und Steinbauweise mit vielfältigem Giebelschmuck.

◄ Holzbildner

In spätgotischer Zeit erreicht auch die Holzbildnerei ihren Höhepunkt. Die Andachtsbilder des 14. Jh.s, die für die damalige mystisch gepägte Frömmigkeit charakteristisch sind (z.B. die »Johannes-Minne« genannte Christus-Johannes-Gruppe aus Heiligkreuztal), werden abgelöst von eindrucksvollen Altarschreinen. Hans Multscher, der in Ulm im 15. Jh. eine Vielzahl von Retabeln für das Münster gestaltet, ist der bedeutendste Künstler jener Zeit. Herausragend sind auch die kostbar geschnitzten Chorgestühle von Jörg Syrlin d. Ä. im Ulmer Münster (1469–1471) und das seines Sohnes Jörg Syrlin in Blaubeuren (1493). Der große Wandelaltar im Kloster Blaubeuren von 1493/

HOLZSCHNEIDER VON DER ACHALM

Ein hübsches Grundstück an der Achalm, das kleine Wohnhaus ebenso wie der Garten ein wenig verwildert – das ehemalige Domizil des Malers und Druckgrafikers Helmut Andreas Paul (HAP) Grieshaber. Hier hatte der Künstler mehr als 35 Jahre gelebt, allerdings keineswegs so abgeschieden, wie es sein Wohnsitz vielleicht glauben machen könnte.

Am Beginn seiner künstlerischen Laufbahn stand die Beschäftigung mit Typografie und Druckkunst, die er durch seine Lehre als Schriftsetzer und sein Studium an der Stuttgarter Kunstakademie beherrschen lernte. Als der 24-jährige 1933 gezwungenermaßen von seinen Auslandsreisen ins nationalsozialistische Deutschland heimkehrte, erhielt er Berufsverbot und musste seinen Lebensunterhalt als Hilfsarbeiter und Zeitungsausträger verdienen. In dieser schwierigen Zeit fand HAP Grieshaber zum Holzschnitt, der für ihn das wichtigste künstlerische Ausdrucksmittel werden sollte. In kleinen Auflagen erschienen zwischen 1933 und 1939 die »Reutlinger Drucke«, an denen auch andere Künstler mitwirkten. Druckerschwärze und Papier waren beinahe unbezahlbar und nur unter äußerst schwierigen Bedingungen zu beschaffen, doch das Drucken war und blieb Grieshabers Leidenschaft, ein Abenteuer – wie er es nannte –, das sowohl den Rausch des Machens als auch die Kontrolle darüber beinhaltet.

Alte Technik

Der Holzschnitt ist eine der ältesten druckgrafischen Techniken und lässt sich bis ins 14. Jh. zurückverfolgen. In der Renaissance erlebte er – auch durch das Wirken Albrecht Dürers – eine erste Blüte. Später trat er hinter jüngere Drucktechniken wie die Radierung oder die Lithografie zurück, bis er Ende 19. / Anfang 20. Jh. unter dem Eindruck der japanischen Farbholzschnitte wiederentdeckt wurde.

In der Kunst des Expressionismus war der Holzschnitt zwar als künstlerisches Ausdrucksmittel sehr willkommen, aber erst Grieshaber erhob die Druckgrafik zu einer gleichberechtigten Kunstgattung mit eigenen Ausdrucksmöglichkeiten und Grenzüberschreitungen zu anderen Techniken. Am Beginn seiner Beschäftigung mit dem Holz orientierte er sich zunächst ziemlich stark an der spätmittelalterlichen Holzschnittkunst, bevor er in der zweiten Hälfte der 1930er Jahre dazu überging, mehr mit Farbflächen als mit Linien zuarbeiten.

Helmut Andreas Paul Grieshaber in seinem Atelier

Neue Formate

Einen neuen Weg beschritt Grieshaber nach dem Krieg, als seine Gestalten und Motive immer monumentaler und seine Formate immer größer wurden – Holzschnitte mit den Ausmaßen von Wandgemälden waren neu in der Geschichte der europäischen Druckkunst. Als Träger dieser großformatigen Werke fungierten nicht mehr nur Papier, sondern auch andere Stoffe wie z. B. Tuch, ja auch der Druckstock selbst wurde zum Kunstwerk. In den 1950er- und 1960er-Jahren entstand eine ganze Reihe von monumentalen Bildserien für öffentliche Räume, u. a. das **Ulmer Tuch** (1950; 16 Holzschnitte auf ein großes Leintuch gedruckt) oder der 12 Meter lange **Sturmbock** für das Reutlinger Rathaus (1965) sowie sechs Wandfriese für die damalige Reutlinger PH (1961; heute FH).

Der Pädagoge Grieshaber

In die 1950er-Jahre fällt auch Grieshabers Wirken als Pädagoge. 1950 wurde er Lehrer an der Bernsteinschule bei Sulz am Neckar. 1955 berief man ihn an die Karlsruher Kunstakademie. Doch nach fünf Jahren Lehrtätigkeit legte der unbequeme Künstler seine Professur nieder, aus Protest darüber, dass an höheren Schulen der Zeichenunterricht für bestimmte Klassen zum Wahlfach degradiert wurde. Trotz der kurzen Zeit wirkte Grieshaber in Karlsruhe stil- und schulbildend. Mit der »Karlsruher Schule« verbinden sich so bekannte Namen wie Fritz Genkinger, Horst Antes, Walther Stöhrer und Dieter Krieg. Zu einer Zeit, als die abstrakte Malerei die Kunstszene beherrschte, bereiteten Grieshaber und seine Schüler mit der »Neuen Figuration« den Boden für eine Wiedergeburt der »Gegenständlichen Kunst«.
Für Grieshaber war die Bezugnahme auf den Menschen keine künstlerische Attitüde, sondern Ausdruck dafür, dass er seine Kunst zeitlebens in den Dienst des Menschen und der Gesellschaft stellte. Neben den »großen Themen der Menschheit« hat Grieshaber auch wiederholt das Verhältnis zwischen Mensch und Natur thematisiert – und dabei meist auf die Landschaft seiner heimatlichen Umgebung, der Schwäbischen Alb, zurückgegriffen. In seinen **Darstellungen von der Alb** ist die Natur keine bedrohliche, sondern eine gezähmte, die vom Menschen kultiviert wird und ihn mit ihren Früchten ernährt. »Der Garten« – Huldigung an den herben Charme der »rauen Alb«. Sie gehörte zu den Hauptmotiven des Holzschneiders HAP Grieshaber.

1494 mit Werken von Gregor und Michael Erhart (Plastik) sowie von Bartholomäus Zeitblom und Bernhard Strigel (Tafelmalerei) gehört zu den bewundernswerten Arbeiten jener Epoche.

Renaissance

Erst im 16. Jh. hält der italienische Renaissancestil auf der Alb Einzug und vermischt sich mit den üppigen Formen des Frühbarocks. Die vierflügeligen Schlossanlagen in Tübingen und in Meßkirch, die Burgen Hellenstein und Hohenneuffen sind gute Beispiele. Zu den hervorragenden Architekten zählt Heinrich Schickhardt, der die Pläne für die Renaissance-Schaufront für das Esslinger Rathaus (1586 bis 1589), die Stadtkirche in Göppingen (1618 bis 1619) und die Schlosskirche Hellenstein (1601 bis 1605) entwirft.

In der Malerei werden auswärtige Künstler bevorzugt. Lediglich zu Beginn des 16. Jh.s gibt es noch einzelne renommierte schwäbische Maler, die von Albrecht Dürer beeinflußt waren, wie den in Ulm tätigen Martin Schaffner (»Hutz-Altar«, 1521, Ulm), den Meister von Meßkirch (»Anbetung der Könige«, 1538, Meßkirch), Hans Schäufelein (Ziegler-Altar, 1521, Nördlingen) und Jerg Ratgeb (Herrenberger Altar, 1518, heute in der Staatsgalerie in Stuttgart).

Auch im Münster zu Zwiefalten drückt die geradezu überbordende barocke Pracht Kunstsinn und Lebensfreude aus.

Barock

Nach den Verwüstungen des 30-jährigen Krieges erwachen nur langsam wieder Lebensfreude und Kunstsinn. Im Spätbarock des 18. Jh.s erlebt das Albgebiet nochmals eine hohe Blüte der Kunst. Zu den bemerkenswerten Schöpfungen gehören die Wallfahrtskirche auf dem Schönenberg bei Ellwangen und die Prämonstratenserkirche in Obermarchtal von den Vorarlberger Meistern Michael und Christian Thumb mit herrlichen Stuckdekorationen. Auch die Abteikirchen von Zwiefalten und Neresheim beherbergen barocke Schätze.

19. Jahrhundert

Zu Beginn des 19. Jh.s wird die künstlerische Entwicklung durch die napoleonische Herrschaft und etliche Kriegswirren unterbrochen. In der Die Stilrichtungen des Klassizismus und Historismus finden ihre Ausprägung in den neuen Herrschaftsmittelpunkten Karlsruhe und Stuttgart, wohin auch Kunstschätze der Alb verlagert werden. Von der zweiten Hälfte des 19. Jh.s an wird das Kunstgeschehen überwiegend von den Lehrmeistern der Kunstakademien dieser Städte bestimmt. Gegen Ende des 19. Jh.s entdecken die Anhänger der impressionistischen Freilichtmalerei für kurze Zeit die Alblandschaft. Einer ihrer Hauptvertreter ist Christian Landenberger aus Ebingen. Einen Querschnitt der jahrhundertelangen Auseinandersetzung der Maler mit der Alblandschaft zeigt die Städtische Galerie Albstadt in Ebingen.

Die vielfältigen Stilrichtungen der **Kunst des 20. Jh.s** lassen die Regionalkunst im öffentlichen Bewusstsein stark an Bedeutung verlieren. Lokale Künstlergrößen in der ersten Hälfte des Jh.s sind u. a. die realistisch-expressiven Maler Friedrich Eckenfelder aus Balingen, Helmut Baumann aus Göppingen und der Bildhauer Edwin Scharff aus Neu-Ulm. Die überragende Künstlerpersönlichkeit der Alb nach dem Zweiten Weltkrieg ist HAP Grieshaber, der bis zu seinem Tod 1981 auf der Achalm bei Reutlingen lebt. Seine farbigen Holzschnitte, die mit dynamischem Duktus bis an die Grenze der Abstraktion ausgeführt werden, haben immer wieder den Menschen und seine Umwelt zum Thema. Ein würdiger Nachfolger des Reutlingers ist der Öschinger Künstler Klaus Herzer.

Alt und Neu in Ulm: Die moderne Glaspyramide der Bibliothek kontrastiert zum mittelalterlichen Metzgerturm.

Berühmte Persönlichkeiten

Was hat der Erfinder der Zündkerze mit der Schwäbischen Alb zu tun und wer hat die Zollernalb zu einem Zentrum der Feinmechanik gemacht? Welche Adelshäuser haben deutsche Kaiser hervorgebracht und welche evangelischen Geistlichen sind durch ihre Dichtkunst berühmt geworden? Porträts einiger Persönlichkeiten, die für die Alb bis heute wichtig sind.

Albrecht Ludwig Berblinger (1770 – 1829)

»Schneider von Ulm«

Der Ulmer Albrecht Ludwig Berblinger unternahm am 30. Mai 1811 einen leider misslungenen Versuch, mit einem selbstgebauten Fluggerät von der Adlerbastion die Donau zu überfliegen. Der als »Schneider von Ulm« bekannt gewordene Tüftler ist somit ein Vorgänger der heute überall auf der Alb zu beobachtenden Drachenflieger, die sich seine Erkenntnisse im Verbund mit moderner Technik zunutze gemacht haben.

Robert Bosch (1861 – 1942)

Industrieller

Der in Albeck bei Ulm geborene Elektrotechniker Robert Bosch gründete im Jahre 1886 in Stuttgart eine Werkstatt für Feinmechanik und Elektrotechnik. 1902 wurde in seinem Haus die Hochspannungsmagnetzündung entwickelt, durch die sein Unternehmen zu Weltruf gelangte. Heute gehört es zu den führenden Großunternehmen der Bundesrepublik Deutschland. Durch seine Beschäftigung mit sozialen und wirtschaftspolitischen Fragen war Robert Bosch bisweilen ein recht unbequemer Zeitgenosse. Seiner Initiative verdankt die Landeshauptstadt Stuttgart das nach ihm benannte Krankenhaus. Die Robert Bosch Stiftung setzt sich heute insbesondere für den naturwissenschaftlichen Nachwuchs ein.

Graf Eberhard V. im Bart (1445 – 1496)

Herzog von Württemberg

Eberhard erblickte in Urach als Sohn des Grafen Ludwig von Württemberg das Licht der Welt. Bis zu seinem vierzehnten Lebensjahr unterstand er der Vormundschaft seines Onkels, des Grafen Ulrich V. von Württemberg. Eberhard V. wurde Regent im Uracher Teil der seit 1442 geteilten Grafschaft Württemberg. Der kulturbeflissene Herrscher gründete im Jahr 1477 die Universität Tübingen (sein Wahlspruch: »Attempto«). Fünf Jahre später sicherte er durch den Münsinger Vertrag die Wiedervereinigung des Uracher und Stuttgarter Teils der Grafschaft Württemberg. 1488 trat Graf Eberhard V. dem Schwäbischen Bund bei und wurde dessen oberster Feldhauptmann. Ein großes Anliegen des Württembergers war die Reichsreform. Als politischer Vermittler verschaffte er sich hohes Ansehen. Im Jahr 1495 wurde er von Kaiser Maximilian I. in den Herzogsstand erhoben.

Josef Eberle (1901 – 1986)

Journalist und Schriftsteller

Josef Eberle, gebürtiger Rottenburger, hat sich unter dem Pseudonym Sebastian Blau einen Namen als schwäbischer Erzähler und Mundartlyriker gemacht. Der gelernte Buchhändler und Journalist war von

← *Graf Eberhard V. im Barte*

1927 bis 1933 beim Süddeutschen Rundfunk tätig. 1936 erhielt er Schreibverbot. Neue Möglichkeiten eröffnete ihm seine Tätigkeit beim US-amerikanischen Konsulat. Von 1945 bis 1971 war er Herausgeber der »Stuttgarter Zeitung«.
Zu den bekannteren Werken Eberles, der auch als Freund lateinischer Poesie hervorgetreten ist, gehören »Bottenburger Bilderbogen«, »Sebastian Blau's Schwobespiagel« und »Hier irrt Goethe«.

Karl von Ehmann (1827 – 1889)

Ingenieur Mit dem Namen Karl von Ehmann verbindet sich der Kampf der Albbewohner gegen die Wasserarmut der ständig versiegenden »Hungerbrunnen«. Der aus dem heutigen Stuttgarter Stadtteil Berg stammende Ingenieur plante und baute Pumpstationen für eine flächendeckende Versorgung der Alb mit Trinkwasser. 1869 bis 1871 entstand die erste Pumpstation im Schmiechtal für die Albdörfer Justingen, Ingstetten und Hausen ob Urspring. In rascher Folge kamen weitere Anlagen hinzu, u. a. bei Blaubeuren, Eybach, Mühlhausen im Täle und Urach.

Albert Einstein (1879 – 1955)

Physiker Albert Einstein, der »Papst der Physik« und Schöpfer der Relativitätstheorie und der Theorie der Gravitation, wurde in Ulm als Sohn eines Kaufmanns jüdischer Abstammung geboren. Er wuchs in München auf und siedelte 1894 in die Schweiz über, wo er technischer Experte am Berner Patentamt und wenig später Professor in Zürich wurde. Im Jahre 1914 erhielt er die Mitgliedschaft in der Preußischen Akademie der Wissenschaften und wurde Direktor des Kaiser-Wilhelm-Institutes. 1921 erhielt er den Physik-Nobelpreis für seine Beiträge zur Quantentheorie.Wegen seiner jüdischen Abstammung wurde er 1933 zur Aufgabe seiner wissenschaftlichen Ämter in Deutschland gedrängt. Er ließ sich in den USA nieder und fand am Institute of Advanced Studies in Princeton, New Jersey, eine neue Wirkungsstätte, wo er bis zu seinem Tode arbeitete. 1940 wurde er US-amerikanischer Staatsbürger.

Matthias Erzberger (1875 – 1921)

Politiker Der aus Buttenhausen bei Münsingen gebürtige Matthias Erzberger gehörte der Zentrums-Partei an und war von 1903 bis 1918 Mitglied des Reichstags. Er unterzeichnete an der Spitze der deutschen Delegation 1918 den Waffenstillstand und setzte sich für die Annahme des Versailler Vertrags ein. 1919 wurde Matthias Erzberger Reichsfinanzminister und führte die bis dahin umfangreichste Reform der deutschen Finanzgeschichte durch, die vor allem eine einheitliche Finanzverwaltung erbrachte. Als Kritiker der Regierung im Ersten Weltkrieg war Erzberger Zielscheibe persönlicher Angriffe der antirepublikanischen Rechten. Nach einem von ihm im März 1920 angestrengten Beleidigungsprozess – den er zwar gewann, aber dennoch wurde er durch den Prozessverlauf diskreditiert – trat er als Reichsfinanzminister zurück. Am 26. August 1921 fiel er bei Bad Griesbach im Schwarzwald einem Attentat zum Opfer.

Max Eyth (1836 – 1906)

Ingenieur und Schriftsteller

Max Eyth war Ingenieur, Maler und Schriftsteller. Der gebürtige Schwabe aus Kirchheim unter Teck war ein begnadeter Tüftler. Er wirkte mit an der Konstruktion des Dampfpfluges der englischen Maschinenfabrik Fowler und machte als Repräsentant Fowlers den Dampfpflug weltweit bekannt. Seine Tätigkeit führte ihn für viele Jahre nach Ägypten, dann nach Westindien, Peru, Kalifornien und in fast alle europäischen Staaten. Die Reiseeindrücke hielt er in zahlreichen künstlerischen Skizzen fest (etwa 1000 davon vermachte er der Stadt Ulm). Nach der Rückkehr nach Deutschland gründete er 1884 in Berlin die Deutsche Landwirtschaftsgesellschaft (DLG). Im Ruhestand zog er zu Mutter und Schwester nach Ulm: »Sie mögen lachen über das Ländchen, ich lache oft genug selbst mit, aber du bist und bleibst meine Heimat«. In Ulm entstanden die schriftstellerischen Werke. Die bekanntesten sind das 1899 erschienene: »Hinter Pflug und Schraubstock«, dann 1904 sein erfolgreichstes Werk »Im Strom unserer Zeit. Aus Briefen eines Ingenieurs«. 1906 beschrieb er in »Der Schneider von Ulm. Geschichte eines zweihundert Jahre zu früh Geborenen« das Leben des Flugpioniers Albrecht Berblingers.

Friedrich I. Barbarossa (um 1125 – 1190)

Der Staufer Friedrich I., unter dem Namen Friedrich III. Herzog von Schwaben, war in erster Ehe mit Adelheid von Vohburg verheiratet. Im Jahr 1152 wurde er zum deutschen König gewählt. Er versuchte zunächst, den staufisch-welfischen Gegensatz beizulegen, indem er Heinrich dem Löwen das Herzogtum Bayern antrug. Dann setzte er sich zum Ziel, das römische Kaisertum wiederherzustellen, was eine Beherrschung Italiens miteinschloss. Seine zweite Ehe mit Beatrix von Burgund brachte ihm die

Büste von Kaiser Friedrich I. Barbarossa (Teil eines Reliquiars)

Königswürde auf dem burgundischen Thron. Im Juni des Jahres 1155 wurde er in Rom zu Kaiser des Heiligen Römischen Reiches Deutscher Nation gekrönt. Friedrich I. ertrank während des dritten Kreuzzuges im Fluss Saleph in der heutigen Türkei.
Die Sage von dem im Kyffhäuser ruhenden und einstmals wiederkehrenden Kaiser Rotbart wurde im 16. Jahrhundert auf Friedrich Barbarossa übertragen.

Johann Michael Hahn (1770 – 1843)

Theosoph

Der in Altdorf bei Böblingen geborene Laienprediger ist eine herausragende Figur des schwäbischen Pietismus. Nach verschiedenen Empfindungen und Visionen befasste er sich mit theosophischen Lehrsystemen Die Zahl der Anhänger seiner Lehre wird heute auf 15 000 geschätzt. Diese sind in mehreren Hundert »Hahnische« genannten Gemeinschaften organisiert, vor allem im Bereich der Mittleren Schwäbischen Alb und deren Vorland.

Philipp Matthäus Hahn (1739 – 1790)

Pfarrer

Philipp Matthäus Hahn, als »Mechanikerpfarrer« zu Ruhm gekommen, wurde in Scharnhausen bei Esslingen geboren. Er gilt als der Schöpfer der feinmechanischen Industrie in Württemberg, baute er doch in seiner Werkstatt astronomische Uhren, Taschenuhren, Waagen und Rechenmaschinen. Besonders nachhaltig war sein Wirken in Onstmettingen (heute Stadtteil von Albstadt) und in Echterdingen bei Stuttgart.

In diesem Turm lebte Hölderlin von 1807 bis zu seinem Tod.

Friedrich Hölderlin (1770 – 1843)

Friedrich Hölderlin wurde in Lauffen am Neckar geboren. Er ging in die Nürtinger Lateinschule, war Seminarist in Denkendorf und kam 1788 ans Tübinger Stift. Zu seinen Freunden dort gehörten Hegel und Schelling. Nach seinem Studium arbeitete er als Hauslehrer und Hofmeister. Von 1807 bis zu seinem Tod lebte er geistig umnachtet in einem Turmstübchen am Tübinger Neckarufer.
Hölderlins Lyrik reicht von stimmungsvollen Hymnen auf Natur

und Landschaft, z. B. »Die Teck«, über Liebesgedichte bis zu großen Elegien, darunter »Menons Klage um Diotima« Auch in seinem zweibändigen Briefroman »Hyperion« kommt der Wohllaut seiner Sprache zur Geltung.

Friedrich List (1789 – 1846)

Nationalökonom

Der Reutlinger Friedrich List absolvierte zunächst im väterlichen Betrieb eine Lehre als Weißgerber. Einige Jahre später wurde er Amtsschreiber in Blaubeuren, wo er die Missstände der damaligen Verwaltungspraxis kennen lernte. Er schlug die Gründung einer staatswirtschaftlichen Fakultät an der Universität Tübingen vor, die König Wilhelm I. im Jahr 1817 genehmigte; List wurde einer ihrer ersten Professoren. Als Mitbegründer des »Deutschen Handels- und Gewerbevereins« setzte er sich für die Aufhebung der Zollschranken innerhalb des deutschen Bundes ein. Damit stand er in Opposition zur württembergischen Regierung und verlor 1820 seine Professur. Zwei Jahre später wurde er wegen »staatsfeindlicher Aufreizung« zu einer zehnmonatigen Festungshaft verurteilt. List floh nach Frankreich und in die Schweiz, kehrte er 1824 zurück und trat seine Haft auf dem Hohenasperg bei Ludwigsburg an. Nachdem sich List bereit erklärt hatte, in die USA auszuwandern, wurde er bereits nach fünf Monaten aus der Haft entlassen. Obwohl er in den USA überaus erfolgreich als Geschäftsmann und Journalist arbeitete, kehrte er 1832 nach Deutschland zurück. In Leipzig schlug er die Schaffung eines deutschen Eisenbahnnetzes vor. Wenig später entstand die Strecke Leipzig – Dresden. Wissenschaftliches Hauptwerk des Reutlinger Nationalökonomen ist »Das nationale System der politischen Ökonomie«. Friedrich List, der unter schweren Depressionen litt, beging in Kufstein Selbstmord.

Eduard Mörike (1804 – 1875)

Pfarrer und Dichter

Der in Ludwigsburg geborene Mörike war Seminarist in Urach und studierte am Tübinger Stift Theologie. Seinen Pfarrdienst versah er im Raum Nürtingen – Kirchheim unter Teck, z. B. in Ochsenwang am Rande des Randecker Maares. Mörike war Mitglied der Schwäbischen Schule und wohl einer der bedeutendsten Dichter der Spätromantik. Einige seiner Gedichte befassen sich mit der Schwäbischen Alb, beispielsweise »Der Petrefaktensammler«. In seinem Märchen »Das Stuttgarter Hutzelmännlein« lässt er u. a. die Sage von der schönen Lau vom Blautopf wiederaufleben.

Peter Parler (1330 – 1399)

Baumeister und Bildhauer

Peter Parler, Spross einer Baumeisterfamilie, wurde in Schwäbisch Gmünd geboren. Er beeinflusste wesentlich die Entwicklung der gotischen Baukunst in Mitteleuropa. In Gmünd baute er zusammen mit seinem Vater, der an der Errichtung des Kölner Domes mitgewirkt hatte, den Hallenchor des Münsters. Im Jahr 1353 berief Kaiser Karl IV. Parler nach Prag zur Fortsetzung der Arbeiten am St.-Veits-Dom. Parler schuf die Allerheiligenkapelle in der Burg und entwarf die Karlsbrücke mit dem Altstädter Brückenturm, dessen Skulpturen aus der Parler'schen Bauhütte stammen.

Friedrich August Quenstedt (1809 – 1889)

Geologe und Paläontologe

Der im thüringischen Eisleben geborene Naturforscher wird als »Praeceptor Sueviae« verehrt. Der Begründer geologischer und paläontologischer Forschungen im Schwäbischen Jura wurde im Jahre 1837 Professor an der Universität Tübingen. Ihm verdanken wir u. a. die Unterscheidung einzelner Jura-Schichten und grundlegende Kenntnisse über die Ammoniten der Alb.

Carlo Schmid (1896 –1979)

Politiker

Carlo Schmid war von 1946 bis 1953 Professor für Völkerrecht in Tübingen, danach Professor für politische Wissenschaften in Frankfurt. Er beteiligte sich führend am Aufbau von Württemberg-Hohenzollern. So fertigte er einen Entwurf für eine neue Verfassung an, die 1946 in einem Volksentscheid angenommen wurde. Als Mitglied des Parlamentarischen Rates 1948/1949 übte er Einfluss auf die Gestaltung des Grundgesetzes aus. In den Jahren 1949 bis 1972 war er Abgeordneter der SPD im Bundestag; 1949 bis 1966 und 1969 bis 1972 dessen Vizepräsident. Er beteiligte sich auch an der Ausarbeitung des »Godesberger Programmes« der SPD. Von 1966 bis 1969 war er Bundesminister für Angelegenheiten des Bundesrates und der Länder.

Harald Schmidt (geb. 1957)

Entertainer

Aus dem bayrischen Neu-Ulm stammt Harald Schmidt. Aufgewachsen ist er in Nürtingen. In Rottenburg am Neckar absolvierte er an der Hochschule für Kirchenmusik die C-Prüfung für das Orgelspiel, wurde dann aber doch nicht katholischer Priester, wie sein erster Berufswunsch, lautete, sondern machte sich als Schauspieler und Kabarettist einen Namen. Heute arbeitet er als TV-Entertainer und spricht zu einem Millionenpublikum vor der Mattscheibe. Im September 2005 wurde er zum 4. Mal Vater und hat sich damit die Anwartschaft auf den noch zu schaffenden »Ursula-von-der-Leyen-Gedächtnis-Orden« verdient

Christian Friedrich Daniel Schubart (1739 – 1791)

Schriftsteller und Musiker

Der in Obersontheim geborene Christian Friedrich Daniel Schubart war von 1769 bis 1773 Organist und Kapellmeister am württembergischen Hof in Ludwigsburg. Als politischer Schriftsteller fiel er in

Ungnade und wurde vom württembergischen Herzog Carl Eugen von 1777 bis 1787 auf dem Hohenasperg eingekerkert. Nach seiner Begnadigung wurde Schubart Theater- und Musikdirektor am Stuttgarter Hof.

Gustav Schwab (1792 – 1850)

Dichter

Der Stuttgarter Gustav Schwab fand in Tübingen Eingang in den Schwäbischen Dichterkreis um die Romantiker Uhland und Kerner. Neben verschiedenen Liedern und Romanen gab er die »Schönsten Sagen des klassischen Altertums« heraus. Zusammen mit Adalbert von Chamisso edierte er den »Deutschen Musenalmanach«. Seine besondere Liebe galt der Schwäbischen Alb, die er u. a. in seinem Gedicht »Die Schwabenalb« und in seiner Reisebeschreibung »Die Neckarseite der Schwäbischen Alb« feierte.

Ulrich von Württemberg (1487 – 1550)

Herzog von Württemberg

Ulrich von Württemberg wurde in Reichenweier, dem heutigen Riquewihr, im Elsass geboren. 1498 wurde er württembergischer Herzog. Im Jahr 1514 schlug er mit Unterstützung der Landstände die Bewegung »Armer Konrad« nieder. Dafür erhielten die Stände im Tübinger Vertrag von 1514 verfassungsmäßig festgeschriebene Mitspracherechte. Im Jahr 1519 konnte Ulrich zwar die Reichsstadt Reutlingen einnehmen, wurde aber vom Schwäbischen Bund wieder vertrieben. Nach diversen Legenden soll er sich in der Nebelhöhle im oberen Echaztal und damit in der Nähe der Burg Lichtenstein verborgen gehalten haben. Kaiser Karl V. erhielt 1520 die Lande Ulrichs. Erst 1534 gelang Ulrich die Rückgewinnung der Herzogswürde. Sein Land bekam er jedoch nur als österreichisches Lehen. Unter Herzog Ulrich wurde in Württemberg die Reformation eingeführt. Mit besonderem Nachdruck förderte er das Tübinger Stift, aus dem viele berühmte Köpfe hervorgehen sollten.

David Friedrich Weinland (1829 – 1915)

Naturforscher und Schriftsteller

David Friedrich Weinland wurde in Grabenstetten bei Urach als Sohn eines Pfarrers geboren. Er studierte in Tübingen Theologie und beschäftigte sich mit naturwissenschaftlichen Themen. 1852 promovierte er mit einer Arbeit über die damals sehr umstrittene Lehre der Urzeugung. Er wurde 1859 wissenschaftlicher Leiter des neuen Frankfurter Zoos und unternahm mehrere Forschungsreisen.
Nach seinem Rückzug auf das väterliche Gut Hohenwittlingen bei Urach verfasste er zahlreiche wissenschaftliche Schriften und veröffentlichte 1857 den Jugendbuch-Klassiker »Rulaman«. Darin erzählt Weinland vom Leben der Höhlenmenschen auf der mittleren Alb, wobei er genaue Ortskenntnisse seiner Heimat mit Befunden archäologischer und naturhistorischer Forschungen seiner Zeit verwob.

Praktische Informationen

WO GIBT ES DIE SCHÖNSTEN THERMALBÄDER UND WO DIE BESTEN AUSSICHTSBERGE? UND WELCHE KULINARISCHEN KÖSTLICHKEITEN HAT DIE SCHWÄBISCHE ALB ZU BIETEN? INFORMIEREN SIE SICH – AM BESTEN SCHON VOR DER REISE!

Anreise · Reiseplanung

Mit dem Auto

Motorisierte Reisende erreichen die Schwäbische Alb schnell und bequem über gut ausgebaute **Autobahnen** und **Bundesstraßen**. Wichtigste Nord-Süd-Verbindung ist die **A 7** (Hamburg – Würzburg – Ulm – Kempten). Sie durchmisst die Ostalb zwischen Aalen und Ulm. Quer durch die mittlere Alb verläuft die **A 8** (Karlsruhe – Stuttgart – München) in west-östlicher Richtung. Und am Westrand der Alb zieht die **A 81** von Stuttgart via Horb, Rottweil und Villingen-Schwenningen in Richtung Bodensee bzw. Schweiz.

Sowohl im Vorland als auch kreuz und quer durch das Karstgebirge und entlang einiger Flüsse führen als Zufahrten und Querverbindungen geeignete Bundesstraßen:

B 10: Stuttgart – Göppingen – Ulm – Augsburg
B 14: Stuttgart – Herrnberg – Rottweil – Tuttlingen – Bodensee
B 19: Ulm – Heidenheim – Aalen
B 25: Donauwörth – Nördlingen
B 27: Stuttgart – Tübingen – Rottweil – Donaueschingen
B 28: Kehl – Freudenstadt – Tübingen – Bad Urach – Ulm (Donau)
B 29: Stuttgart – Schwäbisch Gmünd – Aalen – Nördlingen
B 32: Hechingen – Gammertingen – Sigmaringen
B 297: Lorch – Göppingen – Kirchheim – Nürtingen – Tübingen
B 311: Ulm – Ehingen Riedlingen – Mengen – Messkirch
B 312: Stuttgart – Metzingen – Reutlingen – Zwiefalten – Riedlingen
B 313: Nürtingen – Metzingen – Reutlingen – Gammertingen
B 463: Balingen – Albstadt – Sigaringen
B 465: Kirchheim – Lenningen – Bad Urach – Münsingen – Ehingen
B 466: Nördlingen – Heidenheim – Geislingen/Steige – Mühlhausen

Mit der Bahn

Die Schwäbische Alb ist gut in das Fernverkehrsnetz der Deutschen Bahn AG eingebunden. **ICE-, EC-, IC- und InterRegio-Züge** verkehren auf den Hauptstrecken in dichter Folge:

Fernverkehr ► Wichtigste ist die **West-Ost-Hauptstrecke** (Paris – Strasbourg – Karlsruhe – Stuttgart – Ulm – München – Wien – Budapest) führt am Nordrand des Schwarzwalds entlang. Im **nördlichen Albvorland** zieht sich die Hauptstrecke von Stuttgart via Schwäbisch Gmünd und Aalen in Richtung Nürnberg. Am **Westrand der Alb** verläuft die Hauptstrecke von Stuttgart über Rottweil nach Singen und weiter nach Schaffhausen, Zürich und Mailand.

CityNightLine ► Mit diversen **Nachtzügen** erreicht man Stuttgart, Ulm und Donauwörth zur Weiterreise auf die Schwäbische Alb.

DBAutoZug ► Von Rostock-Seehafen und Sassnitz-Fährhafen auf der Insel Rügel fahren **Autozüge** nach Kornwestheim bei Stuttgart. Von hier ist es dann nicht mehr weit auf die Alb.

Regional- und S-Bahnen ► Folgende Strecken sind für den Regionalverkehr von Bedeutung und werden z. T. auch von weiter laufenden Zügen befahren:

Gäubahn: Stuttgart – Horb – Rottweil – Tuttlingen (– Singen)

Neckar-Gäu-Bahn: Tübingen – Horb – Freudenstadt
Remsbahn: Stuttgart – Schwäbisch Gmünd – Aalen – Ellwangen bzw. Nördlingen
Neckar-Fils-Bahn: Stuttgart – Plochingen – Göppingen – Ulm
Neckar-Alb-Bahn: Stuttgart – Plochingen – Reutlingen – Tübingen
Lenninger-Tal-Bahn: Plochingen – Kirchheim – Oberlenningen
Ermstalbahn: Metzingen – Bad Urach
Zollernbahn: Tübingen – Hechingen – Albstadt – Sigmaringen
Donautalbahn: Titisee-Neustadt – Donaueschingen – Tuttlingen – Ulm an der Donau
Schwarzwald-Baar-Heuberg-Ringbahn: Rottweil – Villingen-Schwenningen – Donaueschingen – Tuttlingen – Rottweil
Schwäbische-Alb-Bahn: Ulm – Blaubeuren – Schelklingen – Münsingen – Kleinengstingen – Gammertingen
Hohenzollerische Landesbahn: Tübingen – Hechingen – Burladingen – Gammertingen – Sigmaringen

! *Baedeker* TIPP

Baden-Württemberg-Ticket

Mit diesem Fahrschein können bis zu fünf Personen oder eine Familie mit Kindern einen Tag lang für nur 27 Euro in Nahverkehrszügen der Deutschen Bahn AG kreuz und quer durch ganz Baden-Württemberg und damit natürlich auch über die Schwäbische Alb reisen. Übrigens: Das Ticket für einen Single kostet 18 Euro.

Ein Triebwagen der Hohenzollerischen Landesbahn fährt ins Laucherttal bei Gammertingen.

Mit dem Flugzeug Der dem Zielgebiet am nächsten gelegene internationale **Flughafen** ist Stuttgart. Er ist gut in das internationale Luftliniennetz eingebunden. Die Westalb ist darüber hinaus vom schweizerischen Flughafen Zürich-Kloten leicht erreichbar. Regionale Bedeutung haben die Flugplätze von Donaueschingen, Villingen-Schwenningen, Mengen, Giengen/Brenz, Heubach und Aalen/Heidenheim/Elchingen.

Flughafenbusse ► Vom Flughafen Stuttgart verkehren Linienbusse nach Reutlingen, Pfullingen und Tübingen.

WICHTIGE ADRESSEN

AUTOREISEN

► **ACE**
ACE-Info-Service:
Tel. (0 18 02) 33 66 77
www.ace.online.de

► **ADAC**
Verkehrs-Service: Tel. 22 4 11
Stau-Info: Tel. 22 4 99
www.adac.de

► **AvD**
Service:
Tel. (0 18 05) 16 25 16
www.avd.de

► **ÖAMTC**
Schutzbrief-Hilfe:
Tel. 00 43 1 25 120
www.oeamtc.at

► **TCS**
Assistance:
Tel. 00 41 22 417 22 20
www.tcs.ch

BAHNREISEN

► **Deutsche Bahn AG**
DB ReiseService: Tel. 11 8 61
Automatische Fahrplanauskunft:
Tel. (0 18 05) 22 11 00
www.bahn.de

► **CityNightLine**
Service: Tel. (0 18 05) 21 34 21
www.citynightline.ch

► **DB AutoZug**
Service: Tel. (0 18 05) 24 12 24
www.autozug.de

► **Hohenzollerische Landesbahn**
Service: Tel. (0 74 71) 18 06 22
www.hzl-online.de

VERKEHRSVERBÜNDE

► **S-Bahn Stuttgart**
DB ReiseService: Tel. 11 8 61
Automatische Fahrplanauskunft:
Tel. (0 18 05) 22 11 00
www.bahn.de

► **Naldo**
Service: Tel. (0 74 71) 93 01 96 96
www.naldo.de

► **DING**
Service: Tel. (07 31) 9 62 52-0
www.ding-ulm.de

FLUGVERKEHR

► **Flughafen Stuttgart**
Tel. (07 11) 94 80
www.flughafen-stuttgart.de

► **Deutsche Lufthansa**
Deutschland:
Tel. (0 18 05) 83 84 26
Österreich:
Tel. (08 10) 10 25 80 80
Schweiz:
Tel. (09 00) 90 09 22
www.lufthansa.com

Auskunft

INFORMATIONEN FÜR TOURISTEN

TOURISMUSVERBÄNDE

► **Tourismusverband Schwäbische Alb**
Marktplatz 1
72574 Bad Urach
Tel. (0 71 25) 94 81 06, Fax 94 81 08
www.schwaebischealb.de

► **Heilbäderverband Baden-Württemberg e. V.**
Esslinger Str. 8
D-70182 Stuttgart
Tel. (07 11) 2 18 45 76
Fax (07 11) 89 24 80 20
www.heilbaeder-bw.de

KONSULATE

► **Honorarkonsulat der Republik Österreich**
Stafflenbergstr. 81
D-70184 Stuttgart
Tel (07 11) 62 62 60
www.oesterreichisches-honorarkonsulat-stuttgart.de

► **Schweizer Generalkonsulat**
Hirschstr. 22
D-70173 Stuttgart
Tel. (07 11) 22 29 43-0
E-Mail: vertretung@stu.rep.admin.ch

Mit Behinderung unterwegs

Öffentliche Gebäude, Ladenpassagen, Gehwege, Verkehrsanlagen wie z. B. Flughäfen, Bahnhöfe und Straßenbahnhaltestellen, öffentliche Verkehrsmittel sowie Beherbergungsbetriebe sind noch nicht überall

BEHINDERTENREISEN

► **BSK-Reise-Service**
Postfach 20
D-74236 Krautheim/Jagst
Tel. (0 62 94) 6 83 03
www.bsk-ev.de

► **Verband der Körperbehinderten Österreichs**
Lützowgasse 24 - 28
A-1014 Wien
Tel. (01) 9 11 32 25
Tel. (01) 9 14 55 62

► **Bundesarbeitsgemeinschaft der Clubs Behinderter und ihrer Freunde e.V.**
Eupener Str. 5
D55131 Mainz
Tel. (0 61 31) 22 55 14
www.bagcbf.de

► **Mobility International Schweiz**
Frohbergstr. 4
CH-4600 Olten
Tel. (062) 2 06 88 35

behindertengerecht ausgestattet. Lediglich die ausgewiesenen Kurorte und Kureinrichtungen, Thermalbäder sowie einige von Touristen besonders stark frequentierte Einrichtungen sind behindertenfreundlich ausgestattet. Behindertenparkplätze sind meistens ausgewiesen.

Essen und Trinken

Deftig und fein

Die traditionelle schwäbische Küche ist recht deftig und nahrhaft. Sie bevorzugt Fleisch und Mehlspeisen, Gemüse wird aber nicht verschmäht. An die Stelle der Kartoffeln, die weniger als Salzkartoffeln denn als Pellkartoffeln (Kartoffeln in der Schale) oder als Bratkartoffeln bzw. als Kartoffelsalat (gerädelt und gerieben) gegessen werden, treten oft Teigwaren, vor allem handgeschabte Spätzle und meist in Fabriken erzeugte Nudeln. Mit Gewürzen wird recht sparsam umgegangen. Inzwischen besinnen sich immer mehr Köche auf beste regionalen Produkte, wobei die Palette von Nudeln aus heimischem Dinkelmehl über diverse vor Ort erzeugte Gemüse, Salate und Gewürze bis zu feinsten Lammkoteletts und Rehrücken reicht. Auch die relative räumliche Nähe zum Elsass bzw. zu Frankreich und der Schweiz dürfte eine Rolle spielen, also zu Ländern, deren Küchen Weltruhm genießen. Wie dem auch sei: Auf der Schwäbischen Alb bekommt man, was das Herz begehrt, sei es ein kapriziöses Gourmet-Menü, eine Forelle blau oder ein deftiges Vesper mit Rauchfleisch, Leberwurst und Bauernbrot.

Speisen

Vesper

Die wichtigste Mahlzeit ist das »Veschper«, ursprünglich als zweites Frühstück oder abends eingenommen, kann man heute zu jeder Tageszeit »veschpern«. Obligatorisch gehören dazu dicke Scheiben **Bauernbrot** sowie Hausmacher-Wurst (Schwarzwurst, Griebenwurst, Leberwurst), manchmal auch **Backsteinkäse** (Romadour oder Limburger). Dazu gibt´s meist saure Gurken und Tomaten als Garnitur.

Suppen

Bei den Schwaben sind Suppen recht beliebt. Größter Wertschätzung erfreut sich eine gute **Flädlesuppe**. Dies ist eine gut gewürzte Fleischbrühe mit Pfannenkuchenstreifen als Suppeneinlage. Vor der BSE-Hysterie wurde zu festlichen Anlässen gerne **Hirnsuppe** gereicht. Einige der regionalen Küche besonders verpflichtete Wirte und Hausfrauen haben diese Spezialitäten wieder auf ihren Speisezetteln.

Spätzle, Knöpfle und sonstige Teigwaren

Wesentliche Bestandteile vieler warmer Mahlzeiten sind **Spätzle** oder **Knöpfle**. Ein Teig aus Mehl und Ei, gesalzen und nur im Ausnahmefall etwas mit Wasser gestreckt, ist Grundlage für Spätzle und Knöpfle. Die gute schwäbische Hausfrau schabt die Spätzle mit dem Messer vom Brett ins kochend heiße Salzwasser. Wer es eiliger hat, drückt

Auch draußen lässt sich ein zünftiges schwäbisches Vesper genießen.

seine Teigspätzle oder Knöpfle mit der »Spätzlesmaschine« ins kochende Wasser. **Kässpätzle** sind mit Emmentaler Käse vermengte Teigwaren, zu denen reichlich grüner Salat gereicht wird.
Ebenfalls eine leckere Beilage sind **Schupfnudeln**, jene dicken Nudeln aus Kartoffelteig, die im Volksmund auch **»Buabaspitzle«** heißen. Mitunter werden sie auch geröstet serviert. Zusammen mit Sauerkraut ergeben sie eine sättigende Mahlzeit.
Ein Nonplusultra der schwäbischen Küche sind **Maultaschen**. Diese quadratischen Nudelteigfladen mit einer Füllung aus gehacktem oder gewiegtem Fleisch, Spinat und verschiedenen Gewürzen werden in einer Fleischbrühe aufgekocht und dann entweder in der Brühe oder geschmälzt mit Kartoffelsalat oder aber mit Ei geröstet und mit gemischtem Salat serviert. Ein weiteres »Nationalgericht« der Älbler sind **Linsen und Spätzle**, die zumeist mit leicht angerauchten Saitenwürsten serviert werden. Auch **Romadour und Hefaknepf** (Hefeknödel mit Romadour-Käse) fehlen auf keinem schwäbischen Speisezettel. Ähnliches gilt für **Kartoffelschnitz und Spatzen**. Dieses Gericht besteht aus Kartoffelstückchen und Spätzle, die zusammen mit mit Gemüse (auch Zwiebeln) und etwas Fleisch in einer Fleischbrühe gekocht werden.

Fischgerichte

In einigen Albtälern (z. B. Echaztal, Honau) gibt es **Forellen** (»Müllerin«, »blau«, oft auch als geräuchertes Forellenfilet). Weitere beliebte Speisefische sind Hecht und Zander.

Rostbraten und eingemachtes Kalbfleisch

Von den Älblern geschätzt wird der feine **Rostbraten** (Entrecôte) mit reichlich gerösteten Zwiebeln, Spätzle oder Bratkartoffeln und würzigem Bratensaft. Ochsenfleisch genießt man meist mit Meerrettichsoße und Preißelbeeren. **Gekochte Rinderbrust** kommt als Siedfleisch auf den Tisch, meist mit Kartoffeln als Beilage. Sehr gut schmeckt auch **eingemachtes Kalbfleisch**. Diese Kalbfleischwürfel in einer hellen Soße werden mit Weißwein abgeschmeckt. Zu einer deftigen **Schlachtplatte** gehören Blut- und Leberwurst, Kesselfleisch, Speck und Kartoffeln. Nicht jedermanns Sache, aber typisch schwäbisch sind Innereien, seien es nun saure **Kutteln**, saure **Nierle** oder geschnetzelte **Leber**. Als deftige Mahlzeit schätzen Einheimische auch **Ripple mit Kraut**, d. h. ein gekochtes, mitunter auch leicht geräuchertes Schweinerippchen mit Sauerkraut und Bauernbrot. Besonders im Herbst bieten viele Restaurants auf der Alb **Wildspezialitäten** an. Die Palette reicht vom »Hasenpfeffer« bis zum »Rehrücken«.

Wurstsalat, Ochsenmaulsalat etc.

Der **Schwäbische Wurstsalat** wird aus Schwarzwurst und Zwiebeln zubereitet und mit Essig, Öl, Salz und Pfeffer verfeinert. Der **Ochsenmaulsalat** (Salat vom Rindergaumen, angemacht mit Zwiebeln, Salz, Essig und Öl) gilt auch heute noch als Qualitätssiegel einer echt schwäbischen Metzgerei. Und wirklich: Besten Ochsenmaulsalat liefern einige Fleischer von der Alb. Weitere Spezialitäten der Älbler-Wurstküche sind Schwartenmagen, Leberwurst und Griebenwurst, Leberkäs' (Fleischkäse), Schinkenwurst, Schwarze Wurst, und Landjäger bzw. Peitschenstecken (Schäferstecken).

! *Baedeker* TIPP

Lammgerichte

Sehr in Mode gekommen sind auf der Alb Lammgerichte, was angesichts der würzig duftenden Wacholderweiden und der ausgedehnten, als Schafweiden genutzten Magerwiesen kein Wunder ist. Einige besonders kreative Köche greifen bei der Zubereitung auch auf heimische Wildkräuter zurück, die den Lammgerichten fast schon einen mediterranen Touch verleihen.

Zwiebelkuchen

Während der Zeit der Weinlese wird überall warmer Zwiebelkuchen mit und ohne Speck angeboten. Dazu gibt's neuen Wein (Suser).

Ofenschlupfer und Dampfnudeln

Als süße Hauptspeise oder auch als üppiges Dessert genießt man einen **Ofenschlupfer**, der aus in Milch eingeweichten Semmeln, Ei, Apfelstückchen, Rosinen, Zucker und Zimt zubereitet wird. Eine wohlschmeckende Mehlspeise sind aus Hefeteig zubereitete **Dampfnudeln**, zu denen es oft eine leckere Vanillesoße gibt.

Kuchen und sonstige Süßigkeiten

Auf der Alb und in ihrem Vorland schätzt man Obstkuchen aller Art. Im Frühsommer gibt es überall herrliche **Erdbeerkuchen** mit Sahne und im Spätsommer wunderbare **Zwetschgenkuchen** mit Schlagobers. Gut schmecken auch **Apfelküchle**. Das sind in Pfannkuchenteig getunkte und dann in heißem Fett ausgebackene Apfelringe. **Schnitzbrot** wird in der Vorweihnachtszeit aus einem dunklen Teig mit Nüssen und Trockenobststückchen Zwetschgen, Äpfel, Birnen) hergestellt. Als Weihnachtsgebäck sind neuerdings wieder **Springerle** in Mode gekommen. Zu ihrer Herstellung verwendet man oft kunstvoll gestaltete Backmodel. Der **Hefekranz** ist ein einfacher Kuchen aus Hefeteig, oftmals verfeinert mit »Zibeben« (Rosinen). Er fehlt auf keiner Kaffeetafel und auch bei keinem offiziellen Empfang und wird dort als »Sättigungsbeilage« zum Viertele Rotwein gereicht.

Getränke

Mineralwässer

An guten Mineral- und Tafelwässern herrscht in der mineralquellenreichen Alb bzw. deren Vorland kein Mangel. Weit bekannt sind u.a.

»Überkinger«, »Göppinger Sprudel«, »Eiszeit-Quelle« (aus RT-Rommelsbach), »Niedernauer«, »Obernauer«, »Imnauer« mit allen ihren Unterarten (Heilquelle, Classic, Medium, Still, Sport). Die meisten dieser Wässer eignen sich hervorragend zum Mischen mit Fruchtsäften (u. a. Apfelschorle).

Most

»Nationalgetränk« der Älbler und auch der Vor-Älbler ist der vergorene **Apfel- und Birnenmost**. Je nach Jahrgang kann er recht »räs« (= herb) oder aber stark im Alkoholgehalt sein. Dann wird er oft mit Sprudel (kohlensäurehaltigem Mineralwasser) versetzt.

Bier

Die Bierbrauerei hat auf der Alb eine lange Tradition. Während im Sommer hauptsächlich die Sorten Kristallweizen und Hefeweizen konsumiert werden, trinkt man in der kühlen Jahreszeit vorwiegend Export und Pils bzw. Pilsner Art (auch kellertrüb). Bekannte Biere kommen aus alten Braustätten von Klöstern und Herschaftshäusern. Dazu gehören Erzeugnisse des **Brauhauses Oettingen** und der **Brauerei Wallerstein**, der Geislinger Brauerei **Kumpf**, der Ulmer Brauerei **Gold Ochsen**, der Ehinger **Berg-Brauerei**, der **Zwiefalter Klosterbrauerei**, der Sigmaringer **Zoller-Brauerei**, der Mössinger Brauerei **Fischer** und der dazu gehörenden Tübinger Gatshaus-Brauerei **Neckarmüller** sowie der **Hirsch-Brauerei** in Wurmlingen bei Tuttlingen.

Wein

Wein wird an den Hängen des Neckar- und Ammertales bei Tübingen, an der Metzinger Hofsteige, am sonnenbeschienenen Hang des Hohenneuffen sowie an den Neckartalhängen bei Esslingen angebaut. Vorwiegend sind es die Gewächse Schwarzriesling, Lemberger, Trollinger, Silvaner, Müller-Thurgau und Riesling. Die bekanntesten Lagen sind: **»Metzinger Hofsteige«, »Neuffener Schlosssteige«**, »Esslinger Burg« und »Esslinger Lerchenberg«.

Geistreiches

Obstschnäpse werden nicht nur im klimatisch begünstigten und daher besonders streuobstreichen Vorland der mittleren Alb (Schlat, Neidlinger Tal, Lenninger Tal, Neuffener Täle und Ermstal) erzeugt, sondern beispielsweise auch oben im »Geißentäle«. Neben gewöhnlichen »Obstlern« gibt es auch **Edelbrände** wie Kirschen-, Zwetschgen- und Mirabellengeist. In manchen Albtälern, in denen noch viel **Wacholder, Schlehen, Hagebutten, Blutwurzeln** etc. zu sammeln sind, werden noch entsprechende Schnäpse und Liköre zubereitet.

Feiertage · Feste · Events

Immer was los...

Auf der Alb und in ihrem Vorland wird das ganze Jahr über »gefestet« und gefeiert. Los geht es schon im Frühjahr, wenn die **schwäbisch-alemannische Fastnacht** nicht nur in ihren Hochburgen (u.a.

Oberkochen, Donzdorf, Rottenburg, Ehingen, Riedlingen, Schömberg und Rottweil) fröhliche Urständ' feiert. In traditionsbewussten katholischen Orten (u. a. Rottenburg, Zwiefalten, Sigmaringen) wird der **Weiße Sonntag** (Erstkommunion am Sonntag nach Ostern) besonders festlich begangen. Mit **historischen Heimatfesten** geht es im Mai in Göppingen und Nördlingen los. An **Fronleichnam** werden in gutkatholischen Orten **Blumenteppiche** ausgelegt.

Die schönsten Feste

- Rottweiler Narrensprung
- Göppinger Maientag
- Schäferlauf in Bad Urach bzw. Heidenheim
- Rottenburger Neckarfest
- Ulmer Schwörmontag mit Nabada bzw. Fischerstechen
- Nördlinger Scharlachrennen (Stadtmauerfest)
- Umbrisch-provenzalischer Markt in Tübingen
- Marbacher Hengstparade
- Metzinger Kelternfest
- Tübinger Weihnachtsmarkt

Im Sommer gibt es kein Wochenende, an dem nicht irgendwo irgendetwas gefeiert wird. **Historische Märkte, Stadtfeste**, Kurkonzerte, **Musikfeste**, historische Umzüge, Weinfeste, **Trachtenfeste**, Kunsthandwerkermärkte, Gauklertreffen sowie diverse sportliche Ereignisse wie **Radrennen** und **Marathonläufe** lassen keine Langeweile aufkommen. Höhepunkte sind u. a. die jährlich abwechselnd in Bad Urach und Heidenheim stattfindenden **Schäferläufe**, das Rottenburger Neckarfest (»Raodaburger Sommerfasnet«) und das Ulmer Donaufest. Der neueste Trend sind **Sommer-Gastro**-Veranstaltungen an besonders schönen innerstädtischen Plätzen. Beliebt sind die kulinarischen Meilen u. a. in Tübingen Rottenburg und Heidenheim.

Spätsommer und Herbst sind die hohe Zeit der **Weinfeste**, beginnend mit dem Reutlinger Weindorf rund um die Marienkirche und kulminierend im Metzinger Kelternfest.

Recht farbenfroh geht es am Fastnachtsdienstag in Schömberg zu.

Ein besonderer Höhepunkt im September/Oktober ist die **Marbacher Hengstparade**.

Besonders schöne **Erntedankfeste** werden im Oktober in den beiden Freilichtmuseen Beuren und Neuhausen ob Eck gefeiert. Dazu kommen in etlichen Orten **Kirchweihfeste** mit bunten Rahmenprogrammen. Im November gibt es dann vielbesuchte **Martinimärkte**.

Jeder Ort, der etwas auf sich hält, lockt im Dezember mit Glühwein, Krautschupfnudeln und Lebkuchen zu einem **Nikolaus-, Weihnachts- oder Christkindlesmarkt**. Die größten Veranstaltungen dieser Art gibt es u. a. in Reutlingen, Tübingen und Ulm.

Geld

Banken und Sparkassen

Die Filialen von Banken und Sparkassen sind in der Regel von Montag bis Freitag von 8.30 bzw. 9.00 bis 12.30 und von 14.00 bis 17.00 geöffnet. Viele Geldhäuser sind montags und donnerstags bis 18.00 Uhr geöffnet.

Viele Beherbergungsbetriebe, Restaurants, Geschäfte, Autovermieter und andere Anbieter touristischer Leistungen akzeptieren »Plastikgeld« als Zahlungsmittel.

i Karten-Notfall-Service

- alle Bank- und Kreditkarten: Tel. 116 116
- BankCard (ec-Karte): Tel. (0 18 05) 021 021
- Eurocard/Mastercard:Tel. (08 00) 8 19 91 00
- Visa: Tel. (08 00) 8 14 91 00
- American Express: Tel. (069) 97 97 77 77

Kartenverlust

Bei Verlust einer Bank- bzw. Kreditkarte wende man sich umgehend an den Notfall-Service (Info-Kasten) und an das die Karte ausgebende Geldinstitut.

Geldautomaten

Wer eine Kredit- oder Bankkarte mit Maestro-Zeichen und auch mit persönlicher Geheimnummer (PIN; Personal Identification Number) besitzt, kann an Geldautomaten problemlos Geld abheben.

Geldwechsel

Reiseschecks, ausländische Banknoten usw. können in Bankfilialen und Wechselstuben gegen Euros getauscht werden. Man erhält auch **Bargeld** gegen Vorlage einer Kreditkarte und des Reisepasses.

Gesundheit

Apotheken

Die meisten Apotheken sind von 8.00 bis 18.30 Uhr geöffnet. Manche Apotheken in größeren Städten und Einkaufszentren sind sogar bis 19.00 oder 20.00 Uhr geöffnet.

Notdienst

Die Adressen der nächsten dienstbereiten Apotheken ist in jeder Apotheke gut sichtbar angezeigt. Außerdem können sie der Tagespresse entnommen werden.
In Notfällen kann man diese Adressen auch beim ärztlichen Notdienst und des weiteren bei den Polizeidienststellen in Erfahrung bringen.

i Notrufe

- Notarzt, Rettungsdienst: Tel. 112
- Polizei: Tel. 110

Die **ärztliche Grundversorgung** ist überall gewährleistet. Leistungsfähige Kliniken gibt es in den Uni-Städten Tübingen und Ulm sowie in allen anderen größeren Städten.

Mit Kindern unterwegs

Kinderfreundliche Ferienregion

Auf der Alb und in deren Vorland können Familien mit Kindern erlebnisreiche Ferien verbringen. Denn hier gibt es gleich mehrere Freizeitparks, Abenteuerparks, Tierparks und Streichelzoos, Riesenrutschbahnen, Spaßbäder mit Wasserrutschen und Wellenbecken, Märchengärten, Pony-Reitmöglichkeiten, Planwagenfahrten, Puppen- und Spielzeugmuseen. Die tollste Attraktion ist natürlich das etwas abseits der Alb bei Günzburg gelegene Legoland. Besonders angetan sind Kinder von den geheimnisumwitterten Höhlen sowie von den sagenumwobenen Burgen, Schlössern und Ruinen. Auch Kletterfelsen, hohe Bäume zum Erklimmen, neuerdings auch einige Hochseilgärten und Abenteuer-Waldpfade ziehen Kinder unweigerlich in ihren Bann.

Ganz toll finden die Kinder das Steineklopfen und die Suche nach Versteinerungen.

Viele Touristenorte und Unterkünfte haben sich auf Familien mit Kindern eingestellt und bieten auch Schlechtwetter-Programm an, die Besuche in Erlebnisbädern, auf Reiterhöfen und in Besucher-Bergwerken ebenso beinhalten wie Mitmach-Aktionen in Museen. Größter Wertschätzung bei Familien mit Kindern erfreuen sich Ferien auf dem Bauernhof, die man überall auf der Alb erleben kann.

ANGEBOTE FÜR KINDER

ERLEBNISPARKS

► **Günzburg**
Legoland
Öffnungszeiten: April – Anfang Nov. tgl. 10.00 – 18.00 Uhr, während Schulferien länger.
Achterbahnen, Wasserrutschen, Karussells, diverse Shows etc.

► **Machtolsheim**
Pony- und Märchenpark
Öffnungszeiten: Ostern – Anfang Nov. tgl. 9.00 – 18.00 Uhr.

► **Schömberg**
Waldschenke
Öffnungszeiten: nur bei gutem Wetter Di. So. ab 11.00 Uhr.
Miniaturdorf und Kindereisenbahn.

► **Sonnenbühl-Erpfingen**
Traumland auf der Bärenhöhle
Öffnungszeiten: Osten – 1. Nov. tgl. 9.00 – 18.00 Uhr.
Riesenrad, Märchengarten, Oldtimer-Autos, Spiegelkabinett, Affenhaus, Indianerdorf etc.

TIERE

► **Ammerbuch-Entringen**
Wildgehege im Schönbuch
Frei zugänglich.

► **Eningen unter Achalm**
Wildgehege Eninger Weide
Frei zugänglich

► **Gomadingen-Marbach**
Haupt- und Landgestüt
Öffnungszeiten: Tgl. 9.00 – 12.00 u. 13.00 – 17.00 Uhr
Pferde (Vollblut, Kaltblut, Haflinger usw.)

► **Heidenheim**
Freizeitpark Schloss Hellenstein
Frei zugänglich
Wildgehege, Streichelzoo, Spielplatz.

► **Herrenberg**
Damwildgehege beim Naturfreundehaus
Frei zugänglich

► **Meßstetten**
Wildfreigehege
Frei zugänglich.
Rot- und Damwild, Wildschweine, diverse Vögel.

► **Mössingen-Talheim**
Vogelschutzzentrum
Öfnungszeiten: Ganzjährig Mo. – Fr. 8.00 – 12.00 u. 13.00 – 16.30, April – Okt. auch So. 10.00 – 16.00 Uhr.
Hier werden verletzte Vögel wieder aufgepäppelt.

► **Reutlingen**
Damwildgehege im Erholungspark Markwasen
Frei zugänglich

Aquarien und Terrarien in der Pomologie
Öffnungszeiten: n. V.,
Tel. (0 71 21) 57 97 03

► **Rottenburg**
Schwarzwildgehege im Rammert
Frei zugänglich.

► **St. Johann**
Fohlenhof des Haupt- und Landgestüts Marbach
Öffnungszeiten: Tgl. 9.00 – 12.00 u. 13.00 – 17.00 Uhr

► **Sigmaringen**
Wildpark Josefslust
Frei zugänglich.

► **Tuttlingen-Möhringen**
Wildgehege
Frei zugänglich

► **Ulm-Friedrichsau**
Aquarium mit Tropenhaus
Öffnungszeiten: April Sept.
Di. So. 10.00 18.00, Okt März
Di. So. 10.00 17.00 Uhr.

MUSEEN

► **Aalen**
Limes-Museum
Öffnungszeiten: Di. – So.
10.00 – 17.00 Uhr
Kinderprogramme, u. a. »Welche Kleider trugen die Römer?«

► **Beuren**
Freilichtmuseum
Öffnungszeiten: April – Anfang Nov. Di. – So. 9.00 – 18.00 Uhr
Programme für Kinder.

► **Göppingen**
Märklin-Museum
Öffnungszeiten: Tgl. außer Fei. 10.00 – 18.00 Uhr. Miniatureisenbahnen von gestern bis heute.

► **Hechingen-Stein**
Römisches Freilichtmuseum
Öffnungszeiten: April – Okt
Di. – So. 10.00 – 17.00 Uhr
Programme für Kinder.

► **Neuhausen ob Eck**
Bäuerliches Freilichtmuseum
Öffnungszeiten: April – Okt.
Di. – So. 9.00 – 18.00 Uhr
Programme für Kinder.

► **Tübingen**
Geologisch-Paläontologische Sammlung
Öffnungszeiten: während des Semesters Mo. – Fr. 9.00 – 17.00 Uhr
Saurierskelette, Ammoniten etc.

► **Waldenbuch**
Museum Ritter, Schoko-Ausstellung und Schoko-Werkstatt für Kinder. Öffnungszeiten: n. V.,
Tel. (0 71 57) 97-704.

Literaturempfehlungen

Bildbände

HB Bildatlas Schwäbische Alb. Aufnahmen von Kai-Ulrich Müller, Texte von Anita Rolf. HB Verlag, Ostfildern 2006.

Hinter der blauen Mauer. Bauer, Ernst Waldemar Bauer / Enz-Meyer, Petra. Theiss-Verlag 2005. Schönes und lehrreiches Werk des Fernseh-Professors (»Wunder der Erde«) und seiner Mitarbeiterin.

Die Schwäbische Alb.. Fieselmann, Rainer / Grohe, Manfred. Silberburg-Verlag 2005. Prachtbildband der beiden besten Alb-Fotografen der Gegenwart.

Flug über Donau und Schwäbische Alb. Grohe, Manfred / Schukraft, Harald. Silberburg-Verlag 2005. Großartige Bilder von Manfred Grohe und ansprechende Texte von Harald Schukraft.

Die Schwäbische Alb. Alber, Wolfgang / Frahm, Eckart / Stadler, Otto. Ellert & Richter 1998. Netter schmaler Bildband mit kompetent geschriebenen Texten.

Alb-Ansichten. Schmoll, Friedemann, Silberburg-Verlag 2002. Teils recht eindrucksvolle und nicht alltägliche Bilder, dazu hervorragend geschriebene Texte des ehemals Tübinger und jetzt Freiburger Kulturwissenschaftlers Friedemann Schmoll.

Faszination Schwäbische Alb Walter, Eva / Pfündel, Thomas. DRW-Verlag 2000. Die Autorin Eva Walter und der Fotograf Thomas Pfündel porträtieren das südwestdeutsche Karstgebirge.

Reutlinger und Uracher Alb, Zollernalb. Diese beiden Bildbändchen mit wunderschönen Aufnahmen von Rainer Fieselmann sind 2005 im Tübinger Silberburg-Verlag erschienen.

Belletristik

Rulaman. Weinland, David Friedrich. Knödler 1993. Der Alb-Klassiker für Kinder. Weinland, der in Hohenwittlingen bei Bad Urach lebte, erzählt aus der Zeit der Höhlenmenschen und Höhlenbären.

Lichtenstein. Hauff, Wilhelm. Diogenes 2006. Historischer Roman, der eine Ritter- und Liebesgeschichte, die sich um die Burg Lichtenstein rankt.

Wanderungen durch Schwaben. Schwab, Gustav. Theiss 2001. Diesen Reiseführer-Klassiker von Gustav Schwab aus dem Jahre 1837 kann auch heute noch mit Gewinn benutzt werden.

Das Stuttgarter Hutzelmännlein. Mörike, Eduard. Reclam-Verlag. In diesem Büchlein bringt Mörike, der ja selbst viel auf der Alb herumgekommen ist, seine wunderschöne Geschichte von der Schönen Lau, die als Nixe im Blautopf lebt.

Bienzle und die schöne Lau. Huby, Felix. Fischer-Taschenbuch 2005. Spannende Story vom Erfolgs-Krimi-Autor, die auch schon im TV zu sehen war.

Streiflichter von der Schwäbischen Alb. Fichte, Thomas (Hrsg.), Hohenheim Verlag 2000. Der begeisterte Alb-Wanderer Thomas Fichte hat eine lesenswerte Sammlung kleiner Texte von Sebastian Blau, Robert Gernhardt, Gerhard Raff und anderen zusammengetragen.

Sachbuch

Das große Buch der Schwäbischen Alb Bauer, Ernst Waldemar / Schönnamsgruber, Helmut (Hrsg.), Theiss-Verlag 1988. Der berühmte Fernseh-Professor und der frühere Albvereinsvorsitzende haben das mit kleinen Abstrichen auch heute noch gültige Standard-Werk über die Schwäbische Alb herausgebracht.

Vom Schwarzwald zum Ries. Heizmann, Elmar P. J. (Hrsg.), Pfeil-Verlag 1998. Erd- und Landschaftsgeschichte Südwestdeutschlands.

Erlebnis Schwäbische Alb. Vogel, Thomas. Theiss 2006. Einerseits Bildband mit anmutenden Aufnahmen von Joachim Feist, andererseits Erlebnisführer vom landeskundigen Leiter der Kulturredaktion des SWR-Studios Tübingen.

Wanderungen in die Erdgeschichte. Rosendahl, Wilfried / Junker, Baldur / Megerle, Andreas. Pfeil-Verlag 2006. Das »interessanteste Gebirge Deutschlands« (Zitat nach Quenstedt) wird von ausgewiesenen Kennern des Naturraums der Schwäbischen Alb »aufgeschlossen«.

Von Land und Leuten der Alb. Bischoff-Luithlen, Angelika. SAV-Verlag Stuttgart 1958. Die Autorin vermittelt tiefe Einblicke in die Volksseele der Älbler.

Kochbuch

Spätzle, Maultaschen & Co. Knittel, Elke / Maurer, Rolf. Ulmer 2003. Kleines Standard-Werk über die schwäbische Küche mit vielen Rezepten (Flädlesuppe, Sauerbraten, Rostbraten usw.).

Medien

Radio

Die südwestdeutschen **Radiosender** – allen voran der SWR – sind über Ultrakurzwelle (UKW bzw. FM) zu empfangen. Sie sind auch die aktuellsten Informationsquellen über Veranstaltungen, Verkehr und das Wetter.

Fernsehen

Praktisch in jedem Fremdenzimmer steht ein **Fernsehapparat**. Unentgeltlich kann man die Programme öffentlich-rechtlicher Fernsehanstalten sehen. Dagegen hat man für den Konsum von Fernsehprogrammen einiger privater Anbieter zu zahlen (»Pay TV«).

Zeitungen und Zeitschriften

Auf der Alb und in ihrem Vorland gibt es eine Fülle verschiedener **Tageszeitungen**. Fast in jeder größeren Stadt wird ein eigenes Blättchen herausgegeben, das aber dann doch im »Mantel« einer überregionalen Publikation steckt (z B. Südwestpresse, Schwarzwälder Bote, Stuttgarter Nachrichten).

Daneben gibt es noch eine größere Anzahl von **Wochenzeitungen** und wöchentlich erscheinenden **Anzeigenblättern**. Alle Zeitungen und Zeitschriften enthalten täglich bzw. wöchentlich Informationen, die für Touristen interessant sind, darunter Kinoprogramme, Veranstaltungshinweise etc. Auch sind diese Publikationen mit Online-Ausgaben im Internet vertreten.

Museen

Die wichtigsten Museen, Heimatstuben und Kunstsammlungen des Landes sind im Hauptteil dieses Reiseführers (►Reiseziele von A bis

Z) bei den jeweiligen Orten erwähnt. Hinsichtlich der aktuellen Öffnungszeiten und Eintrittsgebühren wende man sich an die lokalen Fremdenverkehrsbüros. Viele Museen sind montags geschlossen. Die Eintrittspreise können mitunter recht hoch sein. Einige Museen gewähren Kindern, Schülern und Senioren Nachlässe. Die größeren Museen verfügen über Informationszentren und Besucherdienste. Auch Führungen nach besonderen Interessenschwerpunkten werden mitunter angeboten. Fast jedes Museum hat eine Theke, an der man Souvenirs, Bücher, Postkarten etc. erwerben kann.

> ! *Baedeker* TIPP
>
> **Museen im Internet**
>
> Nahezu alle Museen auf der Alb findet man im Internet unter folgender Adresse: www.netmuseum.de

Notrufe

WICHTIGE RUFNUMMERN

- **Polizei**
  Tel. 110
- **Erste Hilfe, Ambulanz, Feuerwehr**
  Tel. 112
- **ADAC-Pannenhilfe**
  Tel. (0 18 02) 22 22 22
  (vom Mobiltelefon ohne Vorwahl)
- **ACE-Notruf und Pannendienst**
  Tel. (0 18 02) 34 35 36

Post · Telekommunikation

Post

Die Filialen und Agenturen der Deutschen Post AG sind in der Regel Mo. – Fr. 9.00 – 18.00, Sa. 9.00 – 13.00 Uhr geöffnet. Briefmarken gibt es in den Postfilialen bzw. -agenturen. Briefmarkenautomaten sind an vielen zentralen Plätzen installiert. Auch an manchen Zeitungskiosken sowie in etlichen Schreibwaren- und Souvenirläden kann man Briefmarken kaufen.

Internet-Cafés

In größeren Städten wie Reutlingen, Tübingen, Ulm, Heidenheim, Aalen etc. gibt es Internet-Cafés, in denen man gegen Bezahlung im Internet surfen und E-Mails verschicken kann. Eine lange Liste von Internet-Cafés findet man unter: www.worldofinternetcafes.de

TELEFONDIENSTE

LÄNDERVORWAHL

► **von Deutschland**
nach Österreich: 00 43
in die Schweiz: 00 41

► **von Österreich und der Schweiz**
nach Deutschland: 00 49

TELEFONAUSKUNFT

► **Inland**
Tel. 11 8 33

► **Ausland**
Tel. 11 8 34

Telekommunikation im Hotel In vielen Hotels – vor allem in den größeren Städten – gehören Zimmer mit eigenen Telefon-, Fax-, Internet- bzw. PC-Anschlüssen zum Standard.

Öffentliche Telefone An zentralen Plätzen bzw. vor wichtigen öffentlichen Gebäuden wie Rathäusern und Bahnhöfen sind Münzfernsprecher und Kartentelefone installiert. **Telefonkarten** erhält man an vielen Zeitungskiosken und Tankstellen sowie in vielen anderen Geschäften. An manchen öffentlichen Fernsprechern ist auch der Einsatz von Kreditkarten und **Calling Cards** einiger weltweit operierender Telefongesellschaften möglich.

Preise · Vergünstigungen

Kurtaxe Einige Kur- und Erholungsorte auf der Alb erheben eine Kurtaxe, mit der u. a. die Pflege von Kurparks, Wanderwegen usw. finanziert wird. Für Kinder ist in den meisten Fällen keine Kurtaxe zu entrichten. Schwerbehinderte, Rentner und Arbeitslose müssen in der Regel nur die Hälfte bezahlen.

Kurkarte In vielen Kur- und Erholungsorten gibt es für Gäste eine Kurkarte (z. T. gebührenpflichtig), die bei diversen Veranstaltungen zu ermäßigtem oder gar freiem Eintritt berechtigen. Nähere Informationen gibt es bei den örtlichen Kurverwaltungen bzw. Touristenbüros.

OstalbCard Mit der OstalbCard erhält man freien Eintirtt bzw. freie Fahrt bei elf Attraktionen, darunter auch im Besucherbergwerk »Tiefer Stollen« bei Aalen und in der »Welt von Steiff« in Giengen an der Brenz. Die Karte ist ab der ersten Nutzung 30 Tage gültig. Erhältlich ist sie bei den Tourist-Informationen in Aalen, Schwäbisch Gmünd, Ellwangen, Neresheim, Heidenheim, Giengen / Brenz, Bopfingen und Essingen. Die OstalbCard gibt es für Erwachsene (15 €) und Kinder (9 €).

Tourist-Regio-Card

Eine ähnliche, aber kostenlose Karte gibt es für die Region Neckar-Alb, d. h. für die Landkreise Reutlingen, Tübingen und Zollern-albkreis. Inhaber dieser Karte erhalten in vielen Attraktionen (u. a. Museen, Bäder, Kinos) z. T. beträchtliche Ermäßigungen auf die Eintrittsgebühren. Die Karte ist erhältlich bei den Tourismusstellen der Landkreisverwaltungen.

> **!** *Baedeker* TIPP
>
> **Familien-Freizeit-Pass**
>
> Dieses vom Tourismusverband Schwäbische Alb jährlich neu herausgegebene Scheckheft kostet derzeit 6 Euro. Die einzelnen Schecks berechtigen zum verbilligten Besuch zahlreicher Attraktionen (Museen, Höhlen, etc.) und vielen weiteren Freizeitbeschäftigungen wie Konzertbesuchen, Badevergnügen usw. Der Familien-Freizeit-Pass gilt im aufgedruckten Kalenderjahr.

Die blaue **UlmCard** ist einen Tag lang gültig. Es gibt sie als Einzelkarte (8 €), Familienkarte (14 €; gültig für 2 Erwachsene und maximal 4 Kinder bis 12 Jahre). Die grüne UlmCard gilt zwei Tage lang (Einzelkarte: 12 €; Familienkarte: 18 €). Mit der UlmCard hat man freie Fahrt in allen Bussen und Bahnen des Nahverkehrsverbundes DING und bekommt in etlichen Museen und sonstigen Attraktionen in den Genuss ermäßigter Eintrittspreise.

Baden-Württemberg-Ticket

Bis zu 5 Personen oder Eltern bzw. Großeltern mit beliebig vielen eigenen Kindern respektive Enkelkindern können einen ganzen Tag lang (jeweils ab 9.00 Uhr bis 3.00 Uhr früh des nächsten Tages) mit Zügen der Deutschen Bahn AG durch den Schwarzwald bzw. durch ganz Baden-Württemberg reisen. Dieses Ticket kostet derzeit 27 €.

Schönes-Wochenende-Ticket

Dieses Ticket wird ebenfalls von der Deutschen Bahn AG zu den gleichen Bedingungen wie das Baden-Württemberg-Ticket (s. oben) ausgegeben. Das Wochenend-Ticket gilt ebenfalls nur einen Tag (samstags oder sonntags) und kostet derzeit 33 €. Weitere Informationen: DB ReiseService, Tel. 11 8 61, www.bahn.de

WAS KOSTET WIE VIEL?

Doppelzimmer
ab 50,00 €

Einfaches Essen
ab 6,00 €

Menü
ab 25,00 €

1 Glas Bier
ab 2,50 €

1 Tasse Kaffee
1,50 €

Reisezeit

Jederzeit eine Reise wert

Die Schwäbische Alb und ihr Vorland sind zu jeder Jahreszeit eine Reise wert. Im **Frühling** faszinieren die üppigst blühenden Streuobstwiesen im Albvorland bzw. in geschützten Tälern wie dem Ermstal oder dem Neidlinger Tal. Fast nach Belieben ist der Frühling verlängerbar, hält er doch in den Hochlagen der Alb erst Ende April / Mai seinen Einzug.

Der **Sommer** ist die Jahreszeit vielfältiger Freizeitmöglichkeiten und sportlicher Aktivitäten. Man kann aber auch in Ruhe entspannen und das Nichtstun genießen. In den höheren Lagen der Alb wird es nur selten drückend heiß, doch kann man auch hier oben schon den Klimawandel spüren, wie etwa im Juli 2006 geschehen. In den Sommermonaten sollte man auf ein heftiges Gewitter mit Hagelschlag oder einen starken Regenguss vorbereitet sein.

Der **Herbst** ist die beste Jahreszeit für ausgedehnte Wanderungen und Rad- bzw. Mountainbike-Touren. Mit milden Temperaturen kann man bis weit in den Oktober hinein rechnen. Auch sorgt dan die tiefer stehende Sonne für ein stimmungsvolles Tageslicht. Besonders einladend präsentieren sich die Alb im September/Oktober im wunderschön bunten Blätterkleid.

Im **Spätherbst**, d. h. im November/Dezember gibt es schon mal triste trübe und neblige Tage und manchmal kommt es in dieser Zeit schon zu heftigen Schneefällen.

Im **Winter** (Weihnachten bis März) ist das Wetter auf der Albhochfläche nicht selten viel besser als beispielsweise unten in den nebligkühlen Tälern bzw. im nebelverhangenen Albvorland. Oben herrschen dann oftmals beste Wander- oder Wintersport-Bedingungen vor. Und bei winterlichen Inversionswetterlagen kann man eine exzellente Fernsicht bis zu den Alpen genießen.

Shopping

Einkaufen in freundlichem Ambiente

Die hübsch herausgeputzten Zentren größerer Städte wie Tuttlingen, Rottweil, Tübingen, Reutlingen, Ulm, Göppingen, Heidenheim, Schwäbisch Gmünd und Aalen mit ihren großzügig bemessenen Fußgängerzonen bieten vielfältige und abwechslungsreiche Möglichkeiten zum Bummeln und Einkaufen. Vor allem in Metzingen, Reutlingen, Tübingen und Ulm gibt es eine kaum mehr überschaubare Vielfalt von Boutiquen, Designer- und Lifestyle-Geschäften. Aber auch kleinere von Touristen gern besuchte Städte wie Nördlingen, Dillingen, Sigmaringen, Hechingen und Balingen bemühen sich sehr um Kundschaft. Auf der Suche nach einem originellen und möglicherweise sogar landestypischen Souvenir wird man am ehesten in kleineren Spezialgeschäften fündig.

BESONDERE GENÜSSE

WURST UND FLEISCH

► **Landgasthof – Metzgerei Failenschmid**
Parkstr. 4
72813 St. Johann-Gächingen
Tel. (0 71 22) 82 87-0
Im Angebot: Ochsenmaulsalat, Maultaschen, Ripple, Sauerbraten, vielerlei Wurstwaren.

► **Gasthaus Engel & Metzgerei Schwenkedel**
Mühlensteige 1
72587 Römerstein-Zainingen
Tel. (0 73 82) 388
Im Angebot: Bestes von Rind, Schwein und Alblamm; Grieben-, Blut- und Leberwurst, Dosenwurst. Übrigens: Bei Metzger Schwenkedel deckt sich auch so mancher süddeutscher Sternekoch mit Fleisch ein.

► **Metzgerei Allmendinger**
Schießgasse 4
72820 Sonnenbühl-Undingen
Tel. (0 71 28) 23 02
Im Angebot: Bioland-Rind- und Schweinefleisch, diverse Bioland-Wurstwaren (u. a. Blut- und Leberwurst, Schinkenwurst; auch in Dosen).

FORELLEN

► **Forellenhof Rössle**
Heerstr. 20
72805 Lichtenstein-Honau
Tel. (0 71 29) 92 97-0
www.forellenhof-roessle.de
Im Angebot: Regenbogen- und Lachsforellen (auch Filets) frisch und geräuchert.

► **IP Fischzucht Zwiefalten**
Gerberstr. 12
88529 Zwiefalten
Tel. (0 73 73) 91 59 98
Familie Illing verfügt über einen eigenen Hofladen. Im Angebot: Bach-, Regenbogen- und Lachsforellen sowie Bachsaiblinge.

► **Gasthof Obere Roggenmühle**
73312 Geislingen-Eybach
Tel. (0 73 31) 6 19 45
www.obereroggenmuehle.de
Im Angebot: Forellen-Spezialitäten in verschiedenen Variationen, frisch und geräuchert.

LAMMFELLE · SCHAFWOLLE

► **Schäferei Fauser**
Oberstetter Str. 17/1
72539 Pfronstetten
Tel. (0 73 88) 12 81
www.schaeferei-fauser.de

► **Schäferei Häßler**
Rangenberghof
72800 Eningen u. A.
Tel. (0 71 21) 8 9771 31

► **Schäferei Mayer**
Sonnenhof
72574 Bad Urach-Wittlingen
Tel. (0 71 25) 21 61

WEIN

► **Weinbau Gugel**
Kreuzberg 46
72070 Tübingen
Tel. (0 70 71) 7 93 66 10
www.weinbau-gugel.de
Die beste Adresse im Raum Tübingen. Im Angebot: Müller-Thurgau, Kerner, Dornfelder, Schwarzriesling, Spätburgunder. Hermann und Christian Gugel haben auch die Ehre, den »Universitätswein« aus den Trauben der uni-eigenen Rebenhänge auszubauen.

► **Weingärtnergenossenschaft Hohenneuffen – Teck e. G.**
Kelterplatz 8
72639 Neuffen
Tel. (0 70 25) 31 50
www.weingaertner-neuffen.de
Die Trauben für den berühmten »Neuffener Täleswein« gedeihen nicht nur an den Hängen des Hohenneuffen, sondern auch in geschützten Lagen im Neuffener Tal. Im Angebot: Silvaner, Müller-Thurgau und Rivaner.

► **Weingärtnergenossenschaft Metzingen – Neuhausen e. G.**
Talstr. 26
72585 Riederich
Verkauf: Vinothek bei den Sieben Keltern in Metzingen
Tel. (0 71 23) 3 28 26
www.metzingen-hofsteige
Mit viel Enthusiasmus versorgen noch ein paar Winzer die Rebenhänge an der Metzinger Hofsteige bzw. an den sonnenbeschienenen Hängen bei Neuhausen. Im Angebot: Schwarzriesling, Spätburgunder, Lemberger, Müller-Thurgau, Rivaner, Silvaner, Kerner, Grauburgunder, Ruländer, Chardonnay. Eine besondere Spezialität ist der Silvaner Eiswein.

Wenn die Obstbäume schön blühen, freuen sich die Brenner.

BRENNEREIEN

► **Berghof Rabel**
73277 Owen / Teck
Tel. (0 70 21) 86 19 61
www.berghof-rabel.hoffrisch.de
Im Angebot: Edelbrände, Liköre (u.a. Kirsch, Zwetschge, Mirabelle, Birne, Schlehe, Hagebutte, Quitte, »Schwäbischer Whisky«.

► **Gasthof & Brennerei Hirsch**
Unterdorfstr. 2
73342 Bad Ditzenbach-Gosbach
Tel. (0 73 35) 96 30-0
www.hirsch-badditzenbach.de
Im Angebot: Edle Destillate und Liköre (u.a. Apfel- und Birnenbrände, Zwetschgenwasser, Quittenwasser, Dinkelbrand, Holundergeist, Mispelwasser.

► **Gasthof Lamm & Manufaktur Jörg Geiger**
Eschenbacher Str. 1,
73114 Schlat
Tel. (0 71 61) 9 99 02 24
www.lammschlat.sageweb.de
Im Angebot: Tresterbrand aus der Champagner-Bratbirne, Apfel im Cognacfass, Kirsch, Schwarze Johannisbeere.

► **Brennerei Martin Wandel**
Hindenburgstr. 14
72127 Kusterdingen
Tel. (0 70 71) 3 70 11
Im Angebot: Obstwasser, Zwetschgenwasser, Kirschwasser, Mirabellengeist.

Landestypisches

Beim Gedanken an Mitbringsel von der Schwäbischen Alb fallen einem zunächst Schaffelle, Nudeln, Fleisch- und Wurstwaren und geistreiche Getränke wie Wacholderschnaps ein. Als Reisemitbringsel sehr begehrt sind **Fossilien**, die es in den Shops der einschlägigen Museen, auf häufig stattfindenden Sammlerbörsen sowie auf großen Märkten zu kaufen gibt. Nette Souvenirs von der Alb sind aber auch Bestecke und Kochgeschirr der Geislinger Firma **WMF** sowie Modelleisenbahnen der Göppinger Firma **Märklin**, Plüschtiere der Giengener Firma **Steiff** und Puppen von **Käthe Kruse** aus Donauwörth.

Schnäppchen

Bei diesem Thema kommt einem bestimmt die **Schnäppchenmetropole Metzingen** in den Sinn, die Stammsitz der weltberühmten Herren- (und neuerdings auch Damen-)konfektions-Firma **Hugo Boss** ist. Auch andere Unternehmen wie **Reusch** (Sporthandschuhe), **Berghaus** (Trekking-Kleidung) und **Speedo** (Badekleidung) sind in Metzingen zuhause. Da die Textilindustrie auf der Alb fest verwurzelt ist, gibt es praktisch auf Schritt und Tritt einen Fabrikverkauf. Bekannte Namen sind **Trigema** (T-Shirts usw.) in Burladingen, **Marc Cain** (hochwertige Damenkonfektion) und **Lingerie Speidel** (edle Wäsche) in Bodelshausen, **Mey** (Unterwäsche) in Albstadt-Lautlingen, **GONSO** (Radsportbekleidung) in Albstadt-Onstmettingen.

Antiquitäten

Ein Mekka für Freunde alter Sachen ist die Ortschaft **Dettingen / Teck** unweit von Kircheim an der Teck. Eine riesige Auswahl an alten Möbeln (u. a. aus den Hölzern von Kirschbaum, Nussbaum und Mahagoni, Gründerzeit, Biedermeier, bemalte Bauernmöbel) gibt es an der Kirchheimer Straße zu entdecken. Auch **Tübingen** hat einen guten Ruf als Stadt der Antiquitäten. Hier gibt es mitunter wunderschöne alte Möbel und herrliches Art-Deco-Kunsthandwerk, aber manchmal auch viel wertloses »Glomp«.

Allerlei Genüsse

Die kulinarischen Souvenirs schlechthin sind für jeden Besucher des Karstgebirges **Leber- und Griebenwurst, Schinkenwurst, Schwarzwurst, Schinken, Speck, Rauchfleisch und Ochsenmaulsalat**. Auch würziger **Bergkäse** und geräucherte **Forellen** sind als Mitbringsel sehr begehrt. Beste Fleisch- und Wurstwaren, darunter auch bestes **Lammfleisch**, sowie gute Milchprodukte gibt es vor allem auf den Wochenmärkten in der Region und vor allem auch in den immer zahlreicher werdenden Hofläden draußen auf dem Land. Leckere Mitbringsel sind auch **Hagebuttenmarmelade (»Hägenmark«)** und **Blütenhonig**. Und dann sind da natürlich noch die »flüssigen« Spezialitäten der Region, allen voran der **Wacholderschnaps**, dicht gefolgt vom **Obstwasser** und vom **Zwetschgenwasser**. Auch das **Kirschwasser** spielt zumindest im Ermstal und im Neidlinger Tal eine Rolle. Trotz vieler Unkenrufe durchaus genießbare **Weine** gibt es in Metzingen (Hofsteige), Neuffen und im Raum Tübingen. Man kauft am besten beim Erzeuger bzw. bei den Winzergenossenschaften, zumal man die verschiedenen Sorten und Jahrgänge dort auch gleich probieren kann.

Märkte und Hofläden ► Viele dieser kulinarischen Genüsse werden in den immer zahlreicher werdenden Hofläden von Bauernhöfen, Obst- und Weingütern sowie auf den Wochenmärkten angeboten. Bestens beschickte Wochenmärkte gibt es in allen größeren Städten (meist samstags von 7.00 bis 13.00 Uhr).

Übernachten

Das Angebot an Übernachtungsmöglichkeiten wird laufend erweitert. Es reicht vom luxuriösen Schlosshotel und komfortablen Hotel-Restaurant bis zum familiär-gemütlichen Gasthof und zur zweckmäßig eingerichteten Jugendherberge. In der sommerlichen Hochsaison und auch im Winter (bes. Weihnachts- und Faschingsferien) kann es vor allem in bekannteren Orten (Tübingen, Rottweil Ulm usw.) zu Engpässen kommen, so dass für diese Zeiträume rechtzeitige Reservierungen angeraten sind.

Hotels und Gasthöfe

Luxuriöse Hotels findet man hauptsächlich in den größeren Städten bzw. in deren Peripherie. Aber auch in einigen von Touristen besonders gern besuchten Gegenden wie dem Großen Lautertal gibt es komfortable Hotels bzw. Gasthöfe. Am weitesten verbreitet sind auf der Alb und in ihrem Vorland gutbürgerliche Mittelklasse-Hotel-Restaurants, die vielfach aus altbekannten Gasthöfen hervorgegangen sind und die sich im Laufe der Zeit an die gestiegenen Ansprüche der Kundschaft angepasst haben.

Es gibt auch etliche Häuser, die nicht nur Gästezimmer, Suiten und Appartements für jeden Geschmack bieten, sondern darüber hinaus auch Möglichkeiten für sportliche Aktivitäten, so etwa Golf- und Tennisplätze oder sonstige Sportangebote. Musterbeispiel für diese neue Generation im Beherbergungswesen ist das Hotel »Seminaris« in Bad Boll.

Eine Älbler Spezialität sind oftmals sehr gemütliche Landgasthöfe, die oft in alten Ortskernen oder auch draußen in reizvoller landschaftlicher Umgebung zu finden sind. Auch einige denkmalgeschützte Repräsentativbauten sind in den letzten Jahren liebevoll restauriert und zu hübschen Herbergen hergerichtet worden, so etwa das ehemalige Kameralamt der einstigen Oberamtsstadt Spaichingen.

i Preiskategorien

- Übernachtung mit Frühstück in der Hauptsaison (pro Person im Doppelzimmer)

  Luxus: ab 120 Euro
  Komfortabel: ab 70 Euro
  Günstig: unter 70 Euro

Pensionen, Privatzimmer, Bed & Breakfast

Auf der Alb und in ihrem Vorland gibt es noch viele private Vermieter, die einzelne Gästezimmer und manchmal auch ganze Ferienwohnungen für Touristen bereithalten. Mitunter sieht man auch eine aus

ÜBERNACHTEN

HOTELS, PENSIONEN, FERIENWOHNUNGEN

► **Schwäbische Alb Tourismusverband**
Marktplatz 1
72574 Bad Urach
Tel. (0 71 25) 94 81 06,
Fax 94 81 08
www.schwaebischealb.de
Beim Tourismusverband gibt es eine Broschüre, in der Hotels, Gasthöfe, Ferienwohnungen, Privatzimmer, Bauernhöfe und Feriendörfer, Wanderheime und Jugendherbergen aufgelistet sind.

► **BUCH DEN SUEDEN**
GFT-DEHOGA
Augustenstr. 6
70178 Stuttgart
Tel. (08 00) 888-2006
www.buch-den-sueden.de
Klassifizierte Hotels, Gasthäuser und Pensionen.

FERIEN AUF DEM BAUERNHOF

► **Urlaub auf dem Bauernhof**
Friedrichstr. 43
79098 Freiburg
Tel. (07 61) 2 71 33 90
Fax (07 61) 28 77 75
www.urlaub-bauernhof.de

WANDERHEIME

► **Schwäbischer Albverein**
Hospitalstr. 21 B
70174 Stuttgart
Tel. (07 11) 2 25 85-0,
Fax 2 25 85 92
www.schwaebischer-albverein.de

► **Die NaturFreunde**
Landesverband Württemberg
Neue Str. 150
70186 Stuttgart
Tel. (07 11) 48 10 76, Fax 4 80 02 16
www.naturfreunde-wuerttemberg.de

JUGENDHERBERGEN

► **Deutsches Jugendherbergswerk**
Bismarckstr. 8
32756 Detmold
Tel. (05231) 74010, Fax 74 01 74
www.djh.de

CAMPING

► **Landesverband der Campingplatzunternehmer in Baden-Württemberg e. V.**
Postfach 1116
73099 Adelberg
Tel. (0 71 66) 9 17 11
Fax (0 71 66) 9 17 12
www.camping-lcbw.de

dem angelsächsischen Raum bekannte Bed & Breakfast-Unterkunft bzw. eine Pension, in der man nicht nur sein Haupt zur Ruhe legen kann, sondern darüber hinaus auch ein mitunter recht opulentes Frühstück genießen kann.

Apartments, Ferienhäuser und -wohnungen

Auch das Angebot an Ferienwohnungen bzw. Appartments und Ferienhäusern wird immer umfangreicher. Diese Unterkunftsform findet vor allem bei Familien mit Kindern starken Zuspruch. Etliche dieser Unterkünfte kann man auch im Reisebüro buchen.

Ferien auf dem Bauernhof Besonders bei Familien mit Kindern beliebt sind Ferien auf dem Bauernhof. Diese Urlaubsform ist nicht nur recht preiswert, sondern darüber hinaus können sich Alt und Jung am ländlichen Alltag beteiligen, d. h. mit Tieren umgehen, beim Heumachen helfen oder gar an Ausritten hoch zu Ross respektive Pony teilnehmen.

Wanderheime Der Schwäbische Albverein und der Touristenverein »Die Naturfreunde« unterhalten im gesamten Karstgebirge über zwei Dutzend Wanderheime, die an den Bedürfnissen von Wanderern und Naturliebhabern ausgerichtet sind. Die meisten sind daher zweckmäßig eingerichtet, das eine oder andere Haus präsentiert sich aber auch recht komfortabel.

Jugendherbergen Auf der Alb bzw. in deren Vorland gibt es rund 20 Jugendherbergen, die Gästen jeden Alters offen sehen. Voraussetzung für die Übernachtung ist ein gültiger Jugendherbergsausweis. Einige Jugendherbergen sind nur in der warmen Jahreszeit geöffnet. Die meisten Herbergen bieten ein breit gespanntes Sport- und Freizeitprogramm an. Wie nicht anders zu erwarten liegen die Schwerpunkte bei Wandern (Trekking), Radfahren (Biking) und natürlich beim Wintersport. Einige Herbergen offerieren auch Mal-, Foto und Computerkurse und vielerlei andere Mitmach-Programme.

Camping Etliche einfache bis komfortable Campingplätze sind im gesamten Bereich der Schwäbischen Alb und ihres Vorlandes angelegt. Fast alle sind in jüngerer Vergangenheit modernisiert oder gar neu angelegt worden. Das Spektrum reicht vom naturbelassenen Zeltplatz am idyllischen Waldrand bis zu fast schon luxuriösen Anlagen mit Animations- und Freizeitprogramm.

Achtung Hundebesitzer! ▸ Campingtouristen, die Hunde bei sich haben, sollten beachten, dass auf nicht wenigen Plätzen in der sommerlichen Hauptsaison keine Hunde geduldet werden.

Urlaub aktiv

Urlaub – das heißt auf der Schwäbischen Alb oft auch Sporturlaub. Beliebte sportliche Aktivitäten sind Radeln und **Wandern**, **Golf** und Tennis spielen, **Reiten** und im Winter **Skilaufen**. In jüngerer Zeit sehr in Mode gekommen sind das **Nordic Walking**, das **Mountainbiking** und das **Klettern**. Daneben gibt es noch vielerlei andere Aktivitäten, so beispielsweise das **Segelfliegen** und das **Fallschirmspringen**. Nachstehend sind einige Sportmöglichkeiten sind nachstehend aufgelistet. Darüber hinaus gibt es zahlreiche Veranstalterangebote, über die man sich beim Tourismusverband Schwäbische Alb sowie bei den touristischen Auskunftsstellen der einzelnen Städte und Gemeinden informieren kann.

Zuschauersport

Fußball

Wie überall in Deutschland so zieht auch auf der Alb der Fußball Besucherscharen in seinen Bann. Spitzenklubs sind der **SSV Ulm 1846** und der **SSV Reutlingen,** zwei Clubs die über Bundesliga-Erfahrung verfügen, momentan jedoch in untergeordneten Ligen spielen.. So liegt es auch nahe, dass das **Ulmer Donaustadion** und das **Reutlinger Stadion an der Kreuzeiche** die beliebtesten Fußball-Arenen am Rande der Alb sind.

Handball

Auch der schnelle Ballsport mit den Händen erfreut sich starken Zuspruchs. Nicht nur Insidern bekannte Vereine sind **Frischauf Göppingen** und der **VfL Pfullingen.**

Radsport

Jeden Sommer locken ferner wichtige **Radsport-Events** Abertausende von Zuschauer auf die Alb. Klassiker sind der Alb Extrem Radmarathon im Juni, der **Albstadt Bike Marathon** im Juli sowie die **Alb-Gold Trophy** im Oktober. Schon mehrfach passierten auch die Rad-Profis der **Deutschland-Rundfahrt** Städte und Dörfer auf der Alb.

Wintersport

Auch im Winter kommt der Zuschauersport auf der Alb nicht zu kurz. Dann locken **Skirennen** (u.a. des WSV Albstadt-Ebingen) und Wettbewerbe der **Skilangläufer** an diversen Wintersportplätzen auf der Alb.

Erlebnis GeoPark

Wie kaum eine andere Landschaft in Deutschland bietet die Schwäbische Alb »Geologie zum Anfassen«. Kaum sonst wo sind so viele verschiedene Natursehenwürdigkeiten auf so engem Raum versammelt wie in dem 230 km langen Karstgebirge zwischen Rheinfall und Ries. Die Palette der Sehenswürdigkeiten reicht von spekatakulären Versteinerungen der Jurazeit in Holzmaden und Dotternhausen über die Reste des »Schwäbischen Vulkans« und die beiden Meteoritenkrater Ries und Steinheimer Becken bis zu den zahlreichen Karsterscheinungen (Höhlen, Dolinen, Quelltöpfe, Schichtquellen etc.) und den Fundstellen uralter Kulturen. Aus diesem Grunde sind weite Teile der Schwäbische Alb seit dem Jahre 2003 als »Nationaler GeoPark« ausgewiesen. Seit 2004 ist dieser GeoPark Mitglied des globalen Netzwerkes der europäischen und der von der UNESCO geschützten GeoParks.

Zu den bedeutendsten Sehenswürdigkeiten des GeoParks Schwäbische Alb, von denen die wichtigs-

! *Baedeker* TIPP

Abenteuer GeoPark

Beim Tourismusverband Schwäbische Alb ist eine hervorragend gemachte Broschüre erhältlich mit dem Titel »Abenteuer GeoPark Schwäbische Alb«, in der alles Wichtige zur Geologie des Karstgebirges und viele nützliche Adressen zusammengetragen sind.

ten im Abschnitt »Reiseziele von A bis Z« dieses Reiseführers beschrieben sind, zählen: Bärenhöhle, Charlottenhöhle, Laichinger Tiefenhöhle, Nebelhöhle, Schertelshöhle und Wimsener Höhle, die Meteoritenkrater Ries und Steinheimer Becken, das Randecker Maar und das Schopflocher Torfmoor sowie diverse andere Zeugen des »Schwäbischen Vulkans«, das Heldenfinger Kliff, der Mössinger bergrutsch, der Uracher Wasserfall, Blautopf und Brenztopf, die Donauversickerung bei Immendingen und Fridingen, der »Tiefe Stollen« bei Aalen, die Jura-Zeugenberge Achalm, Hohenzollern, Hohenstaufen, Rechberg, Stuifen und Ipf, die Plattenkalke bei Nusplingen, die Marmorvorkommen von Böttingen und Gauingen und vieles mehr. Darüber hinaus können Interessierte nicht nur in den Juraschichten der berühmten Steinbrüchen von Holzmaden und Dotternhausen Fossilien finden, sondern auch in vielen anderen Aufschlüssen auf der Alb und in ihrem Vorland. Die örtlichen Tourist-Informationen helfen weiter.

i Die schönsten Wanderwege

- Nordrandweg (ca. 330 km). Einer der schönsten Fernwanderwege Deutschlands führt von Donauwörth via Nördlingen zum Albtrauf und an diesem entlang in südwestlicher Richtung bis Tuttlingen. Wegmarkierung: Rotes Dreieck auf weißem Grund.
- Südrandweg (ca. 260 km). Fast genauso schön ist der Fernwanderweg, der den Südrand der Alb erschließt. Er führt von Donauwörth via Ulm und Sigmaringen ebenfalls bis Tuttlingen. Wegmarkierung: Rotes Dreieck auf weißem Grund.
- Burgenweg (je nach Variante ca. 50 – 80 km). Dieser Klassiker über- bzw. durchquert die mittlere Alb, wo sie am schönsten ist. Der Weg führt von Reutlingen und durch das burgruinenreiche Große Lautertal hinunter an die Donau. Wegmarkierung: Stilisierte schwarze Burg auf weißem Grund.
- Zollernweg (je nach Variante ca. 60 – 80 km). Sehr schön ist auch der Zollernweg, der von Haigerloch via Hohenzollern und durch das romantische Laucherttal nach Sigmaringen. Wegmarkierung: Schwarz-weißes Zollernwappen mit stilisierter Zollernburg auf weißem Grund.

Wandern

Das Wandern ist auf der Schwäbischen Alb höchst populär. Die **Hauptwanderwege** sind gut markiert. Sie erschließen die schönsten Gebiete des Gebirges zwischen Neckar und Donau. **Geführte Wanderungen** – oft mit natur- und landeskundlichen Erläuterungen – werden in allen Kur- und Erholungsorten, die etwas auf sich halten, angeboten, ebenso wie von den Naturschutzzentren bei Schopfloch und in Beuron. Auch viele Ortsgruppen des Schwäbischen Albvereins bieten **Gästewanderungen** an. Seit ein paar Jahren gibt es **Alb-Guides**, die zu interessanten Plätzen im Großen Lautertal oder in das im Aufbau befindliche Biosphären-Reservat rund um Münsingen führen. Guten Zuspruchs erfreuen sich Programme unter dem Motto **»Wandern ohne Gepäck«**. Dabei wird das Gepäck von einer Übernachtungsstation zur nächsten befördert, so dass der Wanderer selbst recht unbeschwert vorankommt. Auch die auf der Alb operierenden Nahverkehrsunternehmen haben inzwischen mit Unterstützung der Landkreise ihr **Wan-**

Ein äußerst beliebtes Wanderziel ist der Breitenstein bei Ochsenwang.

derbusliniennetz (► Verkehr) beträchtlich ausgeweitet, so dass heute auch größere Wegstrecken problemlos ohne eigenes Auto bewältigt werden können. Übrigens: Ausführliche **Wanderbroschüren** und **Streckenbeschreibungen** sind bei den örtlich Touristenbüros, beim Albverein sowie im Buchhandel erhältlich.

Wandervereine

◄ Schwäbische Albverein

Der Schwäbische Albverein wurde 1888 in Plochingen am Neckar gegründet und ist damit einer der ältesten deutschen Gebirgs- und Wandervereine. Die Initiatoren wollten den besonderen Reiz des südwestdeutschen Karstgebirges einer breiteren Öffentlichkeit bekannt machen.
Die derzeit mitgliederstärkste Einzelorganisation im Verband der deutschen Gebirgs- und Wandervereine setzt sich für den Natur-, Landschafts- und Umweltschutz ein und fördert bodenständiges Volks- und Brauchtum, Denkmalschutz und -pflege sowie Heimatforschung und Höhlenkunde.
Der Albverein zählt heute rund 120 000 Mitglieder, die in 23 Gauen mit 579 Ortsgruppen und rund 250 Jugendgruppen organisiert sind. In seinem Gebiet unterhält der Verein rund 13 500 Kilometer **Wanderwege** etliche **Wanderheime** und zahlreiche **Aussichtstürme**. Darüber hinaus veranstaltet er Wanderungen, Führungen, Lehrgänge und Vorträge.

◄ NaturFreunde

Auf der Schwäbischen Alb recht aktiv sind auch die NaturFreunde, die sich sehr für einen »sanften« Tourismus und vor allem für den Natuschutz einsetzen. Auch sie sind in zahlreichen Ortsgruppen organisiert, bieten vielfältige **Aktivitäten draußen in der Natur** an und unterhalten auf der Alb und in ihrem Vorland ebenfalls etliche **Wanderheime** (►Übernachten).

Bergsteiger finden auf der Alb viele Felsen zum Üben.

Klettern

Die Schwäbische Alb ist mit ihren zahlreichen höchst unterschiedlich ausgeprägten Felsen eine eines der schönsten und interessantesten Klettergebiete Deutschlands. Hier gibt es Klettermöglichkeiten aller Schwierigkeitsgrade. Viele ausgezeichnet Bergsteiger, die heute Gipfel in aller Welt erstürmen, haben oft schon als Jugendliche auf der Alb trainiert.

Die rasant wachsende Zahl von Kletterern und deren manchmal wenig umweltfreundliches Verhalten in der Natur haben dazu geführt, dass in jüngerer Zeit für immer mehr Felsen bzw. Felswände **Kletterverbote** verfügt werden mussten. Wer also abseits der allseits bekannten Klettergärten Felsen erklimmen möchte, sollte sich zuvor bei den in Frage kommenden Landkreisverwaltungen bzw. Naturschutzbehörden informieren.

Beliebte Kletterfelsen ►

Ein Kletterparadies per se ist das **Obere Donautal** zwischen Tuttlingen und Sigmaringen. Zwar sind viele Felsen gesperrt, aber dennoch gibt es noch genügend Felswände, -stotzen und -nadeln, an denen man seine Kräfte messen kann. Ein zweiter Schwerpunkt des Klettersports ist das **Blautal** bei Blaubeuren, wo es etliche Felsen zum Üben gibt. Gute Kletterfelsen gibt es ferner im **Brenztal** (Eselsburger Tal) sowie im oberen **Ermstal** bei Wittlingen bzw. Sirchingen (Nähe Bad Urach). Darüber hinaus gibt es noch zahlreiche Einzelfelsen am Albtrauf, die sich bestens zum Klettern eignen. Dazu gehören u. a. der **Rosenstein** bei Heubach, der **Reußenstein** bei Neidlingen bzw. Wiesensteig und der **Wackerstein** bei Pfullingen.

Nordic Walking

Ganz im Trend

Das schnelle Gehen oder **Wandern mit Stöcken**, bei dem fast alle Muskelgruppen des Körpers trainiert und fast doppelt so viele Kalorien verbrannt werden wie beim normalen Gehen, ist auch auf der Alb stark in Mode gekommen.. Durch den Einsatz der Stöcke hat der Geher bzw. Wanderer auch Sicherheit in schwierigem Gelände. Außerdem wird der gesamte Bewegungsapparat durch den Stockeinsatz entlastet und zudem lösen sich Verspannungen im Schulter- und Nackenbereich. Nordic Walking eignet sich auch bestens für Menschen, die an Herz-Kreislauf-Problemen, Bluthochdruck, Diabetes und vielen anderen Vorerkrankungen leiden.

Vor diesem Hintergrund verwundert es nicht, dass die Schwäbische Alb heute eine der größten Nordic-Walking-Regionen Europas ist. Als erste haben natürlich Heilbäder beziehungsweise Kur- und Erholungsorte den neuen Volkssport für sich »entdeckt« und **Nordic-Walking-Parcours** angelegt. Nordic-Walking-Zentren gibt es u. a. in Aalen, Schwäbisch Gmünd, Göppingen, Bad Boll, Bad Ditzenbach, Blaubeuren, Ulm, Bad Urach, Albstadt, Meßstetten, Münsingen, Stetten am kalten Markt, Denkingen, Gosheim und Tuttlingen.

i Nordic-Walking-Touren

- Aalen: Nordic-Walking-Zentrum (6 Touren).
- Albstadt: DSV-aktiv-Nordic-Walking-Zentrum (Strecken leicht bis mittelschwierig; 4,4 bis 11,6 km).
- Bad Urach: Nordic-Walking-Park (6 landschaftlich sehr reizvolle Routen).
- Göppingen: Nordic Walking Fitness Sports Park (3 Rundkurse, 2,7 – 4,9 km)
- Klippeneck/Denkingen: Nordic-Walking-Zentrum (mehrere markierte Strecken).
- Stetten am kalten Markt: Nature Fitness Park (12 Touren, Gesamtlänge: 67,6 km)

Inline-Skaten

Die Albhochfläche mit ihren vielen asphaltierten Feldwegen ist ein **Paradies für Inliner**. Und auch in einigen Albtälern können sich Rollschuhläufer gut fortbewegen, allerdings kann es hier desöfteren zu Kollisionen mit forschen Radlern kommen. Nicht wenige Albgemeinden halten extra Broschüren und Karten für Skater bereit. Besonders schöne Strecken für Skater gibt es in den Räumen Tübingen/Reutlingen, Langenau – Donauried, Laichinger Alb, Aachtal bei Blaubeuren, Blautal, Filstal, St. Johann und Jagsttal.

Radfahren

Radeln ist »in«

In den letzten Jahren enorm zugenommen hat die Zahl jener Urlauber und Tagesgäste, die die Alb mit dem Rad erkunden, sei es mit dem einfachen **Tourenrad** oder mit dem Ultra-High-Tech-**Mountainbike**. Und alle für den Alb-Tourismus Verantwortlichen haben reagiert. Das Radwegenetz ist großzügig ausgebaut und zahlreiche **Radwanderstrecken** sind ausgeschildert worden. Besonders hervorzuheben sind die Radwege in den Tälern von Neckar, Donau, Jagst, Fils, Erms, Echaz, Killer, Großer Lauter, Lauchert und Eyach. Absolutes Highlight ist der 350 km lange **Alb Crossing Trail**, der von Aalen via Bad Ditzenbach, Bad Urach, Trochtelfingen und Balingen nach Tuttlingen führt, und zwar entlang des Albtraufs. Man passiert viele attraktive Orte, Bur-

! *Baedeker* TIPP

Schwäbische-Alb-Ticket

Für Radler interessant ist dieses Ticket mit kostenloser Radbeförderung. Es ist sonn- und feiertags (Mai – Mitte Okt.) gültig für das gesamte Freizeitnetz Schwäbische Alb. Es können alle Züge und Busse zwischen Tübingen, Metzingen, Riedlingen und Ulm benutzt werden. Das Einzelticket kostet derzeit 8 €, das Gruppenticket 20 € (bis zu 5 Personen bzw. Familien).

»Mir send mit 'em Rädle do ...« – Pedalritter im Lonetal

gen bzw. Burgruinen und Aussichtspunkte. Die meisten Radwege verlaufen abseits stark befahrener Hauptstraßen. Unterwegs findet man viele **Gaststätten und Beherbergungsbetriebe**, die sich auf Radwanderer eingestellt haben. Auch der öffentliche Nahverkehr hat sich auf »Pedalritter« eingestellt, indem sie auf einigen Strecken die Mitnahme von Fahrrädern ermöglichen.

Rad-Wander-Häusle ▶ Auf der Reutlinger Alb gibt es neuerdings ein paar einfache Rad-Wander-Häusle für radelnde Familien, so beim Linsenberghof in Hengen, beim Münsinger Schepperhof, beim Heidäckerhof in Ödenwaldstetten sowie beim Hof Brunner in Hayingen-Münzdorf.

Mountainebike-Touren ▶ Für viele Mountainbike-Piloten ist die Alb inzwischen zum »Biker's Paradise« herangereift, können sie sich doch inzwischen auf über 850 markierten Tourenkilometern austoben. Mehrere Orte – allen voran **Aalen, Bad Urach, Münsingen, Trochtelfingen, Albstadt und Tuttlingen** – haben ihre Herzen besonders weit für Mountainbiker geöffnet und bieten Mountainbike-Strecken und -Rundkurse für jeden Geschmack.

Wassersport

Angeln Gute Bedingungen finden Angler in den Albtälern vor, gibt es hier doch etliche fischreiche Wasserläufe, Seen und Teiche. Besonders begehrt sind natürlich die **Bachforellen, Regenbogenforellen** und **Lachsforellen**. Einige Zuchtbetriebe haben Angelparks angelegt, aus denen die Kunden »ihre« Fische mit wenig Aufwand angeln können. **Karpfen, Hechte, Barsche** und **Aale** kann man mit etwas Glück in den alten Flussarmen der Donau fangen.

Wer in den Tälern der Schwäbischen Alb angeln will, muss einen **gültigen Jahresfischereischein** vorweisen. Zusätzlich benötigt der Hobbyfischer eine Angelberechtigung für das Gewässer, in dem er Fische fangen will. Diese Berechtigungen gibt es vor Ort.

Schwimmen, Segeln, Surfen, Tauchen

Im Albvorland – besonders im Raum Ellwangen und entlang der Donau – gibt es etliche schöne **Naturseen** und auch einige **Stauseen**, die zum **Baden** einladen. **Schwimmen** kann man auch in einigen **Baggerseen** entlang der Donau sowie entlang des Neckars zwischen Rottenburg, Tübingen und Nürtingen.
Segler und **Surfer** können ihrer Passion auf einigen Seen nahe der Donau zwischen Ulm, Dillingen und Donauwörth fröhnen. Auch für begeisterte Hobby-**Taucher** gibt es in einigen dieser Seen gute Einstiegsstellen.

Kanu, Kajak

Bei **Kanuten** und **Kajakern** beliebte Reviere sind das Große Lautertal auf der Alb, das Donau-Durchbruchstal zwischen Beuron und Sigmaringen, die Donau zwischen Scheer und Riedlingen, das Brenztal (bes. Abschnitt Eselsburger Tal) zwischen Heidenheim und Giengen sowie das »Neckar-Erlebnistal« zwischen Sulz und Rottenburg. Allerdings herrschen auf allen genannten Flussstrecken herrschen strenge Restriktionen, was die saisonale Befahrung der Gewässer betrifft. Auf der oberen Donau und der Großen Lauter werden außerdem nur bestimmte Kontingente von Bootstouristen zugelassen.

Erlebnisbäder

Spaß im Wasser

Nachdem die Alb und ihr Vorland immer mehr als Erholungsraum genutzt werden, ist inzwischen auch die entsprechende Infrastruktur auf- und ausgebaut worden. Dies gilt nicht nur für die **Thermalbäder** in Bad Ditzenbach (»Vinzenz-Therme«), Bad Überkingen (»Mineral-Therme«), Bad Boll, Bad Urach, Beuren und Aalen (»Limes-Thermen«), sondern auch für neue **Erlebnisbäder** in Adelberg (bei Göppingen; »Wellenbad Klosterpark«), Albstadt (»badkap«), Blaustein (»Bad Blau«), Ellwangen (»Wellenbad«), Filderstadt-Bonlanden (»Fildorado«), Göppingen (»Barbarossa-Thermen«), Heidenheim (»Aquarena«), Herbrechtingen (»Jurawell«), Niederstotzingen (»Lonido«), Rottweil (»aquasol«), Tuttlingen (»TuWass«) und Ulm (»Atlantis«). Alle genannten Bäder umfassen attraktive Saunalandschaften sowie diverse therapeutische Angebote wie Massagen, Aqua-Jogging, Wellness-Programme usw.

Segelfliegen · Sportfliegen

Wer wird denn gleich in die Luft gehen?

Die Alb ist auch ein **Paradies für Sportflieger**. Besonders das Segelfliegen hat hier eine überaus lange Tradition, was nicht zuletzt an der Vielzahl der Segelflugplätze auf der Albhochfläche und vor dem Albtrauf abzulesen ist. Aber auch Motorflieger kommen nicht zu kurz, denn sie teilen sich oft die Plätze mit den Segelfliegern.

◄ Mitflugmöglichkeiten

Wer selbst gern mal einen »Ausflug« als Passagier in einer »Nimbus« oder »DuoDiscus« (Segelflugzeuge) bzw. einer »Jodel« (altbewährtes Motorflugzeug) unternehmen will, kann dies vor allem an Wochenenden auf diversen Flugplätzen tun. Mitflugmöglichkeiten gibt es auf folgenden Flugplätzen (von West nach Ost): Klippeneck (bei Spaichingen), Leibertingen (südlich des Oberen Donautales), Degerfeld (bei Albstadt), Farrenberg (bei Mössingen), Rossfeld (bei Metzingen), Dettingen/Teck, Hahnweide (bei Kircheim unter Teck), Berneck (oberhalb von Bad Ditzenbach), Sonderbuch (bei Blaubeuren), Messelberg (bei Donzdorf), Hornberg (bei Schwäbisch Gmünd) sowie auf dem Flugplatz bei Neresheim.

Ballonfahren

Wachsender Beliebtheit erfreut sich das Schweben über die Alb per **Heißluftballon**. Besonders schön ist so ein Ausflug zur Zeit der herbstlichen Laubfärbung, wenn sich die Alb von ihrer schönsten Seite zeigt. Ballonfahrten, die allerdings nicht ganz billig sind, kann man u. a. bei den Tourist-Informationen in Bad Urach, Reutlingen, Tübingen und Albstadt buchen.

Wintersport

Der Skisport hat auf der Alb schon eine längere Tradition. Bereits im Jahre 1910 wurde in Albstadt-Ebingen ein Wintersportverein gegründet, und 1929 stürzten sich die ersten Waghalsigen von der Sprungschanze im Wiesensteiger Schöntal. Viele Älbler sind begeisterte Skiläufer und Skispringer, einige von ihnen haben sich zumindest in Südwestdeutschland als Sieger oder Bestplazierte regionaler Wettkämpfe einen Namen gemacht.

! *Baedeker* TIPP

Wintersport-Info

Wer sich über den aktuellen Zustand von Loipen, Liften sowie über die Schneelage informieren will, wende sich an folgendes Internet-Portal: www.winterland-bw.de

Trotz der höhenlage- und klimabedingten Schneeunsicherheit gibt es auf der Alb inzwischen über 120 Liftanlagen, von denen nicht wenige an schönen Winterwochenenden völlig überlaufen sind. Viele Hänge sind heute mit Flutlicht versehen, so dass man auch am Feierabend Ski laufen kann.

Ski alpin

Freunde des alpinen Skisports finden auf der Alb örtlich recht gute Hänge zum üben. Insgesamt stehen rund 50 km präparierte und überwiegend leichte Abfahrtsstrecken zur Verfügung. Brennpunkte des alpinen Skisports sind die Abfahrten am Schlossberg bei **Albstadt-Tailfingen** (u. a. FIS-Rennstrecke), Burladingen, Salmendingen, **Hausen an der Lauchert**, **Meßstetten, Münsingen-Dottingen**, Hütten bei Schelklingen, Sonnenbühl-Genkingen, Stetten am kalten Markt (Storzinger Tal), **Treffelhausen**, Degenfeld und **Wiesensteig**.

Familienabfahrten

Familien mit Kindern schätzen besonders die Hänge von Römerstein-Zainingen (Salzwinkel), Westerheim, Laichingen, Schopfloch

Zwei Bretter und ein »g'führiger« Schnee – auch am Skilift bei Donnstetten

(Pfulb), Donnstetten, Heidenheim, Schnaitheim, Engstingen, Lichtenstein-Holzelfingen, Aalen, Essingen-Lauterburg (Hirtenteich) und Gosheim.

Snowboarding

Seit einigen Jahren tummeln sich auf vielen Pisten auch Snowboarder, die auf der Alb in guten Wintern geradezu ideale Voraussetzungen zum Erlernen und Einüben ihrer Sportart vorfinden. Leider kommt es nicht selten Interessenkollisionen von Skiläufern und Snowboardern. Ein angesagter Boarder-Treff ist der **Snowboard Fun Park** am Schlossberg bei Albstadt-Tailfingen.

Skilanglauf

Auf der gesamten Alb werden bei entsprechender Schneelage über 130 Loipen mit einer Gesamtlänge von mehr als 1700 km gespurt. Die schönsten Loipen findet man im Raum Albstadt, im Raum Sonnenbühl – Lichtenstein – St. Johann, rund um den Römerstein, auf der Münsinger Alb, im Raum Wiesensteig – Westerheim sowie im Raum Böhmenkirch – Heidenheim – Neresheim.

Skispringen

Der nordische Skisport erfreut sich auch auf der Alb einer gewissen Beliebtheit. An etlichen Stellen in dem Karstgebirge sind Sprungschanzen angelegt, darunter in **Wiesensteig**, wo auch im Sommer hochkarätig besetzte Wettbewerbe ausgetragen werden.

Sonstiger Aktivsport

Reiten

Seit dem Mittelalter gibt es auf der Alb eine eigenständige bäuerliche Pferdezucht. So ist es auch nicht verwunderlich, dass es auf der Alb heute zahlreiche **Reiterhöfe** sowie Reit- und Fahrvereine gibt, die Urlaubern die Möglichkeit bieten, sich in die Sättel zu schwingen und die vielen ausgewiesenen **Reitwege** zu erkunden. Auch **Kutsch- und**

Kremserfahrten werden angeboten. Die örtlichen Touristenbüros halten Informationsmaterial zum Thema Reiten bereit.
Auch passive Pferdeliebhaber kommen auf der Alb auf ihre Kosten und zwar als Zuschauer bei den sommerlichen und herbstlichen **Hengstparaden des Haupt- und Landgestüts Marbach** bei Münsingen.

Golf Passionierte Golfer, aber auch Anfänger in dieser Sportart können ihre Fähigkeiten inzwischen auf über zwei Dutzend Golfplätzen unter Beweis stellen. Besonders schöne Anlagen gibt es u.a. bei Sonnenbühl-Undingen, Hechingen, Sigmaringen, im Neckartal bei Starzach (unter dem Schlosshotel Weitenburg), Oberböhringen (bei Bad Überkingen), Dischingen, Donzdorf und Donaueschingen.

Hochseilgärten Der vorläufig letzte Schrei unter den Freizeitaktivitäten auf der Alb sind die allenthalben aus dem Boden sprießenden Hochseilgärten. Solche gibt es inzwischen in Bad Boll (Hotel Seminaris), Bartholomä (beim Landhotel Wental), Sigmaringen (beim Campingplatz) und im Wald bei Schloss Lichtenstein.

Verkehr

Bahnverkehr Das Bahnliniennetz auf der Schwäbischen Alb und in ihrem Vorland ist noch vergleichsweise engmaschig. **Regional- bzw. S-Bahn-Züge** der Deutsche Bahn AG sowie mehrerer regionaler Verkehrsgesellschaften und Verkehrsverbünde (u. a. Naldo, DING) verkehren in allen dichter besiedelten Tälern der Alb, so auch im Fils-, Rems-, Brenz-, Donau-, Eyach-, Lauchert- und Ermstal. Alle größeren Städte auf der Alb bzw. in ihrem Vorland sind per Bahn erreichbar. Alle wichtigen Bahnstrecken sind im Kapitel »Anreise« aufgelistet (s. S. 62).

Busverkehr Von allen Bahn-Endhaltestellen sichern Linienbusse die Verbindungen mit abgelegeneren Tälern und Ortschaften auf der Alb. Mehrere Omnibusgesellschaft, darunter vor allem der **Regionalverkehr Alb-Bodensee (RAB)** und die **Hohenzollerische Landesbahn** unterhalten ein ziemlich engmaschiges Busliniennetz, an das alle größeren Siedlungen und Touristenorte angeschlossen sind.
Die Fahrpläne der einzelnen Bus- und Bahnlinien sind neuerdings recht gut aufeinander abgestimmt.

Verkehrsverbünde Auf der Alb teilen sich Untergliederungen der Deutschen Bahn AG sowie mehrere regionale Verkehrsgesellschaften des öffentlichen Personennahverkehrs das Geschäft.

Taxi In allen größeren Städten und viel besuchten Touristenorten stehen Taxis in genügender Zahl bereit. In abgelegeneren Gebieten hat man allerdings mitunter etwas Mühe, ein Taxi zu einem gewünschten

VERKEHR

MIETWAGEN

- **Avis**
  Tel. 0180 5 55 77 55
  www.avis.de

- **Budget**
  Tel. 0180 5 24 43 88
  www.budget.de
  www.budgetinternational.com

- **Europcar**
  Tel. 0180 5 24 43 88
  www.europcar.de

- **Hertz**
  Tel. 0180 5 33 35 35
  www.hertz.de

- **holiday autos**
  Tel. 0180 5 17 91 91
  www.holidayautos.com

- **Sixt**
  Tel. 0180 5 25 25 25
  www.e-sixt.de

ÖFFENTLICHER PERSONENNAHVERKEHR

- **Deutsche Bahn AG**
  Automatische Fahrplanauskunft:
  Tel. 08 00 1 50 70 90
  Reise-Service:
  Tel. 1 18 61
  www.bahn.de

- **Verkehrs- und Tarifverbund Stuttgart (VVS)**
  Tel. (07 11) 1 94 49
  www.vvs.de

- **Verkehrsgemeinschaft Stauferkreis (VGS)**
  Tel. (0 71 61) 40 37-0
  www.vgs-gp.de

- **Landratsamt Ostalbkreis Nahverkehrsamt**
  Tel. (0 73 61) 50 35 46
  www.ostalbkreis.de

- **Heidenheimer Tarifverbund (HTV)**
  Tel. (0 73 21) 32 14 84
  www.landkreis-heidenheim.de

- **Donau-Iller-Nahverkehrsverbund (DING)**
  Tel. (07 31) 9 62 52 52
  www.ding-ulm.de

- **Verkehrsverbund Neckar-Alb-Donau (naldo)**
  Tel. (0 74 71) 93 01 96 13
  www.naldo.de

- **TUTicket (Landkreis Tuttlingen)**
  Tel. (0 792 65 65
  www.tuticket.de

- **Verkehrsverbund Schwarzwald-Baar (VSB)**
  Tel. (0 77 21) 92 85 20
  www.v-s-b.de

- **Verkehrsverbund Rottweil (VVR)**
  www.vvr-info.de

- **DBZugBus - Regionalverkehr Alb-Bodensee (RAB) Freizeitnetz Schwäbische Alb**
  Tübingen: Tel. (0 70 71) 79 98-0
  Ulm: Tel. (07 31) 15 50-867
  www.zugbus-rab.de

FAHRPLANAUSKUNFT

- **3-Löwen-Takt**
  Tel. (0 18 05) 77 99 66
  www.3-loewen-takt.de
  Landesweite Fahrplanauskunft in Baden-Württemberg

Zeitpunkt zu erhalten. Die örtlichen Touristenbüros sowie die Rezeptionen der Unterkünfte helfen im Bedarfsfall weiter.

Mietwagen In größeren Städten sowie in einigen größeren Touristenorten unterhalten bekannte Mietwagenfirmen Vertretungen. Auch an den Rezeptionen größerer Hotels kann man problemlos Mietwagen buchen.

Parken Sein Auto preiswert und einigermaßen legal abzustellen ist oft ein Problem, zumal in den meist verkehrsberuhigten Innenstädten. Etliche Städte und Gemeinden haben aus diesem Grund in jüngerer Zeit moderne Parkhäuser und auch geräumige Parkplätze eingerichtet, letztere allerdings oftmals am Ortsrand. Zudem werden mitunter recht hohe Parkgebühren kassiert.

Wellness · Kur

Heilwasser und Heilklima In Sachen Wellness, Kur und Erholung haben die Schwäbische Alb und ihr Vorland einiges zu bieten – und das schon seit der Römerzeit. Heute gibt es hier sieben **Heilbäder**, zwei **Orte mit Heilquellenkurbetrieben**, sechs **Orte mit Thermal-Mineral-Bädern**, fünf **Luftkurorte**, einen **Heilstollen-Kurort** und über zwei Dutzend **Erholungsorte**, **heilklimatische bzw. Luftkurorte** (die meisten sind im Hauptteil dieses Buches beschrieben). Badekuren, stationäre Kuren und Rehabilitationskuren im Anschluss an Klinikaufenthalte werden auf der Alb und in ihrem Vorland seit langem durchgeführt. Die Palette der **Heilanzeigen** reicht von Herz- und Kreislauferkrankungen, Stoffwechselstörungen und psychosomatischen Erkrankungen über Atemwegserkrankungen bis zu rheumatischen Erkrankungen, Rückenbeschwerden und anderen Erkrankungen des Bewegungsapparates.
Die **Mineral-, Thermal- und Solebäder** auf der Alb bzw. in ihrem Vorland haben in der jüngeren Vergangenheit eine erhebliche Aufwertung erfahren durch die Schaffung weitläufiger **Bade- und Saunalandschaften** und die Einrichtung diverser **Fitness-Angebote**.

Mineralbäder Komfortabel ausgestattete und als Kurmittel gegen vielerlei Beschwerden taugliche **Thermal-Mineral-Bäder** gibt es in Bad Boll, Bad Ditzenbach, Bad Überkingen, Bad Urach, Beuren und Aalen. Heilsame »kalte« **Mineralbäder** (meist Säuerlinge und Schwefelquellen) gibt es in Bad Ditzenbach, Bad Überkingen, Bad Boll, Bad Sebastiansweiler, Bad Niedernau und Bad Imnau.

Wellness & Fitness Alle Kurorte und besseren Hotels auf der Alb werben heute mit **Gesundheits-, Wellness-, Fitness- und Beauty-Angeboten**. In einer wachsenden Zahl von Orten kann man in die wohlig-warmen Fluten von Thermalbädern steigen, in bestens ausgestatteten Wellness-Hotels neue Energien tanken und sich in ursprünglicher Natur wohlfühlen.

HERAUSRAGENDE WELLNESS-HOTELS

AALEN

▸ **Ramada-Treff Limes-Thermen**
Tel. (0 73 61) 94 40
www.ramada-treff.de

BAD BOLL

▸ **Kurhaus Bad Boll**
Tel. (0 71 64) 8 14 03
www.rehaklinik-bad-boll.de

▸ **Badhotel Stauferland**
Tel. (0 71 64) 80 16 80
www.badhotel-stauferland.de

▸ **Seminaris**
Tel. (0 71 64) 80 50
www.seminaris.com

BAD ÜBERKINGEN

▸ **Bad-Hotel**
Tel. (0 73 31) 30 20
www.bad-hotel.de

BAD URACH

▸ **Gesundheitszentrum Schwäbische Alb**
Tel. (0 71 25) 15 70
www.ruehle-gesundheits zentren.de

▸ **Graf Eberhard**
Tel. (0 71 25) 14 80
www.hotel-graf-eberhard.de

▸ **Quellenhof**
Tel. (0 71 25) 15 05-0
www.thermal-kurhotel-quellenhof.de

DONAUESCHINGEN

▸ **Öschberghof**
Tel. (07 71) 840
www.oeschberghof.com

HAIGERLOCH-BAD IMNAU

▸ **Stahlbad**
Tel. (0 74 64) 69 90
www.stahlbad.de

NÜRTINGEN

▸ **Best Western Hotel am Schlossberg**
Tel. (0 70 22) 70 40
www.hotel-am-schlossberg.de

Licht- und Klangbäder werden ebenso offeriert wie japanische Heilkunst und südasiatische Ayurveda-Anwendungen.

Wellness-Hotels

Fünf Hotels auf der Alb bzw. in deren Vorland können neuerdings mit einem **»Wellness Stars«-Gütesiegel** aufwarten. Mit Wohlfühl-Sternen ausgezeichnete Beherbergungsbetriebe müssen strengen Anforderungen entsprechen. Verlangt werden Bade- und Saunalandschaften sowie Beauty-Farms, die in architektonischer Sicht ansprechend gestaltet sind. Ferner müssen die Gäste aus einem breiten Angebot von Sport- und Fitness-Möglichkeiten auswählen können. Darüber hinaus wird Wert gelegt auf fachlich geschultes Personal sowie eine gesunde Ernährung mit frischen und vitaminreichen Produkten. Es gibt auch eine wachsende Zahl von Hotels, die verschiedene interessante Wellness-Angebote im Programm haben. Einige dieser Häuser sind nachstehend aufgelistet.

Touren

GESCHICHTSTRÄCHTIGE
STÄDTE, KLÖSTER, BURGEN
UND SCHLÖSSER, SONNIGE WACHOLDERHEIDEN,
AUF DENEN SCHAFE WEIDEN, SCHATTIGE MISCH-
WÄLDER, WILDROMANTISCHE FELSSCHLUCHTEN
UND LIEBLICHE TÄLER – DIE SCHWÄBISCHE ALB
HAT FÜR JEDEN ETWAS ZU BIETEN!

TOUREN IM ÜBERBLICK

Die Landschaft in Deutschlands Südwesten lockt mit herrlichen Aussichten und interessanten Einsichten, bietet jede Menge Ziele für Kulturbeflissene, für Naturfreunde und für Freiluft-Aktivisten. Sie kann aber auch mit herrlichen Kirchen, imposanten Burgen und Ruinen, geheimnisvollen Quelltöpfen, sagenumwobenen Höhlen, freundlichen Bauerndörfern und geschichtsträchtigen Städten aufwarten. Es folgen einige Vorschläge und Tipps für erlebnisreiche Ausflüge.

TOUR 1 Schwäbische Albstraße

Sie ist die »Mutter aller Ferienstraßen« auf der Schwäbischen Alb und führt von Aalen bzw. Nördlingen kreuz und quer über das Karstgebirge bis Tuttlingen. ► **Seite 105**

TOUR 2 Ostalb-Runde

Die Tour beginnt in Ulm und folgt der Donau abwärts bis Donauwörth. Danach geht es ins Ries bzw. ins mittelalterliche Nördlingen. Dann umrundet man den nordöstlichen Albtrauf und gelangt nach Aalen, von wo ein Abstecher nach Ellwangen lohnt. Schließlich fährt man durch das Kocher- und das Brenztal zurück ins Donautal. ► **Seite 109**

TOUR 3 Ostalb-Stauferland-Rundfahrt

Diese Rundfahrt beginnt in Kirchheim unter Teck und erschließt einige »Highlights«, so das sog. Geißentäle von Wiesensteig nach Geislingen, das ehemalige Klosterstädtchen Blaubeuren, die Münsterstadt Ulm, das Brenztal, die Städte Heidenheim, Aalen und Ellwangen und schließlich das obere Remstal mit der Stadt Schwäbisch Gmünd. Über die Kaiserberge und Göppingen geht es zurück nach Kirchheim. ► **Seite 112**

TOUR 4 Mittlere Alb

Ab Plochingen geht es neckaraufwärts bis Tübingen. Jetzt folgt man der alten »Schweizer Straße« (heute: B 27) via Hechingen und Hohenzollern bis Balingen. Von dort geht es durch Zollerische Lande nach Sigmaringen an der Donau. Nun folgt man dem Fluss abwärts bis Ehingen, vollzieht einen Schlenker ins Blautal und erreicht Ulm. Dann geht es über die Alb hinunter ins Tal der Fils, die bei Plochingen in den Neckar mündet. ► **Seite 115**

TOUR 5 Burgen, Täler, Höhlen

Einige der bekanntesten und interessantesten Plätze der Schwäbischen Alb lernt man auf dieser Rundfahrt ab Reutlingen kennen. Dazu gehören nicht nur Schloss Lichtenstein, die Bärenhöhle und die Nebelhöhle, sondern auch das Große Lautertal mit seinen zahlreichen Burgruinen und dem Haupt- und Landgestüt Marbach sowie das Laucherttal und ein Abschnitt des Oberen Donautals mit der Zollern-Residenz Sigmaringen und dem einstmals vorderösterreichischen Riedlingen. ► **Seite 120**

Als »Kaiserberg«
bekannt ist der Hohenstaufen bei Göppingen.

Eine Schatzkammer
ist das Schloss Hellenstein in Heidenheim.

Das Laucherttal
ist eines der schönsten Albtäler.

Vom Lochenstein
bei Balingen genießt man eine tolle Aussicht.

TOUR 6 Höhepunkte der Westalb

Ausgehend von Hechingen, der ehemaligen Residenz der evangelischen Zollernfürsten (bzw. der Burg Hohenzollern) fährt man zunächst hinauf nach Burladingen und dann weiter ins Laucherttal. Etappenziel ist Sigmaringen, die Residenz der katholischen Zollernfürsten. Dann durch den wildromantischen, von der jungen Donau geschaffenen »Schwäbischen Canyon« bis Donaueschingen. Von dort geht es parallel zum Albtrauf und via Rottweil zurück nach Hechingen. ► **Seite 122**

Unterwegs auf der Alb

Hinauf auf die Alb!

Landschaftlich recht vielgestaltig präsentiert sich das inzwischen großenteils als UNESCO-GeoPark ausgewiesene Karstgebirge im deutschen Südwesten. Zusammen mit seinem von Streuobsthängen und fruchtbaren Feldern geprägten Vorland ist es eine beliebte Naherholungslandschaft für die Bewohner des industriellen Ballungsraumes Stuttgart, inzwischen aber auch auch eine immer beliebter werdende Ferienlandschaft. Die touristische Infrastruktur ist gut ausgebaut und erhält laufend neue Attraktionen. Es gibt altbekannte Heilbäder, malerische Städte und Dörfer, interessante Burgen und Ruinen, aussichtsreiche Felsen sowie gehimnisvolle Höhlen und Quelltöpfe, duftende Wacholderheiden und im Herbst herrlich bunte Mischwälder. Auf der Alb und in ihrem Vorland wird auch viel geboten, sei es in der »Fasnet«, der närrischen fünften Jahreszeit, sei es bei sommerlichen »Hocketen« und Dorfmusikfesten, sei es bei herbstlichen Most- und Weinfesten. Ziemlich intensiv kümmert man sich um Wellness-Gäste, Nordic-Walking-Enthusiasten, Radtouristen, Mountainbiker und Golfer. Auch Wintersportler kommen nicht zu kurz.

Die Alb lässt sich bestens mit dem Auto erkunden. Als Anfahrtwege bieten sich an die **Autobahn Hamburg – Füssen (A 7)** im Nordosten, die **Autobahn Karlsruhe – München (A 8)** in der Mitte sowie die **Bodensee-Autobahn (A 81)** im Südwesten an. Das **Straßennetz** auf der Alb selbst ist recht engmaschig und großenteils sehr gut ausgebaut. Probleme gibt es manchmal auf einigen Nebenstraßen, die sich durch enge Täler und dunkle Wälder winden.

Die Schwäbische Alb und ihr Vorland sind sind gut auf **Wohnmobil-Touristen** eingestellt, die viel Zeit haben und vielleicht auch ihre Kanus und ihre Fahrräder dabei haben. Entsprechend ausgerüstet können sich diese auch mal von den Hauptstraßen entfernen und die herb-schöne Landschaft der Schwäbischen Alb genießen.

i Touristische Straßen

- Schwäbische Albstraße : Nördlingen/Aalen Heidenheim – Bad Urach – Reutlingen – Albstadt – Tuttlingen.
- Schwäbische Weinstraße: Metzingen – Neuffen – Esslingen.
- Schwäbische Dichterstraße: Esslingen – Nürtingen – Tübingen – Bad Urach – Blaubeuren – Ulm.
- Straße der Staufer: Hohenstaufen – Göppingen – Bad Boll – Adelberg – Lorch – Schwäbisch Gmünd – Brenz – Geislingen – Hohenstaufen.
- Hohenzollernstraße: Sigmaringen – Beuron – Albstadt – Balingen – Haigerloch – Hechingen – Sigmaringen.
- Oberschwäb. Barockstraße: Ulm – Blaubeuren – Ehingen Obermarchtal – Zwiefalten – Riedlingen.
- Romantische Straße: Nördlingen – Harburg – Donauwörth.
- Römerstraße Neckar-Alb: Burladingen – Hechingen-Stein – Rottenburg – Kirchentellinsfurt – Köngen.
- Deutsche Limesstraße: Lorch – Schwäbisch Gmünd – Aalen – Rainau-Buch
- Deutsche Uhrenstraße: Villingen-Schwenningen – Trossingen – Gosheim – Rottweil.

Mit öffentlichen Verkehrsmitteln unterwegs

Man kann die Alb sehr gut mit öffentlichen Verkehrsmitteln bereisen, auch wenn dafür mehr Zeit eingeplant werden muss. Die wichtigsten Städte und Kurorte sind per **Bahn** oder **Bus** erreichbar. Ein **engmaschiges ÖPNV-Netz** überzieht den gesamten Schwarzwald und sein Vorland, wo leistungsfähige **Verkehrsverbünde** operieren, deren Bahnen und Busse in akzeptablen Zeitabständen verkehren. Die Fahrpläne aller Nahverkehrsunternehmen sind in den meisten Fällen gut miteinander »vertaktet«. Die Mitnahme von Fahrrädern ist auf den meisten Bahnstrecken problemlos möglich. Interessante ÖPNV-Angebote werden an Wochenenden bzw. Sonntagen auf der Reutlinger, Münsinger und Zwiefalter Alb sowie auf der Zollernalb offeriert mit günstigen Tarifen für Familien und Gruppen sowie für Radler. Dann verkehren speziell auf Touristen eingestellte Züge und Busse des **Freizeitnetzes Schwäbische Alb** von DBZugBus und Hohenzollerischer Landesbahn (► Praktische Informationen, Verkehr), wozu auch die nur an Sonntagen auf der Strecke Schelklingen – Münsingen – Kleinengstingen mit Nostalgie-Zügen verkehrende **Schwäbische-Alb-Bahn** gehört.

! *Baedeker* TIPP

Kostenlose Fahrradmitnahme

Auf mehreren Bahn- und Buslinien in den Landkreisen Reutlingen, Sigmaringen und Zollernsalbkreis werden von Mai bis Mitte Oktober sonn- und feiertags Fahrräder kostenlos befördert. Auskunft: Verkehrsverbund Naldo, Tel. (0 74 71) 93 01 96 96, www.naldo.de

Tour 1 Schwäbische Albstraße

Länge der Tour: ca. 240 – 380 km **Tourdauer:** 3 – 7 Tage

Die Schwäbische Albstraße, mit einer stilisierten weißen Silberdistel auf blau-grünem Grund markiert, ist eine der ältesten Touristenrouten Deutschlands. Sie durchmisst das Karstgebirge von Nordost nach Südwest. Je nach ausgewähltem Anfangs- respektive Endpunkt sowie unterwegs möglichen Varianten ändert sich die Gesamtstreckenlänge.

Die lebhafte Kreisstadt ❶ * **Aalen** ist Ausgangspunkt des Nordostflügels der Albstraße. Durch die Kocher-Brenz-Talung geht es südwärts via * **Königsbronn** nach ❹ * **Heidenheim** mit seinem interessanten Schloss Hellenstein. Von hier lohnen Abstecher ins wunderschöne * * **Eselsburger Tal** sowie zur * **Charlottenhöhle** sowie in die * * **Welt von Steiff** in * **Giengen an der Brenz**.
Der Ostflügel der Ferienstraße beginnt im malerischen mittel-alterlichen ❷ * * **Nördlingen** und führt am berühmten Kloster ❸ * * **Neresheim** vorbei nach ❹ * **Heidenheim**.

Das »Geißentäle« (Oberes Filstal) bei Bad Überkingen aus der Vogelschau

Von der Brenztal-Metropole geht es über den **Albuch** in die Fünf-Täler-Stadt ❺ ✶ **Geislingen an der Steige**. die sich zu Füßen der Burgruine Helfenstein ausbreitet. Unterwegs lohnen Abstecher ins **Steinheimer Becken** sowie ins ✶ **Wental** und ins ✶ **Roggental**.
Von Geislingen fährt man im Oberen Filstal aufwärts durch die beiden altbekannten Heilbäder ✶ **Bad Überkingen** und ✶ **Bad Ditzenbach** mit ihren modernen vielbesuchten Thermalbädern bis nach ❻ ✶ **Wiesensteig**. Die Strecke durch das »Geißentäle« lässt sich auch mit dem Fahrrad bewältigen, denn abseits der Hauptstraße ist ein Radweg auf dem alten Damm der einstigen »Tälesbahn« angelegt.
Ab Wiesensteig führen zwei Varianten nach ❼ ✶✶ **Bad Urach**, dem nächsten Etappenziel. Die nördliche der beiden Strecken führt über die Filsalb, um an der Burgruine ✶ **Reußenstein** vorbei in das für seine Kirschen bekannte **Neidlinger Tal** hinunter zu gelangen, an dessen Ausgang ins Albvorland das freundliche Städtchen ✶ **Weilheim an der Teck** liegt. Von dort geht es wieder hinauf auf die Alb und zwar ins ✶ ✶ **Randecker Maar**, den berühmtesten Krater des Kirchheim-Uracher Vulkangebietes. Hat man das Albdorf **Schopfloch** durchfahren, so geht es wieder steil bergab ins **Lenninger Tal**. Ab Lenningen steigt dieser Zweig der Albstraße hinauf auf die Erkenbrechtsweiler Berghalbinsel, wo er sich durch Reste der keltischen Elsachstadt mit dem berühmten ✶ **Heidengraben** schlängelt. Von hier oben lohnt ein

kurzer Abstecher zur mächtigen Burgruine ✶ **Hohenneuffen**. Von Grabenstetten windet sich die Schwäbische Albstraße wieder bergab und erreicht – an der berühmt-berüchtigten ✶ **Falkensteiner Höhle** vorbei – die alte Residenz- und heutige Kurstadt ❼ ✶ ✶ **Bad Urach**.
Die südliche Variante führt von Wiesensteig südwärts bergauf in den beliebten Erholungs- und Wintersportort Westerheim und weiter nach ✶ **Römerstein**, wo der Aussichtsturm auf dem gleichnamigen Berg ebenso zu einem Besuch einlädt wie die drei in ehemaligen Vulkankratern gelegenen Albdörfer **Donnstetten, Zainingen** und **Böhringen**. Danach folgt man der B 28 hinunter nach ❼ ✶ ✶ **Bad Urach**.
Bad Urach selbst ist der Brennpunkt des Alb-Tourismus. Von hier aus kann man tolle Wanderungen u. a. zum ✶ ✶ **Uracher Wasserfall**, zu den ✶ **Gütersteiner Wasserfällen**, hinauf zur ✶ **Burgruine Hohenurach** usw. unternehmen und sich danach im Uracher Thermalbad erholen.
Ab Bad Urach führt eine nördliche Variante in dem von Obstwiesen und Weinhängen geprägten Ermstal abwärts nach ❽ ✶ **Metzingen**, das sich seit einigen Jahren als Schnäppchen-Metropole einen Namen gemacht hat. Außerdem ist die Stadt bekannt für ihren Wein. Nach ausgiebigem Shopping in Metzingen geht es weiter nach ❾ ✶ **Reutlingen**, dem heutigen »Tor zur Alb«, einstmals als »Stadt der Millionäre« bekannt. Auch hier kann man gut und preiswert »shoppen«. Von Reutlingen geht es dann im Ermstal aufwärts – vorbei an ✶ **Pfullingen** – zunächst nach ✶ **Lichtenstein** und dann hinauf

Sonnenbühl
Die Nebelhöhle ist eine der Hauptattraktionen der Alb.

Geislingen
Der Elefantenbrunnen ist bei Kindern sehr beliebt.

auf die Alb nach **Kleinengstingen**, wo man wieder auf die Hauptroute der Albstraße trifft.

Die Hauptroute der Schwäbischen Albstraße steigt von Bad Urach steil hinauf auf die sog. Hintere Alb mit der aus mehreren Dörfern gebildeten Gemeinde **St. Johann**. Lohnende Wanderziele hier oben sind der Aussichtsturm ✶ **Hohe Warte** beim Gestüt St. Johann sowie einige tolle Aussichtsfelsen am Albtrauf hoch über Glems bzw. Metzingen. Auch kann man von hier aus zum Uracher Wasserfall hinunter steigen. In Kleinengstingen treffen beide Varianten der Albstraße wieder zusammen.

Die Schwäbische Albstraße führt ab Engstingen in westlicher Richtung weiter zunächst zur sehenswerten Burg ⑩ ✶✶ **Lichtenstein** und dann weiter nach ⑪ ✶✶ **Sonnenbühl**, dessen Hauptattraktionen die ✶✶ **Bärenhöhle** und die ✶✶ **Nebelhöhle** sind.

Nach Besuch der beiden »Highlights« fährt man südwestwärts – vorbei an der Salmendinger Kapelle – nach ⑫ ✶ **Burladingen**, wo in erster Linie Shopping angesagt sein dürfte. Dann geht es hinunter nach **Hausen im Killertal**, wo die Schwäbische Albstraße scharf abknickt. Sie windet sich dann auf die Zollernalb hinauf und erreicht schließlich ⑬ ✶ **Albstadt**, das altbekannte Zentrum der Textilindustrie. Hier sollte man sich unbedingt Zeit nehmen für einen Abstecher nach **AS-Tailfingen** mit seinem Maschenmuseum und weiter nach **AS-Onstmettingen** mit dem Philipp-Matthäus-Hahn-Museum. Von AS-Onstmettingen lohnt dann noch ein Abstecher ins Wandergebiet um den aussichtsreichen ✶✶ **Raichberg** mit dem ✶ **Zeller Horn** (toller Blick auf den Hohenzollern), den **Höllenlöchern** und dem **Gespaltenen Fels**. Ein kunsthistorisches Kleinod ist die romanische Kirche von **AS-Burgfelden**.

Ziel der nächsten Etappe ist ⑭ ✶ **Meßstetten**, Militärstandort und Wintersportplatz auf dem **Großen Heuberg**. Von hier lohnen Wanderungen zum geschichtsträchtigen ✶ **Gräbelesberg** und in die durch die ✶ **Hossinger Leiter** erschlossene Felsschlucht. Von Meßstetten geht es südwestlich weiter nach ✶ **Nusplingen** im reizvollen ✶ **Oberen Bäratal**, wo es eine uralte Friedhofskirche zu bestaunen gibt und wo man erfolgreich nach Fossilien im Plattenkalk suchen kann. Von Nusplingen aus lohnt ein kurzer Abstecher nach

✔ NICHT VERSÄUMEN

- Nördlingen: Wehrgang um den mittelalterlichen Stadtkern, Rieskrater-Museum.
- Neresheim: Abteikirche
- Giengen an der Brenz: Welt von Steiff und Charlottenhöhle
- Aalen: Limesmuseum, Urweltmuseum und Museumsbergwerk am Braunen Berg
- Heidenheim: Schloss Hellenstein, Radtour durch das Eselsburger Tal
- Wiesensteig: Rundwanderung Filsursprung – Schertelshöhle – Reußenstein
- Bad Urach: Schlossbesichtigung, Rundwanderung Hohenurach – Uracher Wasserfall
- Metzingen: Schnäppchen-Tour
- Lichtenstein: Schlossbesichtigung, danach Forellenessen in Honau
- Sonnenbühl: Nebelhöhle und Bärenhöhle
- Albstadt: Wanderung auf den Raichberg
- Spaichingen: Dreifaltigkeitsberg
- Trossingen: Heimat- und Harmonikamuseum
- Tuttlingen: Heimatmuseum, Abstecher ins Obere Donautal

Norden in den Erholungsort **Tieringen** und weiter zum aussichtsreichen ✶ ✶ **Lochenstein**. Nach Nusplingen durchmisst man den Nordwesten des **Naturparks Obere Donau – Heuberg**. über Königsheim im Tal der Unteren Bära kommt man in das Dorf Dürbheim, von wo aus es nicht mehr weit ist nach ⓯ ✶ **Spaichingen**. Von hier sollte man einen Abstecher hinauf auf den ✶ **Dreifaltigkeitsberg** mit seiner Wallfahrtskirche ebensowenig versäumen wie einen aufs ✶ **Klippeneck**, die nicht nur von Segelfliegern gern aufgesuchte »Sonnenstube der Schwäbischen Alb«.
Von Spaichingen geht es durch die Prüm-Faulenbach-Talung hinunter nach ⓰ ✶ ✶ **Rottweil**, in Baden-Württembergs älteste Stadt mit ihren vielen Sehenswürdigkeiten. Danach geht es wieder südwestlich bergan nach ⓱ ✶ **Trossingen**, das durch die Harmonika-Fabrik Hohner als Musikstadt Weltruhm erlangt hat. Endpunkt der Schwäbischen Albstraße ist ⓲ ✶ ✶ **Tuttlingen**, das »Weltzentrum der Medizintechnik«. mit seinen interessanten Sehenswürdigkeiten. Die Stadt ist ein hervorragender Ausgangspunkt für Erkundungen des südlichen Randes der Westalb. Donauaufwärts sind die altertümlichen Städtchen ✶ **Möhringen, Immendingen, Geisingen** und vor allem ✶ **Donaueschingen** reizvolle Ausflugsziele. Donauabwärts lernt man nicht nur die beiden alten Städtchen ✶ **Mühlheim** und ✶ **Fridingen** kennen, sondern auch wildromantische Donau-Durchbruchstal und das Kloster ✶ ✶ **Beuron**. Ferner lohnt das nur wenige Kilometer südöstlich von Tuttlingen gelegene Regionale Freilichtmuseum in Neuhausen ob Eck eine Visite.

Tour 2 Ostalb-Runde

Länge der Tour: ca. 210 km **Tourdauer:** ca. 2 – 3 Tage

Auf dieser Rundfahrt lernt man einige der interessantesten Städte und Natursehenswürdigkeiten der Schwäbischen Alb kennen, darunter die Münsterstadt Ulm, die einstige Universitätsstadt Dillingen, den Rieskrater und dessen Hauptort Nördlingen mit seinem bestens erhaltenen mittelalterlichen Stadtkern, die frühere Freie Reichsstadt Aalen, von der ein Abstecher nach Ellwangen lohnt, sowie die beiden Brenztal-Städte Heidenheim und Giengen mit ihren Attraktionen. Übrigens: Diese Rundfahrt lässt sich auch per Bahn bzw. ÖPNV problemlos realisieren!

Ausgangspunkt dieser Rundfahrt ist ❶ ✶ ✶ **Ulm**, die größte Stadt der östlichen Schwäbischen Alb mit ihren vielen Höhepunkten. Erstes Etappenziel ist das ein paar Kilometer nordöstlich am Rande des Donauriedes gelegene alte Landstädtchen ❷ ✶ **Langenau**. Einen Besuch lohnt hier die ✶ **Erlebniswelt Grundwasser**. Nun geht es am Südrand der Ostalb weiter nach **Niederstotzingen**, von wo aus ein erster Abstecher ins ✶ **Lonetal** mit seinen bereits in grauer Vorzeit besiedelten Höhlen möglich ist. Knappe 6 km weiter östlich gelangt man nach **Sontheim an der Brenz** mit seinem Renaissanceschloss und der Romanischen Galluskirche im Ortsteil **Brenz**.

Nun geht es in einem weiten Bogen in den Freistaat Bayern und zwar hinunter nach 3 **Gundelfingen**, jenem freundlcihen Städtchen an der Einmündung der Brenz in die Donau. Danach folgt **Lauingen**, die »Stadt der Türme« und Heimatstadt von Albertus Magnus. Donauabwärts erreicht man in wenigen Minuten die ehemalige Universitätsstadt 4 ✶✶ **Dillingen**, die einstmals ein Zentrum der Gegenreformation war. 6 km weiter donauabwärts erreicht man ✶ **Höchstädt** mit seinem sehenswerten Schloss. Weltberühmt wurde Höchstädt durch die 1704 vor ihren Toren geschlagene Schlacht bei Blindheim (engl. Blenheim). Ab Höchstädt folgt man der B 16 donauabwärts nach 5 ✶ **Donauwörth**, der bayerisch-schwäbischen Stadt an der Nahtstelle von Schwäbischer und Fränkischer Alb.

Nach ausgiebiger Besichtigung fährt man auf der »Romantischen Straße« (B 25) in nordwestlicher Richtung, der Wörnitz flussaufwärts folgend. Das Tal selbst bildet die Grenze zwischen Schwäbischer und Fränkischer Alb. Bei **Wörnitzstein** lohnt ein Abstecher nach Westen ins schöne ✶ **Kesseltal**. Unter der sehenswerten ✶✶ **Harburg** verengt sich das Tal, denn es durchbricht hier den südlichen Rand des Rieskraters. Nun fährt man noch einige Kilometer durch das sehr fruchtbare Riesbecken und erreicht schließlich 6 ✶✶ **Nördlingen** mit seinem kreisrunden und bestens erhaltenen mittelalterlichen Stadtkern. Nicht versäumen sollte man hier eine Besichtigung des Rieskratermuseums, in dem der Meteoriteneinschlag vor 15 Mio. Jahren bestens erklärt wird.

Abstecher gefällig? Eine knappe halbe Autostunde südwestlich von Nördlingen empfängt die berühmte ✶✶ **Abtei Neresheim** wissbegierige Besucher.

Von Nördlingen geht es dann in westlicher Richtung weiter, nunmehr der B 29 folgend, nach 7 ✶ **Bopfingen**, jener alten Siedlung zu Füßen des eigentümlich kahlen Bergkegels namens Ipf. Von hier lohnen Abstecher zur wenige Kilometer nordwestlich gelegenen ✶ **Burg Baldern** und sowie nach **Kirchheim am Ries** mit seiner beachtenswerten Klosterkirche. Hinter Bopfingen umfährt die B 29 die Nordostspitze der Schwäbischen Alb und überquert auch die Europäische Wasserscheide Rhein/Donau. Dann geht es hinunter nach

✔ NICHT VERSÄUMEN

- Ulm: Münsterbesichtigung und Besteigung des Münsterturms, Ulmer Museum
- Dillingen: Goldener Saal
- Harburg: Burgrundgang
- Nördlingen: Mittelalterlicher Stadtkern, Rieskratermuseum
- Neresheim: Abteikirche
- Ellwangen: Stadtkern, Schloss
- Aalen: Limesmuseum, Urweltmuseum
- Heidenheim: Schloss Hellenstein, Eselsburger Tal
- Giengen an der Brenz: Welt von Steiff, Charlottenhöhle
- Lonetal: geschichtsträchtige Höhlen

Römische Gladiatoren *treten im Sommer vor dem Aalener Limesmuseum in Aktion.*

Besinnlich *zeigt sich das Marientor am Dillinger Hafenmarkt.*

Lauchheim, jene Kleinstadt zu Füßen des einstigen Deutsch-ordensschlosses ★ **Kapfenburg**, das heute eine renommierte internationale Musikschule beherbergt. Wenige Kilometer weiter südwestlich erreicht man die einstige Freie Reichsstadt 8 ★ **Aalen**, wo das Limesmuseum, das Urweltmuseum und das Museumsbergwerk am Braunenberg Attraktionen sind. Nicht versäumen sollte man einen Abstecher nach 9 ★★ **Ellwangen**, das 20 km nördlich von Aalen an der Jagst liegt. Hier sind die Altstadt mit ihren hübsch renovierten herrschaftlichen Palästen sowie die Wallfahrtskirche auf dem Schö-nenberg und das fürstpröpstliche Schloss eine Visite wert.

Nächstes Etappenziel ist 10 ★ **Heidenheim an der Brenz**. Doch zuvor passiert man noch die beiden wichtigen Industrieanstandorte **Unterkochen** und **Oberkochen**, in denen die Firma Zeiss wichtigster Arbeitgeber ist, sowie den am Brenztopf gelegenen Ort ★ **Königsbronn**, in dem die industrielle Verhüttung von Eisenerz ihren Anfang nahm. In Heidenheim selbst gibt es einiges zu sehen, darunter das ★★ **Schloss Hellenstein** mit seinen reichhaltigen Museen. Wenige Kilometer westlich kann man den Meteoritenkrater von ★ **Steinheim am Albuch** sowie das für seine bizarren Felsbildungen bekannte Wental erkunden. Südlich von Heidenheim ist das ★★ **Eselsburger Tal** landschaftlich außerordentlich reizvoll. Nächstes Etappenziel ist 11 ★ **Giengen an der Brenz** mit der ★ **Welt von Steiff** als neuer Touristenattraktion. Wenige Kilometer südwestlich findet man die ★ **Charlottenhöhle** sowie die Einfahrt ins landschafts- wie kulturgeschichtlich interessante ★ **Lonetal**. Auch das ★ **Heldenfinger Kliff** mit

seinen Bohrmuschellöchern sowie das **Hungerbrunnental** sind von hier aus nicht weit.
Die Rückfahrt nach ❶ ✶✶ **Ulm** erfolgt entweder durchs ✶ **Lonetal** mit seinen kulturgeschichtlich bedeutsamen Höhlen und über ❷ ✶ **Langenau** oder direkt über die A 7.

Tour 3 Ostalb-Stauferland-Rundfahrt

Länge der Tour: ca. 280 km **Tourdauer:** ca. 2 – 3 Tage

Ein Erlebnis besonderer Art ist die Runde durch den Ostteil der Mittleren Alb. Sie führt von Kirchheim unter Teck zunächst zu den Urweltfunden von Holzmaden, dann hinauf zum Reußenstein und ins »Geißentäle«, führt von dort weiter an den Blautopf und in die Münsterstadt Ulm. Danach geht es ins Brenztal nach Giengen und Heidenheim sowie ins Kochertal nach Aalen, von wo noch ein Abstecher nach Ellwangen möglich ist. Schließlich geht es durch das Remstal und das »Land der Staufer« zurück nach Kirchheim.

Man beginnt die Rundfahrt in ❶ ✶✶ **Kirchheim unter Teck**, wo es außer dem »schönsten Rathaus Deutschlands« noch etliche andere Sehenswürdigkeiten gibt. Außerdem kann man hier schön bummeln. Und keinesfalls versäumen sollte man eine Wanderung auf die ✶ **Teck**. Man verlässt Kirchheim ostwärts und erreicht nach wenigen Kilometern den Ort ✶✶ **Holzmaden**, der wegen der hier entdeckten versteinerten Saurierreste, Fische und Seelilien weltbekannt ist. Danach geht es weiter ins Gebiet des »Schwäbischen Vulkans«. Die **Limburg** beim alten Zähringer-Städtchen ✶ **Weilheim an der Teck** ist ein Überbleibsel der vulkanischen Tätigkeit. Nun fährt man in dem für seine guten Kirschen berühmten ✶ **Neidlinger Tal** aufwärts. Kurz vor Neidlingen bietet sich ein Abstecher an hinauf zum ✶ **Randecker Maar**, einen großen, vom Zipfelbach »angenagten« ehemaligen Schlot des »Schwäbischen Vulkans«. Hinter Neidlingen geht es steil bergan. Oben angekommen, lohnt eine Wanderung zum ✶ **Reußenstein** an. Dann geht es wieder steil bergab ins tiefe Kerbtal der jungen Fils, in dem das alte Städtchen ❷ ✶ **Wiesensteig** Etappenziel ist.
Von Wiesensteig folgt man dann der Fils abwärts durch das landschaftlich recht reizvolle »Geißentäle« mit den beiden altbekannten Heilbädern ✶ **Bad Ditzenbach** und **Bad Überkingen**, die über gern besuchte Thermalmineralbäder verfügen. Schließlich erreicht man die Fünf-Täler-Stadt ❸ ✶ **Geislingen an der Steige**, wo die berühmte Württembergische Metallwaren-Fabrik (WMF) ihren Sitz hat. Dann macht die Strecke einen jähen Knick: Es geht in südwestlicher Richtung hinauf auf die Albhochfläche. Via Nellingen und Merklingen

Kaiser Friedrich I. Barbarossa, *Spross des Geschlechts, dessen Stammburg auf dem Hohenstaufen bei Göppingen stand.*

Der Aalener Spion *schaut bis heute vom Rathausturm.*

kommt man nach ❹ ✶✶ **Blaubeuren** mit dem geheimnisvollen Blautopf und dem alten Kloster mit seinen höchst eindrucksvollen Kunstschätzen. Keinesfalls versäumen sollte man das Ur- und Frühgeschichtliche Museum, in dem einige der ältesten Kunstwerke der Welt ausgestellt sind, die man in Höhlen der Umgebung gefunden hat. Durch das **Blautal** gelangt man nach **Blaustein** und schließlich nach ❺ ✶✶ **Ulm**. Hier steht nicht nur der höchste Kirchturm der Welt, sondern hier gibt es auch etliche hochinteressante Museen zu besichtigen. Auch bummeln und einkaufen kann man hier bestens. Und das Ulmer Veranstaltungsprogramm sucht seinesgleichen in weitem Umkreis.

Von Ulm an der Donau geht es dann in nordöstlicher Richtung weiter nach ❻ ✶ **Langenau**, wo die »Erlebniswelt Grundwasser« eine besondere Attraktion ist. Vom weiter nordöstlich gelegenen Städtchen **Niederstotzingen** aus sind die berühmten, bereits in der Steinzeit als Wohnräume benutzten Höhlen des ✶ **Lonetals** leicht erreichbar. Nächstes Etappenziel ist ❼ ✶ **Giengen an der Brenz** mit seiner neuen ✶ **Welt von Steiff**. Ein paar Kilometer weiter südwestlich lädt die Charlottenhöhle zum Besuch ein. Von hier aus kann man ins natur- und kulturgeschichtlich interessante ✶ **Lonetal** vorstoßen oder gar eine Radtour durch landschaftlich besonders reizvolle ✶ ✶ **Eselsburger Tal** mit seinen bizarren Felsbildungen unternehmen. Als Nächstes erreicht man die Stadt ❽ ✶ **Heidenheim** mit dem Schloss Hellenstein und ihren interessanten Museen. Hübsch ist hier auch das Gelände der Landesgartenschau von 2006. Von Heidenheim lohnen Abstecher zur ✶ ✶ **Abtei Neresheim** (15 km nordöstlich) sowie nach ✶ **Steinheim am Albuch** (7 km westlich) und ins felsenreiche ✶ **Wental** (9 km nordwestlich).

Von Heidenheim geht es in nördlicher Richtung weiter in den freundlichen Ort ✶ **Königsbronn** am idyllischen Brenztopf. Danach überwindet man kaum spürbar die Wasserscheide Rhein/Donau und fährt dann im Kochertal abwärts bis ❾ ✶ **Aalen**, wo man unbedingt das Limesmuseum, das Urweltmuseum und das Besucherbergwerk Tiefer Stollen besuchen sollte. Danach kann man sich in der Limes-Therme erholen. Von Aalen aus sind es nur zwanzig Autominuten bis ❿ ✶✶ **Ellwangen**, dem früheren geistlichen Zentrum eines weiten Umlandes mit prachtvoll ausgestatteten Kirchen und fürstpröpstlichem Schloss. Von Ellwangen lohnt ein Abstecher nach ✶ **Rainau-Buch**, wo noch Reste des Limes und sonstige Baureste aus der Römerzeit zu sehen sind.

NICHT VERSÄUMEN

- Kirchheim: Teck, Urweltfunde Holzmaden
- Blaubeuren: Blautopf, ehem. Kloster
- Ulm: Münster, Ulmer Museum
- Heidenheim: Schloss Hellenstein, Eselsburger Tal
- Aalen: Limesmuseum, Urweltmuseum
- Schwäbisch Gmünd: Münster, Bijouterie-Museum, ehem. Kloster Lorch
- Göppingen: Märklin-Welt, Stiftskirche Faurndau, Hohenstaufen

Nun geht es zurück nach Aalen und dann in südwestlicher Richtung ins Remstal, wo die alte Stauferstadt ⓫ ✶✶ **Schwäbisch Gmünd** das nächste Etappenziel ist. In »Schwäbisch Nazareth« gibt es sehenswerte Sakralbauten wie das Münster und die Johanniskirche. Auch einige interessante Museen, darunter eine ehemalige Schmuckfabrik, locken interessierte Besucher an. Abstecher lohnen sich von Gmünd aus nach **Heubach** unterm ✶ **Rosenstein** (8 km östlich) und nach ✶ **Lorch** mit seinem sehr gut erhaltenen stauferzeitlichen Kloster (8 km westlich). Nach einem ausführlichen Stadtbummel durch Schwäbisch Gmünd geht es zunächst südlich bergauf nach Straßdorf, von wo aus ein Abstecher auf den ✶ **Hohenrechberg** mit einer stauferzeitlichen Burgruine auf seinem westlichen Sporn und einer Wallfahrtskirche auf dem Gipfel lohnt. Zurück in Straßdorf geht es in südwestlicher Richtung bergauf zum ✶ **Hohenstaufen**, dem Stammsitz der Stauferkaiser, von dem allerdings heute nur noch spärliche Ruinen zu sehen sind. Auf jeden Fall hat man von hier oben aber einen herrlichen Blick über das gesamte Stauferland – im Norden das Remstal, im Süden das Filstal und über das Filstal hinweg bis zum Trauf der Mittleren Alb. Nach so schönen Aussichten geht es dann hinunter nach ⓬ ✶ **Göppingen**, der zweiten bedeutenden Stadt im Stauferland. Auch hier gibt es einige interessante Museen und vor allem ein hübsch erneuertes Stadtzentrum, das zum Bummeln und Shoppen einlädt. Empfehlenswerte Ausflugsziele sind die staufische Klostersiedlung ✶ **Adelberg** (6 km nordwestlich), das erholsame ✶ **Rehgebirge** sowie das Städtchen ✶ **Donzdorf** wenige Kilometer östlich von Göppingen. sowie das einstige »Wunderbad« **Boll** (9 km südwestlich). Die letzte Etappe dieser Rundfahrt führt von Göppingen via Faurndau und Uhingen zurück nach ❶ ✶✶ **Kirchheim unter Teck**. Unterwegs lohnt ein Blick in die romanische ✶ **Stiftskirche von Faurndau** sowie ein solcher ins ✶ **Schloss Filseck** zwischen Uhingen und Faurndau.

Tour 4 Mittlere Alb

Länge der Tour: 340 km **Tourdauer:** ca. 3 – 7 Tage

Diese sowohl per Auto als auch per Bahn bzw. ÖPNV realisierbare Rundfahrt erschließt die interessantesten Städte und Landschaften der mittleren Schwäbischen Alb und ihres Vorlandes.

Ausgangspunkt der Straßen- und Bahnknoten ❶ **Plochingen**. Von hier aus fährt man zunächst einmal südwärts nach ❷ ✶ ✶ **Kirchheim unter Teck**, jener Stadt zu Füßen des berühmten Burgbergs, deren Altstadt mit dem hübschen Rathaus für jeden Touristen etwas bietet. Ab Kirchheim bieten sich Abstecher zu den Urweltfunden von ✶ ✶ **Holzmaden** sowie ins liebliche **Lenninger Tal** an.
Zurück in Plochingen folgt man dem Neckar aufwärts bis nach ❸ ✶ **Nürtingen**, wo nicht nur der Dichter Friedrich Hölderlin, sondern auch der Schriftsteller Peter Härtling und der Entertainer Harald Schmidt ihre Jugendjahre verbracht haben. Von hier aus fährt man mit dem »Tälesbähnle« oder dem Auto ins altertümliche Städtchen ❹ ✶ **Neuffen** zu Füßen der mächtigen und geschichtsträchtigen ✶ **Burgruine Hohenneuffen**. Im »Städtle« genießt man guten »Täleswein« oder man macht einen Abstecher hinüber nach **Beuren** ins Thermalbad bzw. ins nahe regionale Freilichtmuseum.
Zurück aus Neuffen fährt man von Nürtingen aus weiter in die inzwischen weltberühmte Schnäppchen-Metropole ❺ ✶ **Metzingen**, in der man ebenfalls guten heimischen Wein probieren kann. Nach Visiten bei BOSS, JOOP! etc. fährt man in dem von Streuobsthängen gesäumten Ermstal aufwärts nach ❻ ✶ ✶ **Bad Urach**, der alten württembergischen Residenz- und heutigen Kurstadt mit ihrem wunderschönen, von Fachwerkbauten umrahmten Marktplatz und dem interessanten Schlossmuseum. Lohnende Wanderziele sind der berühmte ✶ ✶ **Uracher Wasserfall**, die ✶ **Gütersteiner Wasserfälle** sowie die ✶ **Burgruine Hohenurach**.
Von Bad Urach geht es zunächst nach Metzingen zurück und dann weiter nach ❼ ✶ **Reutlingen**, der einstigen »Stadt der Millionäre«, die sich heute »Tor zur Schwäbischen Alb« nennt. Hier gibt es einiges zu sehen (Kunstmuseum, Heimatmuseum, Naturkundliches Museum etc.), und hier kann man auch sehr gut einkaufen. Außerdem gibt es in der näheren Umgebung einige lohnende Wanderziele wie Achalm, Georgenberg, Schönberg, Wackerstein und Rossberg. Und dann ist es von Reutlingen nicht weit zum ✶ ✶ **Schloss Lichtenstein**, zur ✶ ✶ **Nebelhöhle** und zur ✶ ✶ **Bärenhöhle**.
Nächste Station ist ❽ ✶ ✶ **Tübingen**, die alte Universitätsstadt mit ihrer allseits bekannten Altstadt-»Schokoladenseite« am Neckar sowie ihren unbedingt sehenswerten Museen auf Schloss Hohentübingen und anderswo in der Stadt. Die Stadt hat eben Flair, sie lädt zum Bummeln, Shoppen und einem Gläschen Tübinger Wein in der »Al-

Die Burg Hohenzollern *ist eine der Top-Sehenswürdigkeiten auf der Alb.*

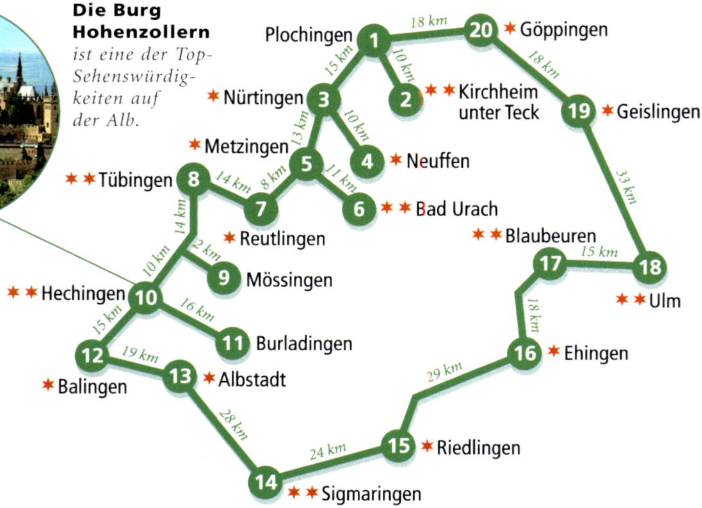

ten Kelter« ein. Weitaus das beliebteste Ausflugsziel ist der Naturpark * **Schönbuch**, der sich unmittelbar nördlich der Stadt ausbreitet. Touristische Brennpunkte sind hier das * * **Kloster Bebenhausen**, die vom mächtigen Turm der Stiftskirche beherrschte Fachwerk-Altstadt von * **Herrenberg** sowie das Städtchen * **Waldenbuch** mit Volkskundlichem Museum im ehemals herzoglich-württembergischen Schloss und dem neuen * **Museum Ritter** sowie dem angeschlossenen Besucherzentrum der Schokoladenfabrik als besonderen Touristenmagneten.

16 km südlich von Tübingen erreicht man die Stadt 9 **Mössingen** zu Füßen des aussichtsreichen Bergsporns * **Dreifürstenstein**, neben dem bis heute der breite * **Bergrutsch am Hirschkopf** gut auszumachen ist. Ist man sonntags in Mössingen, so besuche man unbedingt das * **Holzschnitt-Museum Klaus Herzer** in Öschingen. Übrigens: Nur wenige Kilometer westlich von Mössingen liegt das Dorf **Bodelshausen**, wo man ebenfalls günstige Schnäppchen (MarcCain, Lingerie Speidel etc.) erwerben kann.

Von Mössingen ist es nicht mehr weit nach 10 * * **Hechingen** und zur * * **Burg Hohenzollern**. In Hechingen selbst lohnen das Hohenzollerische Landesmuseum und die als Kulturzentrum wieder hergerichtete Synagoge einen Besuch. Ein paar Kilometer nordwestlich lockt das * **Römische Freilichtmuseum Stein** Besucher in seinen Bann. Und dass die Burg Hohenzollern ein Muss für jeden Alb-Touristen ist, versteht sich von selbst.

Schnäppchenjägern und Wanderfreunden sei ein Ausflug von Hechingen hinauf nach 11 **Burladingen** empfohlen, wo die Textilfirma »Trigema« das Stadtbild bestimmt. Rund um Burladingen kann man herrlich wandern, beispielsweise hinauf auf die »Sonnenalb« mit der ✶ **Salmendinger Kapelle** oder auf die Zollernalb mit dem aussichtsreichen ✶ **Raichberg**. – Von Hechingen lohnt auch ein Abstecher ins 23 km westlich malerisch am Flüsschen Eyach gelegene Städtchen ✶ ✶ **Haigerloch** mit seiner prachtvollen Schlosskirche und dem hochinteressanten Atomkeller-Museum.

Nun verlässt man Hechingen in südwestlicher Richtung und erreicht alsbald ⓬ ✶ **Balingen**, jene aufstrebende Industriestadt, die sich zu Füßen des Westalb-Dreigestirns Plettenberg – Schafberg – Lochenstein ausbreitet. In der hübsch renovierten Altstadt lässt es sich gut shoppen. Sehenswert sind das Zollernschlössle und die alte Zehntscheuer mit ihren Museen. Und in der attraktiven Stadthalle finden immer wieder bedeutende Kunstausstellungen statt. Ein sehr lohnendes Ausflugsziel ist das ✶ ✶ **Werkforum Fossilienmuseum** der Firma Holcim im 7 km südwestlich gelegenen Dotternhausen. Und überaus lohnende Wanderziele sind die oben erwähnten Berge, die sich südlich der Stadt aufbauen.

Von Balingen geht es dann im Eyachtal aufwärts nach ⓭ ✶ **Albstadt**, der im Zuge der baden-württembergischen Gemeindereform aus den Städten **Ebingen** und **Tailfingen** sowie mehreren Umlandgemeinden gebildeten Großen Kreisstadt. Sehenswerte Museen gibt es in AS-**Lautlingen** (u. a. Musikhistorische Sammlung), AS-Ebingen (u. a. Städt. Galerie), As-Tailfingen (Maschenmuseum) und AS-**Onstmettingen** (Museum im Fruchtkasten). In AS-**Burgfelden** lohnt die romanische Michaelskirche einen Besuch. Tolle Wanderziele sind der aussichtsreiche ✶ ✶ **Raichberg** bei AS-Onstmettingen, der Backofenfelsen, das Zeller Horn, der Hangende Stein, die Höllenlöcher, der Böllat und die Schalksburg.

Landschaftlich sehr reizvoll ist die Strecke von Albstadt nach ⓮ ✶ ✶ **Sigmaringen**, dem nächsten Etappenziel. Dabei folgen die Hohenzollerischen Landesbahn sowie ein schmales Sträßchen dem Flüsschen **Schmeie**, das sich tief in den Albkörper eingegraben hat. Unterwegs bietet sich die Möglichkeit zu einem Abstecher hinauf nach **Stetten am kalten Markt**. Fluss, Bahn und Straße münden bei ✶ **Inzigkofen** in den Ausgang des wildromantischen Durchbruchstals der jungen Donau ein. Dann sind es nur noch wenige Minuten bis Sigmaringen, der vom fürstlich-hohenzollerischen Schloss beherrschten einstigen Residenzstadt. Wer möchte, kann von hier aus zu einem Ausflug starten in das als »Schwäbischer Grand Canyon« bezeichnete Donau-Durchbruchstal westlich von Sigmaringen mit der berühmten Klostersiedlung ✶ ✶ **Beuron**.

Von Sigmaringen folgt man der Donau flussabwärts nach ⓯ ✶ **Riedlingen**. Unterwegs lohnen Stopps in der malerisch-altertümlichen Zwergstadt **Scheer** und in der alten Fuhrmannstadt **Mengen**, wo ein neues Römermuseum zum Besuch einlädt. Von Mengen fahre man dann hinauf zur keltischen ✶ ✶ **Heuneburg** (bei Hundersingen) und von dort weiter über die alte Klostersiedlung ✶ **Heiligkreuztal** nach Riedlingen. Lohnende Ausflugsziele von Riedlingen aus sind das

Der Hochaltar in der ehemaligen Blaubeurer Klosterkirche ist ein Meisterwerk der deutschen Spätgotik.

✶ ✶ **Kloster Zwiefalten** (12 km nördlich), der ✶ **Bussen**, Oberschwabens »heiliger Berg« (7 km östlich) sowie der natur- und kulturgeschichtlich hochinteressante ✶ ✶ **Federsee** (16 km südöstlich).

Nächstes Etappenziel ist die an Türmen reiche ehemals vorderösterreichische Stadt ⓰ ✶ **Ehingen**. Doch bevor man diese erreicht, sollte man die prachtvolle Klosterkirche in ✶ ✶ **Obermarchtal**, das Industriedenkmal ✶ **Kalkofen** in **Untermarchtal** sowie das hoch über dem ✶ **Kirchener Tal** thronende ✶ **Schloss Mochental** besuchen. Von Obermarchtal lohnen zudem Abstecher nach **Rechtenstein** sowie ins ✶ ✶ **Große Lautertal**. In Ehingen selbst sollte man auf jeden Fall das Heimatmuseum im ehem. Heilig-Geist-Spital sowie die Herz-Jesu-Kirche (Konviktskirche) gesehen haben.

In Ehingen wendet man sich jetzt von der Donau weg nach Norden. Nach wenigen Kilometern passiert man die das Landschaftsbild stark beeinträchtigenden Türme der Zementwerke in **Allmendingen** und **Schelklingen**. Bald darauf ist man in ⓱ ✶ ✶ **Blaubeuren**, einem der schönsten Ziele Bereich der Schwäbischen Alb. Absolut sehenswert sind hier der Blautopf, die Klosteranlage samt Kirche und wundervollen Kunstschätzen, das Urgeschichtliche Museum und natürlich auch die historische Fachwerk-Altstadt. Rund um Blaubeuren kann man herrlich wandern und dabei auch so interessante Plätze wie die ✶ ✶ **Laichinger Tiefenhöhle** und die ✶ **Sontheimer Höhle** erkunden.

Nach ausgiebiger Besichtigung der Blaubeurer Sehenswürdigkeiten folgt man dem langsam in Richtung Donau mäandrierenden Flüsschen **Blau** nach Osten. Nach einigen Auto- oder Bahn-Minuten passiert man die aus den alten Orten Herrlingen und Klingenstein gebildete Gemeinde **Blaustein**, deren besondere Touristenattraktionen das Bad Blau und das zu Ehren des »Wüstenfuchses« eingerichtete Rommel-Museum sind. Noch wenige weitere Fahrminuten und man ist in ⑱ ✶✶ **Ulm** an der Donau, dessen Münsterturm eine schon von weitem sichtbare Landmarke ist. Die Großstadt verfügt über eine ganze Reihe von Sehenswürdigkeiten, von denen man zumindest das Münster, das Ulmer Museum mit der Prähistorischen Sammlung, das Rathaus, das Fischerviertel und das Donauschwäbische Zentralmuseum in Augenschein genommen haben sollte. Außerdem sollte man einen Ausflug nach **Neu-Ulm** und ins ehem. ✶ **Kloster Wiblingen** mit seinem herrlichen Bibliothekssaal unternommen haben.

Von Ulm geht es dann quer über die vom Ackerbau geprägte Flächenalb und die von waldigen Anhöhen, duftenden Wacholderheiden und Trockentälern geprägte mittlere Kuppenalb hinunter nach ⑲ ✶ **Geislingen an der Steige**. Unterwegs lohnt ein Stopp in **Lonsee** bzw. **Urspring**, wo das Flüsschen ✶ **Lone** entspringt. Kurz hinter Amstetten, nach der Europäischen Wasserscheide Rhein/Donau, führen die berühmte Bahntrasse (Geislinger Steige) und Straße ins Rohrachtal bzw. in die Fünf-Täler-Stadt Geislingen hinunter. Hier sind die Stadtkirche und das Heimatmuseum beachtenswert. Außerdem kann man in der »Fischhalle« der WMF günstig Geschirr, Besteck usw. erwerben. Von Geislingen aus bieten sich schöne Ausflüge an ins »Geißentäle« (Ob. Filstal; westlich talaufwärts) mit den beiden Heilbädern **Bad Überkingen** und ✶ **Bad Ditzenbach** sowie nach **Eybach** und ins Roggental.

Jetzt durchmisst man das mittlere Filstal, das von »wanderbaren« Bergen gesäumt ist. Schon bald kommen rechter Hand die »Kaiserberge« Stuifen, Rechberg und Hohenstaufen ins Blickfeld und schließlich erreicht man die Stauferstadt ⑳ ✶ **Göppingen**, die ebenfalls ein paar Museen und vor allem ein neu hergerichtetes fußgänger-freundliches Stadtzentrum zu bieten hat. Nicht versäumen sollte man einen Ausflug hinauf auf den ✶ **Hohenstaufen**. Von Göppingen geht es dann durch die »Industriegasse Untere Fils« mit den gewerbereichen Orten **Uhingen, Ebersbach** und **Reichenbach/Fils** zurück nach ❶ **Plochingen**.

✔ NICHT VERSÄUMEN

- Kirchheim: Altstadt, Teck, Urweltfunde Holzmaden
- Metzingen: Schnäppchen-Tour
- Bad Urach: Schloss, Marktplatz, Wasserfall, Thermalbad
- Reutlingen: Kunstmuseum Spendhaus; Abstecher nach Schloss Lichtenstein, Nebelhöhle und Bärenhöhle
- Tübingen: Altstadt, Schloss, Kloster Bebenhausen, Schönbuch
- Hechingen: Altstadt, Burg Hohenzollern, Abstecher nach Haigerloch
- Balingen: Zollernschlössle, Werkforum Fossilienmuseum Dotternhausen
- Albstadt: Wanderung auf den Raichberg
- Sigmaringen: Schloss, Abstecher nach Beuron
- Riedlingen: Altstadt, Heuneburg
- Zwiefalten: Münster, Abstecher ins Lautertal
- Obermarchtal: Klosterkirche
- Blaubeuren: Blautopf, Kloster, Altstadt
- Ulm: Münster, Ulmer Museum, Fischerviertel
- Göppingen: Hohenstaufen, Märklin-Welt

Tour 5 Burgen, Täler, Höhlen

Länge der Tour: ca. 160 km **Tourdauer:** 1 – 2 Tage

Zwei der schönsten Albtäler, die beiden berühmtesten Höhlen sowie bekannte Schlösser, Burgen und Ruinen lernt man bei dieser Rundfahrt durch den Westteil der Mittleren Alb kennen.

Die Rundreise beginnt in 1 ✶ **Reutlingen**, dem »Tor zur Schwäbischen Alb«, das interessante Museen, gute Einkaufsmöglichkeiten und ein reges Kulturleben zu bieten hat. Von Reutlingen fährt man auf der B 28 in nordöstlicher Richtung und gelangt in die »Schnäppchen-Metropole« 2 ✶ **Metzingen** am Ausgang des Ermstales ins Albvorland. In Metzingen selbst, das mit seinen Sieben Keltern und dem schmucken Rathaus auch Sehenswertes vorzuweisen hat, und im Nachbarort Neuhausen gibt's auch guten Wein. Jetzt fährt man im Ermstal aufwärts und erreicht die ehemalige Residenz- und heutige Kurstadt 3 ✶✶ **Bad Urach**, die mit dem Residenzschloss, der Amanduskirche und der Klostermühle interessante Sehenswürdigkeiten zu bieten hat. Lohnende Wanderziele sind der Uracher Wasserfall, die Gütersteiner Wasserfälle, der Runde Berg, die Burgruine Hohenurach und die Falkensteiner Höhle.

Von Bad Urach fährt man im landschaftlich reizvollen ✶ **Seeburger Tal** aufwärts, wo man auf hohem Fels die Burgruine Hohenwittlingen sieht. Gleich in der Nähe finden sich die Höhle und der Felstobel, die David Friedrich Weinland zu seinem »Rulaman« inspiriert haben. Hinter dem Ort Seeburg schlängelt sich die Straße hinauf nach 4 ✶ **Münsingen**, einst wichtiger Militärstandort und heute Tor zum Biosphärenreservat Schwäbische Alb, dessen Kernbereich der ehemalige Truppenübungsplatz im ✶ **Münsinger Hardt** ist. Am Münsinger Bahnhof ist ein Informationszentrum eingerichtet.

Von Münsingen fährt man südwärts weiter ins wunderschöne 5 ✶✶ **Lautertal** mit seinen zahlreichen Natursehenswürdigkeiten und Burgruinen sowie dem ✶ ✶ **Haupt- und Landgstüt Marbach**. Bei Anhausen verlässt die Landstraße das Lautertal, windet sich hinauf nach Hayingen, um wenig später ins Tal der Zwiefalter Aach hinab zu führen. Man passiert ✶ **Schloss Ehrenfels** und die ✶ **Wimsener Höhle**. Wenig später gelangt man nach 6 ✶✶ **Zwiefalten** mit seinem herrlich ausgestatteten Münster.

Ab Zwiefalten fährt man weiter nach 7 ✶ **Riedlingen** an der Donau. Nach einem Gang durch die malerische Altstadt lohnt ein Abstecher zum ✶ ✶ **Federsee**. Nach diesem Exkurs folgt man der Donau aufwärts. Bald sieht man hoch über der Donau den rekonstruierten Wehrgang des keltischen Fürstensitzes ✶ ✶ **Heuneburg**, in dessen Nähe auch einige große Grabhügel zu finden sind. Ein archäologischer Wanderweg erschließt das Gelände. Via **Mengen** – im Stadtteil Ennetach ist ein Römermuseum beachtenswert – und **Scheer** erreicht

Ein Höhepunkt im Lautertal *ist die herbstliche Hengstparade im Haupt- und Landgestüt Marbach.*

man das Etappenziel 8 ✶✶ **Sigmaringen**, die ehemalige zollerische Residenzstadt mit ihrem unbedingt sehenswerten Schloss. Südlich von Sigmaringen ist der fürstliche Wildpark Josephslust ein beliebtes Ausflugsziel.

Nach einem ausgiebigen Aufenthalt in Sigmaringen und einem eventuellen Abstecher nach ✶✶ **Beuron** bzw. ins landschaftlich höchst imposante Durchbruchtal der jungen Donau folgt man der B 32 nordwärts zurück in Richtung Reutlingen. Hinter dem Nollhof schlängelt sich die Bundesstraße ins schöne ✶ **Laucherttal** hinunter. Man fährt flussaufwärts und erreicht wenig später das Zwergstädtchen ✶ **Veringenstadt**, an dessen Ortseingang ein steinerner Frühmensch daran erinnert, dass in den Höhlen über der Lauchert schon vor tausenden von Jahren gelebt und gearbeitet wurde. Schließlich gelangt man in das alte Landstädtchen 9 ✶ **Gammertingen**, in dessen Umgebung einige Burgruinen und das wunderschöne ✶ **Fehlatal** erwandert werden können.

Ab Gammertingen folgt man der B 313 und erreicht den Ort **Mägerkingen** am Lauchertsee. Hier biegt die Bundesstraße in nordöstlicher Richtung ab und führt an ✶ **Trochtelfingen** mit seinem denkmalgeschützten Stadtkern vorbei in Richtung **Großengstingen**. Bei der Siedlung Haid zweigt die Straße nach Sonnenbühl-Erpfingen und zur höchst eindrucksvollen Bärenhöhle ab. Vom großen Kreisverkehr am Traifelberg (kurz hinter Engstingen) zweigt die Landstraße nach 11 ✶✶ **Sonnenbühl** ab, über die man das berühmte Schloss Lichtenstein und die nicht minder bekannte Nebelhöhle erreicht. Nach dieser Besichtigungstour zurück am Traifelberg windet sich die B 313 hinunter in das zur Gemeinde 10 ✶✶ **Lichtenstein** gehörende »Forellendorf« Honau und zurück nach 1 ✶ **Reutlingen**.

Tour 6 Höhepunkte der Westalb

Länge der Tour: ca. 210 km **Tourdauer:** 2 – 3 Tage

Die höchsten Punkte der gesamten Schwäbischen Alb sowie einige ihrer interessantesten Sehenswürdigkeiten lernt man auf dieser Tour kennen. Auch diese Rundfahrt lässt sich bequem per Bahn bzw. ÖPNV problemlos absolvieren.

Nach einer ausgiebigen Besichtigung der einstigen zollerischen Residenzstadt ❶ ✶✶ **Hechingen** und der ✶✶ **Burg Hohenzollern** folgt man der B 32 im Killertal aufwärts und gelangt über die Europäische Wasserscheide Rhein/Donau nach ❷ ✶ **Burladingen**, wo einige Fabrikverkäufe (u. a. Trigema) zum Shopping einladen. Außerdem ist es von hier nicht weit zur ✶✶ **Bärenhöhle** bei Sonnenbühl-Erpfingen. Bald nach Burladingen kommt man nach **Neufra**, von wo aus eine Wanderung durchs wunderschöne ✶ **Fehlatal** ins nahe ✶ **Laucherttal** bei ❸ ✶ **Gammertingen** lohnt. Dieses alte Landstädtchen ist auch Etappenziel der Rundfahrt.

Ab Gammertingen folgt man dem Flüsschen Lauchert, das durch ein landschaftlich reizvolles Tal in Richtung Donau mäandriert. Dabei passiert man das alte Städtchen ✶ **Veringenstadt**, in dessen umliegenden Höhlen schon in der Steinzeit Menschen gewohnt haben. Unterhalb von Jungnau verlässt die Bundesstraße das Laucherttal und strebt über einen Bergrücken (Nollhof) der an der Donau gelegenen und einstmals katholischen Zollernresidenz ❹ ✶✶ **Sigmaringen** zu. Hier sollte man auf jeden Fall das Schloss sowie die wunderschön ausgestattete Kirche St. Johannes Evangelist besichtigen. Auch lohnt ein Abstecher in den wenige Kilometer südlich der Stadt gelegenen fürstlichen Wildpark Josephslust.

Anschließend fährt man westlich donauaufwärts durch eine der schönsten Flusslandschaften Deutschlands, das wildromantische Tal der Oberen Donau mit seinen mächtigen Felsen. Etappenziel ist die berühmte Klostersiedlung ❺ ✶✶ **Beuron**, in deren Bahnhof das sehr informative Naturschutzzentrum des Naturparks Obere Donau eingerichtet ist. Von Beuron lohnen Abstecher hinauf zur ✶ **Burg Wildenstein** (südlich oberhalb der Donau) sowie ins botanisch hochinteressante ✶ **Irndorfer Hardt** (nördlich oberhalb der Donau). Die weithin sichtbare **Burg Werenwag** (auf steilem Fels nördlich über der Donau) kann leider nicht besichtigt werden.

Von Beuron windet sich die Straße über einen Bergvorsprung mit dem aussichtsreichen ✶ **Knopfmacherfels** hinüber nach ✶ **Fridingen an der Donau** mit seinem malerischen mittelalterlichen Stadtkern. Von hier aus sollte man keinesfalls eine Wanderung zum Stiegelesfelsen versäumen. Auch ein Abstecher nordwärts ins schöne Bäratal ist angeraten. Zurück in Fridingen geht es in westlicher Richtung weiter durch das sehr hübsch auf einem Bergsporn über der Donau gelege-

Rottweils Wahrzeichen *ist sein mittelalterliches Schwarzes Tor.*

ne Städtchen ✶ **Mühlheim**, von wo es nur noch wenige Kilometer bis zum Etappenziel ❻ ✶✶ **Tuttlingen** sind, dem »Weltzentrum der Medizintechnik«. Von hier lohnt ein Abstecher ins wenige Kilometer östlich gelegene ✶ **Freilichtmuseum Neuhausen ob Eck**. Von Tuttlingen folgt man weiterhin der »jungen Donau« aufwärts. Man passiert die beiden recht malerischen alten Städtchen ✶ **Möhringen** und ✶ **Immendingen**, zwischen denen die berühmten Donau-Versickerungsstellen zu finden sind.

Westlich von Immendingen, bei Geisingen, passiert man den **Wartenberg**, den Nördlichsten der Hegau-Vulkane, und fährt dann auf die Hochebene der **Baar**, deren Zentrum die fürstenbergische Residenzstadt ❼ ✶✶ **Donaueschingen** ist. Hier sollte man nicht nur die sog. Donauquelle, sondern auch das fürstliche Schloss, die fürstlichen Sammlungen und auch die Brauerei besichtigen.

Am Nordwestrand der Baar breitet sich die Doppelstadt ❽ ✶ **Villingen-Schwenningen** zwischen Westalb und Schwarzwald aus. Sie ist im Baedeker Allianz Reiseführer »Schwarzwald« beschrieben.

Nächste Station ist ❾ ✶✶ **Rottweil**, die älteste Stadt Baden-Württembergs mit ihren vielen Sehenswürdigkeiten. Von hier lohnt ein Abstecher südwärts nach **Spaichingen** und von dort hinauf aufs ✶ **Klippeneck** sowie auf den ✶ **Dreifaltigkeitsberg** mit seiner Wallfahrtskirche. Von der ein paar Kilometer nördlich oberhalb von Spaichingen am Westrand des Naturparks Obere Donau – Heuberg gelegenen Industriegemeinde **Gosheim** aus kann man die 10 höchsten (über 1000 m hohen) Berge der Schwäbischen Alb erwandern, allen voran den 1015 m hohen ✶ **Lemberg**.

Die B 27 führt von Rottweil aus etwa parallel zum Trauf der Westalb nordostwärts via **Schömberg** nach ❿ ✶ **Balingen** (s. S. 117) und wieder zurück nach ❶ ✶✶ **Hechingen**. Unterwegs lohnt unbedingt ein Besuch im ✶✶ **Werkforum Fossilienmuseum** der Firma Holcim in Dotternhausen versäumen.

Reiseziele von A bis Z

TAUSEND METER HOHE BERGE, STILLE HOCHFLÄCHEN UND TIEF EINGESCHNITTENE FLUSSTÄLER, HÖHLEN, BURGEN UND ALTE STÄDTE – AUF DER SCHWÄBISCHEN ALB GIBT ES WIRKLICH VIEL ZU ENTDECKEN!

★ Aalen

L 1/2

Landkreis: Ostalbkreis
Einwohnerzahl: 66 000
Höhe: 374 – 732 m ü.d.M.
Prädikat: Große Kreisstadt

Die ehemalige Freie Reichsstadt – heute Hauptort des Ostalbkreises – liegt an der Pforte zur Ostalb und am Schnittpunkt alter Fernhandelswege. Die am Flüsschen Kocher gelegene Stadt wurde schon früh Industriestandort. Eine lange Tradition haben hier das Gerber- und Tuchmachergewerbe sowie die Eisenverhüttung.

Geschichte Um 150 n. Chr. stationierten die Römer hier ihre Zweite Flavische Reiterei, die **Ala II Flavia Millaria**.

Die Stadt selbst ist eine staufische Gründung, die bereits 1360 die Reichsunmittelbarkeit erlangte. Im frühen 17. Jh. begann die planmäßige Suche nach Eisenerz am Braunen Berg, 1671 wurde in Wasseralfingen ein Hochofen angeblasen. Bergbau und Eisenverhüttung wurden bedeutende Wirtschaftszweige. Mitte des 19. Jh.s war Wasseralfingen **einer der wichtigsten Eisenhüttenstandorte Kontinentaleuropas!** Nach den Wirren des Ersten Weltkriegs kam es zur Einstellung der Erzförderung und Eisenerzeugung in Wasseralfingen, wurden im Dritten Reich jedoch wiederbelebt. Dies hatte zur Folge, dass der Industriestandort Aalen-Wasseralfingen gegen Ende des Zweiten Weltkrieges fast täglich von Flugzeugen der Aliierten bombardiert wurde. Nach dem Zweiten Weltkrieg, als in Ostwürttemberg etliche **neue Industrieunternehmen** (u. a. Zeiss) angesiedelt wurden, erlebte die Stadt einen neuerlichen Aufschwung. 1979/1980 hat man in Aalen **Thermalwasser** erbohrt. Wenig später öffnete ein modernes Thermalbad seine Pforten.

Aalen *Orientierung*

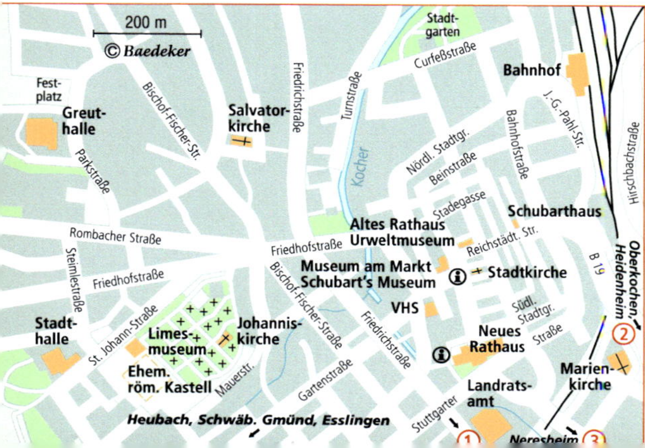

Übernachten und Essen

1. Ramada-Treff Limes-Thermen
2. Das Goldene Lamm
3. Landgasthof Lamm

AALEN ERLEBEN

AUSKUNFT

Tourist-Information
Marktplatz 2
73430 Aalen
Tel. (0 73 61) 52 23 57
www.aalen.de

EVENTS

Reichsstädter Tage
An einem Wochenende im September feiert Aalen sein großes Stadtfest mit buntem Rahmenprogramm.

Internationale Römertage
An einem Wochenende in der zweiten Septemberhälfte marschieren beim Limesmuseum römische Legionäre und Auxiliarii hoch zu Roß und »per pedes« auf.

BADEN · WELLNESS

Limes-Thermen
Osterbucher Platz 3
Öffnungszeiten: Mo. – Do. 8.30 – 21.00, Fr. 8.30 – 22.00, Sa., So., Fei. 9.00 – 21.00 Uhr
4 Innen- und Außenbecken, Tepidarium, Saunalandschaft und Wellness-Bereich mit röm.-irischem Dampfbad, Solarien, Farb-Licht-Anwendungen. 34 °C warmes, fluoridhaltiges Calcium-Natrium-Sulfat-Wasser; Restaurant.

ÜBERNACHTEN · ESSEN

► Komfortabel

① ***Ramada-Treff Limes-Thermen***
Osterbucher Platz 1
73431 Aalen
Tel. (0 73 61) 94 40;
www.ramada-treff.de
147 Zimmer; ruhig am Waldrand gelegene Herberge; direkter Zutritt zu den Limes-Thermen.

② ***Das Goldene Lamm***
Kocherstr. 8
73432 Aalen-Unterkochen
Tel. (0 73 61) 98 68-0
www.das-goldene-lamm.de
43 Zimmer und 7 Suiten; von Touristen und Geschäftsreisenden geschätzte Unterkunft mit guter Küche.

► Komfortabel/Günstig

③ ***Landgasthof Lamm***
Unterkochener Str. 16
73432 AA-Ebnat
Tel. (0 73 67) 24 12
www.lamm-ebnat.de
6 Zimmer; gemütliches Gasthaus mit hervorragender Küche.

Sehenswertes in Aalen

Mittelpunkt der Altstadt ist der Marktplatz (Fußgängerzone; Mi. u. Sa. Wochenmarkt) mit hübschem Brunnen und mit dem Alten Rathaus. Am Türmchen des im 17. Jh. erbauten ehem. Amtssitzes ist der **Kopf des »Spions«** das **Wahrzeichen der Stadt**. ✶ Marktplatz, Altes Rathaus

In dem Gebäude ist eine **geologisch-paläontologische Sammlung** untergebracht, die sehr gute Einblicke in die Erd- und Landschaftsgeschichte der Ostalb und ihres Vorlandes vermittelt. Glanzstücke der Ausstellung sind unter anderem eine Posidonienschieferwand mit einem drei Meter langen **Ichthyosaurus** (Fischsaurier) und versteiner- ✶ ◄ Urweltmuseum

Besucher bestaunen ein Saurierskelett im Aalener Urweltmuseum

ten Seelilien, riesigen **Ammoniten** und Belemniten der Jurazeit sowie verkieselte **»Edelsteinhölzer«** aus dem nahen Keuperbergland (Öffnungszeiten: Di. – So. 10.00 – 12.00 u. 14.00 – 17.00 Uhr).

Museum am Markt, Schubart's Museum

Die Ausstellung ist in einem Fachwerkbau am Marktplatz eingerichtet. Sie zeigt eine Fayence- und Porzellansammlung, stadtgeschichtliche Dokumentationen sowie Erinnerungen an den Dichter Christian Friedrich Daniel Schubart (1739 – 1791), der in Aalen aufgewachsen ist (Öffnungszeiten: Di. – So. 14.00 – 17.00 Uhr).

✶✶ Limesmuseum

Dieses Zweigmuseum des Württembergischen Landesmuseums liegt auf der ehemaligen »via principalis« des **größten römischen Reiterkastells nördlich der Alpen**. Das Museum beleuchtet das Wirken der Römer (bes. Militärwesen) im 2. Jh. n. Chr. in den Provinzen Germanien und Rätien. Im Mittelpunkt der Ausstellung stehen neuere Ausgrabungsergebnisse aus dem Raum Aalen und entlang des Rätischen Limes, der im Jahre 2005 zum UNESCO-Weltkulturerbe erhoben worden ist (St.-Johann-Str. 5; Öffnungszeiten: Di. – So. 10.00 bis 17.00 Uhr).

✶ Besucherbergwerk

Östlich oberhalb von Wasseralfingen, am Braunenberg, lohnt das Bergwerk **»Tiefer Stollen«** einen Besuch. Mit der **Grubenbahn** fährt man in die ehemalige königlich-württembergische Eisenerzgrube »Wilhelm«ein. In den großen Hallen unter Tage erfährt man Interessantes über die Geschichte des Bergbaus im eisenhaltigen Braunjurasandstein. Im Rahmen einer Führung erkundet man das Stollenlabyrinth mit seinen Erzabbaukammern, Flözen, Verladestellen und Querschlägen. Recht eindrucksvoll ist der Felsendom, der die Sandsteindecke durchbricht (Öffnungszeiten: Ende März – Anfang Nov. Di. – So. 9.00 – 12.00 u. 13.00 – 16.00 Uhr).

Die Luft unter Tage ist besonders rein. Aus diesem Grunde hat man hier einen **Therapiestollen** für Patienten mit Atemwegserkrankungen bzw. für Asthmatiker eingerichtet (Auskunft: Kurbetrieb Aalen, Am Erzhäusle 1, 73433 AA-Wasseralfingen, Tel. 07361/97 02 49).

◄ Asthmatherapie

Der am Braunenberg angelegte Bergbaupfad informiert über die Eisengewinnung im Jura der Ostalb. Vom Besucherbergwerk »Tiefen Stollen« geht es über den »Erzscheideplatz« und den Stollen »Süßes Löchle« bis zum »Woellwarthstein«, wo man 1608 mit der Erzsuche begann. In den aufgelassenen Kalksteinbrüchen am Braunenberg kann man mit etwas Glück schöne **Versteinerungen** finden.

◄ Bergbaupfad

Umgebung von Aalen

Aalbäumle

Im Süden der Stadt steht der Aussichtsturm Aalbäumle (681 m ü.d.M.), von dem aus man die Naherholungsgebiete Osterbuch, Kuckuckstein und Langerthalde erwandern kann (im Winter Langlaufloipen, Skilifte), mit reizvollen Ausblicken zum Volkmarsberg.

Geologischer Lehrpfad

Am Langert verläuft der 1961 als erster seiner Art in Deutschland angelegte Geo-Pfad. In vorbildlicher Weise wird einem die Entstehung der südwestdeutschen Schichtstufenlandschaft nahegebracht.

Unterkochen

Etwa 4 km südöstlich der Kernstadt liegt Aalen-Unterkochen am Zusammenfluss von Schwarzem und Weißem Kocher. An markanter Stelle thront die **Wallfahrtskirche St. Maria** (14. u. 18. Jh.).

Oberkochen

Weiter talaufwärts breitet sich die Stadt Oberkochen (496 – 743 m ü.d.M.; 8500 Einw.) zu Füßen des Volkmarsberges und nahe am Kocherursprung aus. Kurz nach dem Krieg siedelten sich hier die 1846 in Jena gegründeten Optischen Werke Carl Zeiss an. Viele Werksangehörige aus der damaligen DDR folgten dem Unternehmen nach Oberkochen. Nach dem Fall von Mauer und Stacheldraht (1989) wurden wieder einige Aktivitäten von Oberkochen nach Jena zurückverlagert.

✶ ◄ Optisches Museum

Im Optischen Museum der Zeiss-Werke wird ein Querschnitt durch die Entwicklungsgeschichte optischer Instrumente (Brillen, Fernrohre, Mikroskope, Vermessungsgeräte, Kameras) gezeigt. Prunkstücke der Ausstellung sind Mikroskope aus dem 18. und 19. Jh. sowie Objektive, wie sie NASA-Astronauten für Aufnahmen im Weltraum und auf dem Mond verwendet haben (Öffnungszeiten: Mo. – Fr. 10.00 bis 13.00 u. 14.00 – 16.00, So. 9.00 bis 12.00 Uhr).

Hausberg von Oberkochen ist der 743 Meter hohe **Volkmarsberg**, dessen Wacholderheiden mit ihren

> **! *Baedeker* TIPP**
>
> **Aquafit**
>
> Eine große Saunalandschaft mit Dampfbad und Inhalatorium ist die besondere Attraktion des Oberkochener Erlebnisbades »Aquafit«. Weitere Auskünfte: Tel. (0 73 64) 92 10 21; www.aquafit.de

★ Volkmarsberg ► mächtigen Weidbuchen bereits in den 1920er-Jahren unter Naturschutz gestellt worden sind. Vom 1930 erbauten Turm des Schwäbischen Albvereins bietet sich an klaren Tagen eine Fernsicht, die bis zu den Alpen reicht. Am Osthang des Volkmarsberges steht die **Ottilienkapelle** mit einer schönen gotischen Skulptur der Schutzpatronin der Augenkranken.

Kocherursprung ► Südlich von Oberkochen entspringt der Schwarze Kocherin der Kocher-Brenz-Talfurche unweit der Wasserscheide Rhein/Donau zwischen Albuch und Härtsfeld. Als interessanter landschaftsgeschichtlicher Lehrpfad verläuft der **Karstquellenweg** von Oberkochen via Kocherursprung südwärts nach Königsbronn am Brenzursprung.

Essingen Etwa 6 km südwestlich von Aalen liegt Essingen (6500 Einw.). Das Ortsbild wird vom **Schloss** der Herren von Woellwarth (unzugänglich) und einer imposanten **Wehrkirche** geprägt.
Ca. 3 km südwestlich von Essingen versteckt sich der Remsursprung in einem romantischen Taleinschnitt. Nicht weit vom Remsursprung befindet sich das bekannte **Skizentrum Hirtenteich** (Skilift, Loipen).

Lauterburg 6 km südwestlich oberhalb von Essingen liegt der Ortsteil Lauterburg (671 m ü.d.M.) mit Resten einer mittelalterlichen Burg. Von hier lohnen Wanderungen zum Heubacher Fernsehturm und zum Rosenstein (► Heubach) sowie zur weiter östlich gelegenen Siedlung Tauchenweiler, in deren Nähe **Hochmoore** und alte **Bohnerzgruben** erkundet werden können.

★ **Schloss Fachsenfeld** 7 km nordwestlich der Kernstadt liegt das im 16. Jh. vom Ritter von Woellwarth erbaute Schloss inmitten eines herrlichen Landschaftsparks. Das Anwesen wurde 1827 von Oberjustizrat Wilhelm von Koenig erworben. Vier Generationen der Barone von Koenig-Fachsenfeld bauten es zu einem kunsthistorischen Kleinod aus. Die Gemäldegalerie umfasst über 100 **Werke süddeutscher Impressionisten** (u.a. Arbeiten von Hermann Pleuer). Die **Jugendstil-Bibliothek** ist ein besonderes Schmuckstück. Letzter Besitzer des Schlosses war Reinhard von Koenig-Fachsenfeld, der berühmte Rennfahrer und Konstrukteur der ersten stromlinienförmigen Rennwagen. Auch an ihn wird hier erinnert (Führungen: Ende März – 1. Nov. Sa., So., Fei. 10.00 – 12.00 u. 14.00 – 17.00 Uhr).

Abtsgmünd Der Erholungsort Abtsgmünd (365 – 495 Einw.; 7300 Einw.) liegt mit ihren fünf Ortsteilen am Übergang vom östlichen Albvorland zu den Schwäbisch-Fränkischen Waldbergen. In Abtsgmünd entstand 1611 einer der ersten Hochöfen des östlichen Albvorlandes, der später in eine Hammerschmiede umgewandelt wurde. Im Ortsteil **Hohenstadt** sollte man das Schloss der Grafen Adelmann (17. Jh.; 1770 umgebaut) beachten, ebenso die von dem Vorarlberger Baumeister errichtete **Wallfahrtskirche Mariä Opferung** (1711; spätgotische Madonna, Hochaltargemälde von Chr. Th. Scheffler).

Im Ortsteil **Untergröningen**, der Endstation des Kochertalbähnles, steht ein im Auftrag der Schenken von Limpurg erbautes Renaissanceschloss (1564; im 18. Jh. umgestaltet). Am Nordrand der Gemarkung Abtsgmünd – jenseits des Büchelberger Grates – breitet sich der idyllische **Hammerschmiedesee** aus, der heute als Badesee dient.

! *Baedeker* TIPP

Grüner Pfad

Rund ums Leintal und die Frickenhofer Höhe ist ein »Grüner Pfad« für Radler und Wanderer ausgewiesen, der zahlreiche natur- und kulturgeschichtlich interessante Plätze erschließt. Außerdem bieten einige Direktvermarkter entlang der Strecke heimische Genüsse (Obst, Fruchtsäfte, Obstschnäpse, Mehl, Holzofenbrot, Fleisch und Wurst) an.

Schöne Ausflugsziele im reizvollen **Leintal** südlich von Abtsgmünd sind der Laubach-Stausee, die Turmhügelburg Roden aus dem 12. Jahrhundert und das Schloss Laubach (1599) der Herren von Woellwarth.

Lauchheim

Die Stadt Lauchheim (480 – 650 m ü. d. M.; 4500 Einw.), von 1431 bis 1806 Amtsstadt der Deutschordenskommende Kapfenburg, liegt im oberen Jagsttal zwischen Virngrund, Ries und Härtsfeld. Wahrzeichen der Stadt ist das **Obere Tor** (1621; Rüstkammer der Bürgerwehr) mit dem **Heimatmuseum** (steinzeitliche Funde, römische Münzen, Funde aus alamannischen Reihengräbern). In der **Barbarakapelle** kann man Fresken aus dem 15. Jh. bewundern. Ein reizvolles Ensemble bilden der **Untere Markt** mit einem Brunnen von 1711 und die **Hauptstraße** mit Bürger- und ehem. Judenhäusern. An der Stadtausfahrt Richtung Aalen hat man vor einiger Zeit ein großes **alamannisches Reihengräberfeld** aufgedeckt, bei dem neben Waffen und Schmuck auch Goldblattkreuze entdeckt wurden, die auf die Christianisierung der Alamannen hinweisen. Einige Fundstücke sind heute im Alamannischen Museum in ►Ellwangen ausgestellt.

✶ Kapfenburg

Südwestlich über der Stadt thront die Kapfenburg auf einem Bergsporn. Ältester Teil der Burg, die 1364 vom Deutschen Orden erworben und zum Herrschaftssitz ausgebaut wurde, ist der **Grombergbau** (10. u. 13. Jh.). Die **Bastei** wurde im 16. Jh. nach damals modernsten festungstechnischen Gesichtspunkten erbaut. Der vom Nördlinger Architekten Waldberger (Waldenberger) geschaffene **Westernachbau** mit der Schlosskapelle (Sternengewölbe, großartige Fresken), dem Ritterssaal (Kreuzgewölbe, Deckenstuckaturen von 1610) und dem **Fürstenzimmer** entstand 1591 – 1593. Um das Jahr 1718 wurde der Hohenlohebau nach Vorlagen von Franz Keller fertiggestellt. Auf dem Weg vom Hochschloss zum unteren Burghof trifft man auf die **Lorenzkapelle** (1719; Grablege der Komture) mit schönen Stuckarbeiten. Die vor einiger Zeit restaurierten Gebäude werden von der **Internationalen Musikschulakademie Schloss Kapfenburg** genutzt. Auch ein recht nobles Restaurant ist eingerichtet (Schlossführungen: April – Sept. So. u. Fei. 14.30 Uhr.).

★ Albstadt

D/E 5

Landkreis: Zollernalbkreis
Einwohnerzahl: 48 000
Höhe: 575 – 982 m ü.d.M.
Prädikat: Große Kreisstadt

Albstadt ist am 1. Januar 1975 durch Zusammenlegung der beiden Industriestädte Ebingen und Tailfingen sowie durch Eingliederung der Orte Onstmettingen, Burgfelden, Laufen an der Eyach, Lautlingen, Margrethausen und Pfeffingen entstanden. Sie ist die größte Stadt auf der Westalb sowie deren wirtschaftliches Zentrum.

Textilien und Feinmechanik

Der Raum Albstadt ist ein traditionsreicher Standort der Textilindustrie und Feinmechanik, zweier Wirtschaftszweige, die in ihren besten Zeiten weit über 20 000 Arbeitsplätze boten. Trotz Krise in der Textilindustrie und Verlagerung zahlreicher Arbeitsplätze in Billiglohnländer gibt es in Albstadt auch heute noch namhafte Firmen, die z. T. Weltmarktführer auf ihren Gebieten sind, so etwa die Nadelfabrik Groz-Beckert in AS-Ebingen, die Maschinenfabrik Mayer & Cie. in Albstadt-Tailfingen sowie Firma Mey in AS-Lautlingen, die zu den führenden Herstellern von hochwertiger Wäsche gehört.

Geschichte

Seit dem 16. Jh. entwickelte sich im Raum Ebingen das Handwerk. Zeugmacher und Strumpfweber waren die Vorläufer einer im 19. Jh. unter dem Einfluss des Pietismus in Gang gekommenen Cord-, Samt- und Wirkwarenherstellung. Seit 1850 werden in Ebingen Waagen, Nadeln für Strickapparate und Textilmaschinen gefertigt. Die entscheidenden Impulse für die Entwicklung der feinmechanischen Industrie im Raum Albstadt gab der Mechaniker-Pfarrer **Philipp Matthäus Hahn**, der von 1764 bis 1770 in Onstmettingen wirkte. Nach 1930 und verstärkt nach dem Zweiten Weltkrieg siedelten sich weitere Industriesparten an, von denen vor allem die Präzisionswerkzeug- und elektronische Industrie zu erwähnen sind.

Erdbeben

Ein Großteil des Stadtgebietes liegt an der sog. Schwäbischen Erdbebenlinie (Zollerngraben; s. S. 25).Das letzte Mal wackelten die Wände am 13. September 2005 bei einem Beben der Stärke 2,9.

Sehenswertes in Albstadt

AS-Ebingen

Historischer Stadtrundweg ►

In Albstadt-Ebingen erschließt ein Rundweg den Stadtkern. Beachtenswert sind das **Rathaus** (1912/13, Jugendstil), die **ehem. Waagenfabrik** (Kirchengraben 17; 19. Jh.), das **Neue Vereinshaus** (Städt. Galerie; Kirchengraben 11; 1909, Jugendstil), die **ev. Martinskirche** (Urkirche über einem alamannischen Gräberfeld des 7. Jh.s, spätgot. Chor, neues Schiff von 1906). Im **Kräuterkasten** (Im Hof 19; 15. Jh.) ist eine Außenstelle des Württ. Landesmuseums eingerichtet, die u.a. paläontologische Funde, Tiere und Pflanzen der Alb und eine vor-

und frühgeschichtliche Sammlung zeigt (Öffnungszeiten: Mai – Okt. Mi., Sa., So. Fei. 14.00 – 17.00, Nov. – April Mi. 14.30 – 19.00 u. 1. So. im Monat 14.00 – 17.00 Uhr).
In der alten Schule am Spitalhof ist das reichhaltige **Ebinger Heimatmuseum** eingerichtet, das über religiösen, sozialen, wirtschaftlichen und politischen Zusammenhänge in der Stadtgeschichte informiert (Öffnungszeiten: So. u. Fei. 14.00 17.00 Uhr).

ALBSTADT ERLEBEN

AUSKUNFT

Tourist-Information
Marktstr. 35
72458 Albstadt-Ebingen
Tel. (0 74 31) 1 60 12 00
Fax 1 60 12 27
www.albstadt.de

AKTIVITÄTEN

Wandern mit dem Albguide
Ausgebildete Natur- und Landschaftsführer bieten interessante Touren rund um Albstadt an (u.a. »Rätsel am Albtrauf«, »Kältepol, Kelten und Dolinen«). Auskunft: Albguides, c/o VHS Albstadt, Tel. (0 74 31) 1 34 35-0.

Luftsport
Drei Ballonsportgruppen bieten Ausflüge über die Alb an. Fallschirmsprünge (inkl. Tandemsprünge; Sprunggelände Schafbühl bei Tailfingen) und Rundflüge (ab Flugplatz Degerfeld) werden angeboten.

Wintersport
Rund um Albstadt gibt es etliche Skilifte (z.T. mit Flutlicht) und zahlreiche Loipen für Skilangläufer. Am Schlossberg bei Tailfingen gibt es sogar eine FIS-Rennstrecke und einen Snowboard Fun Park.

Baden · Wellness
Wildwasser, Wellen und Wellness bietet das beliebte Erlebnisbad »badkap« (2 km westl. AS-Ebingen). Öffnungszeiten: Mo. 11.00 – 21.00, Di. u. Do. 9.00 – 22.00, Mi., Fr., Sa., So., Fei. 9.00 – 21.00 Uhr.

ÜBERNACHTEN · ESSEN

► Komfortabel

Linde
Untere Vorstadt 1
72458 Albstadt-Ebingen
Tel. (0 74 31) 13 41 40, Fax 13 41 43 00
www.hotel-linde-albstadt.de
39 Zimmer; altbekanntes Haus mit gutem Restaurant und einer allseits beliebten Bar.

► Komfortabel/Günstig

Zollersteighof
72461 Albstadt-Onstmettingen
Tel. (0 74 32) 2 18 40, Fax 22 05 80
www.hotel-restaurant-zollersteighof.de
14 Zimmer; beliebtes Haus in einem der schönsten Wandergebiete der Alb; gute regionale Küche mit saisonalen Köstlichkeiten (u.a. Wild).

► Günstig

Nägelehaus
Raichberg 1
72461 Albstadt-Onstmettingen
Tel. (0 74 32) 2 17 15, Fax 29 44
www.naegelehaus.de
Einzel- und Mehrbettzimmer; Vorzeige-Wanderheim des Schwäbischen Albvereins in herrlicher Lage auf dem Raichberg mit deftiger Küche.

Fabrikantenvillen

Interessant ist auch die **Jugendstil-Villa des Nadelfabrikanten R. Groz** (Grüngrabenstr. 51). Außerhalb des Stadtrundweges sind architektonisch beachtenswert die beiden Villen der Trikotagenfabrikanten Haux, die **Alte Villa Haux** (1885) und die **Neue Villa Haux** (1907) in der Gartenstraße, sowie die **Villa des Waagenfabrikanten Sauter** (1903) in der Bahnhofstraße.

✶ **Städtische Galerie**

Die Ausstellung enthält eine umfangreiche Kollektion **»Graphik des 20. Jahrhunderts«** (Schwerpunkt: Klassische Moderne), die Sammlung des in Albstadt-Ebingen geborenen Malers **Christian Landenberger** (1870 – 1927) sowie die Kollektion **»Das Landschaftsbild der Schwäbischen Alb«**. Besondere Beachtung verdient die **Stiftung Walther Groz** (mit **Arbeiten von Otto Dix** und dessen Schüler **F. K. Gotsch** (Kirchengraben 11; Öffnungszeiten: Di. – Fr. 11.00 – 13.00 u. 14.00 – 17.00, Sa., So., Fei. 14.00 – 17.00 Uhr).

Albaquarium

Einen Besuch lohnt die vielfältige Unterwasserlebewelt im Städt. Hallenbad (Grüngrabenstr. 20; Öffnungszeiten: Mo. – Sa. 14.00 bis 17.00, So., Fei. 10.00 – 12.00 u. 13.00 – 17.00 Uhr).

AS-Lautlingen

✶ Schloss, Musikhistorische Sammlung Jehle ►

Hier ist das Schloss der Schenken von Stauffenberg beachtenswert, das 1848 – 1850 anstelle eines älteren Herrensitzes erbaut wurde. Es beherbergt ein Stauffenberg-Gedächtniszimmer und die Musikhistorische Sammlung Jehle, eine der bedeutendsten ihrer Art im südwestdeutschen Raum, mit Instrumenten, Dokumenten und Literatur aus mehreren Jahrhunderten, einer Geigenbauer- und einer Klavierbauerwerkstatt (Öffnungszeiten: Mi., Sa., So. 14.00 – 17.00 Uhr).

Bei der Kirche steht eine Rundkapelle, die seit 1957 Gedenkstätte für die Toten der beiden Weltkriege ist, besonders jedoch für die Grafen Berthold und Claus Schenk von Stauffenberg, die beiden Märtyrer des Widerstandes gegen Hitler vom 20. Juli 1944.

Nähmaschinenmuseum Mey ►

Über 400 alte Nähmaschinen hat der Lautlinger Textilindustrielle Albrecht Mey zusammengetragen. Sie können heute im firmeneigenen Museum besichtigt werden (Öffnungszeiten: Mo. – Do. 9.00 bis 12.00 u. 13.30 bis 16.00, Fr. 9.00 bis 11.00 Uhr).

AS-Burgfelden

✶ Michaelskirche ►

Die hiesige Michaelskirche (11. Jh.) geht auf ein bereits im 6./7. Jh. bestehendes Gotteshaus zurück. Ein hier geborgenes Goldblattkreuz aus jener Zeit ist heute im Württ. Landesmuseum in Stuttgart zu sehen. Die **Wandfresken** (u.a. ein »Weltgericht«) stammen wahrscheinlich aus dem 11. Jahrhundert.

Wanderziele ►

Von Burgfelden erreicht man in wenigen Minuten den aussichts-reichen **Böllat** (921 m), ferner die ca. 30 Min. weiter südwestlich im Wald versteckte und nur über einen schmalen Grat erreichbare Ruine der mittelalterlichen **Schalksburg**.

AS-Laufen

Unterhalb der Wasserscheide Rhein/Donau liegt der Stadtteil Laufen, Ausgangspunkt für reizvolle Wanderungen entlang des Albtraufs.

Südlich von Laufen grüßt der **Gräbelesberg** (914 m), auf dem hallstattzeitliche und frühmittelalterliche Befestigungsreste nachgewiesen sind. Südöstlich von Laufen sind durch das Brunnental erreichbar die **Hossinger Leiter** (gesicherter Bergsteig durch eine imposante Felsschlucht) und der **Schuhmacherfels**.

★ **Maschenmuseum**

In einem ehem. Fabrikgebäude (Wasenstr. 10) in Tailfingen ist das vielbeachtete Maschenmuseum untergebracht, das einen hervorragenden Einblick in die **Geschichte der hiesigen Textilindustrie** vermittelt (Öffnungszeiten: Mi., Sa., So. 14.00 – 17.00 Uhr).

Albstadt-Onstmettingen

Die Feinwerktechnik und auch das Metallhandwerk sind spätestens seit dem 18. Jh. in Onstmettingen heimisch. Den entscheidenden Impuls hat der **Mechaniker-Pfarrer Philipp Matthäus Hahn** gegeben, der 1764 bis 1770 am Ort tätig war. Im ehem. Fruchtkasten ist ein ortsgeschichtliches Museum untergebracht, das sich u.a. dem von Philipp Matthäus Hahn angeregten Waagenbau widmet (Öffnungszeiten: Mi., Sa., So. 14.00 – 17.00 Uhr u. n. V., Tel. 07432/21222).

★★ **Raichberg**

Nördlich von Onstmettingen erhebt sich der vielbesuchte Raichberg (956 m ü.d.M.; Wanderheim »Nägelehaus«). Vom Aussichtsturm öffnet sich ein Alpenpanorama, das von der Zugspitze über den Säntis bis zu Eiger, Mönch und Jungfrau reicht. Östlich vom Nägelehaus trifft man auf den durch einen tiefen Spalt vom Berg getrennten **Hangenden Stein**. Von hier ziehen die **Höllenlöcher** parallel zur Abbruchkante des Albtraufs nordwestwärts. Bis zu 50 m hohe Felsklötze kippen hier nach außen und rutschen auf dem weichen Untergrund abwärts. Nördlich des Sendemastes erreicht man die **Backofenfelsen**, von denen aus man eine gute Aussicht ins Albvorland und bis zum Schwarzwald genießt. Unterhalb der Backofenfelsen erstreckt sich das Naturschutzgebiet **Zeller Horn**, von dessen Aussichtskanzel man einen tollen Blick zum Hohenzollern hat.

Schön gelegen: das Nägelehaus und der Aussichtsturm auf dem Raichberg

★ Bad Ditzenbach

J 3

Landkreis: Göppingen
Einwohnerzahl: 3700
Höhe: 498 – 781 m ü.d.M.
Prädikat: Heilbad

Der altbekannte kleine Kurort im »Geißentäle«, wie das landschaftlich reizvolle obere Filstal im Volksmund heißt, lockt nicht nur mit heilkräftigen Sauer- und Thermalwässern, sondern auch mit herrlichen Wanderwegen und attraktiven winterlichen Langlaufstrecken.

Geschichte

Der 861 erstmals urkundlich erwähnte Ort »Tizzenbach« wurde spätestens im 16. Jh. durch seine heilkräftigen Sauerbrunnen bekannt. Hier entstand im 18. Jh. ein Kurbad, das im Jahre 1900 von den Barmherzigen Schwestern vom Kloster Untermarchtal übernommen wurde. Sie bauten es nach und nach zur Kurklinik aus. 1969 setzte man hier die erste Thermalwasser-Tiefbohrung im Bereich der Schwäbischen Alb an und erschloss in der Folgezeit heilkräftige Thermen, die das moderne Thermal-Mineral-Bewegungsbad speisen.

Sehenswertes in Bad Ditzenbach und Umgebung

Ortszentrum

Im Ortszentrum von Bad Ditzenbach steht die **alte St.-Laurentius-Kirche**, eine Wehrkirche aus dem 15. Jh., deren Tonnengewölbe auf

BAD DITZENBACH ERLEBEN

AUSKUNFT

Tourismus-und Kulturbüro
Helfensteinstr. 20
73342 Bad Ditzenbach
Tel. (07 73 34) 69 11, Fax 92 04 08
www.badditzenbach.de

BADEN · KUR · WELLNESS

Vinzenz Therme
Kurhausstr. 18
73342 Bad Ditzenbach
Tel. (0 73 34) 76-600
www.vinzenz.de
Öffnungszeiten: So. – Do. 8.00 – 22.00, Fr., Sa. 8.00 – 23.00 Uhr. Mineral-Thermal-Bewegungsbad mit Innen- und Außenbecken, Sauna, diverse Therapie- und Kureinrichtungen, Wellness-Angebote. Eine Reha-Klinik mit Kurmittelhaus ist angeschlossen.

ÜBERNACHTEN · ESSEN

► **Komfortabel/Günstig**

Heuändres
Helfensteinstr. 8
73342 Bad Ditzenbach
Tel. (0 73 34) 53 20, Fax 92 36 37
www.heuaendres.de
Mehrere Zimmer und Apartments. Alteingesessener Familienbetrieb, dessen gute Küche in weitem Umkreis geschätzt wird.

Hirsch
Unterdorfstr. 2
73342 Bad Ditzenbach-Gosbach
Tel. (0 73 35) 96 30-0, Fax 96 30 30
www.hirsch-badditzenbach.de
8 Zimmer. August Kottmann ist ein guter Koch und ein geschätzter Erzeuger edler Obstbrände.

toskanischen Pfeilern ruht. Sie beherbergte bis vor einigen Jahren eine um 1420 von Meisterhand gestaltete **Pietà**, die man heute in der ein paar Schritte entfernten neuen katholischen Pfarrkirche bewundern kann. Das alte Gotteshaus dient heute als kultureller Treffpunkt, in dem Konzerte etc. geboten werden. Südwestlich über dem Ort thront auf einem aussichtsreichen Bergkegel (717 m ü.d.M.) die Ruine der bereits im 13. Jh. nachgewiesenen **Hiltenburg**, die im 14. Jh. Sitz der Grafen von Helfenstein (►Geislingen/Steige) war und 1516 von Herzog Ulrich von Württemberg zerstört wurde. Südöstlich von Ditzenbach strahlt der **Obergfels** im Sonnenlicht, von dem aus sich ein schöner Blick ins »Geißentäle« bietet. Dies gilt auch für den **Galgenberg**, der nördlich des Thermalbades aufragt.

> ! Baedeker TIPP
>
> **Shopping im Kräuterhaus**
>
> Nicht zu übersehen ist das Kräuterhaus »Sanct Bernhard« in Bad Ditzenbach, in dem es außer Teemischungen aus heimischen Kräutern und Früchten über 500 Naturheilmittel und -kosmetika aus pflanzlichen und mineralischen Rohstoffen zu kaufen gibt.

Deggingen

2 km filstalabwärts liegt die Gemeinde Deggingen. Ziel zahlreicher Pilger ist der Taleinschnitt östlich des Ortskerns, wo die Wallfahrtskirche Ave Maria (18. Jh.) mit einer hochverehrten »Maria im Strahlenkranz« steht. Das Gotteshaus eines kleinen Kapuzinerklosters gilt als **Kleinod des Spätbarock**. Der prachtvolle Altar stammt von der Degginger Bildhauerdynastie Schweizer, die Deckengemälde hat Josef Wannenmacher geschaffen.

★ ◄ Ave Maria

★ **Wacholderheide**

Vor einigen Jahren hat man auf dem Höhenrücken zwischen den Dörfern Reichenbach im Täle und Unterböhringen die dortige Wacholderheide durch einen **botanisch-ökologischen Lehrpfad** erschlossen. Unterwegs erfährt der Interessierte alles Wissenswerte über Entstehung, Nutzung und Pflege dieses Biotops.

Auendorf

4 km nördlich von Bad Ditzenbach liegt der Ortsteil Auendorf in einem schönen Wiesental, umrahmt von duftenden Wacholderheiden und Buchenmischwäldern. Hier hat die Herstellung von **»Hägenmark«** (= Marmelade aus Hagebuttenmark und Zucker), Wacholderschnaps und Kräuterheilmitteln Tradition. Ferner ist Auendorf Ausgangspunkt für Wanderungen entlang des Albtraufs nordostwärts zum **Fuchseck** und zum **Wasserberg** (Albvereinsheim) oder in südwestwärts über den **Nortel** (Segelfluggelände) zum **Boßler** (Naturfreundehaus; ►Wiesensteig).

> ? WUSSTEN SIE SCHON ...?
>
> - ... dass Auendorf zu Königs Zeiten noch Ganslosen hieß und als »württembergisch Schilda« landauf, landab bekannt war? Doch eines Tages wandte sich der Gansloser Pfarrer an die »Großkopfeten« in Stuttgart und soll erklärt haben: »Mir send au a Dorf!«. Seither heißt Ganslosen Auendorf.

★★ Bad Urach

G 3/4

Landkreis: Reutlingen
Einwohnerzahl: 12 500
Höhe: 464 – 736 m ü.d.M.
Prädikat: Heilbad

Bad Urach liegt reizvoll im Zentrum einer Talspinne, die von der Erms entwässert wird. Dank ihres attraktiven Umlandes sowie eines breit gefächerten Kur- und Freizeitangebotes ist die ehemalige Residenz der Grafen von Württemberg einer der meistbesuchten Orte der Schwäbischen Alb.

Geschichte

Keimzelle Urachs ist der Marktflecken, der sich um ein im 11. Jh. erbaute Wasserschloss gruppierte und im 13. Jh. die Stadtrechte erhielt. Während der württembergischen Landesteilung war Urach Hauptstadt des südlichen Landesteils. Unter dem Grafen Eberhard im Barte (► Berühmte Persönlichkeiten), der 1495 zum Herzog erhoben worden ist, baute man das Stadtschloss, die Amanduskirche und das Rathaus. Aus den **Flachsspinnereien** und **Leinenwebereien** des 16. und 17. Jh.s entwickelten sich die Industrieansiedlungen des 19. und 20. Jh.s. Bereits um 1900 war Urach ein geschätzter Erholungsort, in dem sich später auch der Dichter Johannes R. Becher (u. a. Schöpfer der DDR-Hymne »Auferstanden aus Ruinen«) und andere illustre Persönlichkeiten wohlfühlen sollten.

Den **Durchbruch zur Kurstadt** erbrachte eine 1970/1971 bis 770 m Tiefe niedergebrachte Bohrung. Dabei wurden hochmineralisierte Thermalwässer erschlossen, die seit 1972 in einem Thermalbad (33 – 35 °C) als Kurmittel zur Anwendung kommen. Seit 1985 darf sich Urach »Bad« nennen.

i Wärmeanomalie

- Tiefbohrungen haben bestätigt, dass im Bereich des Kirchheim-Uracher Vulkangebietes eine beträchtliche Wärmeanomalie vorliegt. 1977/1978 maß man bei einer Bohrung in 3334 Meter Tiefe statt der erwarteten Temperatur von 109 °C stattliche 150 °C! Erdwärme kann man auch zur Energiegewinnung nutzen. So plante man, nach weiteren Bohrungen auf bis zu 4300 Meter Tiefe, dann 2004/2005 umweltfreundlichen Strom ins Netz speisen zu können. Doch als der Bohrkopf Ende März 2004 eine Tiefe von 2793 m erreichte, traten unerwartete Schwierigkeiten auf, die ein zusätzliches Engagement erforderten. Wegen Geldmangels wurde die Bohrung abgebrochen.

Sehenswertes in Bad Urach

Zentrum

Der **Marktplatz** gehört zu den schönsten spätmittelalterlichen Ensembles im Bereich der Schwäbischen Alb. Die Szenerie wird beherrscht vom **Rathaus**, einem im 15. Jh. errichteten Fachwerkbau. Die künstlerische Gestaltung des spätgotischen **Marktbrunnens** (Kopie von 1905; Original im Württembergischen Landesmuseum in Stuttgart) wird Peter von Koblenz zugeschrieben.

Bad Urach Orientierung

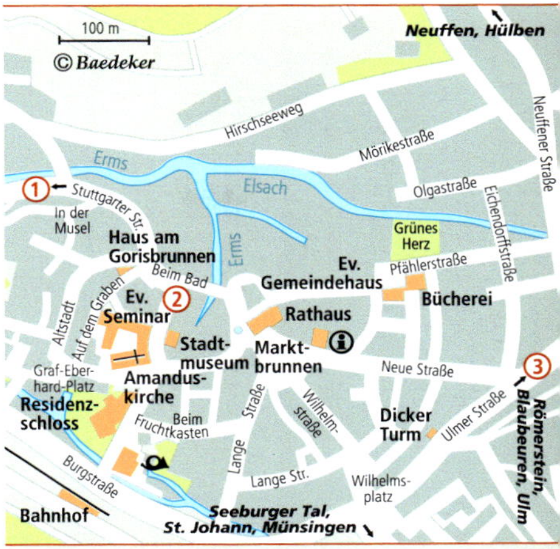

Übernachten und **Essen**
① Graf Eberhard ② Vier Jahreszeiten ③ Hirsch

Hinter dem Marktplatz erhebt sich Amanduskirche. Dieses im Kern spätgotische Gotteshaus, wurde unter Graf Eberhard im Bart nach Vorlagen von Peter von Koblenz errichtet. Beachtenswert ist ihre Innenausstattung mit dem geschnitzten **Betstuhl für den Grafen**, einem reich verzierten **Taufstein des Meisters Christoph von Urach**, kunsthistorisch interessanten Rittergrabmälern im Chor und schönen **Glasmalereien**. An das Gotteshaus schließt das 1479 als **Chorherrenstift** gegründete ehem. Evangelisch-Theologische Seminar an, zu dessen Schülern u. a. Eduard Mörike gehörte.

Als massiver Fachwerkbau präsentiert sich das Uracher Schloss, das 1443 errichtet und danach mehrfach umgestaltet wurde. Prachtvoll ausgemalt ist der **Palmensaal**. Aus Anlass der Vermählung des Grafen Eberhard im Barte mit Barbara Gonzaga (1474) entstand der **Goldene Saal**. Gut restauriert ist auch die **Dürnitz**. Die Ausstellungen befassen sich mit Graf Eberhard im Bart, der hier 1445 das Licht der Welt erblickte, und seiner Regierungszeit. Ferner sind hier etliche Prunkschlitten des 17. und 18. Jh.s ausgestellt.

◀ Albvereinsmuseum

Deutschlands mitgliederstärkster Wanderverein stellt sich ebenfalls im Uracher Schloss vor mit Dokumenten aus der über 100-jährigen Vereinsgeschichte (u.a. Wanderkarten, Modelle von Aussichtstürmen, Öffnungszeiten: Di. – So. u. Fei. 10.00 – 18.00 Uhr).

★ **Stadtmuseum Klostermühle**

In der bereits 1454 bezeugten und 1876 nach einem Brand neu errichteten Klostermühle ist heute das reichhaltige Stadtmuseum eingerichtet. Wichtige Funde und auch einige Kunstwerke, darunter ein **»Christophorus« des Peter von Koblenz**, werden hier aufbewahrt. Außerdem wird die Geschichte der Energiegewinnung aus Wasserkraft im Ermstal dokumentiert. Eine Kollektion von Grammophonen und sonstigen Tonwiedergabegeräten zeigt die **Entwicklung von der Wachswalze zur CD** (Öffnungszeiten: Di. – Sa. 14.00 bis 17.00, So. 10.00 – 12.00 u. 13.00 – 17.00 Uhr).

Weitere Sehenswürdigkeiten

Am Südostrand des Stadtkerns sind **Wehranlagen** aus dem 15. und 17. Jh. erhalten, so beispielsweise der Pulverturm. Ende des 16. Jh.s ist die **Webervorstadt** angelegt worden. Einige Bauten sowie das

BAD URACH ERLEBEN

AUSKUNFT

Kurverwaltung
Haus des Gastes
Bei den Thermen 4
72574 Bad Urach
Tel. (0 71 25) 94 32-0, Fax 94 32 22
www.badurach.de

BADEN · KUR · WELLNESS

AlbThermen
Bei den Thermen 2
72574 Bad Urach
Tel. (0 71 25) 94 36-0
www.albthermen.de
Öffnungszeiten: tgl. 9.00 – 22.00 Uhr. Mineral-Thermal-Bewegungsbad mit Innen- und Außenbecken, Sauna, Gesundheits-, Vital & Wellness Center. Hinweis: Kinder unter 6 Jahren haben keinen Zutritt.

AKTIVITÄTEN

Nordic Walking
Jüngste Attraktion von Bad Urach ist der Nordic Walking Park, dessen unterschiedlich schwierige Strecken (insgesamt 35 km) natürlich auch die Wasserfälle und die Burgruine Hohenurach miteinschließen.

Klettern
Ca. 20 Felsen rund um Bad Urach bieten Klettermöglichkeiten vom 3. bis zum 10. Schwierigkeitsgrad. Die Kurverwaltung hält entsprechendes Informationsmaterial bereit.

Wintersport
Die Albhöhen um Bad Urach sind ein Paradies für Skilangläufer. Schönste Runde ist die Römerstein-Loipe östlich oberhalb von Urach.
Tolle Skiabfahrten gibt es südlich oberhalb von Bad Urach in Münsingen-Dottingen sowie östlich oberhalb der Kurstadt in Römerstein-Donnstetten.

EVENTS

Uracher Schäferlauf
Seit 1723 wird der Schäferlauf als Heimatfest mit historischem Umzug und Wettkämpfen der Schäferinnen und Schäfer begangen. Es hat sich aus dem Zunfttag der Schäfer entwickelt und findet in ungeraden Jahren an einem Wochenende im Juni/Juli statt.

Herbstliche Musiktage
Diese Veranstaltungsreihe im Oktober wurde 1981 vom Kammersänger Hermann Prey begründet.

ÜBERNACHTEN · ESSEN

► Komfortabel

① ***Graf Eberhard***
Bei den Thermen 2
72574 Bad Urach
Tel. (0 71 25) 14 80, Fax 82 14
www.hotel-graf-eberhard.de
78 Zimmer und 2 Suiten. Modernes Haus, ruhig am Kurpark gelegen. Die Küche ist bekannt für ihre leckeren regionalen Spezialitäten.

② ***Vier Jahreszeiten***
Stuttgarter Str. 5
72574 Bad Urach
Tel. (0 71 25) 94 34-0, Fax 94 34 94
www.flairhotel-vierjahreszeiten.de
48 Zimmer, 2 Suiten. Alteingesessener Familienbetrieb im Stadtzentrum. Im Restaurant des Hauses gibt es bestens zubereitete Wildgerichte.

► Komfortabel/Günstig

③ ***Hirsch***
72587 Römerstein-Böhringen
Tel. (0 73 82) 93 97-0, Fax 93 97 93
www.hirsch-boehringen.de
12 Zimmer. Beliebter Landgasthof (9 km östlich oberhalb der Kurstadt).

Historischer Umzug der Schäfer → auf dem Uracher Marktplatz

Tiergartentor sind inzwischen restauriert worden. Zwei weitere historische Gebäudekomplexe sind der **Mönchshof** und der alte **Spitalbezirk** sowie das ehem. **Beginenhaus**.

★ Thermalbad, Kureinrichtungen

Nach der 1971 erfolgreich niedergebrachten Thermalwasser-Tiefbohrung ist am westlichen Stadtrand von Urach ein zweiter Siedlungsschwerpunkt entstanden, das Bad Uracher Kurgebiet. Seine Keimzelle ist ein 1972 fertiggestelltes und inzwischen modernisiertes **Thermal-Mineral-Bewegungsbad**. Zwei Kur- und Reha-Kliniken, ein Kurmittelhaus, diverse Hotels und Apartmentbauten, ein Laden- und Servicezentrum sowie das Haus des Gastes runden das Angebot ab.

Umgebung von Bad Urach

★ Burgruine Hohenurach

Südlich vom Kurgebiet erhebt sich Ruine Hohenurach auf einem 692 m hohen Bergkegel. Die Feste wurde in der ersten Hälfte des 11. Jh.s errichtet und 1264 an das Haus Württemberg verkauft. Mitte des 16. Jh.s hat man sie erweitert. Nach 1760 wurde sie dem Verfall preisgegeben. Erkennbar sind heute noch Wachstuben sowie die Grundrisse einzelner Bauteile an der Nord- und Ostflanke. Auf der Feste Hohenurach war der streitbare Lehrer und Humanist **Nikodemus Frischlin** (1547 – 1590) eingekerkert. Der Gelehrte kam bei einem Fluchtversuch ums Leben.

Runder Berg

Vom Wanderparkplatz »Wasserfall« erreicht man den aus dem Maisental aufragenden Runden Berg (711 m ü. d. M.), auf dem bereits vor einigen Jahren **Reste eines frühalamannischen Fürstensitzes** nachgewiesen werden konnten.

Ein Wahrzeichen der Schwäbischen Alb ist der Uracher Wasserfall.

Beim Fohlenhof stürzen die wildromantischen **Gütersteiner Wasserfälle** zu Tal. Ein beschwerlicher Wanderweg steigt hinauf zum Fohlenhof von St. Johann und zur **Hohen Warte** (Aussichtsturm).

Wandert man vom Wanderparkplatz »Wasserfall« am Fuße des Burgberges im Brühlbachtal aufwärts, so erreicht man den **berühmten Uracher Wasserfall**. Hier stürzt der Brühlbach, der fast 90 m höher in einer Schichtquelle austritt, über eine **Tuffnase** 37 m in freiem Fall und dann nochmals etwa 50 m über mehrere Tuffstufen in die Tiefe. Wer den Aufstieg zur

Hochwiese im Bereich des Quellhorizontes auf sich nimmt, dem sei ein weiterer Aufstieg zu den **Rutschenfelsen** mit ihrer riesigen Geröllhalde westlich oberhalb oder zum aussichtsreichen **Eppenzillfelsen** östlich oberhalb des Wasserfalls empfohlen.

Georgenau

Fährt man von Bad Urach auf der B 465 im Seeburger Tal aufwärts, so erreicht man nach etwa 3 km einen Wanderparkplatz bei der Georgenau (Wasserkraftwerk; Abzweigung eines Sträßchens nach Wittlingen). Von hier lohnt eine etwa zweistündige Wanderung durch einen wilden Felstobel hinauf zur **Schillerhöhle** (die »Tulkahöhle« aus Rulaman), zur **Ruine Hohenwittlingen** und zum »Schlössle«.

? WUSSTEN SIE SCHON …?

- … dass David Friedrich Weinland, der Verfasser des Jugendbuch-Klassikers »Rulaman«, in Hohenwittlingen gelebt hat? Die schroffen Felsen, die finstere Schlucht und auch die Schillerhöhle haben Weinland zu seinen Erzählungen aus der Zeit der Höhlenmenschen inspiriert.

Oberhalb der Georgenau verengt sich das fischreiche obere Ermstal (Seeburger Tal) zu einem wildromantischen schluchtartigen Tal und steigt über mehrere **Tuffstufen** nach **Seeburg**. Von dort aus lohnt ein Abstecher (zu Fuß) ins felsige **Mühltal** mit dem **Ermsursprung**.

Hülben

Etwa 5 km nördlich von Urach liegt das Dorf Hülben. Der Ort, im 12. Jh. als »Hullewon« (= Teich) erstmals erwähnt, ist in der jüngeren Geschichte als ein Zentrum des schwäbischen Pietismus bekannt geworden. Von Hülben führt ein Wanderweg über den **Nägelesfelsen** und durch die **Höllenlöcher** zurück nach Bad Urach.

* Falkensteiner Höhle

Knapp 5 km nordwestlich von Urach findet man am Schluss des Elsachtales die Falkensteiner Höhle, die sich unter der Hochfläche der Erkenbrechtsweiler Halbinsel über 5 km weit nach Norden erstreckt, d. h. bis in die Nähe des Lenninger Tales. Die Höhle kann nur im vordersten Teil begangen werden (gutes Schuhwerk und Taschenlampe unbedingt erforderlich!). Ihr rückwärtiger Teil wird von einem Höhlenbach durchflossen, dessen Wasser unterhalb des Höhlentores an mehreren Stellen austritt. Die Höhle findet am jenseitigen Talabhang im **Elsachbröller** ihre südliche Fortsetzung.

* Heidengraben

Nordöstlich von Bad Urach wird die **Erkenbrechtsweiler Berghalbinsel** vom Elsachtal, dem Neuffener Steinachtal und dem Lenninger Tal abgeschnürt. Auf dieser Hochfläche, auf der noch einige Wälle und Gräben (Heidengraben) auszumachen sind, bestand vermutlich schon im 2. Jh. v. Chr. ein befestigtes **keltisches Oppidum**, das aber wohl noch vor Christi Geburt verlassen worden ist. Teilweise recht gut erhaltene Wälle und Tore, so z. B. das konservierte **Zangentor** nördlich von **Erkenbrechtsweiler** und der Zugang südlich von **Grabenstetten**, geben Zeugnis von der keltischen Befestigungstechnik.

Astro-Lehrpfad Am Wanderparkplatz beim Burrenhof beginnt ein Astro-Lehrpfad. Ausgangspunkt ist ein als Sonnenuhr konzipiertes Modell der Sonne. Von hier aus durchwandert man das Planetensystem: In maßstabsgetreuen Abständen passiert man die Planeten Merkur, Venus, Erde, Mars, den Planetoidengürtel sowie Jupiter und Saturn. An den Stationen erfährt man Interessantes über die einzelnen Himmelskörper.

Römerstein Die Dörfer Böhringen, Donnstetten und Zainingen, die zur Gemeinde Römerstein zählen, sind auf Schloten des Schwäbischen Vulkans entstanden. Entscheidend für die Siedlungsgründungen war der Wasserreichtum der vulkanischen Tuffe. Rund um den 874 m hohen Berg **Römerstein** kann man herrliche Wanderungen und Ausritte unternehmen.
Einen besonders guten Ruf hat Römerstein bei Wintersportlern. So besteht bei **Donnstetten** eine der ältesten und leistungsfähigsten Skiliftanlagen der Alb, und die **Römersteinloipe** ist eine der schönsten und meistbegangenen des schwäbischen Mittelgebirges. Donnstetten war bereits in der Römerzeit besiedelt. Hier befand sich einst das zum Alblimes gehörige **Kastell Clarenna**. Beachtenswert im Dorf die Georgskirche (15. Jh., 1828 erweitert). In der Pfarrscheuer befindet sich das Heimatmuseum.

Balingen

D 5

Landkreis: Zollernalbkreis
Einwohnerzahl: 34 000
Höhe: 517 m ü.d.M.
Prädikat: Große Kreisstadt

Der Hauptort des Zollernalbkreises liegt im Vorland der von der Eyach und ihren Zuflüssen zergliederten westlichen Alb. Wo einstmals Leder gegerbt und Textilien fabriziert wurden, florieren heute Feinmechanik und Elektronik, was nicht zuletzt am weithin leuchtenden Glaspalast der Bizerba-Waagenfabrik zu sehen ist.

Geschichte Im Jahre 863 wurde »Balinga« erstmals erwähnt, 1255 hat Graf Friedrich von Zollern den Ort zur Stadt erhoben. Im 15. Jh. kam Balingen an Württemberg. Bereits im Mittelalter hatten sich hier Rotgerber niedergelassen, deren Erzeugnisse in weitem Umkreis geschätzt waren. Nach einem Brand im Jahre 1809 wurde die Stadt auf einem gitterförmigen Grundriss neu aufgebaut.

Sehenswertes in Balingen

Stadtkirche Landmarke der Stadt ist der wuchtige Turm der evangelischen Stadtkirche, die im 15. Jahrhundert unter Beteiligung des Baumeisters **Aberlin Jörg** errichtet wurde. Den Chor ziert ein herrliches Netzgewölbe.

Balingen Orientierung

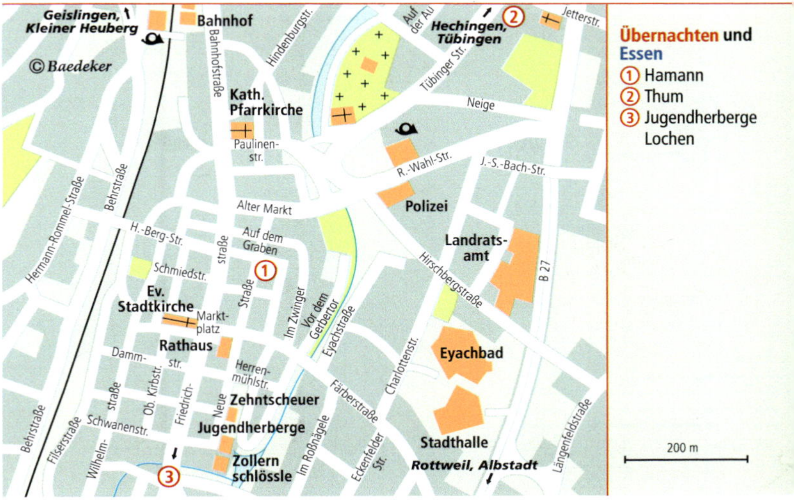

Marktplatz, Friedrichstraße

Vor der Kirche weitet sich der vor einiger Zeit umgestaltete und verkehrsberuhigte Marktplatz. Auch die Friedrichstraße, die früher als stark befahrene Hauptstraße die Innenstadt durchschnitt, präsentiert sich heute großenteils als fußgängerfreundliche Shopping-Oase mit »Bächle« und Brunnen.

Zollernschlössle

Hauptsehenswürdigkeit der Stadt ist das Zollernschlössle an der hier durch ein neues Wehr verbauten Eyach. Zusammen mit dem Wasserturm (einziger noch erhaltener Eckturm der früheren Stadtmauer) bildet das im 15. Jh. erbaute Schlössle ein recht malerisches Ensemble. Es war früher einmal Sitz der württembergischen Obervögte. Es beherbergt heute das **Museum für Waagen und Gewichte,** in dem u.a. eine römische Schnellwaage, die von Philipp Matthäus Hahn 1770 konstruierte erste Neigungswaage ohne lose Gewichte sowie Waagen der alteingesessenen Firma Bizerba zu sehen sind (Öffnungszeiten: Mo., Mi., Fr. u. 1. Sa. im Monat 14.00 – 16.00 Uhr).

Ein paar Schritte weiter, in der alten **Zehntscheuer** (Neue Str. 59) sind das Balinger **Heimatmuseum** und die **Friedrich-Eckenfelder-Galerie** untergebracht. Hier sind ar-

? WUSSTEN SIE SCHON ...?

- ... dass der in die Schweiz reisende Goethe 1797 Balingen passierte? Über die Friedrichstraße schrieb er: »Der Ort selbst wäre nicht übel, er ist fast nur eine lange und breite Straße. Das Wasser läuft durch und stehen hin und wieder gute Brunnen; aber die Nachbarn haben die Misthaufen in der Mitte der Straße am Bach, woraus doch gewaschen und zu manchen Bedürfnissen unmittelbar geschöpft wird ...«

BALINGEN ERLEBEN

AUSKUNFT

Stadtverwaltung Tourismus-Information
Färberstr. 2
72336 Balingen
Tel. (0 74 33) 170-261
Fax 2 70 10 04
www.balingen.de

AKTIVITÄTEN

Wandern und Radfahren
Bei der Stadtverwaltung sind ausführliche Wander- bzw. Radfahrbroschüren erhältlich.

Wintersport
Neben zahlreichen Loipen und Skiliften kann Balingen auch mit einer Kunsteisbahn aufwarten.

EVENT

Bang Your Head Festival
Dieses sommerliche Hard Rock Festival erfreut sich enormen Zuspruchs. Auch weltberühmte Gruppen wie »Judas Priest«, »The Scorpions« und »Thin Lizzy« haben schon den Weg nach Balingen gefunden!

ÜBERNACHTEN · ESSEN

► Komfortabel

① ***Hamann***
Neue Str. 11, 72336 Balingen
Tel. (0 74 33) 950-0
Fax 51 23
www.hotel-hamann.de
48 Zimmer und 5 Apartments. Gut geführtes Haus mit zeitgemäßem Komfort.

② ***Thum***
Klausenweg 20, 72336 Balingen
Tel. (0 74 33) 96 90-0
Fax 96 90 44
www.hotel-thum.de
15 Zimmer und 2 Studios
Gute Adresse mit guter Küche (bes. schwäbische Köstlichkeiten).

► Günstig

③ ***Jugendherberge Lochen***
72336 Lochen bei Balingen
Tel. (0 74 33) 3 73 83
Fax 38 22 96
www.jugendherberge-lochen.de
Zünftige Unterkunft im Wandergebiet mit Disco und Kletterhalle!

chäologische Funde (u.a. römische Relikte vom Häsenbühl), wichtige Dokumente, alte Werkzeuge sowie volkskundliche Objekte ausgestellt. Ferner werden Bilder des Balinger Künstlers **Friedrich Eckenfelder** (1861 – 1938) präsentiert (Öffnungszeiten: Di. – So. 14.00 bis 17.00 Uhr).

Klein-Venedig Sehr pittoresk wirkt das kürzlich durch einige Neubauten aufgelockerte Klein-Venedig an der Eyach. Hier sind auch noch einige alte Gerber- und Zeugmacherhäuser erhalten.

Stadthalle Die moderne Balinger Stadthalle ist schon mehrfach Veranstaltungsort sehr attraktiver Kunstausstellungen (u. a. Picasso, Chagall, Monet, Klee) gewesen, die vom Freiburger Professor Roland Doschka initiiert wurden.

Umgebung von Balingen

Engstlatt, Rosswangen

4 km nordöstlich von Balingen, bei Engstlatt, lockt ein gepflegter **Alpen- und Seerosengarten**. Und rund 5 km südlich von Balingen, zu Füßen von Schafberg und Plettenberg (westl. Ortsrand von Rosswangen) zieht der **Tierpark Plettenberghof** (u.a. Steinwild, Antilopen, Affen, Lamas, Mufflons, diverse Vögel) vor allem Familien mit Kindern an (Öffnungszeiten: Mitte März – Okt. tgl. 9.00 – 18.00 Uhr).

Dotternhausen

7 km südwestlich von Balingen liegt der Ort Dotternhausen am Nordwestabfall des Plettenbergs (1002 m; Fernmeldeturm). Die Weißjurakalke und -mergel der Plettenberg-Hochfläche und das westlich des Dorfes anzutreffende ölhaltige Schiefergestein des Schwarzen Jura bilden die Rohstoffgrundlage für das große **Zementwerk** des weltweit agierenden Holcim-Konzerns.

✶ ✶ ◄ Werkforum Fossilienmuseum

Beachtung verdient das Werkforum, in dem auch Kunstausstellungen und Konzerte stattfinden können. Besondere Attraktion ist das hier untergebrachte werkseigene Fossilienmuseum. Den Schwerpunkt der Ausstellung bilden Versteinerungen aus dem Schwarzen Jura (Ölschiefer), darunter solche von **Fischsauriern, Krokodilen**, diversen Kleinlebewesen und Seelilien. Auch aus anderen Jura-Schichten hat man großartige Fossilien geborgen, so etwa riesige Ammoniten und Belemniten sowie Korallen, Seeigel und Schwämme aus dem Weißen Jura. Vor dem Museum ist ein Klopfplatz angelegt, auf dem man selbst Fossilien suchen kann (Öffnungszeiten: 7. Jan. – Nov. Di., Mi., Do. 11.00 – 17.00, So. u. Fei. 11.00 bis 17.00 Uhr. Führungen, Fundberatung: 1. Di. im Monat 18.00 Uhr u. n. V. Tel. 0 74 72/79-211).

Dieser Ichthyosaurus (Fischsaurier) ist der Star unter den Dotternhauser Funden.

Kleiner Heuberg

Westlich von Balingen erstreckt sich dieser Ausschnitt des Schwarzjura-Albvorlandes. Hier gibt es fruchtbare Ackerböden und liebliche Täler. 3 km Geislingen nordwestlich von Balingen liegt die Kleinstadt **Geislingen** am Rand des Kleinen Heubergs. In der noch bis vor wenigen Jahren von der Textilindustrie geprägten Stadt ist ein Schloss (18. Jh.; Dreiflügelanlage) beachtenswert. In der Nähe der Stadt kreuzten sich einstmals zwei wichtige Verkehrswege.

✶ ◄ Rosenfeld

Das Städtchen Rosenfeld (6300 Einw.) liegt 8 km westlich von Geislingen. Recht reizvoll ist der **mittelalterliche Stadtkern**, der auf einem Sporn zwischen zwei Bachtälern angelegt ist. Von der ehemaligen Stadtbefestigung sind noch zwei Türme und Mauerreste vorhanden. Beachtenswert sind die ev. Pfarrkirche (15. Jh.), das Rathaus

Eines der beliebtesten Ziele am Trauf der Westalb ist der Lochenstein.

(1687), die Alte Apotheke (14. Jh.) und das alte Stadthaus (Fachwerk; 1976 renoviert). Im Fruchtkasten (15./16. Jh.) ist das **Heinrich-Blickle-Museum** mit einer Sammlung schöner Ofenplatten untergebracht (Öffnungszeiten: n. V., Tel. 0 74 28/ 93 92-0). Nördlich der Altstadt, im Neubaugebiet am Drosselweg findet man die **Reste eines römischen Gutshofes** (2./3. Jh. n. Chr.). Einen Besuch lohnen ferner die **Sternwarte Zollernalb** im Stadtteil Brittheim sowie das gut aufgemachte **Heimatmuseum** im Stadtteil Leidringen.

Eine der schönsten Teilstrecken der Hauptwanderwege HW 1 (Alb-Nordrandweg) und HW 3 (Main-Neckar-Rhein-Weg) bzw. des Wanderweges Baden-Württemberg erschließt den Albtrauf südlich von Balingen. Man steigt von Dotternhausen auf den 1002 m hohen **Plettenberg**, dessen Hochplateau durch den Kalkabbau für die Zementindustrie wie ein hohler Zahn ausgeräumt ist. An seiner Nordspitze steht ein weithin als Landmarke sichtbarer Fernmeldeturm. Vom Plettenberg geht man ostwärts weiter zum bis zu 1000 m hohen **Schafberg** mit seinem aussichtsreichen **Hohen Felsen** und dem Gespaltenen Fels und über den Wenzelstein (Reste einer mittelalterlichen Burg). Nach erneutem beschwerlichen Aufstieg erreicht man schließlich den 963 m hohen **Lochenstein**, den wohl schönsten Aussichtsfelsen der Schwäbischen Alb. Vom Lochenstein geht es über den Lochenpassund an der Jugendherberge vorbei ostwärts zum aussichtsreichen **Hörnle** (965 m ü.d.M.) und dann entlang des Steilabfalls hinunter nach Laufen an der Eyach(► Albstadt), von wo aus man mit Bahn oder Bus nach Balingen zurückkommt.

★★ Beuron · Oberes Donautal

D/E 6

Landkreis: Sigmaringen
Einwohnerzahl: 800
Höhe: 600 – 850 m ü.d.M.
Prädikat: Erholungsort

Der berühmte Kloster- und Wallfahrtsort liegt im malerischen, von Felsen bekränzten Durchbruchstal der Oberen Donau durch die Südwestalb, das hier durch eine Flussschlinge erweitert ist.

Im 11. Jh. wurde hier ein Kloster gegründet, das ab 1146 den Regeln der Augustiner folgte. 1669 fand in Beuron die erste Wallfahrt statt. 1687 erfolgte die Erhebung des Klosters zur Abtei. Nach der Säkularisation (1802) kam die Abtei in den Besitz der Fürsten von Hohenzollern-Sigmaringen. 1863 gründeten die Brüder Maurus und Placidus Wolter aus Bonn in den leer stehenden Gebäuden ein Benediktinerkloster, das 1868 zur Abtei erhoben wurde. Von Beuron aus wurden die Klöster in ►Neresheim und Weingarten neu besiedelt.

Geschichte

Die romanisch-gotische Klosteranlage wurde ab Ende des 17. Jh.s durch barocke, von Franz Beer und J. G. Brix entworfene Neubauten ersetzt. Nach und nach entstanden der Ost- und der Südflügel sowie die Kirche. Ab 1888 errichtete man das Refektorium, die Gnadenkapelle (Grablege der Erzäbte), das Atelier, den Gästeflügel und schließlich 1926 die Bibliothek. Die Klosterökonomie wurde nach einem Brand im Jahre 1959 etwas abseits neu aufgebaut.

✶✶ Klosteranlage

Das Gotteshaus wurde 1732–1738 nach Plänen des Rottweiler Baumeisters Scharpf erbaut. Beachtenswert sind die von Ignaz Joseph Wegscheider geschaffenen **Deckengemälde**, die zwar 1872 durch Pater Desiderius und seine Schüler verändert, jedoch 1947–1951 wieder im Stil des Barock erneuert wurden. Im Langhaus u.a. eine Vision des Klostergründers Graf Peregrin, ein Bild vom heiligen Antonius sowie ein Konzert der Engel. P. Gigl und J. Schütz haben die

✶ ◄ Klosterkirche

Das berühmte Kloster Beuron liegt ziemlich versteckt im felsbekränzten Oberen Donautal.

Trotz aller Unkenrufe hat sich die Schäferei auf der Alb bis heute halten können.

WANDERSCHÄFER AUF NEUEN WEGEN

Die Schwäbische Alb ohne Schafe ist genauso undenkbar wie der Schwarzwald ohne Kuckucksuhr oder München ohne Bier. Es ist ja auch sehr romantisch, wenn Schäfer mit Hunden und Herden über die Wacholderheiden zieht. Die Schäferei selbst ist allerdings ein hartes Geschäft, das heute neben Durchhaltevermögen auch immer wieder zündende Ideen fordert.

Unterhalb von Pfronstetten liegt ein mächtiger Schafstall. Jetzt, im Sommerhalbjahr, blöken hier nur die neugeborenen Lämmer und ihre Mütter, der Rest der Herde ist unterwegs auf den Weiden der Schwäbischen Alb. In Hörweite vom Stall steht ein adrett herausgeputzter Schäferkarren, doch mitnichten wohnt hier Schäfer Ernst Fauser, vielmehr gönnt sich ein Feriengast ein paar Tage Auszeit. **»Urlaub beim Schäfer«** gehört zu den ungewöhnlichsten Einfällen eines Berufsstandes, der in seiner langen Geschichte an einiges Auf und Ab gewöhnt ist.

Keine Heide ohne Schaf

Weideten die Schafe jahrhundertelang immer auf den Wiesen in der Umgebung der Dörfer, zog im 14. Jh. die Landesherrschaft die Schäferei an sich und vergab Weiderechte. Im 18. Jh. entwickelte sich die **Wanderschäferei**, deren Vertreter unabhängig von Fürst und lokalem Schafhof durch die Lande zogen. Vor allem die Schwäbische und Fränkische Alb waren im Sommerhalbjahr attraktiv: Teils über enorme Distanzen – aus der Pfalz, aus dem Schwarzwald und aus Oberbayern – trieben Schäfer ihre Herden hierher. Weil Schafwolle bei der aufblühenden **Textilindustrie** begehrt war, erlebte die Schäferei im beginnenden 19. Jh. ihre große Blüte.

Die Abhängigkeit von der Textilindustrie barg auch den Keim für den Niedergang: Der Wollpreis fiel und fiel, als billige ausländische Wolle den Markt überschwemmte. Durch den Wandel der Landwirtschaft, die dank Mechanisierung immer größere Flächen unter den Pflug nahm, gingen Weideflächen verloren. So sank der Bestand in Württemberg von rund 600 000 Schafen im Jahre 1873 innerhalb von nicht einmal hundert Jahren auf rund 100 000 Tiere ab. Auf der Alb weideten nur noch halb so viele Tiere wie einst. Das war nicht nur für den Berufsstand eine Katastrophe, sondern auch für die Alb selbst. Denn kaum »pflegten« die Schafe die Wacholderheiden und Magerrasen nicht mehr, holte sie sich der Wald zurück.

Wiedergeburt der Schäferei

Ausgestorben ist die Schäferei auf der Schwäbischen Alb indes nicht. Nebenerwerbsschäfer mit unter 100 Tieren gibt es viele, und auch Betriebe, die seit mehreren Generationen hauptberuflich auf diesem Sektor arbeiten, exisiteren noch immer ein paar. Bei **Ernst Fauser** nimmt nun die dritte Generation den Schäferstab in die Hand. Längst kommt es nicht mehr auf die Wolle an – ihr Verkauf deckt mit Glück die Kosten für die Schur – Geld bringt vielmehr das Lammfleisch. 1900 Mutterschafe besitzt Fauser, die das ganze Jahr über ihre Lämmchen zur Welt bringen. Die ersten Wochen bleiben sie bei der Mutter, dann kommt der größte Teil in einen Betrieb nach Oberschwaben, der sie bis zur Schlachtreife füttert.

Bei **Schäferei Smietana** in Steinheim am Albbuch, die 600 Schafe und drei Hütehunde ihr eigen nennt, bleiben die Lämmer bis zur Schlachtreife bei den Müttern und ziehen mit ihnen drei bis vier Monate über die Heiden der Ostalb. Im Winter wandert die ganze Herde in den Esslinger Raum, wo es milder ist. Beide Betriebe unterhalten einen **Hofladen**, wo die Kundschaft Felle, Lammfleisch, Schafwurst und andere Köstlichkeiten kaufen kann. Doch jedem ist klar, dass ein Alleingang zu nichts führen würde. Unter den Labels »Alblamm« und »Ostalblamm« bzw. »Württemberg Lamm« bündeln die Schäfer als **Direktvermarkter** zusammen mit Gastwirten und Metzgereien, die Lammfleisch von der Alb anbieten, ihre Aktivitäten. Der Natur- und Landschaftsschutz unterstützt die Schäfer nach Kräften, denn nur mit Hilfe der vierbeinigen Rasenmäher lassen sich die Wacholderheiden auf lange Sicht erhalten. Daher bekommen Schäfer auch Fördergelder vom Land.

Das Lamm im Cyberspace

Eigeninitiative ist und bleibt aber für die Betriebe überlebenswichtig und neue Ideen sind gefragt: Familie Fauser bietet Urlaub im Schäferkarren an, bei Schäferei Smietana führt der Schafwanderweg vorbei (www.schafwanderweg.de), der Gäste auch einlädt, dem Hof einen Besuch abzustatten. Über **Hoffeste** und Präsenz bei den Schäferläufen in Heidenheim und Bad Urach macht man seine Produkte bei einem überregionalen Publikum bekannt. Auch das **Internet** ist ein wichtiger Multiplikator – jedes Lammfleisch-Label unterhält eine eigene Homepage und so manche Schäferei tut dies ebenfalls.

Weitere Kontakte: www.alblamm.de, www.ostalblamm.de, www.wuerttemberger-lamm.de. Adressen von Direktvermarkter auf der Alb sind unter www.schaf-bw.de abrufbar.

BEURON ERLEBEN

AUSKUNFT

Bürgermeisteramt
Kirchstr. 18
88631 Beuron-Hausen
Tel. (0 75 79) 92 10-0
Fax (0 75 79) 92 10 25
www.beuron.de

Erzabtei St. Martin
88631 Beuron
Tel. (0 74 66) 17-158
Fax 17-159
www.erzabtei-beuron.de

ÜBERNACHTEN · ESSEN

► **Günstig**

Pelikan
Abteistr. 12, 88631 Beuron
Tel. (0 74 66) 406, Fax 281
www.pelikan-beuron.de
25 Zimmer. Im klostereigenen Hotel findet man eine angenehme Unterkunft und gute Bewirtung.

Kloster auf Zeit
Im Gästeflügel des Klosters gibt es einige Zimmer für männliche Besucher, die einmal mit den Mönchen unter einem Dach leben möchten (Anmeldung: s. Auskunft, Erzabtei St. Martin).

GOTTESDIENSTE

Morgenhore: tgl. 5.00 Uhr
Heilige Messe: So. 6.00, 8.30, 11.15; werktags 6.00, 8.00 Uhr
Hochamt: So. 10.00; werktags 11.15 Uhr
Vesper: So. 15.00; werktags 18.00 Uhr
Komplet: tgl. 19.45 Uhr

vorzüglichen **Stuckarbeiten** besorgt. Der ursprünglich von J. A. Feichtmayr und dessen Mitarbeitern geschaffene Hochaltar konnte nach der barockfeindlichen Umgestaltung des Kircheninneren im 19. Jh. nur teilweise restauriert werden:
In der **Gnadenkapelle** (1898; Grablege der Erzäbte) über dem Altar eine Pietà aus dem 15. Jh. als Gnadenbild.

Besichtigungszeiten ►

Die Klosterkirche kann außerhalb der Gottesdienstzeiten tgl. bis 20.00 Uhr besichtigt werden. Führungen: n. V., Tel. (0 74 66) 17-175. Eine Führung durch das Kloster ist nicht möglich. Von Mai bis Oktober wird sonntags um 13.30 Uhr eine Tonbildschau gezeigt (Zugang via Klosterpforte).

Naturkundliche Sammlungen, Bibelmuseum ►

Das Kloster beherbergt zwei interessante Museen. Dort sind einerseits gut präparierte Fossilien aus der Alblandschaft um Beuron und andererseits Funde von bibelarchäologischen Ausgrabungsstellen im Vorderen Orient, Münzen sowie einige Bibelhandschriften (hebräische Rollen, griechische und lateinische Kodizes) zu sehen. Besichtigung n. V., Tel. (0 74 66) 17-158.

Haus der Natur

Der Beuroner Bahnhof dient heute als **Besucher- und Naturschutzzentrum des Naturparks Obere Donau**, in dem man sich umfassend über die Landschaft an der »jungen Donau« informieren kann (Öffnungszeiten: Mo. – Fr. 9.00 – 17.00, April – Okt. auch Sa., So., Fei. 13.00 – 17.00 Uhr).

✶✶ Donautal bei Beuron

Unterhalb von Fridingen versickert erneut ein Teil des Donauwassers. Danach gräbt sich der Fluss in die oberen Schichten des Weißen Jura ein und windet sich bis kurz vor ►Sigmaringen durch ein wildromantisches Tal mit mächtigen Felskränzen und bewaldeten Steilhängen. Hier sind nach langjähriger Abwesenheit wieder einige Uhu-Paare heimisch geworden. Auch Eisvogel und Schwarzen Milan kann man beobachten und die hier angesiedelten Gämsen. Burgen und Burgruinen grüßen von schroffen Felsen, bei Kletterern beliebte Felswände säumen das Tal, sehr schön lässt sich die Donau auch mit dem Kanu erkunden.

OBERES DONAUTAL ERLEBEN

AUSKUNFT

Bürgermeisteramt
Kirchstr. 18
88631 Beuron-Hausen
Tel. (0 75 79) 92 10-0; Fax 92 10 25
www.beuron.de

Haus der Natur
Naturschutzzentrum Obere Donau
Bahnhof, Wolterstr. 16
88631 Beuron
Tel. (0 74 66) 92 80-0, Fax 92 80 23
www.naturschutzzentren-bw.de

AKTIVITÄTEN

Klettern
An den Felsen des Oberen Donautals bestehen räumliche und zeitliche Beschränkungen für Kletterer. Auskünfte erteilet das Haus der Natur in Beuron (s. oben).

Bootsfahrten
Auch Bootsfahren müssen angemeldet werden. Auskünfte erteilen das Haus der Natur in Beuron (s. oben) und die Bootsvermieter.

Wandern
Reichhaltiges Informationsmaterial gibt es im Haus der Natur in Beuron (s. oben).

Donau-Radwanderweg
Eine besonders reizvolle Etappe dieses Radwanderweges ist die Strecke durch das Durchbruchstal der Oberen Donau von Tuttlingen bis Sigmaringen.

ÜBERNACHTEN · ESSEN

► Günstig

Gasthof Neumühle
88631 Beuron-Thiergarten
Tel. (0 75 70) 959-0, Fax 959-34
www.neumuehle.de
11 Zimmer. Freundliches Haus mit guter Küche.

Gutshof Käppeler
88361 Beuron-Thiergarten
Tel. (0 75 70) 95 19 10, Fax 678
www.gutshof-kaeppeler.de
16 Ferienwohnungen. Urlaub auf dem Bauernhof wie im Bilderbuch! Regionale Köstlichkeiten gibt´s im Restaurant, u. a. einen »Unkrautsalat«.

Gasthof Bahnhof
88631 Beuron-Hausen im Tal
Tel. (0 75 79) 565, Fax 24 78
www.gasthof-bahnhof.de
Mehrere Zimmer. Originelle Unterkunft im umgebauten Bahnhof. Donnerstags gibt´s Spanferkel und leckere Spare Ribs!

Postkartenblick vom Eichfelsen ins felsenreiche Donautal mit der Burg Werenwag

Knopfmacherfels 4 km südwestlich oberhalb von Beuron nahe an der Straße nach Fridingen bietet der Knopfmacherfels einen schönen Blick ins Donautal. Am Parkplatz lädt das Berghaus Knopfmacher zur gemütlichen Einkehr ein.

Schloss Bronnen, Jägerhaus Rund 3 km südlich von Beuron, donauaufwärts, zu Fuß durch das Liebfrauental erreichbar, thront das sagenumwobene Schloss Bronnen 788 m ü.d.M. auf steilem Fels hoch über der Donau. Gleich in der Nähe befinden sich das Jägerhaus sowie die schwer zugängliche Jägerhaushöhle, wo man vor etlichen Jahren steinzeitliche Kulturreste (8. – 5. Jt. v. Chr.; »Beuronien«) gefunden hat.

Irndorf Nördlich oberhalb von Beuron (Autostraße 6 km) liegt der Erholungsort Irndorf, Ausgangspunkt für Wanderungen in das weiter nördlich gelegene Naturschutzgebiet Irndorfer Hardt, ein sehr stilles, fast verzaubert wirkendes Land, das zu allen Jahreszeiten einen Besuch lohnt. Auf den ehemaligen Holzwiesen gedeihen seltene Blumen, die am schönsten im Juni blühen, kleine Wäldchen aus ungewöhnlich großen Birken, Eichen und Bergahorn werfen lichten Schatten, man sieht Fichten, wie es sie nur selten gibt: bis auf den Boden beastet und voller Kraft.

★ Irndorfer Hardt ►

Rauher Stein, Spaltfelsen ► Südlich des Ortes und hoch über dem Donautal sind der 786 m hohe Rauhe Stein (nahebei Wanderheim des Schwäbischen Albvereins) und der 750 m hohe Spaltfelsen beliebte Wanderziele.

★★ Eichfelsen

Eine Stunde Gehzeit östlich von Irndorf erreicht man den 786 m hohen Eichfelsen an der Talkante über der Donau. Von hier oben kann man wahrlich einen Postkarten-Blick ins Durchbruchstal der Oberen Donau genießen.

St. Maurus-Kapelle

Ca. 3 km donauabwärts steht die St.-Maurus-Kapelle, ein **Musterbeispiel der Beuroner Kunstschule**. Pater Desiderius Lenz hat sie 1868 bis 1870 erbaut und ausgemalt. In ihrer Vorhalle eine thronende Muttergottes mit den Heiligen des Benediktinerordens. Im Kapelleninneren ein Schmerzensmann mit den Symbolen der Evangelisten.

★ Burg Wildenstein

Östlich von Beuron bzw. gegenüber vom Eichfelsen grüßt die Burg Wildenstein von einem schroffen Felsen über einem waldigen Tobel rechts der Donau. Sie hat wohl schon um das Jahr 1000 bestanden und wurde im 16. Jh. zur Feste ausgebaut. In der **Burgkapelle** der berühmte **»Wildensteiner Altar«** des Meisters von Meßkirch (1536; Kopie). Die renovierte Burg dient heute als Jugendherberge.
Eine **lohnende Rundwanderung** folgt ab Burg Wildenstein dem Hauptwanderweg 2 des Schwäbischen Albvereins in südwestlicher Richtung. Man passiert mehrere Aussichtsfelsen, erreicht den **Alpenblick**, von wo aus man bei günstiger Witterung die im Sonnenlicht gleißenden Gletscher des Hochgebirges sehen kann. Nun geht es steil bergab nach Beuron. Weiter am linken Donauufer flussabwärts und vorbei an der **Mauruskapelle** bis zu einem Donausteg. Von hier durch einen wilden Tobel wieder hinauf zur Burg Wildenstein (Streckenlänge: 12 km).

> ! *Baedeker* TIPP
>
> **Naturpark-Express**
>
> An allen Sonn- und Feiertagen von Ende April bis Mitte/Ende Oktober verkehrt der Naturpark-Express mit einem Spezialwaggon für den Transport von Fahrrädern. Er hält an allen Stationen zwischen Sigmaringen und Blumberg-Zollhaus.

Hausen im Tal

Die nächste Ortschaft talabwärts ist Hausen im Tal mit kleinem Schloss, Tourist-Information und Campingplatz. Von hier lohnen Wanderungen zur **Burgruine Langenfels**, zum **Bischofsfelsen** und **Schlossfelsen** sowie zur Ruine Wagenburg. Auch die Bandfelsen und den **Eichfelsen** erreicht man ab Hausen im Tal.

Neidingen

3 km talabwärts folgt der Weiler Neidingen mit herrlichem Blick auf die **Schaufelsen** (linke Donauseite; Aufstieg ca. 1 Std.) sowie die Lanzenfelsen (rechte Donauseite). Dann folgen links die **Burgruine Falkenstein** (Aufstieg ca. 1 Std.) und rechts die **Neumühle**.

Thiergarten

Schließlich erreicht man die kleine Siedlung Thiergarten. Auf dem Gelände des historischen **Käppelerhofs** findet man Europas kleinste dreischiffige Basilika: eine romanische **St.-Georgs-Kapelle**. Von Thiergarten aus erreicht man den **Rabenfelsen** (Aufstieg: ca. 1 Std.).

★★ Blaubeuren

J 4

Landkreis: Alb-Donau-Kreis
Einwohnerzahl: 12 000
Höhe: 519 m ü.d.M.
Prädikat: Erholungsort

Das altertümliche Städtchen liegt sehr malerisch am Südrand der Alb in einer von felsigen Waldhängen umrahmten Talschlinge der Ur-Donau, durch die heute das Flüsschen Blau fließt.

Geschichte

Hier gründeten die Pfalzgrafen von Tübingen 1085 ein Benediktinerkloster. Die dazugehörige Klostersiedlung erhielt im 13. Jh. das Stadtrecht. 1447 wurde Blaubeuren württembergisch. Damals ließen sich Leinenweber und Bleicher nieder. 1834 begann die Industrialisierung, wobei die Zementherstellung bald dominierte. 1873 erbaute man am Blautopf ein Wasserwerk. Es war der Vorläufer einer modernen Trinkwasserversorgungsanlage, die heute einen der größten Trinkwasserspeicher der Schwäbischen Alb erschließt und Teile der Mittleren Alb sowie des Albvorlandes bedient.

Sehenswertes in Blaubeuren

★★ Blautopf

Berühmteste Sehenswürdigkeit ist der Blautopf, eine der größten Karstquellen Deutschlands. Der 22 m tiefe, trichterförmige, blaugrün schimmernde **Quelltopf** schüttet bis zu 32670 l/sec. Das hier austretende Wasser kommt aus einem weitverzweigten Karsthöhlensystem der Mittleren Alb. Der Einzugsbereich des Blautopfes dürfte etwa 160 km² betragen. Der Höhlenforscher und Rekordtaucher **Jochen Hasenmayer** hat die Blau-Höhle 1985 bis zu einer Länge von ca. 1250 m erkundet. Dabei hat er einen 140 – 170 m unter der Erdoberfläche befindlichen Hohlraum, den **Mörike-Dom**, entdeckt, den mit 120 m Länge, bis zu 25 m Breite und mindestens 30 m Höhe größten bisher bekannten Hohlraum der Alb mit dem größten bislang bekannten deutschen Höhlensee. In jüngster Zeit haben Höhlenforscher weitere unterirdische Gänge, Wasserläufe und riesige Hallen mit märchenhaft schönen Tropfsteinen erdeckt, über deren touristische Erschließung bereits nachgedacht wird.

> ! *Baedeker* TIPP
>
> **Im Reich der Schönen Lau**
>
> Im Blautopfhaus bei der Hammerschmiede kann man einen Film von Jochen Hasenmayer sehen mit fantastischen Bildern vom Blautopf und aus der unterirdischen Welt der »Schönen Lau«.

Die schöne Lau ►

Um den Blautopf ranken sich viele Sagen und Geschichten, so auch Mörikes »Historie von der Schönen Lau«, die Geschichte einer Wassernixe, die in den Blautopf verbannt worden ist.

★ Hammerschmiede ►

Am Blautopf steht das alte städtische Wasserwerk von 1742, das 1804 in eine Hammerschmiede umgewandelt wurde (Öffnungszeiten:

Nach wie vor ein geheimnisumwobener Ort: der Blautopf

Palmsonntag – Okt. tgl. 9.00 – 18.00, Nov. – Palmsonntag Sa., So. Fei. 11.00 – 16.00 Uhr).
Am Ausfluss des Quelltopfes steht das bereits im Jahre 1875 in Betrieb genommene **Pumpwerk** der Albwasserversorgung. Entlang der Blau stehen die Schimmel- und die Klausenmühle, die letzten von früher neun Blaubeurer **Mühlen**.

* **Ehem. Kloster**

Das über 900 Jahre alte Kloster wurde von den Tübinger Pfalzgrafen gegründet. 1447 kam es unter württembergischen Schutz und erhielt bis 1510 seine heutige Bausubstanz. 1536 wurde hier eine **Klosterschule** gegründet als Vorläuferin eines evangelisch-theologischen Seminars (1817), aus dem Persönlichkeiten wie David Friedrich Strauß, Friedrich Theodor Vischer und Wilhelm Hauff hervorgehen sollten.

* * ◀ Hochaltar

Hauptsehenswürdigkeit in der **Klosterkirche** ist der Hochaltar (1493), eine Glanzleistung der Ulmer Schule, mit plastischen Teilen von Michael und Gregor Erhart sowie Tafelmalereien von Bartholomäus Zeitblom und Bernhard Striegel. Das meisterhafte Chorgestühl stammt von Jörg Syrlin d. J. (1493). Wunderschön ist auch der Kreuzgang, umgeben von Brunnenkapelle, Refektorium, Kapitelsaal und Margaretenkapelle (Öffnungszeiten: Palmsonntag bis Allerheiligen tgl. 9.00 – 18.00, Allerseelen bis Palmsonntag Mo. – Fr. 14.00 bis 16.00, Sa., So. 11.00 – 16.00 Uhr).

* ◀ Badhaus der Mönche

Im äußeren Klosterbereich befindet sich das einzige erhaltene Badhaus seiner Art in Deutschland. Der Fachwerkbau von 1516 beherbergt heute das reichhaltige **Heimatmuseum** (Öffnungszeiten: Ende März – Okt. Di. – Fr. 10.00 – 16.00, Sa., So. 10.00 – 17.00 Uhr).
Das kleine **Museum im Klosterhof** erinnert an die Verhaftung des in Ungnade gefallenen Organisten und politischen Schriftstellers Schubart (Öffnungszeiten: n. V., Tel. 0 73 44/ 96 26 25).

★ Fachwerk-Altstadt

In den letzten Jahren hat man etliche z. T. sehr geschichtsträchtige Fachwerkbauten im Stadtkern mustergültig restauriert. Sehr hübsch ist die Partie an der Aach mit dem **Hohen Wil** zwischen dem Klosterbezirk und der stolzen ev. **Stadtkirche**. In dem im 14. und 15. Jh. erbauten Gotteshaus verdient der Neubronner Altar (15. Jh.) Beachtung, der ebenfalls ein Meisterwerk der Ulmer Schule ist.
Im Stadtzentrum gefällt das **Rathaus** (15. Jh.), das früher als Fruchtkasten und Kaufhaus diente. Davor, auf dem **Marktplatz**, steht ein schöner **Renaissance-Brunnen**. Etwas versteckt, in der Webergasse, hat man kürzlich das herrschaftliche **Kleine Große Haus** (1483) samt seinem 1622 entstandenen Altan-Anbau restauriert.

★★ Urgeschichtliches Museum

Im Heilig-Geist-Spital (15. Jh.) neben der Stadtkirche ist dieses Museum untergebracht. Hier sieht man Kulturzeugnisse eiszeitlicher bzw. steinzeitlicher Jäger, Fischer und Sammler ausgestellt, die man in Höhlen der Umgebung gefunden hat. Darunter befinden sich **ca. 35 000 Jahre alte Schnitzereien** aus Mammutelfenbein, die zu den ältesten bislang bekannten Kunstwerken der Welt gezählt werden. Auch das älteste bislang bekannte Musikinstrument, eine aus einem Schwanenflügelknochen gefertigte Flöte, ist zu sehen. (Öffnungszeiten: Mitte März – Anf. Nov. Di. – So. 11.00 – 17.00, Anf. Nov. – Mitte März Di. u. Sa. 14.00 – 17.00, So. 10.00 – 17.00 Uhr).

Umgebung von Blaubeuren

Rucken

Lohnend ist eine Besteigung des aussichtsreichen Rucken. Auf diesem **Umlaufberg der Ur-Donau** hat einmal eine alamannische Sied-

Blaubeuren *Orientierung*

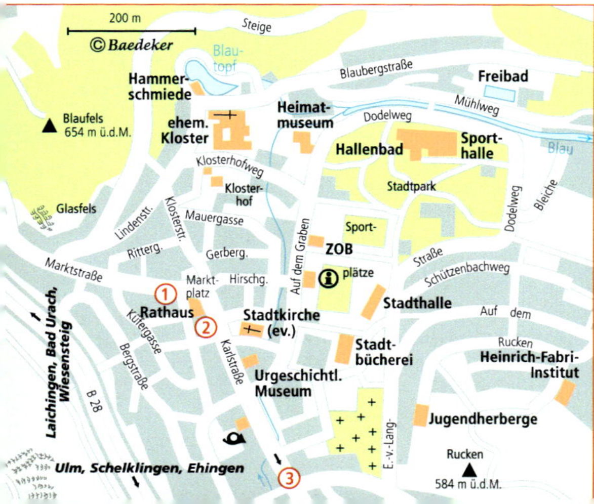

Übernachten und **Essen**

① Ochsen
② Adler
③ Forellenfischer

BLAUBEUREN ERLEBEN

AUSKUNFT

Tourismuszentrale
Aachgasse 7
89143 Blaubeuren
Tel. (0 73 44) 92 10 25, Fax 95 24 34
www.blaubeuren.de

AKTIVITÄTEN

Luftsport
Segel- und Motorflieger starten auf dem Flugplatz Sonderbuch (nordöstl. über dem Blautopf). Passagierflüge sind möglich!
Für Drachenflieger hat man einen Landeplatz nordwestlich der Stadt bei Seissen ausgewiesen.

Klettern
Für einige Felsen im Blau- und Aachtal geltenBeschränkungen. Näheres erfährt man bei der Tourismuszentrale (s. Auskunft).

Radeln
Blaubeuren liegt am Donau-Radweg.

ÜBERNACHTEN · ESSEN

► Komfortabel

① ***Ochsen***
Marktstr. 4
89143 Blaubeuren
Tel. (0 72 44) 96 98 90
Fax 84 30
www.ochsen-blaubeuren.de
32 Zimmer und 2 Suiten.
In dem hübsch renovierten Fachwerkbau kann man gut speisen und ruhig übernachten.

② ***Adler***
Karlstr. 8
89143 Blaubeuren
Tel. (0 73 44) 91 77-0, Fax 91 77 29
www.adler-blaubeuren.com
17 Zimmer. Freundliches Haus am neu gestalteten Kirchplatz. Das Restaurant bietet fein zubereitete regionale Spezialitäten (u. a. hausgebeizten Sauerbraten mit Spätzle und Salat).

Baedeker-Empfehlung

③ ***Forellenfischer***
89143 Blaubeuren-Weiler
Tel. (0 72 44) 65 45, Fax 92 26 31
www.forellenfischer.de
Seit Jahren eine Institution in Sachen Forellen und Schwäbische Küche ist der Familienbetrieb, hübsch gelegen in einer Schlinge des Aachtals.

lung bestanden. Hier oben gibt es auch noch Reste einer mittelalterlichen Burg. Weithin sichtbar ist das **Gefallenen-Ehrenkreuz**.
Etwas tiefer der **Metzgerfelsen** mit dem aus Mörikes »Historie von der Schönen Lau« bekannten »Klötzle Blei«. ◄ Klötzle Blei

Am südöstlichen Talrand sieht man das ehem. Rusenschloss (Burgruine Hohengerhausen), das in der Stauferzeit erbaut, 1768 aber wieder abgebrochen worden ist. Hier oben findet man noch einige Befestigungsreste aus der Keltenzeit. Und in der **Großen Grotte** unter dem Rusenschloss hat man Werkzeuge und Tierreste aus der Zeit der Neandertaler entdeckt. ✶ **Rusenschloss**

★★ **Geißenklösterle**

Südlichwestlich von Blaubeuren, auf der rechten Seite des Aachtales, nimmt man in halber Höhe eine Höhlenruine wahr, die neben der Vogelherdhöhle im ►Lonetal der berühmteste **Fundplatz von Kulturzeugnissen der Eiszeit** ist. Hier hat man bis zu 35 000 Jahre altes Kunsthandwerk geborgen, so Schnitzereien aus Mammutelfenbein und Schwanenknochen und einen bemalten Stein.

Schelklingen

Die Stadt Schelklingen (540 – 752 m ü.d.M.; 7000 Einw.) liegt knapp 7 km südwestlich von Blaubeuren im Tal der Ur-Donau, durch das heute das Flüsschen Aach mäandriert. Das Stadtbild wird geprägt von den kolossalen Industriebauten der Heidelberger Zement AG. Seit 1889 werden in der Umgebung von Schelklingen Zementmergelvorkommen abgebaut und zu wertvollen Baustoffen veredelt.
Im **Stadtmuseum** (Marktstr. 17) sind neben vor- und frühgeschichtlichen Exponaten auch interessante Dokumente aus der Geschichte der ehemals österreichischen Stadt zu sehen ist. Auf einem Hügel über der Stadt befinden sich die Reste der im 11. Jh. erbauten **Burg Hohenschelklingen**, die Ende des 12. Jh.s in den Besitz der Grafen von Berg gekommen ist. In der Friedhofskapelle **St. Afra** (Nähe Bahnhof) gefallen Wandfresken aus der Erbauungszeit (um 1300).

★ **Hohler Fels**

Nordöstlich der Stadt, auf der rechten Seite des Achtales, befindet sich der Hohle Fels, **eine der interessantesten archäologischen Fundstätten Süddeutschlands**. Hier hat man etwa 35 000 Jahre alte Steinwerkzeuge und Schmuckstücke aus Knochen und Zähnen entdeckt, also aus einer Zeit, in der sich Neandertaler mit Vorfahren des modernen Menschen trafen.

Sirgensteinhöhle

Knapp 3 km nordöstlich des Stadtzentrums liegt die **Sirgensteinhöhle** auf der linken Seite des Aachtales in 565 m Höhe. Hier hat man **Gerätschaften späteiszeitlicher Rentierjäger** sowie Steingeräte und Jagdwerkzeuge von Jägern der Jungsteinzeit zutage gefördert.

Urspring

2 km nordwestlich des Stadtkerns am Quelltopf der Aach liegt das **ehem. Benediktinerkloster** Urspring (heute ev. Landschulheim) mit schöner Barockkirche.

Schmiechen

2 km südwestlich von Schelklingen erreicht man das Dorf Schmiechen. Südöstlich davon bildet sich gelegentlich – nach der Schneeschmelze oder in besonders niederschlagsreichen Zeiten – der **Schmiecher See** (Naturschutzgebiet) in einem von der Ur-Donau verlassenen Talgrund zwischen dem Steinsberg und dem Schelklinger Berg. In diesem Feuchtgebiet halten sich viele seltene Vögel auf. Im oberen Schmiechtal steht das **älteste Trinkwasser-Pumpwerk Europas**. Es wurde 1869 bis 1871 nach Plänen des Oberbaurats **Karl von Ehmann** (►Berühmte Persönlichkeiten) im Auftrag des württembergischen Königs errichtet und leitete den Aufbau der für die Menschen auf der Alb so wichtigen Wasserversorgung ein.

Teuringshofen, Pumpwerk ►

Blaustein

Östlich von Blaubeuren schließt die aus mehreren Dörfern gebildete Gemeinde Blaustein (490 – 650 m ü. d. M.; 15 000 Einw.) an. Der Ortsteil **Herrlingen** liegt an der Einmündung des reizvollen Tales der Kleinen Lauter in das Blautal. Der Ort entstand erst im Hochmittelalter als Burgweiler. Auf seinem Friedhof ruht Generalfeldmarschall **Erwin Rommel** (1891 – 1944). Der legendäre »Wüstenfuchs« wohnte in Herrlingen und wurde hier von Hitlers Emissären unter dem Verdacht einer Beteiligung an der Verschwörung vom 20. Juli 1944 zum Selbstmord (14. Oktober 1944) gezwungen. Im **Lindenhof** ist ein Rommel-Museum (Öffnungszeiten: n. V., Tel. 07304/7044) eingerichtet. Der Lindenhof selbst ist ein kunsthistorisches Kleinod: eine Jugendstil-Villa, die 1905 nach Vorlagen des Architekten **Richard Riemerschmid** für den Ulmer Industriellen Wieland errichtet worden ist.

! *Baedeker* TIPP

Bad Blau

In Blaustein-Ehrenstein gibt es ein attraktives Erlebnisbad mit Schwimmbecken, Abenteuerbecken, Warmsprudelbecken, Sole-Außenbecken, Saunalandschaft und Solarien. Öffnungszeiten: Mo., Di. 9.00 – 22.00, Mi. 7.00 – 22.00, Do., Fr., Sa. 9.00 – 23.00, So. 9.00 – 21.00 Uhr.

Lautern

Der aus vier alten **Mühlen** bestehende Weiler Lautern liegt am romantischen und kräftig schüttenden **Quelltopf der Kleinen Lauter** in einem landschaftlich besonders reizvollen Engtal der mittleren Flächenalb. Von der mittelalterlichen **Burg Lauterstein** sind nur noch spärliche Reste zu sehen.

Boll · Bad Boll

H 3

Landkreis: Göppingen
Einwohnerzahl: 5100
Höhe: 427 – 740 m ü.d.M.
Prädikat: Erholungsort

Die Gemeinde Boll, Sitz der Herrnhuter Brüdergemeine und einer Evangelischen Akademie, liegt im Vorland der Filsalb. Berühmt geworden ist der Ort aber durch sein »Wunderbad«, in dem schon viele Gäste Linderung ihrer Leiden erfuhren.

Geschichte

Der altzähringische Ort kam im 14. Jh. an Württemberg. Seit 1477 ist das heilkräftige Schwefelbad bekannt, das alsbald als **»Württembergisches Wunderbad«** im ganzen Land berühmt wurde. Denn bei Brunnengrabungen fand man erstmals Versteinerungen von Meerestieren, die man zuvor noch nie gesehen hatte. 1852 übernahm Pfarrer **Johann Christoph Blumhardt** das Bad und errichtete ein religiöses Heilungs- und Erweckungszentrum. 1920 kam das Bad an die **Herrnhuter Brüdergemeine**, die es bis heute führt. Kurz nach dem Zweiten Weltkrieg wurde in Bad Boll eine **Evangelische Akademie**

BOLL · BAD BOLL ERLEBEN

AUSKUNFT

Bad Boll Info
Am Kurpak 1, 73087 Boll
Tel. (0 71 64) 14 78 00, Fax 90 23 09
www.bad-boll.de

WELLNESS

Thermalmineralbad
Am Kurpark, 73087 Bad Boll
Tel. (0 71 64) 81-0, Fax 81-492
www.reha-klinik-bad-boll.de
Öffnungszeiten: Tgl. 8.00 – 22.00 Uhr.
Mineral-Thermal-Bewegungsbad mit Innen- und Außenbecken, Sauna, Fango-Anwendungen. Kinder unter 3 Jahren haben keinen Zutritt.

AKTIVITÄTEN

Radfahren
Rund um Boll sind zahlreiche Radwege markiert, die u. a. zu den weltberühmten Fossilien-Fundplätzen von Holzmaden führen.

ÜBERNACHTEN · ESSEN

► Komfortabel

Badhotel Stauferland
Gruibinger Str. 32, 73087 Boll
Tel. (0 71 64) 80 16 80, Fax 41 46
www.badhotel-stauferland.de
36 Zimmer. Aussichtsreich gelegenes Haus mit Wellness-Bereich, Schwimmbad und gutem Restaurant.

Seminaris
Michael-Hörauf-Weg 2
73087 Boll
Tel. (0 71 64) 805-0
Fax 128 86
www.seminaris.de
146 Zimmer und 15 Suiten. Nobelhotel mit etlichen Tagungsräumen, schönem Wellness-Bereich mit Schwimmbad, diversen Sportplätzen und Hochseilgarten.

► Komfortabel/Günstig

Löwen
Hauptstr. 46, 73087 Boll
Tel. (0 71 64) 94 09-0
Fax 94 09 44
www.loewen-badboll.de
35 Zimmer und 6 Suiten. Alteingesessener Beherbergungsbetrieb mit Palmengarten und sehr guter regionaler Küche.

eröffnet, in der seither vielbeachtete Seminare und Vorträge abgehalten werden. Im Jahre 1972 hat man eine **Thermalquelle** erbohrt, die das 1976 fertiggestellte Bewegungsbad speist.

Sehenswertes in Boll und Umgebung

Dorfkern Im Ortskern von Boll lohnt die 1155 erbaute **Stiftskirche St. Cyriakus** einen Besuch, die trotz mehrfacher Umbauten bis heute als dreischiffige romanische Pfeilerbasilika erkennbar geblieben ist. In Bad Boll sind noch Teile der ab 1595 von Heinrich Schickhardt errichteten **Badgebäude** zu sehen. 1823 bis 1825, also unter dem württembergischen König Wilhelm I., wurden die Gebäude im neoklassizistischen Stil erweitert. Architektonisch beachtenswert ist auch das 1976 erbaute **Thermal-Mineral-Bewegungsbad**.

In der Villa Volpelius, dem **Stammhaus der Evangelischen Akademie Bad Boll**, ist ein Literatursalon zu Ehren von Vater und Sohn Blumhardt eingerichtet. Porträts, Manuskripte, Bücher und sonstige Dokumente veranschaulichen die Verbindungen, die es mit Schriftstellern wie Eduard Mörike, Ottilie Wildermuth und Hermann Hesse sowie dem Maler Ludwig Richter gab.

✶ ◄ Blumhardts Literatursalon

! *Baedeker* TIPP

Boller Fango und Fossilien

Im Rahmen einer Betriebsbesichtigung erfährt man, wie Fango aus hiesigen Rohstoffen hergestellt wird. Außerdem kann man unter fachkundiger Leitung im Schieferbruch des Fango-Werkes nach Versteinerungen suchen. Termine: April Okt. 1. u. 3. Fr. im Monat, 14.00 16.30 Uhr. Infos: www.jurafango.de, Tel. (0 70 23) 31 63.

Der westlich von Bad Boll gelegene Ortsteil Eckwälden ist als Zentrum der Anthroposophie bekannt, denn hier sind ein namhaftes anthro-posophisches **Heil- und Erziehungsinstitut** sowie das anthroposophisch orientierte Stammwerk der **WALA Heilmittel GmbH** angesiedelt (► Baedeker-Special S. 164/165).

Dürnau

Knapp 1 km östlich von Boll liegt die Gemeinde Dürnau (424 m ü.d.M.; 1 600 Einw.). Sehenswert ist hier die **Ev. Pfarrkirche** (16. Jh.) mit spätgotischen Wandmalereien und einem schönen Grabmal des Heerführers Christoph Martin von Degenfeld.

✶ ◄ Gralglasmuseum

Im hübsch hergerichteten Torbau des einstigen Dürnauer Wasserschlosses haben frühere Mitarbeiter der 1987 stillgelegten Dürnauer Glashütte eine hochinteressante Ausstellung aufgebaut, die Einblicke

Ein beschaulicher Ort: die Wandelhalle in Bad Boll

Im Heilpflanzengarten der WALA gibt es immer viel zu tun.

NATURKOSMETIK VON DER ALB

Die zwei größten Unternehmen für anthroposophische Arzneimittel und Naturkosmetik liegen zu Füßen der Alb. Produkte von Weleda und WALA/Dr. Hauschka findet man in Apotheken, Bioläden und Reformhäusern – und in den Kosmetiktaschen vieler Hollywoodstars.

Ob **Julia Roberts** oder **Brad Pitt**, ob **Madonna** oder **Stella McCartney** – sie alle haben sich schon mit den Produkten von »Dr. Hauschka« gepflegt, so heißt die Kosmetiklinie der WALA GmbH. **Lifestyle und Öko** geht mittlerweile nicht nur in Hollywood Hand in Hand, sondern scheint sich als ein Trend zu entpuppen, an den die Gründer der beiden Unternehmen wohl kaum gedacht haben.

Beiden Firmen basieren auf den Ideen von **Rudolf Steiner**, des Vaters der Anthroposophie. Als in der Schweiz und bei Stuttgart (Filderklinik) die ersten Krankenhäuser für eine anthroposophisch erweiterte Medizin gegründet wurden, wünschten sich deren Ärzte auch Arzneimitteln auf anthroposophischer Grundlage. Aus den Laboratorien dieser Krankenhäuser heraus entstand die Weleda AG, die seit 1921 in Schwäbisch Gmünd produziert. Der Gründer von WALA, Dr. Rudolf Hauschka, entwickelte 1929 auf Anregung von Steiner ein rhythmisches Verfahren, um wässrige Pflanzenauszüge zu konservieren, ohne Alkohol zu verwenden – besonders wichtig in der Kindermedizin. Sein erster Versuch mit Rosenblüten ergab eine Essenz, die 30 Jahre haltbar blieb. Erst in München, seit 1950 in Eckwälden bei Bad Boll produziert die WALA ca. 900 verschieden Arzneimittel, seit 1967 auch Naturkosmetik unter dem Label Dr. Hauschka.

Rosenernte im Morgengrauen

Pflanzen sind die Ausgangsprodukte für viele anthroposophische Kosmetika und Arzneimittel. So bilden die eigenen **Heilpflanzengärten** das Herz beider Unternehmen. Noch bevor die Sonne aufgeht, beginnt hier für die Mitarbeiter in der Erntezeit der Tag. Im Juni ist die hohe Zeit der Rosen und die Blüten werden geschnitten, solange der Tau noch feucht ist. Blüte für Blüte betten die Gärtner vorsichtig in ihre Weidenkörbe. In den Beeten nebenan gedeihen in langen Reihen bewährte Heilpflanzen wie Ringelblumen und Gänseblümchen, der entzündungshemmende Sonnenhut, Blauer Eisenhut, der gegen Schmerzen eingesetzt wird, Spitzwegerich ist Bestandteil von Erkältungsmitteln, es

wachsen Frauenmantel, Johanniskraut und auch die Brennessel – insgesamt rund 200 Heilpflanzenarten.
Beide Firmen arbeiten mit Partnern in aller Welt zusammen, die Rohstoffe aus **biologisch-dynamischem Anbau** liefern. Denn nicht alles kann in den eigenen Gärten erzeugt werden, entweder, weil besonders sonnenhungrige Pflanzen anderswo besser gedeihen oder weil die Mengen zu gering wären. So misst der Heilpflanzengarten von WALA in Bad Boll-Eckwälden 4,1 ha und wird von sieben Gärtnern in Schuss gehalten, während 17 Gärtner in Schwäbisch Gmünd-Wetzgau 20 ha für Weleda pflegen. Diesem Garten ist seit neuestem auch ein Besucherzentrum angeschlossen ist. Denn nur in den Gärten können sich die Firmen über die Schultern schauen lassen, aus Gründen der Hygiene sind die Produktionshallen fürs Publikum tabu.

Aus Blüten wird Arznei

Kaum haben die Rosen die wunderschönen Heilpflanzengärten verlassen, kommen sie in die Produktionshallen in Schwäbisch Gmünd bzw. Eckwälden. Aus der Hand der Gärtner nehmen hier weiß verhüllte Laboranten die Rosenernte in Empfang. Sie prüfen die Blüten auf ihre Qualität, zerreiben und mischen sie mit Quellwasser, setzten sie Licht und Dunkelheit, Kälte und Wärme aus, die Mischung wird gerührt, dann in Ruhe gelassen, mit solchen **Rhythmen** arbeitet WALA. Beide Firmen bedienen sich bei der Arzneimittelherstellung unter anderem auch einem aus der Homöopathie bekannten Prinzip, dem Potenzieren, wo durch Schütteln und immer höheres Verdünnen eine Dynamisierung erfolgt – auch dies ist alles reine **Handarbeit**. Erst zum Mischen und Abfüllen kommen Maschinen zum Einsatz: In großen Trommeln wird die Wirksubstanz auf Globuli übertragen, Spezialanlagen befüllen Injektionsampullen, Computer und hochmoderne Diagnosegeräte dienen der Qualitätskontrolle. Von der Alb aus wird in über 40 Länder der Welt exportiert.
Und die Signale scheinen auf Wachstum zu stehen: WALA hat erst 2005 weitere 80 Mitarbeiter eingestellt und den Stamm auf 530 vergrößert. In Schwäbisch Gmünd beschäftigt die Weleda 700 Mitarbeiter, weltweit sind es 1500.
Wer möchte, kann in Gmünd an einer **Führung** durch den Weleda-Pflanzengarten teilnehmen (Anmeldung unter Tel. 07171/919-432), sich im Besucherzentrum tiefer in die Geheimnisse der anthroposopischen Medizin einweihen lassen und sich mit Pflegecremes und Zahnpasta, Deosprays und Körperöl eindecken.

in die **Herstellung und Verarbeitung von Glas** gewährt. Außerdem wird ein Überblick über die Produktplatte der einstmals renommierten Firma Gralglas gegeben (Öffnungszeiten: Sa. 14.00 17.00 Uhr u. n. V., Tel. 0 71 64/9 10 10-0).

Obstlehrpfad ► Oberhalb der beiden Nachbarorte Dürnau und Gammelshausen verläuft ein Obstlehrpfad.

Aichelberg Etwa 3 km westlich von Boll liegt der Ort Aichelberg am Nordwesthang des 564 m hohen gleichnamigen Berges. Dieser und der anschließende 609 m hohe **Turmberg** sind einstige Schlote des sog. Schwäbischen Vulkans (►Naturraum). Sie sind heute als Bergkuppen ausgebildet und mit vulkanischem Tuff gefüllt. Auf dem Aichelberg selbst sind noch Reste einer mittelalterlichen Burg zu sehen. Nicht zu übersehen ist die A 8, deren Trasse am Aichelberg den Albaufstieg bewältigt. Ein weiterer Eingriff ins Landschaftsbild steht bevor mit der ab 2007 geplanten Eisenbahnstrecke Wendlingen – Ulm.

★ Bopfingen

N 1

Landkreis: Ostalbkreis
Einwohnerzahl: 12 600
Höhe: 468 – 668 m ü.d.M.

Die einstige Freie Reichsstadt liegt am Eingang zum Ries und zu Füßen des eigentümlich kahlen, aber geschichtsträchtigen Ipf. Im Rahmen der baden-württembergischen Gemeindereform wuchs Bopfingen zur viertgrößten Stadt des Ostalbkreises heran.

Geschichte Um 500 ließen sich die alamannischen »Bopphinger« nieder. Etwa 300 Jahre später wurde die Siedlung erstmals in einer Schenkungsurkunde des Klosters Fulda erwähnt. 1241/1242 erfolgte die Erhebung zur Freien Reichsstadt. Zwischen 1560 und 1619 erlebte die Stadt eine Blütezeit mit reger Bautätigkeit. Sie musste jedoch im Dreißigjährigen Krieg herbe Rückschläge hinnehmen. Im 18. Jh. war Bopfingen hoch verschuldet. Nach dem Frieden von Lunéville (1802) kam Bopfingen an Kurbayern, vier Jahre später an Württemberg.

Sehenswertes in Bopfingen und Umgebung

Altstadt Malerisch bietet sich die größtenteils sanierte Altstadt dar, eine Zweitoranlage auf elliptischem Grundriss. Am **Marktplatz** gefallen das **Rathaus** (1586) mit Pranger, der **Marktbrunnen** (1769; in Königsbronn angefertigt) und das **Amtshaus** (15./17. Jh.). Südlich vom Rathaus steht die frühgotische **Evang. Stadtkirche** (gegr. 12. Jh.) mit einem **Hochaltar von Friedrich Herlin** (1472) und einem großartigen Konfessionsbild (um 1560). Nordöstlich vom Marktplatz trifft man auf den **Spitalplatz** mit dem **Spitalgebäude**.

BOPFINGEN ERLEBEN

AUSKUNFT

Stadt Bopfingen
Marktplatz 1, 73441 Bopfingen
Tel. (0 73 62) 801-22, Fax 801-50
www.bopfingen.de

EVENTS

Ipfmesse
Bopfingens »fünfte Jahreszeit«, die Ipfmesse, findet alljährlich an einem verlängerten Wochenende (Fr. – Di.) statt. Anlass für die Begründung dieses Volksfestes mit Jahrmarkt war ein Besuch des württembergischen Königs Friedrich I. im Jahre 1811.

AKTIVITÄTEN

Wandern
Besonders schön ist die kleine Tour hinauf auf den Ipf Mitte Juni wenn die Linden am Bergrand blühen. Beliebte Ziele sind auch Schloss Baldern und das Härtsfeld.

Reiten
Zwei bekannte Höfe sind die Reitanlage »Härtsfeldhof« auf dem Hohenberg und der Reiterhof auf dem Michelfeld.

ÜBERNACHTEN · ESSEN

► Komfortabel/Günstig

Zum Sonnenwirt
Hauptstr. 20, 73441 Bopfingen
Tel. (0 73 62) 90 06-0
Fax 90 06 40
www.zum-sonnenwirt.de
18 Zimmer. Gegenüber vom historischen Marktplatz isst und übernachtet man gut.

★ ◄ Museum im Seelhaus

Im 1505 erbauten Seelhaus werden kulturgeschichtliche Funde aufbewahrt, darunter solche aus der Steinzeit sowi aus der Zeit der Kelten und Römer. Besonders hervorzuheben sind Exponate aus der Zeit der Alamannen. Umfassend wird auch die Stadtgeschichte beleuchtet (Öffnungszeiten: März – Okt. Di. – Fr. 14.00 – 16.00, Sa., So., Fei. 14.00 – 17.00; Nov. – Feb. Sa., So., Fei. 14.00 – 17.00 Uhr).
Im Norden der Altstadt, an der Bachgasse, steht der **Henles-(Diebs-) turm**, der noch 1830 als Gefängnis diente. Im Nordwesten der Altstadt liegt das **Steinhaus-Areal**, das als Urzelle der alamannischen Siedlung Bopfingen angesehen wird.

★★ Ipf

Nördlich der Stadt ragt der fast kahle **Weißjurazeugenberg** 668 m ü. d. M. auf. Er war bereits in der Jungsteinzeit und in der Bronzezeit besiedelt. Während der Urnenfelder- und der Hallstattzeit wurde das Plateau des Berges befestigt. Mehrere Wälle, Gräben und Trichter sowie ein Ringwall auf dem Plateau sind noch heute im Gelände gut erkennbar. Die trichterförmigen Gruben sind als Brunnenanlagen anzusehen. Auf dem Ipf geborgene Funde deuten darauf hin, dass sich hier im 6. Jh. v.Chr. ein **hallstattzeitlicher Fürstensitz** befand.

Wallfahrtskirche

Am Südostausgang des Stadtteils Schlossbergsteht die Wallfahrtskirche »Zu Unserer Lieben Frau vom Roggenacker«, die 1741 bis 1746

Wahrzeichen von Bopfingen: der 668 m hohe Ipf

nach Plänen des Wiener Baumeisters J. U. Trientl erbaut und 1970 bis 1976 sorgfältig restauriert wurde. Das Gnadenbild stammt aus dem späten 16. Jahrhundert. Die Wallfahrt geht auf eine wundersame Gebetserhörung im Jahre 1581 zurück.

Oberdorf ▶ Die 1745 erbaute **Synagoge** im Stadtteil Oberdorf beherbergt ein Museum, das die Geschichte der Juden auf der Ostalb beleuchtet (Öffnungszeiten: März – Okt. Sa., So. 14.00 – 16.00 Uhr).

★ **Schloss Baldern** 8 km nordwestlich von Bopfingen thront das Schloss Baldern der Fürsten von Wallerstein auf einem Bergkegel. Es wurde im 18. Jh. auf den Resten einer mittelalterlichen Burg nach Vorlagen des Eichstätter Hofbaumeisters Gabriel Gabrieli errichtet. Ein kunsthistorisches Kleinod ist die **Schlosskirche** mit zauberhaften Arbeiten der Degginger Stuckateure Johann Jakob und Ulrich Schweizer, die auch den **Fürstenbau** ausstattet haben. Das Schloss beherbergt eine **Waffensammlung**, darunter Blank- und Stangenwaffen, Pistolen, Gewehre, Geschütze sowie Fahnen und Standarten aus dem 15. bis 18. Jh. (Öffnungszeiten: April – Okt. Di. bis So. 10.00 – 17.00 Uhr).

Burladingen

E 5

Landkreis: Zollernalbkreis
Einwohnerzahl: 13 000
Höhe: 665 – 807 m ü.d.M.

Bundesweit bekannt ist Burladingen durch Deutschlands größten T-Shirt und Tennis-Bekleidungs-Hersteller Trigema. Bei Theaterfreunden sehr hoch im Kurs steht der Lindenhof im nahe gelegenen Melchingen.

Geschichte

Im 1. Jh. n. Chr. bestand am Westrand von Burladingen ein römisches Kastell. Im 15. Jh. kam der Ort an das Haus Hohenzollern-Hechingen. 1978 wurde Burladingen zur Stadt erhoben. Bereits im 19. Jh. konnte sich hier die Textilindustrie etablieren, die bis heute eine bedeutende Rolle im Leben der Stadt spielt. Vor allem Trigema prägt das Stadtbild mit ihren weitläufigen Bauten für Produktion und Logistik. Die Firma ist eine der ganz wenigen ihrer Art, die noch auf den Produktionsstandort Deutschland setzt und ihre Freizeitbekleidung nicht in Billiglohnländern schneidern lässt.

! *Baedeker* TIPP

Trigema Testgeschäft

Am Westrand der Stadt erwirbt man T-Shirts, Sweatshirts, Tennis-Bekleidung etc. aus hiesiger Produktion günstig. Und gleich nebenan kann man billig tanken. Öffnungszeiten: Mo. – Fr. 9.00 – 19.00, Sa. 9.00 – 16.00 Uhr (im Winterhalbjahr 1 Std. kürzer). Betriebsführungen sind ebenfalls möglich (Tel. 0 74 75 / 88 16-0, www.trigema.de)

Sehenswertes in Burladingen und Umgebung

Burladingen

In Burladingen selbst ist lediglich die 1769 von Christian Großbayer errichtete **Georgskirche** erwähnenswert. Ihr Turm stammt noch aus dem 16. Jahrhundert. Neben dem Gotteshaus befand sich im 15. Jh. ein Jagdschloss der Grafen von Zollern.

Heimatmuseum Hausen

Weiter talabwärts, im alten Schulhaus von Hausen im Killertal, ist ein interessantes Heimatmuseum eingerichtet, das den Tüftlergeist der auf den kargen Böden der Alb wirtschaftenden Bauern veranschaulicht (Öffnungszeiten: n. V., Tel. 0 74 75/71 10).

BURLADINGEN ERLEBEN

AUSKUNFT

Stadt Burladingen
Hauptstr. 49
72393 Burladingen
Tel. (0 74 75) 892-170
www.burladingen.de

AKTIVITÄTEN

Wintersport
Dank seiner relativ schneesicheren Höhenlage ist der Stadtteil Salmendingen ein beliebter Wintersportplatz.

Wandern, Radfahren
Ein außergewöhnliches Tourziel ist der Kornbühl, den eine Kapelle krönt und der einen Mantel aus Wacholderbüschen trägt.

ÜBERNACHTEN

► **Komfortabel/Günstig**

Gästehaus Hirlinger
Falltorstr. 9
72393 Burladingen-Melchingen
Tel. (0 71 26) 92 97-0
Fax 92 97 23
www.gaestehaus-hirlinger.de
18 Zimmer. Diese familiär geführte Herberge liegt sehr ruhig auf der so genannten Sonnenalb und eignet sich bestens als Stützpunkt für erholsame Albwanderungen.

Kornbühl mit St.-Anna-Kapelle

Weiter talabwärts, im alten Bahnhof von Burladingen-Killer, erinnert eine kleine Ausstellung an das im Killertal heimische Handwerk der **Peitschenmacher** (Öffnungszeiten: Mai – Okt. 1. So. im Monat ab 13.30 Uhr).

✶ **Kornbühl**

9 km nördlich von Burladingen erhebt sich der wacholderbestandene **Kornbühl** (886 m ü.d.M.) auf einer ackerbaulich genutzten Weißjura-Schichtfläche. Auf dem Bergkegel thront die weithin sichtbare **Salmendinger Kapelle** (St.-Anna-Kapelle; um 1507), von der aus man bei günstiger Witterung die Alpen sehen kann.

Melchingen

3 km nordöstlich vom Kornbühl, im äußersten Nordosten der Gemarkung Burladingen, erreicht man das alte Dorf Melchingen, in dessen Nähe das Flüsschen Lauchert entspringt. Beachtenswert ist hier die ebenfalls von Christian Großbayer im Barockstil erbaute Kirche **St. Stephan** (1769; Glocken von 1273 u. 1505). Ein gut 200 Jahre altes Fachwerk-Bauernhaus hat man vor einigen Jahren als **Dorfmuseum** hergerichtet, in dem man das beschwerliche Leben vergangener Zeiten nachempfinden kann (Öffnungszeiten: n. V., Tel. 0 71 26/92 23-0). Über dem Dorf ist die Ruine der im 16. Jh. abgegangenen **Burg Hohenmelchingen** ein beliebtes Wanderziel. Auf dem 820 m hohen **Himmelberg** nördlich von Melchingen wurden 1995 die ersten drei Windkraftanlagen (Nabenhöhe: 46 Meter) auf der Alb aufgerichtet.

Hauptattraktion von Melchingen ist das 1981 gegründete, von Bernhard Hurm, Uwe Zellmer, Dietlinde Elsässer und vielen anderen zum Erfolg geführte **Theater Lindenhof**, das inzwischen weit über die Alb hinaus auch durch Gastspiele und TV-Aufzeichnungen bekannt geworden ist.

? WUSSTEN SIE SCHON …?

- Mitten in Melchingen liegt das Theater Lindenhof, Deutschlands einziges Regionaltheater. Hier wurde ein Traum verwirklicht, wie ihn einst Friedrich Schiller geträumt hat: »Der Mensch spielt nur, wo er in voller Bedeutung des Worts Mensch ist, und ist nur da ganz Mensch, wo er spielt.«. Und so spielen die Melchinger. Und nach dem langen Schlussapplaus denkt der Zuschauer erneut über des Menschen Dasein nach.
  Das Theater Lindenhof ist Theater mit Spielfreude und Witz, mit überraschenden Einfällen. Oft greift es historische regionale Stoffe auf, immer ist es parteiisch und erzählt die Geschichte(n) aus der Sicht der kleinen Leute. Es ist Heimat- und Volkstheater im besten Sinn, kommt völlig ohne Klamauk und Bierseligkeit daher. Melchingen hat neue Theaterformen gefunden und neue Maßstäbe gesetzt. Theaterliebhaber sollten sich diese Inszenierungen nicht entgehen lassen. Auch für die kunstverwöhnten Tübinger ist der Besuch obligatorisch – wer gutes Theater schätzt, muss auf die Alb!

★ Dillingen an der Donau

N/O 3

Landkreis: Dillingen/Donau
Einwohnerzahl: 19 000
Höhe: 434 m ü.d.M.
Prädikat: Große Kreisstadt

Die ehemalige fürstbischöfliche Residenz und Universitätsstadt Dillingen liegt auf einer Flussterrasse der Donau. Sie ist heute Hauptort eines Landkreises, Standort sozialpflegerischer Einrichtungen (u.a. Sonderschulen für Sprachbehinderte und Gehörlose), Bundeswehr-Standort sowie Standort großer Gewerbebetriebe.

Geschichte

Im 10. Jh. entstand neben einer alamannischen Siedlung eine Burg, um die sich im 12. und 13. Jh. eine Stadt gruppierte. In der zweiten Hälfte des 13. Jh.s kamen Stadt und Burg an das Hochstift Augsburg. Die Augsburger Fürstbischöfe verlegten darauf ihre Residenz nach Dillingen. 1549 gründete der Augsburger Fürstbischof und Kardinal Otto Truchsess von Waldburg ein Priesterseminar, aus dem dann im 17. Jh. eine von Jesuiten geleitete Universität hervorgehen sollte. Dillingen war seinerzeit eines der wichtigsten Zentren der Gegenreformation, ja es wurde zum »Schwäbischen Rom«. Rege Bautätigkeit im 17. und 18. Jh. verlieh dem Stadtkern sein heute noch sichtbares Gepräge.

? WUSSTEN SIE SCHON ...?

- ... dass der Erfinder des U-Boots, Wilhelm Bauer (1822 – 1876), in Dillingen geboren wurde? Angeregt zu seinem Tun wurde er in der Schlacht bei Düppel (1864), in der Preußen und Österreicher gegen die Dänen kämpften.

Sehenswertes in Dillingen

★ Altstadt

Recht malerisch zeigt sich die von repräsentativen Bauten vergangener Zeiten geprägte Altstadt. Hauptachse ist die **Königstraße**, die vom **ehem. Jesuitenkolleg** ostwärts zum **Mittleren Tor** führt. Etwa in der Mitte zweigen die Schloss- und die Kirchstraße zum Schloss respektive zur **Basilika St. Peter** ab. An der Ecke Königstraße/Schlossstraße steht das **Rathaus** (19. Jh.), gegenüber das einstmals sehr stattliche Gasthaus Stern, das heute die Kreissparkasse beherbergt.

Schloss

Beherrschendes Bauwerk ist das mittlerweile umfassend renovierte Schloss, das aus einer stauferzeitlichen Burg hervorging und seit dem 13. Jh. zur **Residenz der Augsburger Fürstbischöfe** ausgebaut wurde. Im Schlosshof steht ein Denkmal für Graf Hartmann von Dillingen und seinen Sohn. Im Schloss ist heute das Finanzamt untergebracht.

★ Basilika St. Peter

Gegenüber dem Schloss steht die Bischofskirche auf spätromanischen und gotischen Grundfesten. In seiner heutigen Gestalt entstand das Gotteshaus ab 1619 unter der Leitung des Baumeisters

Hans Alberthal. Die Basilika wurde in den 1970er-Jahren renoviert. Besonders bemerkenswert sind die von Matthias Kager geschaffene Kanzel und das Chorgestühl.

Stadt- und Hochstiftmuseum

Ein paar Schritte westlich unterhalb des Schlosses, im ehem. Stiftshaus am Hafenmarkt, lädt dieses reichhaltige Museum zum Besuch ein. Schwerpunkte der Ausstellung sind Dillingens Bedeutung im Zeitalter der Gegenreformation, der Buchdruck und die in Dillingen verlegten theologischen Schriften, der Kulturwandel von der Jungsteinzeit bis ins hohe Mittelalter, die Stadtentwicklung und die Bedeutung des Militärs für die Stadt, das Schusterhandwerk und die Drechslerei (Öffnungszeiten: Mi. 14.00 – 17.00 u. jeden 1. u. 3. So. im Monat 10.00 – 13.00 u. n. V, Tel. 0 90 71/4[illegible]00).

Jesuitenkolleg (Ehemalige Universität)

Östlich an die Studienkirche schließen die Bauten des früheren Jesuitenkollegs und der ehemaligen Universität an. Im **Bibliothekssaal** gefallen Figuren von J. G. Bschorer und ein schönes Deckengemälde von J. I. Schilling. In dem Gebäudekomplex ist eine Akademie für Lehrerfortbildung und Personalführung untergebracht. Überwältigend ist der **Goldene Saal** (Aula der ehemaligen Universität) mit seiner überreichen Ausstattung. Das Deckengemälde »Maria, Thron der Weisheit« hat Johann Anwender 1762 geschaffen.

Die Königstraße ist Dillingens gepflegte »Wohnstube«.

DILLINGEN UND UMGEBUNG ERLEBEN

AUSKUNFT

Dillinger Land e. V.
Große Allee 24
89407 Dillingen an der Donau
Tel. (0 90 71) 5 11 50, Fax 5 11 01
www.landkreis.dillingen.de

EVENTS

Fasnacht
Die Fastnacht hat im Dillinger Land eine lange Tradition. Höhepunkte sind der Lauinger Hexentanz am Donnerstag vor Fastnacht sowie der Gundelfinger Narrenumzug am Fastnachtsdienstag.

Lauinger Fischerstechen
Alljährlich im Sommer findet in Lauingen ein Fischerstechen auf der Donau oder auf dem Auwaldsee statt.

AKTIVITÄTEN

Wassersport
Im Sommer 2006 »entdeckten« viele Auswärtige das den Einheimischen längst bekannte »Schwäbische Seenland« wenige Kilometer südlich von Dillingen (jenseits der Donau). Ein Gewässer beim beliebten Ausflugslokal »Nusser Alm« ist für Taucher präpariert, die hier einen versenkten Kutter erkunden können. Hier gibt es auch einen See für Segler, und bei Gundelfingen hat man einen See für Wasserskiläufer hergerichtet.

ÜBERNACHTEN · ESSEN

► Komfortabel

Convikt
Konviktstr. 9, 89407 Dillingen/Donau
Tel. (0 90 71) 79 13-0, Fax 79 13-555
www.stadthotel-convikt.de
40 Zimmer. Behagliche Unterkunft mit Wellness-Bereich und empfehlenswertem Restaurant.

► Komfortabel/Günstig

Dillinger Hof
Rudolf-Diesel-Str. 8
89407 Dillingen an der Donau
Tel. (090 71) 58 74-0, Fax 83 23
www.dillingerhof.de
47 Zimmer. Das Haus ist 2006 renoviert worden. Im zugehörigen Restaurant gibt's leckere bayerisch-schwäbische Spezialitäten.

**** Studienkirche Mariä Himmelfahrt**

Die westlich anschließende Studienkirche Mariä Himmelfahrt ist 1617 geweiht und 1750 – 1767 im Stil des Rokoko umgestaltet worden. Prachtvoll ist der **Hochaltar von Johann Michael Fischer** mit dem Gemälde »Mariä Himmelfahrt« von Johann Georg Bergmüller. Die **Kanzel** gehört zu den Glanzleistungen J. M. Fischers. Freskendes Asam-Schülers Ch. Th. Scheffler leuchten im **Chor** (Marienkrönung) und im Gewölbe des Langhauses (»Maria im Kranze der Heiligen, der die von den Jesuiten missionierten Kontinente huldigen«).

*** Klosterkirche der Franziskanerinnen**

Die Klosterkirche der Franziskanerinnen mit dem Weihetitel »Mariä Himmelfahrt« ist eine Schöpfung des Baumeisters Johann Georg Fischer aus dem Jahre 1736. Sie enthält wundervolle **Stuckaturen des Wessobrunner Künstlers Ignaz Finsterwalder** und schöne Fresken von Christoph Thomas Scheffler.

Umgebung von Dillingen

✶ **Lauingen**

3 km westlich von Dillingen liegt die alte bayerische Herzogsstadt Lauingen (440 m ü. d. M.;11 000 Einw.) an einer Biegung der Donau. Recht hübsch ist der alte Stadtkern. Auf dem **Marktplatz** erinnert das Albertus-Magnus-Denkmal an den berühmtesten Sohn der Stadt, den großen Theologen und Universalgelehrten des Mittelalters, der 1193 oder 1206 in Lauingen geboren wurde und 1280 hochgeachtet in Köln verstarb. Beherrscht wird der Marktplatz vom imposanten **Rathaus**, das 1783 – 1791 nach Plänen des italienischen Baumeisters Lorenzo Quaglio im klassizistischen Stil errichtet wurde. Wahrzeichen der Stadt ist der **Schimmelturm** (Hofturm; 15. Jh.) am Marktplatz. Ihn ziert ein Bild von einem mächtigen Ross, mit dessen Hilfe es einstmals gelungen sein soll, dringend benötigte ärztliche Hilfe aus Donauwörth zu holen. Die im 16. Jh. fertiggestellte **Stadtkirche St. Martin** zählt zu den letzten Hallenkirchen der Gotik. Am Oberen Wall beeindruckt das im 15. Jh. erbaute herzogliche **Schloss**.

! *Baedeker* TIPP

Ökologische Fischzucht

Bachforellen, Lachsforellen, Regenbogenforellen, Saiblinge und sogar japanische Farbkarpfen werden in bestem Quellwasser am Lauinger Rosenmühlweg in der Bio-Fischzucht Dr. Bretzinger aufgezogen, geschlachtet, geräuchert und an Feinschmecker verkauft. Der Betrieb liegt direkt am Donau-Radweg. Öffnungszeiten: Fr. 8.00 bis 12.00 u. 15.00 17.00, Sa. 9.00 13.00 u. n. V., Tel. (0 90 72) 92 25 99, www.fish-freaks.de

✶ **Gundelfingen**

Noch einmal knapp 2 km weiter westlich liegt das alte Stauferstädtchen Gundelfingen (434 m ü.d.M.; 8000 Einw.) Die **Stadtpfarrkirche St. Martin** (14. Jh.) weist romanische Bauelemente auf und ist in ihrem Innern im Stil des Rokoko umgestaltet worden. Beachtung verdient auch das **Schloss Schlachtegg** (16. Jh.). In der 1730 an der Oberen Bleiche zwischen zwei Brenzarmen erbauten **Walkmühle** verfeinerten Weber und Tuchmacher einstmals ihre Stoffe. Heute fungiert sie als **»Heimathaus«** (Kulturzentrum und Heimatmuseum). Recht malerisch ist das **Untere Tor** am Ostrand der Altstadt.

Bächingen an der Brenz

3 km westlich von Gundelfingen, im **Schloss** von Bächingen, ist das **»mooseum«** eingerichtet, in dem man alles Wissenswerte über das Niedermoorgebiet Donaumoos erfährt (Öffnungszeiten: So. 11.00 bis 17.00 u. n. V., Tel. 073 25/9 22 41 43).

Pfannental

Nördlich von Gundelfingen liegt das beliebte Wander- und Erholungsgebiet Pfannental am Südrand der Alb. Der Schwäbische Albverein unterhält hier ein Wanderheim.

✶ **Höchstädt an der Donau**

5 km donauabwärts von Dillingen liegt Höchstädt (423 m ü.d.M.; 7000 Einw.). Höchstädt wurde durch die entscheidende **Schlacht** des Spanischen Erbfolgekrieges am 13. August 1704 bekannt, als österrei-

chische und britische Truppen ihre Gegner, französische und die mit ihnen verbündeten bayerischen Truppen des Kurfürsten Max Emanuel, auf dem Feld zwischen Höchstädt und Blindheim (engl. Blenheim) schlugen. Bei den Kampfhandlungen wurden rund 25 000 Soldaten getötet oder verwundet.

Recht ansprechend ist die Szenerie auf dem **Marktplatz** mit seinen altehrwürdigen Bürgerhäusern. Die spätgotische **Pfarrkirche Mariä Himmelfahrt** wurde im 15. und 16. Jh. erbaut. Sie enthält einen barocken Hochaltar von B. Eckhart, ein großartiges Tabernakel von Johann Michael Fischer und eine prachtvolle Kanzel (1760).

Das kürzlich aufwändig renovierte pfalz-neuburgische Schloss Höchstädt wurde Ende des 16. Jh.s im Stil der Spätrenaissance errichtet und zwar auf den Grundfesten einer mittelalterlichen Burg. Im Schloss ist heute eine sehr informative **Dauerausstellung über die Schlacht von Höchstädt** (The Battle of Blenheim, s. oben) zu sehen. Ein **Museum deutscher Fayencen** mit bedeutenden Stücken aus südwestdeutschen Manufakturen befindet sich im Aufbau. Neues über die Kulturgeschichte von Bayerisch-Schwabenerfährt man im Erdgeschoss des Schlosses (Öffnungszeiten: April – Sept. Di. – So. 9.00 bis 18.00 Uhr).

✶ ◄ Schloss

! Baedeker TIPP

Auf den Spuren der Schlacht von 1704

Von Höchstädt aus führt ein 23 km langer Rundweg zu 16 Brennpunkten der berühmten Schlacht, die eine bedeutende Wende in der Geschichte markiert.

✶ Donaueschingen

A/B 7

Landkreis: Schwarzwald-Baar-Kreis
Einwohnerzahl: 22 000
Höhe: 680 – 950 m ü.d.M.
Prädikat: Große Kreisstadt

Im Vorland der Südwestalb – genauer gesagt auf der Hochebene der Baar, wo sich die beiden Flüsschen Brigach und Breg zur Donau vereinigen – liegt die alte fürstenbergische Residenzstadt Donaueschingen.

Baar

Der Begriff »Baar« kennzeichnet die Hochebene zwischen dem Mittleren Schwarzwald und dem Trauf der südwestlichen Schwäbischen Alb. Hier entspringt der **Neckar**, ferner bringen hier »Brigach und Breg die **Donau** zuweg«. Aufgrund ihrer relativ hohen Lage zwischen zwei Mittelgebirgen sind die Winter recht kalt. Im Sommer kann es dagegen mitunter ziemlich warm werden. Dank ihrer fruchtbaren Böden ist die Hochebene der Baar ein altbesiedeltes Bauernland. Sie wurde erst recht spät industrialisiert. Wichtige Impulse dafür gingen vor allem Uhren- und feinmechanische Industrie in seinerzeit noch selbstständigen Städten Villingen und Schwenningen aus.

DONAUESCHINGEN ERLEBEN

AUSKUNFT

Tourist-Information
Karlstr. 58
78166 Donaueschingen
Tel. (07 71) 85 72 21
Fax (07 71) 85 72 28
www.donaueschingen.de

EVENTS

Donaueschinger Musiktage
Bereits 1921 sind die alljährlich im Oktober stattfindenden Donaueschinger Musiktage für zeitgenössische Tonkunst ins Leben gerufen worden. Mit ihren Darbietungen avantgardistischer Musik sind sie weit über die Landesgrenzen hinaus bekannt geworden. Namen wie Boris Blacher, Luigi Nono und Karlheinz Stockhausen haben dem Ereignis Glanz verliehen.

CHI Reitturnier
Ein zweites Großereignis im jährlichen Veranstaltungskalender (September) ist das CHI-Reit- und Fahrturnier, das inzwischen international einen guten Ruf genießt.

Hüfinger Fronleichnamsprozession
Im Juni findet in Hüfingen eine festliche Fronleichnamsprozession statt mit herrlich bunten Blütenteppichen und geschmückten Straßenaltären.

ÜBERNACHTEN

► Luxus/Komfortabel

① ***Öschberghof***
Golfplatz 1
78166 Donaueschingen
Tel. (07 71) 840
Fax 8 46 00
73 Zi., www.oeschberghof.com
Nobles Golfhotel in leicht hügligem Wiesenland an der jungen Donau; mit Hallenbad, Wellness-Insel, Kosmetik-Oase, Sauna, Solarium, Fitness-Raum und eigenem Golfplatz. In den beiden Restaurants genießt man fein zubereitete internationale Gerichte.

► Günstig

② ***Zur Linde***
Karlstr. 18
78166 Donaueschingen
Tel. (07 71) 83 18-0
Fax 83 18 40
www.hotel-linde-donaueschingen.de
Freundliches Haus in zentraler Lage. Im Lindenstüble werden auch Wildgerichte sowie Fisch serviert.

ESSEN

► Erschwinglich

① ***Fürstenberg-Braustüble***
Postplatz 1-4
78166 Donaueschingen
Tel. (07 71) 36 69
Wer badische Spezialitäten wie z. B. Leberknödel und Schäufele probieren mag, ist hier richtig.

Geschichte Im Jahre 889 wurde erstmals eine Siedlung »Esginga« urkundlich erwähnt. Zeitweise gehörte der Ort zum Kloster Reichenau. Im späten 15. Jh. erwarben die Fürstenberger die Siedlung und bauten sie im 18. Jh. zu ihrer Residenz aus. Nach 1806 wurde Donaueschingen badische Amtsstadt. Im Jahre 1908 verwüsteten ein Wirbelsturm und ein von ihm ausgelöster Brand große Teile der Stadt.

Donaueschingen Orientierung

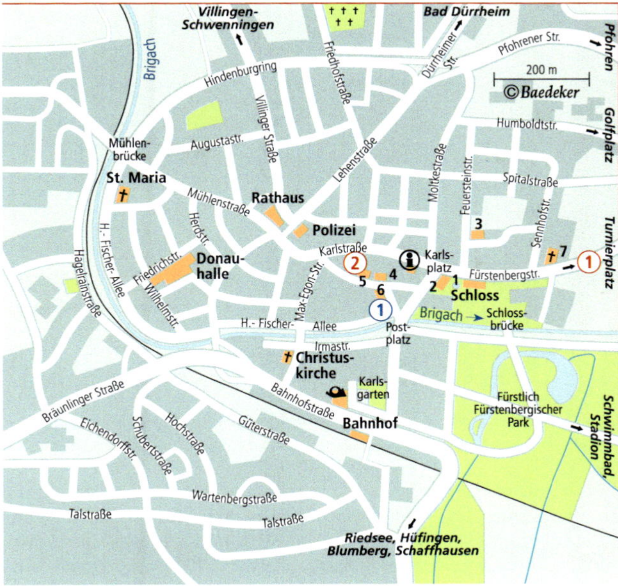

Übernachten
① Öschberghof
② Zur Linde

Essen
① Fürstenberg-Braustüble

1 »Donauquelle«
2 Stadtkirche St. Johann
3 Fürstlich Fürstenbergische Sammlungen
4 Hofbibliothek
5 Fürstlich Fürstenbergisches Archiv
6 Brauerei Fürstenberg
7 Missionskonvikt St. Heinrich

Sehenswertes in Donaueschingen

★ **Stadtkirche St. Johann**

Anstelle eines gotischen Vorgängerbaus entstand in der ersten Hälfte des 18. Jh.s eine **Barockkirche** nach Plänen des Prager Baumeisters Maximilian Kanka. Das Haus Fürstenberg hatte durch die böhmische Gemahlin des Fürsten Joseph Wilhelm Ernst von Fürstenberg enge Beziehungen nach Prag, so dass hier das einzige Beispiel böhmischen Barocks im Schwarzwald entstehen konnte. Besonders markant sind die beiden von Zwiebelkuppeln bekrönten Türme. Der figürliche Schmuck im Innern des Gotteshauses stammt vom Villinger Bildhauer Joseph Anton Hops, von Johann Michael Winterhalter aus Vöhrenbach und vom Donaueschinger Hofbildhauer Franz Xaver Biecheler. Joseph Esperlin hat das Hochaltargemälde geschaffen, Anton Lenz gilt als Maler des Walburga-Altars.

★ **Schloss**

Im Osten der Kernstadt steht das ursprünglich barocke Schloss der Fürsten von Fürstenberg in einem schön angelegten Park. Es wurde im 18. Jh. errichtet, als man die Stadt zur fürstenbergischen Residenz ausbaute. Bereits im 16. Jh. hat hier ein allerdings wesentlich kleinerer Vorgängerbau bestanden. Im späten 19. Jh. wurde das Schloss **im Stil der Belle Époque** umgestaltet.
Die Innenausstattung (bes. Mobiliar und Gobelins) spiegelt die Zeit von der Renaissance bis zum Rokoko wieder. Die Repräsentations-

Ein Touristenmagnet ist die »Donauquelle« im Schlosspark von Donaueschingen.

räume sind im neobarocken Stil ausgestattet. Beachtenswert sind die Empfangshalle, das Kupferzimmer (benannt nach der Kupferstichsammlung), der Große und der Kleine Salon, das Frühstückszimmer und der Festsaal. In letzterem fanden im Jahre 1921 die ersten »Kammermu-sikaufführungen zur Förderung der zeitgenössischen Tonkunst« statt, aus denen die inzwischen berühmt gewordenen **»Donaueschinger Musiktage«** erwachsen sind. Die Gemäldesammlung, darunter auch zahlreiche Porträts, illustriert die Geschichte des Hauses Fürstenberg (Führungen: Einzelbesucher Mai – Aug., Gruppen ganzjährig n. V., Tel. (07 71) 86-563).

»Donauquelle« ▶

Am Nordwestrand des Schlossparks befindet sich die sog. Donauquelle, bei der es sich lediglich um eine Karstaufstoßquelle handelt. Die kreisrunde Brunnenfassung hat Adolf Weinbrenner geschaffen. Die **allegorische Figurengruppe** (1896) von Adolf Heer stellt die Mutter Baar und die junge Donau in Mädchengestalt dar.

Fürstenbergische Sammlungen

Die naturgeschichtliche Sammlung sowie eine Kollektion moderner Kunst des Hauses Fürstenberg sind im **Karlsbau** (Karlsplatz 7) untergebracht. Leider ist der Kernbereich der Fürstlich Fürstenbergischen Sammlungen mit berühmten Meisterwerken der spätmittelalterlichen Tafelmalerei seit einiger Zeit geschlossen. 26 der berühmtesten Werke aus der Sammlung wurden an die Staatsgalerie Stuttgart ausgeliehen und sind dort zu sehen. Dazu gehört die um 1495 entstandene »Graue Passion« von Hans Holbein d. Ä. als ein Hauptwerk altdeutscher Malerei ebenso wie der prachtvolle »Wildensteiner Altar« (1536) des Meisters von Meßkirch. Anstelle der Alten Meister sind etwa 150 **moderne Kunstwerke** (Malerei, Plastik und Photographie) der bislang nur Fachleuten bekannten Pisces Collection zu sehen.

Im **Familiensaal** sind barocke Prunkschlitten und Kutschen sowie Laufräder und frühe Fahrräder aufgestellt. Die **naturkundliche Sammlung**, die noch aus der Gründungszeit des Museums stammt, enthält neben seltenen Mineralien und Versteinerungen (darunter Saurierknochen) auch Gebeine eiszeitlicher Mammuts. Ferner sind präparierte Vertreter der europäischen Tierwelt ausgestellt (Karlsplatz 7; Öffnungszeiten: April bis Nov. Di. – Sa. 10.00 – 13.00 u. 14.00 – 17.00, So., Fei 10.00 bis 17.00 Uhr).

! *Baedeker* TIPP

Kunst und Genuss

Etwas Besonderes ist das Fürstenberg-Erlebnispaket, das eine Besichtigung des Schlosses und der fürstlichen Sammlungen sowie eine Besichtigung der Brauerei Fürstenberg mit Umtrunk und Imbiss miteinschließt. Informationen: Tel. (07 71) 86-563, www.fuerstenberg-kultur.de

F. F. Archivgebäude

Wichtige Urkunden und Archivalien wurden im Fürstlichen Archivgebäude bzw. der Hofbibliothek untergebracht, das im Jahre 1763 nach Vorlagen des Baumeisters Franz Josef Salzmann fertiggestellt worden ist. Im mehrgeschossigen Keller sollten eigentlich Bierfässer der fürstlichen Brauerei gelagert werden (Haldenstr. 3; Öffnungszeiten: Di. u. Do. 14.00 – 17.00 Uhr).

F. F. Brauerei

Ein großes Areal zwischen Haldenstraße und Donau nimmt die Fürstlich Fürstenbergische Brauerei ein, die 1705 vom tatkräftigen Anton Egon Fürst zu Fürstenberg gegründet worden ist, und deren Produkte inzwischen Weltruhm erlangt haben (Brauereiführungen: Mo. – Fr. 14.30 u. Sa.-vormittag n. V., Tel. 07 71/86-206).

Karlstraße

Als »gute Stube« der Stadt präsentiert sich die neuerdings verkehrsberuhigte Karlstraße. Für die Baar typische **Stufengiebel** sind hier ebenso wieder herausgeputzt worden wie **Elemente des Jugendstils**, die nach dem Stadbrand von 1908 geschaffen wurden, so etwa Balkone mit Blumenornamenten und goldenen Fensterverzierungen. Hübsch ist auch der 1913 enthüllte **Hanselbrunnen** mit dem für die Baar typischen Weißnarren.

Fastnachtsmuseum

Masken und sonstige Fastnachtsrequisiten von der Baar zeigt die Donaueschinger Narrenzunft Frohsinn in ihrem Museum unweit östlich der F. F. Sammlungen (Öffnungszeiten: n. V., Tel. 07 71/85 72 21).

Umgebung von Donaueschingen

Donau

Am Ostrand der Stadt, wo die stark befahrene B 27 vorbei zieht, **bringen Brigach und Breg die Donau zuweg**, d. h. hier (unter einer Marmorgruppe des Künstlers Franz Xaver Reich) vereinigen sich die beiden aus dem Schwarzwald kommenden Flüsschen zum »Schicksalsstrom Europas«, der nach 2845 km langem Lauf ins Schwarze Meer mündet.

Bräunlingen 4 km südwestlich von Donaueschingen liegt der **Erholungsort** Bräunlingen (700 m ü.d.M.; 5000 Einw.) **im Bregtal**. Die um das Jahr 900 gegründete **Remigiuskapelle** gilt unter Fachleuten als »Mutterkirche der Baar«. Beachtenswert sind ferner Reste der Stadtbefestigung, einige spätgotische Bürgerhäuser sowie das reichhaltige **Stadtmuseum**.

Döggingen Etwa 6 km südlich von Bräunlingen liegt das Dorf an der B 31. Es ist ein guter **Ausgangspunkt für Wanderungen** in die wildromantische Schlucht der Gauchach, die sich südlich des Ortes in die Wutachschlucht hinunterstürzt.

Geisingen 14 km südöstlich von Donaueschingen liegt das Städtchen Geisingen (667 m ü.d.M.; 5 500 Einw.) zu Füßen des Wartenberges am Eingang des Donautales in die Alb. Sehenswert ist die Wallfahrtskapelle **Heilig Kreuz** (1741; 1975 restauriert). Von Geisingen lohnt ein Abstecher auf den westlich aufragenden **Wartenberg** (841 m ü.d.M.), den **nördlichsten der Hegau-Vulkane** (Basalt- und Basalttuffvorkommen).

✶ Donauwörth

P 2

Landkreis: Donau – Ries
Einwohnerzahl: 18 000
Höhe: 403 – 517 m ü.d.M.
Prädikat: Große Kreisstadt

Die ehemalige Freie Reichsstadt Donauwörth liegt verkehrsgünstig an der Mündung der aus dem Ries kommenden Wörnitz in die Donau und ist aufgrund ihrer Lage an der Nahtstelle von Schwäbischer und Fränkischer Alb der östlichste Zielpunkt des im vorliegenden Band beschriebenen Gebietes.

Geschichte Bereits im 10. Jh. erhielt die Siedlung »Werd« das Markt-, Münz- und Zollrecht. Im 12. Jh. wurde sie staufisch und 1301 Freie Reichsstadt. 1945 wurden fast drei Viertel der Bausubstanz zerstört. Die Stadt konnte sich inzwischen wieder gut entwickeln und ist heute Standort namhafter Industriebetriebe, darunter Firma Eurocopter, deren Hubschrauber weltweit begehrt sind.

Sehenswertes in Donauwörth

✶ Reichsstraße Hauptstraße der Stadt ist die Reichsstraße, an der wieder schön hergerichtete historische Gebäude stehen. An ihrem oberen Ende beeindruckt das **Fuggerhaus** (15. u. 16. Jh.) mit seinen augenfälligen Zinnengiebeln und seiner prächtigen Eingangshalle (Kassettendecke). Es beherbergt heute das Landratsamt. Ein paar Schritte weiter stadteinwärts folgt das gotische **Liebfrauenmünster** mit mächtigem Turm. Der spätgotische Backsteinbau ist im 15. Jh. an Stelle einer Ulrichskapelle errichtet worden. Im Innern sind ein 1503 gestiftetes Sakra-

HERZELIEB, PUMMELCHEN UND SCHUMMELCHEN

Als Katharina Simon (1883–1968) wurde die berühmte Puppenmacherin Käthe Kruse in Breslau geboren. Der Umgang mit Nadel und Faden war ihr von Kindesbeinen an vertraut, denn die alleinstehende Mutter verdiente als Näherin den Lebensunterhalt für sich und ihre Tochter.

Von einer Tante wurde Käthe gelegentlich ins Theater eingeladen und so stand der Berufswunsch »Schauspielerin« früh fest. Käthe nahm Schauspielunterricht und lernte alsbald den den angesehenen Bildhauer Carl Max Kruse (1854–1942) kennen. Dieser war berühmt durch den »Siegesboten von Marathon«, durch Porträtbüsten usw. Kruse und Katharina Simon verliebten sich und lebten unverheiratet zusammen. Die ersten von 7 Kindern kamen zur Welt, und 1909 wurde doch noch geheiratet.

Die Puppenmacherin

Aufs »Puppenmachen« wurde Käthe Kruse durch die älteste Tochter Maria gebracht, die für ein Puppenkind sorgen wollte, während die Mutter sich um das jüngere Geschwisterchen kümmerte. Der Vater sollte eine Puppe erstehen und Max Kruse nahm die Aufgabe sehr ernst. Nach gründlicher Sichtung des Angebots erklärte er kategorisch: »Ick koof euch keene Puppe. Ick find se scheußlich. Macht euch selber welche!« Genau das tat Käthe Kruse. Das erste Modell bestand noch aus einer umwickelten Kartoffel als Kopf und einem größeren viereckigen Stofftuch, dessen Zipfel sie zu Armen und Beinen zusammennähte und mit feinem Sand füllte. So entstand eine weiche und **anschmiegsame Puppe**. Die Folgemodelle bekamen einen richtigen Kopf und einen Stoffkörper. Die schönen Puppen bezauberten, ja sie entsprachen dem Wunsch nach dem natürlichen Ausdruck, der seelenvollen Ungekünsteltheit.

Der Familienbetrieb florierte – inzwischen hatte man in Bad Kösen eine eigene Fabrik. Nach dem Zweiten Weltkrieg gründeten Käthe Kruses Söhnen Nachfolgefabriken zuerst in Bad Pyrmont (1945 – 1949) und seit 1947 in Donauwörth. Wie eh und je werden heute in Donauwörth die von Käthe Kruse entworfenen Modelle in Handarbeit hergestellt.

mentshaus sowie etliche guterhaltene spätgotische Fresken beachtenswert. In der Sakristei gefällt das berühmte Regelsche Epitaph. Vor dem Gotteshaus sprudelt der **Reichsstadtbrunnen**.

Schräg vis-à-vis der Kirche fällt das **Tanzhaus** (15. Jh.) ins Auge. Das hier untergebrachte **Archäologische Museum** zeigt Werkzeuge, Waffen, Schmuck und Keramik, die die Besiedlungsgeschichte von der Steinzeit über die Römerzeit bis zu den Alamannen veranschaulichen (Öffnungszeiten: Sa., So., Fei. 14.00 – 17.00 Uhr).

Am unteren Ende der Reichsstraße gefällt das architekturgeschichtlich interessante Ensemble aus **Rathaus, Alter Kanzlei und Neuer Kanzlei** (13. – 19. Jh.). Schön anzusehen ist auch der **Stadtzoll** (15. u. 16. Jh.) mit seinem spätgotischen Erker vor dem Rathaus.

DONAUWÖRTH ERLEBEN

AUSKUNFT

Tourist-Information
Rathausgasse 1
86609 Donauwörth
Tel. (09 06) 78 91 51
Fax 78 91 59
www.donauwoerth.de

EVENTS

Donauwörther Fasching
Recht ausgelassen geht zu beim »Weiberfasching« (Do. vor Fastnacht), beim Umzug am Fastnachtssonntag sowie beim »Tandlerfasching« am Rosenmontag.

Donauwörther Maimarkt
An einem Mai-Wochenende herrscht reges Treiben zwischen Wörnitz und Donau. Ein buntes Veranstaltungsprogramm (u. a. Zillenrundfahrten der Fischerstecher) sorgt für Kurzweil.

Inselfest und Fischerstechen
Alle 2 Jahre an einem Wochenende im Juni herrscht ausgelassenes Treiben auf der Wörnitz-Insel Ried.

Schwäbischwerder Kindertag
Bis ins frühe 17. Jh. reicht die Tradition dieses historischen Kinderfestes zurück, das alljährlich an einem Sonntag im Juli mit großem Historienspiel und Festzug stattfindet.

AKTIVITÄTEN

Radeln, Wandern
In Donauwörth kreuzen sich mehrere Fernrad- und -wanderwege (u. a. Alb-Südrand-Weg, Donau-Radweg, Via Claudia, Jakobus-Pilgerwege).

ÜBERNACHTEN · ESSEN

► Komfortabel

① ***Parkhotel***
Sternschanzenstr. 1
86609 Donauwörth
Tel. (09 06) 70 65 10, Fax 7 06 51 80
www.parkhotel-donauwoerth.de
38 Zimmer und 7 Suiten. Gut geführtes Haus mit Panorama-Restaurant und Skyline-Bar.

► Günstig

② ***Goldener Hirsch***
Reichsstr. 44
86609 Donauwörth
Tel. (09 06) 31 24
Fax 24 31 24
www.goldener-hirsch-donauwoerth.de
21 Zimmer. Netter Gasthof mit hübschen Zimmern und schmackhafter schwäbisch-bayerischer Küche. Auch Kuchen und Kaffee sind zu empfehlen!

Donauwörth *Orientierung*

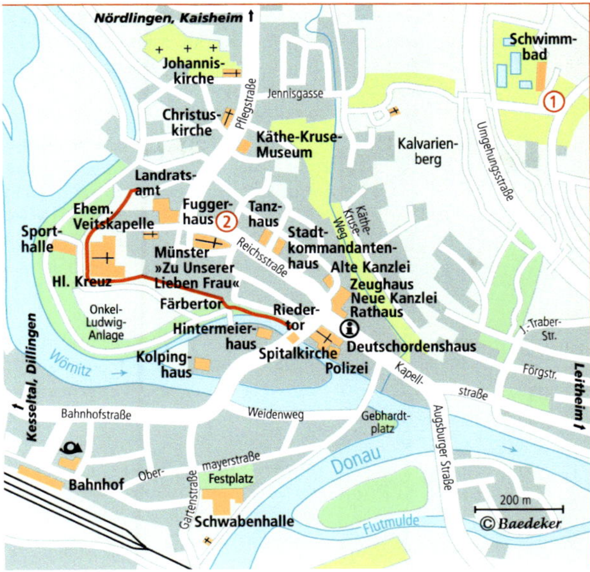

Übernachten und Essen
① Parkhotel
② Goldener Hirsch

Rieder Tor

Unten an der Wörnitz steht das hübsch renovierte **Rieder Tor**, das heute als **Haus der Stadtgeschichte** dient (Öffnungszeiten: n. V., Tel. 09 06/78 91 70). Hübsch gestaltet ist der **Fischerplatz** mit dem Fischerbrunnen jenseits der Wörnitzbrücke auf der **Insel Ried**. Im Hintermeierhaus, in dem das **Heimatmuseum** untergebracht ist, erfährt man viel Interessantes über die Donauwörther Fischer und Handwerker sowie über die Wohnkultur des 19. Jh.s (Öffnungszeiten: Mai – Okt. Di. – So. 14.00 – 17.00, Nov. – April Mi., Sa., So., Fei. 14.00 – 17.00 Uhr).
Ein paar Schritte westlich von Rieder Tor hat man das mittel-alterliche **Färbertörl** an der Stadtmauer hübsch herausgeputzt. Wenige Schritte östlich vom Rieder Tor erreicht man das **Deutschordenshaus**, das 1778 in klassizistischem Stil errichtet wurde. Es beherbergt die **Städtische Kunstgalerie** und den schönen **Enderlesaal**.

Benediktinerkloster

Südwestlich vom Fuggerhaus (Landratsamt) leuchtet der Turm der barocken **Wallfahrts- und Klosterkirche Heilig Kreuz**, ein Kleinod barocker Baukunst. Es wurde 1720 von J. Schmuzer nach Vorlagen des Vorarlberger Baumeisters Franz Beer fertiggestellt. Sie enthält schöne Deckengemälde von Karl Stauder, einen von Schmuzer geschaffenen Hochaltar mit einem Gemälde von Bergmüller sowie angeblich von Bschorer stammende Skulpturen. Die große Kreuzigungsgruppe ist ein Werk von Frosch (1519). In der **Gruftkapelle** (Zugang unter der

Das Rieder Tor ist hübsch herausgeputzt.

Orgelempore) beeindruckt ein Altar mit der **Kreuzreliquientafel** (11./12. Jh.) und einem Vesperbild. Das ehemalige Benediktinerkloster Heilig Kreuz wurde im 11. Jh. von Mangold von Werd gegründet, der vor einer Reise nach Konstantinopel eine Reliquie des Kreuzes Christi mitgebracht hatte. Das Klostergebäude wurde in seiner jetzigen Form im 17. und 18. Jh. errichtet. 1803 erfolgte die Säkularisation des Klosters.

Nördlich vom Fuggerhaus (Landratsamt) hat man vor einigen Jahren das ehemalige **Kapuzinerkloster** (17. Jh.) renoviert. Es beherbergt das gern besuchte **Käthe-Kruse-Puppenmuseum** mit mehr als 150 reizenden Puppen und Püppchen der in Donauwörth ansässigen Fabrik (Öffnungszeiten: Mai – Sept. Di. – So. 11.00 – 17.00, April, Okt. Di. – So. 14.00 bis 17.00, Nov. – März Mi., Sa., So., Fei 14.00 – 17.00 Uhr). Ebenfalls im ehemalige Kapuzinerkloster ist eine **Werner-Egk-Begegnungsstätte** eingerichtet, in der an den in Auchsesheim bei Donauwörth geborenen Komponisten (1901 – 1983) erinnert wird (Öffnungszeiten: Mi., Sa., So., Fei. 14.00 – 17.00 Uhr).

Umgebung von Donauwörth

Monheimer Alb

Nordöstlich von Donauwörth breitet sich die Monheimer Alb aus. Sie bildet die Brücke von der Schwäbischen Alb bzw. vom Ries ins Altmühltal. Ihre natürlichen Grenzen bilden die Donau im Süden, Wörnitz im Westen und das Ries im Nordwesten (► Nördlingen). Dieser Raum gilt auch als **schwäbisch-fränkisch-bayerisches Dreiländereck**, in dem die drei recht unterschiedlichen süddeutschen Sprachen und Lebensarten aufeinander stoßen.

★ Kloster Kaisheim

Ca. 6 km nördlich von Donauwörth erreicht man dieses bereits im Jahre 1134 gegründete ehemalige Zisterzienserkloster. Kunsthistorisch interessant ist das gotische **Münster Mariä Himmelfahrt** (14. Jh.). Der prächtige Hochaltar wurde 1763 aufgestellt. Der 1716 bis

1721 errichtete Klosterbauist ein Meisterwerk des Vorarlberger Baumeisters Franz Beer. Wunderschön ausgemalt ist der Kaisersaal. Nach der Säkularisation wurde im Kloster ein Zuchthaus eingerichtet. Deswegen gibt es hier auch das **Bayerische Strafvollzugsmuseum** (Öffnungszeiten: März Nov. Di. – So. 10.00 – 17.00 Uhr).

★ **Schloss Leitheim**

Etwa 11 km flussabwärts von Donauwörth wartet das von Kaisheimer Äbten in Auftrag gegebene Schloss (17. u. 18. Jh.) auf Besucher. Die herrlichen Rokoko-Räume sind vor einigen Jahren restauriert worden. Allährlich finden hier hochkarätige **Schlosskonzerte** statt.

★ Ehingen an der Donau

J 5

Landkreis: Alb-Donau-Kreis
Einwohnerzahl: 26 000
Höhe: 515 m ü.d.M.
Prädikat: Große Kreisstadt

Die türme- und giebelreiche Altstadt von Ehingen breitet sich auf einem Höhenrücken zwischen dem Schmiech- und dem Donautal aus. Bekannte Unternehmen wie Liebherr und Schlecker haben hier ihren Firmensitz.

Die von den Grafen von Berg im 13. Jh. gegründete Stadt kam 1343 an Österreich und wurde Tagungsort der schwäbisch-österreichischen Stände. Weberei und Gerberei sorgten um 1500 für Wohlstand,

Altehrwürdige Bauten und ein moderner Brunnen auf dem Ehinger Marktplatz

aber der Dreißigjährige Krieg sowie Brände im 17. und 18. Jh. brachten Not und Elend. 1806 ging Ehingen an Württemberg. Nach dem Zweiten Weltkrieg hat sich die Stadt zu einem lebhaften Handels- und Industriestandort gemausert. Weithin sichtbar sind die riesigen Kräne der Firma Liebherr und die Abluftfahne einer Zellstoff- und Papierfabrik am südlichen Stadtrand.

Sehenswertes in Ehingen

Hauptsehenswürdigkeit ist die **Herz-Jesu-Kirche (Konviktskirche)** des von Benediktinern aus Zwiefalten gegründeten Konvikts. Das Gotteshaus gilt als einer der schönsten Bauten des süddeutschen Barock, mit italienisch anmutenden Stuckaturen und einem großartigen Altarbild (»Marientod«) von Johann Georg Bergmüller. Das Gotteshaus

EHINGEN ERLEBEN

AUSKUNFT

Tourist-Information
Marktplatz 1
89584 Ehingen (Donau)
Tel. (073 91) 503-216, Fax 503-42 16
www.ehingen.de

EVENTS

Ehinger Fasnet
Die Stadt an der Donau ist eine Hochburg der Schwäbischen Fastnacht, in der allerlei Masken und Figuren auftreten. Höhepunkt ist der Umzug am Fastnachtsdienstag.

Großer Zapfenstreich
Am Vorabend des Fronleichnamstages zelebriert die Historische Bürgerwache Ehingen auf dem Marktplatz ihren stimmungsvollen Zapfenstreich.

Ehinger Kirbe und »Huzzla ra!«
Nach dem 12-Uhr-Läuten am Kirchweihsamstag (September) heißt es »Huzzla ra!« Dann werden »Huzzla« (Dörrobst), Wecken, Würste und Süßigkeiten vom Turm der Stadtkirche geworfen und von Kindern aufgesammelt. Immer wieder wird auch ein Eimer Wasser hinunter geschüttet, von dem dann allzu vorwitzige Sammler durchnässt werden.

AKTIVITÄTEN

Radeln, Wandern
Ehingen ist ein guter Ausgangspunkt für erlebnisreiche Radtouren und Wanderungen entlang der Donau, ins Kirchener Tal und bis ins Lautertal.

ÜBERNACHTEN · ESSEN

► Komfortabel

Adler
Hauptstr. 116
89584 Ehingen an der Donau
Tel. (0 73 91) 70 66-0, Fax 70 66-500
www.adlerehingen.de
38 Zimmer. Gute Adresse im Stadtzentrum mit vorzüglicher Küche.

► Günstig

Hirsch
Osterstraße 3
89584 Ehingen-Kirchen
Tel. (0 73 93) 95 01-0, Fax 41 01
www.hotel-hirsch-ehingen.de
17 Zimmer. Gemütlicher Gasthof in einem alten Fachwerkbau. Die Küche des Hauses bietet regionale Küche mit leckeren saisonalen Gerichten.

und das **Konviktsgebäude**, mit dessen Errichtung man bereits Ende des 17. Jh.s begann, sind vom Vorarlberger Baumeister Franz Beer entworfen worden.

Stadtmuseum

In dem 1340 gestifteten und im 16. Jh. erweiterten **Heilig-Geist-Spital** am Viehmarkt ist das Stadtmuseum untergebracht, mit Apothekeninventar von 1836, einer ländlichen Schulstube (um 1850) sowie mit Werken der Mundartdichter Carl Weitzmann, Michael Buck und Sebastian Sailer und einer Dokumentation über Reichsfinanzminister Matthias Erzberger (► Lautertal, Buttenhausen), der 1921 ermordet worden ist (Öffnungszeiten: Mi. 10.00 – 12.00 u. 14.00 bis 18.00, So. 10.00 – 17.00 Uhr).

! *Baedeker* TIPP

Ulrichs-Fest der Brauerei Berg

Alljährlich an einem Juli-Wochenende geht es auf dem Gelände der Berg-Brauerei im südlichen Ehinger Vorort rund: Tag der offenen Tür, Ulrichs-Markt mit vielen alten Handwerken, Unterhaltungsprogramm mit viel Musik für Alt und Jung.

St.-Blasius-Kirche

Die St.-Blasius-Kirche weist Baureste aus dem 14. Jh. auf. Ihr Chor wurde im 18. Jh. nach Plänen von Franz Anton Bagnato erbaut. In ihrem Innern schöne Rocaille-Ornamente und Putten (18. Jh.) sowie drei Seitenältare von Melchior Binder (17. Jh.).

Wallfahrtskirche

Die 1239 gestiftete Wallfahrtskirche »Unserer Lieben Frau in Ehingen« in der Unterstadt ist ein dem Armutsgebot der Franziskaner gemäßer schlichter Bau des 17. Jh.s, doch birgt sie im Inneren prunkvolle Altäre und als Gnadenbild am Hauptaltar eine überlebensgroße, in Stein gehauene Madonna der Ulmer Schule (um 1450).

Umgebung von Ehingen

* Kirchener Tal

Westlich von Ehingen verläuft dieses landschaftlich reizvolle Tal, durch das im Eiszeitalter vor rund 150 000 Jahren die Donau floss. Nach dem Abschmelzen des Eises verlegte sie ihren Lauf weiter südwärts. Hier kann man wunderbar radeln!

* ◄ Schloss Mochental

Etwa 10 km westlich von Ehingen, beim Dorf Kirchen, leuchtet schon von weitem das imposante Schloss Mochental, eine 1734 fertiggestellte Dreiflügelanlage, die einst Propstei und Ruhesitz der Zwiefalter Äbte war. Sehr schön ist die Nikolauskapelle mit Fresken von F. J. Spiegler sowie der Hubertussaal mit einem Fresko von I. J. Wegscheider. Im Schloss sind heute eine **Kunstgalerie** (von der Klassischen Moderne bis zur Gegenwart) und ein **Besenmuseum** untergebracht (Öffnungszeiten: Di. – Fr. 10.00 – 12.00 u. 14.00 – 17.00, Sa. 14.00 – 17.00, So. 10.00 – 17.00 Uhr).

Oberdischingen

8 km östlich von Ehingen liegt Oberdischingen, die im 18. Jh. auf regelmäßigem Grundriss angelegte Residenz der Grafen Schenk von Castell. Beachtenswert die **klassizistische Pfarrkiche**, die um 1800

nach französischem Vorbild errichtet wurde und als **»Schwäbisches Pantheon«** weit bekannt ist. Auf einer Anhöhe am westlichen Ortsrand steht die **Dreifaltigkeitskapelle** (18. Jh.) mit der Gruft der Schenken von Castell.

★★ Ellwangen an der Jagst

L 1

Landkreis: Ostalbkreis
Einwohnerzahl: 25 000
Höhe: 424 – 542 m ü.d.M.
Prädikat: Große Kreisstadt, Erholungsort

Auf mehr als 1200 Jahre Geschichte kann die ehemalige fürstpröpstliche Residenzstadt mit ihren eindrucksvollen Kirchen und stattlichen Adels- bzw. Bürgerhäusern zurückblicken.

Die Stadt Ellwangen liegt im Vorland der Ostalb auf einer Keuperterrasse im oberen Jagsttal. Sie wird beherrscht vom fürstpröpstlichen Schloss und der Wallfahrtskirche Schönenberg, die beide auf Ausliegern der Liashochfläche thronen.

Geschichte

Bei einem 764 gegründeten Benediktinerkloster entstand eine Siedlung, die 1229 als »Civitas« Erwähnung fand. Das Kloster, das 870 bis 872 **Verbannungsort des Slawen-Apostels Methodius** war, erlebte bereits in karolingischer Zeit eine Blüte. Die Äbte hatten seit 1215 den Status von Reichsfürsten. 1460 wurde das Kloster zum Chorherrenstift, dem ein Fürstpropst vorstand. Durch die Säkularisation fielen Stadt und Fürstpropstei 1802/03 an das Haus Württemberg.

Die Ellwanger Stiftskirche St. Veit ist im 13. Jh. erbaut worden.

Ellwangen war als Sitz eines katholischen Landesbistums vorgesehen und erhielt 1812 ein Generalvikariat, ein Priesterseminar und eine katholisch-theologische Universität. Diese Einrichtung wurde 1817 der katholisch-theologischen Fakultät der Universität Tübingen angegliedert, die anderen kirchlichen Institutionen wurden nach ► Rottenburg am Neckar verlegt.

Nach dem Zweiten Weltkrieg wurde die Stadt Bundeswehrstandort und erlebte auch einen wirtschaftlichen Aufschwung. Größter Arbeitgeber ist heute der Mikrobatterienherstellers VARTA.

Sehenswertes in Ellwangen

Stadtkern

Die Sakral- und Profanbauten im Zentrum sind in den vergangenen Jahren geradezu mustergültig renoviert worden. Da alles recht überschaubar ist, kann man die Innenstadt gut zu Fuß erkunden.

*** Stiftskirche St. Veit**

Am Marktplatz mit seinen barocken Domherrenhäusern steht die Stiftskirche St. Veit (13. Jh.), die auf eine **karolingische Gründung** im 10. Jh. zurückgeht. Das Innere des Gotteshauses wurde ab 1737 nach Vorlagen des Baumeisters D. R. Retti barockisiert. Der mächtige Hochaltar ist aus Teilen des 18. und 20. Jh.s zusammengesetzt. Nördlich an das Gotteshaus schließt das **Stiftsgebäude** (15./16. Jh.) mit schönem Kreuzgangan.

*** Ehemalige Jesuitenkirche (Ev. Kirche)**

An den westlichen Kreuzarm der Stiftskirche ist die ehem. Jesuitenkirche (jetzt ev. Kirche; 1724 – 1729) angebaut, mit eindrucksvollen **Deckenfresken** des Asam-Schülers Chr. Th. Scheffler. In der ehem. Bibliothek des angeschlossenen Jesuitenkollegiums sind Malereien des Dillinger Künstlers A. Haffner zu sehen.

► ELLWANGEN ERLEBEN

AUSKUNFT

Tourist-Information
Spitalstr. 4
73479 Ellwangen
Tel. (0 79 61) 84-303
www.ellwangen.de

AKTIVITÄTEN

Ellwanger Wellenbad
in der Weststadt
Öffnungszeiten: Di. 6.30 – 8.00 u. 13.00 – 21.00, Mi. 13.00 – 19.00, Do., Fr. 19.00 – 21.00, Sa. 9.00 – 20.00, So. 9.00 – 18.00 Uhr.
Wellenbecken, Bewegungsbecken innen und außen, Sauna, Kegelbahn.

Badeseen
Beliebte Badeseen in der Umgebung sind: Bucher Stausee, Haselbach-Stausee, Häsle-Stausee, Kressbachsee, Orrotsee und Sonnenbach-Stausee.

Radfahren
Besonders schöne Radtouren führen ins Jagsttal, ins Kochertal, entlang des Limes und durchs Ellwanger Seenland.

ÜBERNACHTEN · ESSEN

► Komfortabel / Günstig

① ***Roter Ochsen***
Schmiedstr. 16
73479 Ellwangen
Tel. (079 61) 40 71, Fax 5 36 13
www.roter-ochsen.de
35 Zimmer (z. T. rollstuhlgerecht). Beliebter und traditionsreicher Brauereigasthof im Herzen der Stadt mit ordentlicher Küche und tollem Biergarten.

② ***Hirsch***
Maierstr. 2
73479 Ellwangen-Neunheim
Tel. (079 61) 91 98-0, Fax 91 98 70
www.hirsch-landgasthof.de
11 Zimmer. Beliebter Landgasthof mit netten Zimmern und wirklich guter regionaler Küche.

Ellwangen *Orientierung*

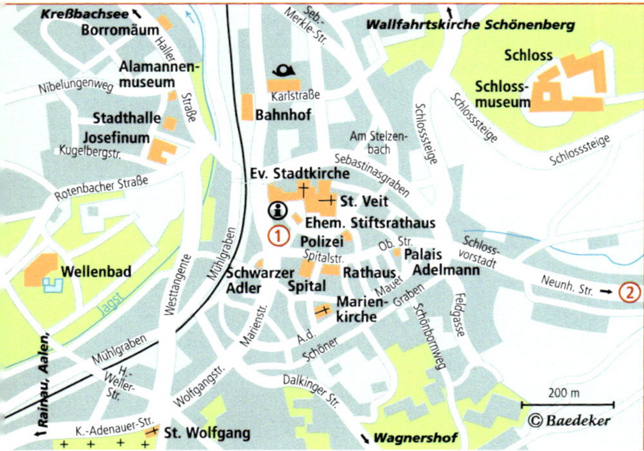

Übernachten und **Essen**
① Roter Ochsen
② Hirsch

Marienkirche In der im 15. Jh. errichteten, später mehrfach umgestalteten und im 18. Jh. barockisierten Marienkirche gibt es eine wundervolle **Madonna aus Silber** von Ignaz Emmer aus Ellwangen (1748).

Rathaus Das **ehem. Heilig-Geist-Spital**, ein ansehnliches, bereits im Zeitalter des Barock entstandenes bauliches Ensemble, ist vor ein paar Jahren aufwändig restauriert worden und dient heute als Rathaus.
Architektonisch interessante Bauten sind auch das vorbildlich renovierte **Palais Adelmann** (heute Kulturzentrum), das 1688 im Stil der Renaissance errichtet worden ist, ferner die von Baumeister Waldenberger Ende des 16. Jh.s errichtete frühere **Statthalterei** sowie der **Oettingische Domhof** (18. Jh.).

✶ **Alamannenmuseum** Im Gebäude der mittelalterlichen Nikolauspflege erfährt man alles über jene Menschen, die vom 3. bis zum 8. Jh. in Süddeutschland und natürlich auch im Jagsttal gelebt haben. Im Mittelpunkt der Ausstellung stehen **Grabungsfunde** (u.a. Goldblattkreuze, Totenbäume) aus der weiter jagstaufwärts gelegenen Stadt Lauchheim, wo man einen großen Alamannenfriedhof sowie Reste einer Siedlung freigelegt hat (Haller Straße 9; Öffnungszeiten: Di. – Fr. 10.00 – 12.30 u. 14.00 – 17.00, Sa., So., Fei. 10.00 – 17.00 Uhr).

✶ **Schloss ob Ellwangen** Östlich über der Stadt thront das Schloss der Ellwanger Fürstpröpste, eine Vierflügelanlage des 17. und 18. Jh.s mit markanten Ecktürmen. Es geht auf eine Burg des 12. Jh.s zurück. Beachtung verdient die **Schlosskapelle St. Wendelin** mit schönen Stuckarbeiten von M. Paulus (1723) und Deckenfresken von Chr. Th. Scheffler. In den Schauräumen sind Handzeichnungen von Kunsthandwerkern der Barockzeit, Zeugnisse aus der Zeit der Fürstpröpste, so gusseiserne Ofenplatten aus der fürstpröpstlichen Hütte Wasseralfingen und Schrezheimer Fayencen ausgestellt, ferner Puppenstuben und eine Krippensammlung (Öffnungszeiten: Di. – Fr. 14.00 – 17.00; Sa. 10.00 – 12.00 u. 14.00 – 17.00, So. 10.30 – 16.30 Uhr).

✶ Wallfahrtskirche Schönenberg

Nordöstlich über der Stadt steht die weithin sichtbare doppeltürmige Wallfahrtskirche St. Maria auf dem Schönenberg. Das Gotteshaus wurde 1682 – 1695 **nach Plänen des Vorarlberger Baumeisters Michael Thumb errichtet**. In seiner Konzeption erinnert es an den römischen »Il Gesù«. Der **Hochaltar** beeindruckt mit einem Bild von Mariä Himmelfahrt (1715). Auf der Rückseite des Altars sieht man eine Geburt Christi von A. Belucci (1719). Hinter dem Hochaltar befindet sich die **Gnadenkapelle** mit einem Terracotta-Gnadenbild. In der Ignatiuskapelle über der Gnadenkapelle sieht man ein ein wundervolles Fresko von M. Steidl, das Mariä Krönung zeigt.
Östlich des Gotteshauses steht das im 18. Jh. von Fr. Prahl erbaute ehemalige Priesterseminar.

Umgebung von Ellwangen

Schrezheim

Etwa 3 km südwestlich von Ellwangen liegt Schrezheim, im 18. und 19. Jh. Standort einer berühmten Fayence-Manufaktur. Sehr schön ist die Antoniuskapelle mit einem Fayence-Altar von 1770 und Fresken von J. Wintergerst.

Rainau-Buch: Relikte aus der Römerzeit und ein erholsamer Badesee

Rainau-Buch Die Gemeinde Rainau (450 – 500 m ü.d.M.; 3000 Einw.) ist Erholungssuchenden und historisch Interessierten gleichermaßen bekannt: Reste eines Römerkastells und die z.T. rekonstruierten Wehranlagendes hier verlaufenden Rätischen Limes sind heute Teile eines **Freilichtmuseums**. Kern des Erholungsgebietes Rainau-Buch ist der Stausee Buch. Hier kann man baden, surfen und sogar segeln. Ein Rundwanderweg führt an Teilen des Limes vorbei, die in der nähreне Umgebung ausgegraben wurden.

Rosenberg Die Ortschaft Rosenberg (3000 Einw.) liegt im waldreichen Virngrund nordwestlich von Ellwangen. In Rosenberg und Umgebung kann man einige Arbeiten von **Sieger Köder** anschauen, einem der bekanntesten religiös inspirierten Künstler der Gegenwart. Er war von 1975 bis 1995 Pfarrer in Rosenberg. In der Rosenberger Pfarrkirche sind ein schöner Altar und eine Krippe zu sehen. In der Jakobuskirche des Ortsteils Hohenberg hat Köder Fenster, Altar, Labyrinth und Krippe geschaffen. In der Josefskapelle von Rosenberg-Hinterbrand beeindrucken Buntglasfenster und vor allem eine Bretterkrippe des Künstlers.

! *Baedeker* TIPP

Vorzüglich schwäbisch ...

... speist man im Landgasthof Adler in Rosenberg. Küchenchef Bauer bietet eine leckere saisonale Küche mit Produkten aus der Region (Ellwanger Str. 15, Tel. 0 79 67 / 513, www.landgasthofadler.de).

★ Fridingen an der Donau

D 6

Landkreis: Tuttlingen
Einwohnerzahl: 3500
Höhe: 600 m ü.d.M.
Prädikat: Erholungsort

Das mittelalterliche Städtchen Fridingen liegt im landschaftlich reizvollsten Teil des Naturparks Obere Donau am Beginn des Weißjura-Durchbruchstales sowie an der Mündung der aus dem Großen Heuberg bzw. der Westalb kommenden Bära.

Um 1300 gründeten die Grafen von Hohenberg die Stadt. Heute wird die Wirtschaft bestimmt von dem großen, am Ausgang des Bäratales gelegenen Hammerwerk Fridingen und einigen kleineren Industriebetrieben, die erst nach dem Zweiten Weltkrieg entstanden sind.

Sehenswertes in Fridingen und Umgebung

★ **Altstadt** Recht malerisch ist der alte Stadtkern mit dem **Rathaus** und dem **Ifflinger Schloss** (urspr. 15. Jh.; schöne Staffelgiebel), das heute ein regionalhistorisches **Museum** beherbergt (Öffnungszeiten: Mai – Okt.

Fr., Sa., So., Fei 14.00 – 18.00 Uhr). Die **Stadtpfarrkirche** (19. Jh.) geht auf eine Martinskirche des 9. Jh.s zurück. Jenseits der Donau steht die kleine barocke **St.-Anna-Kapelle**.

Donau-Versickerung

Etwa 2 km südlich vom Stadtkern (Feldweg) versickert ein beträchtlicher Teil des Donauwassers im stark verkarsteten Kalkgestein der südlichen Alb, um etwa 17 km (Luftlinie) weiter südwestlich im Aachtopf (Hegau) wieder hervorzubrechen. Aus diesem Grund hat man von der Bäramündung einen Stollen unter dem Hart ostwärts ins Beuroner Donautal getrieben, um den Fluss in trockenen Zeiten nicht ganz versiegen zu lassen.

✶ Wanderung zu Stiegelesfels und Knopfmacherfels

Von Fridingen geht es südöstlich bergauf zum **Laubfelsen** und dann hoch über zwei Donauschlingen zum imposanten **Stiegelesfels** (Naturschutzgebiet; eingeschränkter Zugang). Dann geht man hoch über der Donau in nordöstlicher Richtung weiter – vorbei am **Bettelmannsfels** – zum **Sperbersloch**. Gegenüber grüßt das **Schloss Bronnen** auf hohem Fels. Vom Sperbersloch klettert man steil bergab, um wenig später wieder steil hinauf zum **Knopfmacherfels** zu steigen. Von hier oben hat man einen tollen Blick in den »Schwäbischen Grand Canyon«.

Ein »Highlight« an der »jungen« Donau ist der Stiegelesfels bei Fridingen.

FRIDINGEN ERLEBEN

AUSKUNFT

Verkehrsamt Donau-Heuberg
Kirchplatz 2
78567 Fridingen an der Donau
Tel. (0 74 63) 837-0, Fax 837-50
www.donau-heuberg.de

EVENT

Naturbühne Steintäle
Auf dder Naturbühne Steintäle kommen jeden Sommer nette, mitunter auch recht volkstümliche Stücke zur Aufführung. Weitere Informationen: Tel. (0 74 63) 12 28, www.steintaele.de.

AKTIVITÄTEN

Wandern
Fridingen ist ein idealer Ausgangspunkt für herrliche, teils auch recht anspruchsvolle Wanderungen beiderseits des felsigen Durchbruchstals der Donau sowie auf die Höhen beiderseits des Bäratales.

Radfahren
Eine der schönsten Etappen des Donau-Radweges ist die Strecke von Mühlheim an der Donau via Fridingen und durch den Donaudurchbruch nach Beuron. Allerdings sind hier an schönen Wochenenden zahlreiche Radfahrer unterwegs! Übrigens: Für den Rad-Rücktransport eignet sich der der Naturpark-Express.

ÜBERNACHTEN · ESSEN

► **Komfortabel/Günstig**

Landhaus Donautal
Bergsteig 1
78567 Fridingen an der Donau
Tel. (0 74 73) 469, Fax 50 99
www.landhaus-donautal.de
7 Zimmer, 1 Suite, 1 Apartment. Aussichtsreich gelegene und freundliche Unterkunft mit guter Küche.

Jägerhaus
Bronnen 7
78567 Fridingen an der Donau
Tel. (0 74 66) 254, Fax 16 19
www.jaegerhaus de
14 Zimmer. Rustikale Herberge mitten im Donaudurchbruch zw. Fridingen und Beuron (direkt am Donau-Radweg). Herzhafte Küche (gelegentlich »Wildschwein am Spieß«).

★ **Radrundfahrt** Eine wunderschöne Radrundstrecke (ca. 35 km) führt von Fridingen südwärts an den **Donauversickerungsstellen** vorbei nach Beuron, dann weg von der Donau hinauf nach Schwenningen (Heuberg). Hier biegt man in westlicher Richtung um und gelangt, am Südrand des **Irndorfer Hardts** vorbei, nach **Gnadenweiler**. Über **Bärenthal** und duch das **Bäratal** geht es zurück nach Fridingen an der Donau.

Buchheim 10 km östlich von Fridingen liegt das Dorf Buchheim (640 – 800 m ü.d.M.; 600 Einwohner). Von hier aus lohnen Wanderungen zum **Aussichtsturm »Buchheimer Hans«** (bei günstiger Witterung Alpenblick), zur **Burgruine Kallenberg** und zum Schloss Bronnen südlich über dem Donau-Engtal.

★ **Kolbinger Höhle** Nordwestlich von Fridingen, am Südabfall des Kolbinger Albriedels (zu Fuß knapp 4 km, mit dem Auto via Mühlheim und Kolbingen

13 km) befindet sich die Kolbinger Höhle, die wohl schönste Tropfstein-Schauhöhle der Südwestalb. Sie wurde 1913 von Mitgliedern des Schwäbischen Albvereins erschlossen (Öffnungszeiten: Karfreitag bis Okt. Sa. 13.00 – 17.00, So., Fei. 10.00 – 17.00 Uhr).

Bärenthal

Zirka 7 km nördlich von Fridingen liegt der Erholungsort Bärenthal (650 – 950 m ü.d.M.; 500 Einw.) im waldreichen Bäratal. Das kleine Dorf ist Ausgangspunkt für Ausflüge ins nordöstlich oberhalb gelegene Naturschutzgebiet Irndorfer Hardt (►Beuron) und Standort eines alten Hammerwerkes (heute großer Industriebetrieb).

✶ **Mühlheim an der Donau**

Das alte und heute als Erholungsort staatlich anerkannte Städtchen Mühlheim (667 m ü.d.M.; 3000 Einw.) liegt sehr malerisch auf einem ca. 40 m hohen, von der Donau umflossenen Bergsporn. Es wurde im 9. Jh. erstmals erwähnt und war im Mittelalter Zentrum eines ritterschaftlichen Herrschaftsbereiches.
Der Stadtkern von Mühlheim ist in den letzten Jahren liebevoll wiederhergerichtet worden. Recht fotogen zeigen sich das alte **Stadttor** mit den Resten der Stadtmauer, das Rathaus(15. Jh.; Fachwerk) und die Pfarrkirche St. Maria Magdalena(Ende 18. Jh.).
Das **Schloss** der Herren von Enzberg ist von 1751 bis 1753 nach Vorlagen des Architekten Bagnato auf den Resten einer mittelalterlichen Burg errichtet worden. Am linken Donauufer steht die St.-Gallus-Kirche. Sie zeigt noch einige frühromanische Stilelemente. Sehr gelungen ist die Ausmalung des Chors.

✶ **Lippachtal**

Im Westteil des Naturparks Obere Donau hat sich das Flüsschen Lippach tief in den Albkörper eingeschnitten und ein malerisches Tal geschaffen, das bei Mühlheim ins Obere Donautal einmündet. In dem nahezu unbesiedelten, etwa 7 km langen Tälchen, das von einigen aussichtsreichen Felsen bekränzt ist, kann man noch »Natur pur« genießen und einige Fischreiher beobachten. Hier liegt auch die wenig bekannte **Rappenfelsenhöhle**. Weiter talaufwärts folgt die **Burgruine Walterstein**. Am Talschluss erreicht man die alte **Lippachmühle** (heute Ausflugsgaststätte). Von hier lohnt ein kurzer, aber steiler Anstieg zum **Glatten Felsen** (gute Aussicht).

Gammertingen

F 5

Landkreis: Sigmaringen
Einwohnerzahl: 7000
Höhe: 660 – 840 m ü.d.M.
Prädikat: Erholungsort

Das alte Landstädtchen im ►Laucherttal ist heute Verwaltungssitz für ein größeres Umland und Standort einiger kleinerer Industriebetriebe. Auch Touristen legen hier gern einen Zwischenstopp ein.

GAMMERTINGEN ERLEBEN

AUSKUNFT

Tourismusbüro »Tal der Lauchert«
Hohenzollernstr. 5
72501 Gammertingen
Tel. (0 75 74) 406-0, Fax 406-56
www.gammertingen.de

AKTIVITÄTEN

Wandern, Radfahren
Ab Gammertingen kann man schöne Wanderungen und Radtouren beiderseits des Laucherttales unternehmen.

ÜBERNACHTEN · ESSEN

► **Komfortabel / Günstig**
Kreuz
Marktstr. 6
72501 Gammertingen
Te. (0 75 74) 93 29-0
Fax 93 29 20
www.hotel-kreuz-gammertingen.de
20 Zimmer. Der traditionsreicher Familienbetrieb hat freundliche Zimmer sowie gute regionale und internationale Küche zu bieten.

Das nach dem Zweiten Weltkrieg stark gewachsene Städtchen ist ein alter Siedlungsplatz. Unterhalb des Friedhofs hat man ein alamannisches Reihengräberfeld mit einem Adelsgrab des 7. Jh.s aufgedeckt. Im 11. Jh. herrschten hier die Grafen von Achalm. Im 12. Jh. tauchten die Grafen von Gammertingen auf. Die Herren von Speth übernahmen im 16. Jh. die Ortsherrschaft.

Sehenswertes in Gammertingen und Umgebung

Stadtkern Anstelle eines 1775/1776 abgebrochenen alten Schlosses entstand bis 1777 ein recht repräsentatives neues Schloss, das heute als **Rathaus** dient. In seinem Treppenhaus gefällt das prachtvolle **Deckengemälde »Helios auf dem Sonnenwagen«** des Barockmalers Andreas Brugger. Zwei beachtenswerte Sakralbauten sind die katholische **Pfarrkirche St. Leodegar** (1804) mit einem Westturm aus dem 16. Jahrhundert sowie die **Michaelskapelle** (17. Jahrhundert) mit einem wunderschönen Hochaltar aus dem 18. Jahrhundert.

! Baedeker TIPP

Fashion in Knitwear

Modisch Gestricktes vor allem für die Damenwelt gibt es bei der Gammertinger Firma Göggel (Reutlinger Str. 27; Öffnungszeiten: Di. – Fr. 9.00 – 12.00 u. 14.00 – 17.00 Uhr).

✶ Teufelstor 3 km südlich von Gammertingen findet man das Naturdenkmal Teufelstor, eine bizarre Felsbildung am Talhang links der Lauchert.

Kliff Entlang der Linie Gammertingen – Harthausen – Wilsingen kann noch die **Klifflinie des Tertiärmeeres** nachvollzogen werden, das einstmals die südliche Flächenalb bedeckte. Sehenswert in **Feldhausen** die barocke Dorfkirche (1739) mit einer spätgotischen Muttergottes von Gregor Erhart (um 1500). Die genannten Dörfer können als Ausgangspunkte für schöne Radtouren und Wanderungen auf diesem Teil der Alb empfohlen werden, der sich durch seine herbe Schönheit und relative Unberührtheit auszeichnet.

Neufra

Der Ort (688 m ü.d.M.; 2000 Einw.) liegt ca. 4 km westlich von Gammertingen, am Beginn des unter Naturschutz stehenden und äußerst reizvollen unteren Fehlatales. Sehenswert ist eine Muttergotteskapelle (1591) mit schönen Fresken und einem Hochaltar von Hans Ulrich Glöckler (1592). Etwa 3 km nordwestlich von Neufra verstecken sich auf zwei Bergkegeln über dem **Fehlatal** die **Ruinen Vorder- und Hinterlichtenstein**, die besonders für Kinder reizvolle Ausflugsziele sind.

★ Geislingen an der Steige

J/K 3

Landkreis: Göppingen
Einwohnerzahl: 28 000
Höhe: 426 m ü.d.M.
Prädikat: Große Kreisstadt

Die »Fünf-Täler-Stadt« liegt in einem tektonisch vorgezeichneten Talkessel, in dem fünf Albtäler zusammentreffen. Bekannt wurde sie durch den 1847 – 1850 angelegten Albaufstieg der Bahnlinie Stuttgart – Ulm. Das Stadtbild beherrschen die Industriebauten der Württembergischen Metallwarenfabrik (WMF).

Geschichte

Um 1100 bauten die Grafen von Helfenstein eine Burg, die den Albaufstieg der vom Neckar zur Donau führenden Reichsstraße bewachte. Nach 1250 war die Stadt Mittelpunkt einer Herrschaft, die bis in die Räume Ulm, Blaubeuren und Heidenheim sowie ins obere Filstal reichte. 1382 kam Geislingen zu Ulm. Nach den Verheerungen des Dreißigjährigen Krieges erlebte die Stadt einen Aufschwung, den sie vor allem ihren Handwerkern (u. a. Beinschnitzer und Drechsler) zu verdanken hatte. Die Fünftälerstadt kam 1810 an Württemberg. Mit dem **Bau der Geislinger Steige** der Bahnlinie Stuttgart – Ulm in den Jahren 1847 bis 1850 erfolgte die »zweite Stadtgründung« durch den Industriepionier Daniel Straub (Gründer der WMF und der Maschinenfabrik Geislingen) und die aus der Schweiz stammende Familie Staub (Gründer der Süddeutschen Baumwollindustrie). Bis 1965 wurde bei Geislingen-Altenstadt Dogger-Eisenerz abgebaut.

! *Baedeker* TIPP

Qualität aus Geislingen

Das Vorzeige-Unternehmen der Stadt, die WMF, unterhält natürlich auch einen Werksverkauf, die legendäre »Fischhalle«. Hier kann man hochwertige Bestecke, Messer, Kochtöpfe, Gläser etc. zu günstigen Preisen erwerben (Eberhardstraße/Knollstraße; Öffnungszeiten: Mo. – Fr. 9.30 – 18.00, Sa. 9.30 – 16.00 Uhr).

GEISLINGEN AN DER STEIGE ERLEBEN

AUSKUNFT

Stadtinformation
Hauptstr. 1
73312 Geislingen an der Steige
Tel. (0 73 31) 24-253, Fax 24-276
www.geislingen.de

EVENT

Geislinger Kinderfest
Geislingens »Nationalfeiertag« ist der Montag vor den Sommerferien, denn an diesem Tag ziehen alle Schulklassen und Kindergartengruppen hübsch kostümiert durch die Stadt und amüsieren sich danach auf dem Festplatz.

MUSEUMSBAHN

Bisweilen verkehren auf den Bahnlinien Amstetten – Gerstetten (Normalspur) und Amstetten – Oppingen (Schmalspur) Museumszüge.

ÜBERNACHTEN

► Komfortabel
Burghotel
Burggasse 41
73312 Geislingen-Weiler o. H.
Tel. (0 73 31) 93 26-0
Fax 93 26-36
www.burghotel-schiehle.de
23 Zimmer. Sehr gut geführtes Haus in ruhiger Lage hoch über der Stadt.

► Günstig
Ochsen
Von-Degenfeld-Str. 33
73312 Geislingen-Eybach
Tel./Fax (0 73 31) 6 20 51
www.ochsen-eybach.de
20 Zimmer. Netter Landgasthof im östlichen Geislinger Vorort, mit nett eingerichteten Zimmern und gut bürgerlicher Küche.

ESSEN

► Erschwinglich

Baedeker-Empfehlung

Burgstüble
Dorfstr. 12
73312 Geislingen-Weiler o. H.
Tel. (0 73 31) 4 21 62, Fax 94 17 51
www.restaurant-burgstueble.de
Seit mehr als drei Jahrzehnten ist Annelore Lehner eine Institution in Sachen Kochkunst.

Sehenswertes in Geislingen

★ Stadtkirche

Geislingens imposantestes Bauwerk ist die evangelische Stadtkirche mit ihrem 63 m hohen Turm. Sie wurde 1424 bis 1428 anstelle einer Marienkapelle errichtet. Im Inneren der dreischiffigen spätgotischen Basilika ein wertvolles **Chorgestühl von Jörg Syrlin d. J.** (1512) sowie ein **Altar des Ulmer Meisters Daniel Mauch** (um 1520). Die Predella enthält Fegfeuer-Darstellungen, die Jörg Syrlin d. Ä. zugeschrieben werden.

Stadtmitte

Ein Schmuckstück in der Fußgängerzone (Hauptstraße) ist das **Alte Rathaus**, das 1422 von den Ulmern als Kauf- und Rathaus errichtet wurde. Das im 16., 19. und 20. Jh. mehrfach umgestaltete Bauwerk erhielt 1982 ein Glockenspiel (10.00, 12.00, 12.30, 15.00, 17.00, 18.00, 21.00 Uhr). Vor dem Alten Rathaus gefällt der 1982 von Professor G. Rumpf geschaffene **Forellenbrunnen**. Gegenüber steht der **Alte Zoll**, ein schöner Fachwerkbau, der im 15. Jh. errichtet worden ist. Im unteren Teil der Hauptstraße das während des Ersten Weltkrieges erbaute **Neue Rathaus**. An seine Rückseite angelehnt ist das **Schubarthaus** (15. – 17. Jh.), in dem der berühmte Präzeptor Christian Friedrich Daniel Schubart gewohnt hat.

Stadtschloss

Östlich abseits steht das einstige Stadtschlossder Grafen von Helfenstein, dessen Grundstein im 14. Jh. gelegt wurde. Es wurde später mehrfach umgebaut und beherbergt heute einige Ämter der Stadtverwaltung.

Heimatmuseum

Am nördlichen Rand des alten Stadtkerns fällt der wuchtige **Alte Bau** ins Auge, ein um 1500 von den Ulmern errichteter Fachwerkbau, der lange Zeit als Fruchtkasten gedient hat. Er beherbergt das gut bestückte Heimatmuseum, in dem auch interessante Grabungsfunde vom Helfenstein ausgestellt sind (Öffnungszeiten: Mai – Anfang Nov. Di. – So. 15.00 – 17.00 Uhr).

Umgebung von Geislingen

✶ Burgruine Helfenstein

Auf einem Sporn östlich über der Stadt sind die Reste einer um 1100 von den Helfensteinern erbauten Burg freigelegt, die Ende 14./Anfang 15. Jh. von den Ulmern zur Festung ausgebaut wurde. Mitte des

Ein beliebtes Ausflugsziel ist die Burgruine Helfenstein oberhalb von Geislingen.

16. Jh.s hat man die Burg dem Verfall preisgegeben. Südöstlich über der Stadt steht der 27 m hohe **Ödenturm**, den die Ulmer um 1400 als Vorwerk der Burg Helfenstein errichten ließen. Das heutige Geislinger Wahrzeichen wurde mehrfach durch Blitzschlag beschädigt.

Geislinger Steige

Südlich von Geislingen windet sich die 1850 eröffnete **erste deutsche Gebirgsbahn** an der östlichen Flanke des Rohrachtals auf die Alb hinauf. Sie folgt damit einem uralten Handelsweg, den schon die Römer genutzt haben. Über dem Talende liegt der staatlich anerkannte Erholungsort **Amstetten** (auch Standort einer Produktionsstätte der Heidelberger Druckmaschinenfabrik). Von hier können abwechslungsreiche Wanderungen und Radtouren unternommen werden.

Eybach

Etwa 4 km östlich von Geislingen an der Steige liegt das freundliche Dorf Eybach mit einem **Schloss der Grafen von Degenfeld** (18. Jh.), überragt vom **Himmelsfelsen** (610 m ü.d.M.; Kletterfelsen; Burgruine). In der ehem. Schlossgärtnerei stellt der Eybacher Veteranenclub alte Motorräder (Besichtigung nach Vereinbarung) aus. Südlich des Ortes kann man das wildromantische **Felsental** erkunden (gesicherter Klettersteig).

✶ Eybtal

Seit 1996 ist das landschaftlich sehr reizvolle Eybtal als **größtes Naturschutzgebiet Nordwürttembergs** (1331 ha) ausgewiesen. Dazu gehört auch das felsige **Roggental** mit der altertümlichen **Roggenmühle**. Hier zählt man mehrere hundert verschiedene Pflanzen- und Tierarten. Dazu gehören auch Uhu, Wanderfalke und Eisvogel.

Mordloch ►

Das von blutrünstigen Sagen umwobene Mordloch, das nicht weit von der Oberen Roggenmühle begangen werden kann, ist eine knapp 4,5 km lange, gefährlich aktive **Wasserhöhle** mit vielen Nebengängen. Hier mussten schon mehrfach spektakuläre Rettungsaktionen für eingeschlossene Höhlenforscher durchgeführt werden.

✶ Oberböhringer Heide

Ein sehr reizvolles Wander- und Naherholungsgebiet sind der Michelsberg (750 m ü.d.M.) und die Oberböhringer Heide (Wacholderbestände, Golfplatz) westlich des Geislinger Stadtteils Altenstadt.

✶ Bad Überkingen

Bad Überkingen (441 – 750 m ü.d.M.; 4000 Einw.), das älteste Heilbad der Schwäbischen Alb, liegt nur wenige Kilometer südwestlich von Geislingen im Oberen Filstal. Schon im 12. Jh. war die Heilkraft des aus dem Oberen Dogger quellenden Sauerbrunnens bekannt. Die Grafen von Helfenstein errichteten hier ein Bad, das später unter ulmischer Regie rasch erblühte. Im 16. Jh. entstand das Badhaus (heute Badhotel), und auch der Heilwasserversand entwickelte sich erfreulich. 1906 erfolgte die Gründung einer Vorläuferin der heutigen **Mineralbrunnen AG**. Diese Gesellschaft ließ 1926 eine Tiefbohrung niederbringen. In 63 m Tiefe traf man damals auf ein sehr heilkräftiges Mineralwasser, das unter der Bezeichnung **Adelheidquelle** auch heute noch zu den berühmtesten seiner Art zählt. 1968/1969 wurde eine

Tiefbohrung bis 1020 Meter unter Grund niedergebracht. Dabei wurden nicht weniger als sechs verschiedene Wassertypen nachgewiesen. Im Keuper traf man auf die **Überkinger Quelle** und im Oberen Muschelkalk konnte man die 41 °C warme **Otto-Therme** erschließen, deren Wasser heute in einem **Bewegungsbad** als Kurmittel eingesetzt wird (Öffnungszeiten: Mo. – Fr. 8.30 – 21.00, Sa. 9.00 bis 15.00, So., Fei. 9.00 – 18.00 Uhr). Übrigens: Die Mineral-Therme soll in Kürze zu einem großzügig bemessenen Wellness-Tempel erweitert werden.

> ! *Baedeker* TIPP
>
> **Haus mit Geschichte**
>
> Das schmucke Fachwerk-Nobelhotel direkt am Überkinger Kurpark ging aus einem Badhaus hervor, das im 16. Jh. erstmals erwähnt ist. Es bietet 48 Zimmer, 3 Suiten und ein sehr gutes Restaurant. Infos: Tel. (0 73 31) 302-0, www.bad-hotel.de

Das altbekannte Heilbad wird im Osten vom steil aufragenden **Kahlenstein** (678 m ü.d.M.) beherrscht, unter dem die **Kahlensteinhöhle** (Karsthöhle, bislang 180 m erkundet, Besichtigung möglich) in den Weißen Jura eindringt. Südwestlich des Ortes erstreckt sich das vor allem im Frühling (Märzenbecherblüte) sehr reizvolle **Autal** (Naturschutzgebiet). Filsaufwärts, zwischen Bad Überkingen und dem Ortsteil Hausen, ragen die **Hausener Felsen** (»Hausener Wand«) auf, die durch einen Erdrutsch freigelegt wurden und heute ein beliebtes Klettergebiet sind.

Unterböhringen

Etwa 5 km nordwestlich von Bad Überkingen liegt der Ortsteil Unterböhringen in einem lieblichen nördlichen Seitental der oberen Fils. Das Dorf ist ein beliebter Ausgangspunkt für Erkundungen der geschützten **Wacholderheide** bei Reichenbach im Täle (ökologisch-botanischer Lehrpfad (► Bad Ditzenbach) und Wanderungen zum **Wasserberg** (Albvereinsheim), **Fränkel** (681 m ü.d.M.), **Burren**, **Grünenberg** (Einkehrmöglichkeit).

★ Giengen an der Brenz

M 3

Landkreis: Heidenheim
Einwohnerzahl: 20 000
Höhe: 464 m ü.d.M.
Prädikat: Große Kreisstadt

Die ehemalige Reichsstadt Giengen liegt in einer Biegung des Brenztales. Bekannt geworden ist sie durch Margarete Steiff, die hier ihre weltberühmten Plüschtiere produzierte.

Geschichte

Giengen erhielt 1171 vom Stauferkaiser Friedrich I. Barbarossa das Stadtrecht. Die rasch erblühende freie Reichsstadt wurde 1634 nach der Schlacht bei Nördlingen niedergebrannt. Erst im 19. Jh. blühte das wirtschaftliche Leben Giengens wieder auf mit der Gründung

Ein Hingucker:
die neue Welt von Steiff

DAS TEDDYBÄREN-IMPERIUM

Eigen- und Familiensinn, Lebensmut und Demut waren die Begleiter des außergewöhnlichen Lebens der Margarete Steiff. Mit eineinhalb Jahren erkrankte sie an Kinderlähmung und blieb zeitlebens gehbehindert. Durch eigene Tatkraft und Entschlossenheit und dank der Unterstützung durch ihre Familie gründete sie ein berühmtes Unternehmen, das seit damals unzähligen kleinen wie großen Kindern Freude wie Freunde bereitet hat.

Mit der Näherei fing alles an

Am 24. Juli 1847 wurde Margarete Steiff in Giengen an der Brenz in eine Handwerkerfamilie hinein geboren. In der Volksschule, wohin ihre Geschwister sie morgens mit dem Leiterwagen zogen, war auch eine Nähschule untergebracht, und Margarete Steiff nutzte die Möglichkeit, dort gleich nach Unterrichtsschluss noch das Schneiderhandwerk zu erlernen. Ihre Nähkünste sprachen sich im »Städtle« herum. Margarete Steiff und ihre Familie hatten lange auf eine Besserung der Lähmung gehofft, doch leider erfolglos. Margarete Steiff nahm schließlich ihr Schicksal an und schrieb mit 17 Jahren: »Gott hat es für mich so bestimmt, dass ich nicht gehen kann, es muß auch so recht sein ... denn das unnütze Suchen nach Heilung lässt den Menschen nicht zur Ruhe kommen.«

Ruhe fand sie in der Arbeit und wurde darin durch einen entfernten Verwandten unterstützt. Der Ehemann einer Cousine war Mitinhaber der »Württ. Woll-Filz-Manufaktur Giengen«. Er konnte ihr Stoffe und Anregungen für Damenkonfektionen liefern und auch den Kontakt zu Großkunden in Stuttgart herstellen.

Ein erstes Stofftier

Im Jahre 1879 stellte sie erstmals ein Stofftier her, einen **Stoffelefanten**, der sowohl Nadelkissen wie Spielzeug war. Er war ein Verkaufsschlager. Margarete Steiff fertigte weitere Tiere an. Ihr Geschäft expandierte und wurde immer erfolgreicher. Die Geschäftsräume mussten ständig erweitert werden. Spektakulär war der Neubau von 1903, ein Komplex aus Stahl und Glas, mit hellen, luftigen Fertigungsräumen und mit einer Außenrampe für Margarete Steiffs Rollstuhl. In Giengen wurde er alsbald der vorwiegend weiblichen Belegschaft wegen, als »Jungfrauenaquarium« bespöttelt. Den größten Erfolg erzielte die »Margarete Steiff GmbH« mit der

Produktion von **Stoffbären**, und sie darf sich zu den Erfindern des »Teddybären« zählen. Der »Teddy« geht auf den Spitznamen des amerikanischen Präsidenten Theodore Roosevelt zurück. Der war einst zu dem zweifelhaften Jagdvergnügen eingeladen worden, einen angeketteten Jungbären erschießen zu sollen, was Roosevelt abgelehnt hat. Der Karikaturist der »Washington Post« griff die Szene wiederholt auf und langsam verband sich das Begriffspaar »Teddy« und »Bär«.

Diesem Trend gemäß hatte ein Neffe von Margarete Steiff einen Bären aus Mohair entworfen – den seine Tante viel zu plump fand – und stellte ihn 1903 auf der Leipziger Frühjahrsmesse vor. Am letzten Messetag bestellte ein Amerikaner 3000 Exemplare! Der unaufhaltsame Siegeszug des Steiff-Teddys begann. Als Margarete Steiff am 9. Mai 1909 an einer Lungenentzündung starb, hinterließ sie ein Unternehmen mit 2200 Mitarbeitern, das jährlich fast 1,7 Mio. Artikel, darunter fast 1 Mio. Bären prodozierte. Heute sind es 1700 Mitarbeiter und immer noch werden die Plüschtiere von Hand gefertigt. Längst hat das Unternehmen selbst Geschichte geschrieben. Historische »Steiff-Teddybären« sind mittlerweile Sammlerobjekte, die Rekordpreise erzielen.

Steiff multimedial

Das Leben der Margarete Steiff wurde mit Heike Makatsch in der Hauptrolle unter der Regie von Xaver Schwarzenberg verfilmt und flimmerte zur besten Sendezeit am 23.12.2005 erstmals über die Mattscheiben. Giengen an der Brenz ist Sitz der Firma Steiff geblieben. Dort ist jetzt auch nach umfangreichen Renovierungen das Geburtshaus von Margarete Steiff zu besichtigen (für Gruppen von 15 bis 20 Personen nach Voranmeldung bei Frau Manuela Frustig, Tel. 07322/ 131204 oder manuela.frustig@steiff.de). Am 23. Juni 2005 ist **Die Welt von Steiff** hinzugekommen. Sie dokumentiert die Geschichte der Margarete Steiff und ihres Bärenimperiums bilderreich. Im Museum gibt es eine Schaufertigung von Stofftieren (Öffnungszeiten: April – Okt. tgl. 9.30 bis 19.00, Nov. – März tgl. 10.00 bis 18.00 Uhr).

GIENGEN AN DER BRENZ ERLEBEN

AUSKUNFT

i-Punkt
Marktstr. 9
89537 Giengen an der Brenz
Tel. (0 73 22) 9 52 29 20, Fax 9 52 11 11
www.giengen.de

EVENTS

Kinderfest
Seit rund 300 Jahren feiert man in Giengen am Dienstag nach Pfingsten das Kinderfest.

Steiff-Festival
An einem Juli-Wochenende dreht sich alles um die berühmten Tiere mit dem Knopf im Ohr.

AKTIVITÄTEN

Wandern, Radfahren
Von Giengen aus kann man die schönsten und interessantesten Partien des Brenztales und des Lonetales »per pedes« und »per pedales« erkunden.

ÜBERNACHTEN · ESSEN

► Komfortabel / Günstig

Lobinger Parkhotel
Steigstr. 110
89537 Giengen an der Brenz
Tel. (0 73 22) 95 30, Fax 95 31 11
www.lobinger-hotels.de
70 Zimmer. Ruhig gelegene Herberge mit freundlichen Zimmern zum Teil mit Zugang zur Dachterrasse. Nettes Restaurant.

Lamm
Marktstr. 17
89537 Giengen an der Brenz
Tel. (0 73 22) 9 67 80, Fax 9 67 81 50
www.lamm-giengen.de
35 Zimmer. Beliebte Adresse in der Stadtmitte mit guter Küche.

der Württembergischen Wollfilzmanufaktur und der von Margarete Steiff ins Leben gerufenen Plüschtier- und Puppenfabrik (»Knopf im Ohr«), deren Produkte bald Weltberühmtheit erlangten. 1944 verlegte die Robert Bosch GmbH ein Zweigwerk nach Giengen, aus dem die heutige Bosch-Siemens-Hausgeräte GmbH hervorgegangen ist.

Sehenswertes in Giengen und Umgebung

Stadtzentrum Das Stadtzentrum ist in den vergangenen Jahren aufwändig saniert worden. Das **Rathaus**, die **Tanzlaube**, die **Schranne** und vor allem die

Charlottenhöhle Orientierung

Marktstraße zeigen sich heute von ihrer schönsten Seite. Imposant ist die evangelische **Stadtkirche** mit ihren beiden ungleichen Türmen. Sie wurde nach dem Stadtbrand von 1634 auf Bauresten des 13. und 14. Jh.s wieder errichtet.

★ Steiff-Museum

Nicht nur Kinder dürften Freude an einem Besuch des in einem 2005 fertiggestellten Rundbau untergebrachten Museums der Margarete Steiff GmbH haben. Glanzstücke sind ein von **Margarete Steiff** im Jahre 1880 gefertigter **Filzelefant** und der 1902 von Richard Steiff entwickelte **Teddybär**, der nach US-Präsident Theodore Roosevelt benannt worden ist. Diverse Puppen, Holzspielzeug runden das Ausstellungsprogramm ab. Auch kann man bei der Fertigung von Plüschtieren zusehen. An der Verkaufstheke kann man einen Teddy oder ein anderes nettes Mohair-Plüschtier erwerben (Öffnungszeiten: April – Okt. tgl. 9.30 – 19.00, Nov. – März 10.00 – 18.00 Uhr).

Stadtmuseum

Das Giengener Stadtmuseum ist im alten Rathaus von Hürben untergebracht. Zu den Besonderheiten der Sammlung zählen **Artefakte aus der Irpfelhöhle**, steinzeitliche, keltische und römische Kulturzeugnisse sowie alamannische Grabbeigaben, darunter ein Goldblattkreuz mit zwei Vogelblechen (Öffnungszeiten: So. u. Fei. 10.00 bis 12.00 u. 13.00 – 16.00 Uhr).

★ Charlottenhöhle

Wenige Kilometer südwestlich der Kernstadt, bei Giengen-Hürben, liegt die vielbesuchte Charlottenhöhle. Diese 587 m lange **Tropfsteinhöhle** wurde erst 1893 entdeckt, aber bald darauf durch die Installation einer elektrischen Beleuchtung zur Schauhöhle gemacht. Wundervolle Tropfsteinbildungen, so der »Berggeist«, die »Schatzkammer«, die »Kapelle«, der »Göttersaal« und das »Wilhelmsportal« ziehen seit langem Besucherströme an. Die Höhle ist benannt nach Königin Charlotte, der zweiten Frau des württembergischen Königs Wilhelm II. Sie hat der Höhle anlässlich der Einweihungsfeierlichkeiten einen Besuch abgestattet (Öffnungszeiten: April – Okt. Mo. – Fr. 9.00 – 11.30 u. 13.30 – 16.30, So. u. Fei. 9.00 – 16.30 Uhr).

◄ HöhlenHaus

Bei der Höhle gibt es seit kurzem eine neue Attraktion, das sog. HöhlenHaus. Hier wird man über das Werden der heutigen Karstlandschaft informiert. Die Entstehung der Charlottenhöhle wird ausführlich dargestellt. Repliken der berühmtesten, bis zu 35 000 Jahre

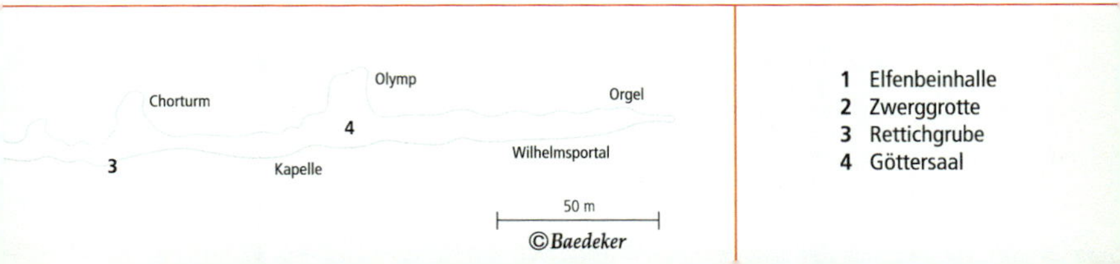

alten Funde aus den Höhlen des Lonetals illustrieren die kulturgeschichtliche Bedeutung des Südrandes der Alb. Der Zeitreisepfad führt vom HöhlenHaus zum Eingang der Charlottenhöhle, von der Gegenwart in die Steinzeit (Öffnungszeiten: Ende März – Sept. tgl. 9.00 – 19.00, Okt. tgl. 9.00 – 18.00, Nov. – Ende März Mi. 14.00 bis 18.00, Sa., So. 11.00 – 18.00 Uhr).

✶ Burgberger Mühle

Die 1344 erstmals erwähnte Alte Mühle des Giengener Ortsteils Burgberg mit ihrem mächtigen Wasserrad (6 m Durchmesser) ist aufwändig renoviert worden. Man erfährt hier nicht nur einiges über die Geschichte der Mühle, sondern auch über den Ort Burgberg, früher eines der größten Hausierhändler-Dörfer Württembergs. So wird man hier auch mit den »Sprachen der Landstraße« vertraut gemacht, d. h. mit dem »Jenischen«, »Rotwelschen«, »Jiddischen« und »Zigeunerischen« (Öffnungszeiten: Mai – 3. Okt. So. 13.30 – 18.00 Uhr; »Living History« zu Pfingsten und am Tag des Denkmals im Sept.).

✶ Göppingen

H/J 2

Landkreis: Göppingen
Einwohnerzahl: 58 000
Höhe: 319 m ü.d.M.
Prädikat: Große Kreisstadt

Die württembergische Kreisstadt liegt im unteren Filstal zu Füßen des Hohenstaufen. Sie ist ein wichtiger Standort der Metallindustrie (u.a. Schuler-Pressen, Oerlikon-Böhringer), der chemischen und pharmazeutischen Industrie, der Textilindustrie und nicht zuletzt der Spielwarenindustrie (u. a. Märklin).

Geschichte

Die Siedlungsgründung wird dem Alamannenführer Geppo zugeschrieben, der sich im 3. Jh. n. Chr. hier niedergelassen haben soll. In frühstaufischer Zeit baute sie Friedrich II. als Herzog von Schwaben zur Stadt aus. Kaiser Friedrich I. Barbarossa urkundete 1154 in Göppingen. Im Jahre 1273, also nach dem Niedergang der Staufer, wurde Göppingen Amtsstadt der Württemberger. 1425 und 1782 wüteten verheerende Stadtbrände. Bereits im 16. Jh. blühte hier der Badebetrieb, mit begünstigt durch zahlreiche Aufenthalte des württembergischen Herzogs Christoph (Christophsbad). Im 19. Jh. wurde Göppingen eine der bedeutendsten Industriestädte in Württemberg.

Sehenswertes in Göppingen

Marktstraße, Marktplatz

Göppingens »gute Stube«, vor wenigen Jahren mit großem Aufwand saniert und teils neu gestaltet, vermittelt zwischen der 1783 – 1785 nach einem Brand auf rechteckigem Grundriss neu erbauten Kernstadt und dem östlich bzw. südlich anschließenden neu gewachsenen Shopping-Areal um Bleich- und Poststraße.

Göppingen Orientierung

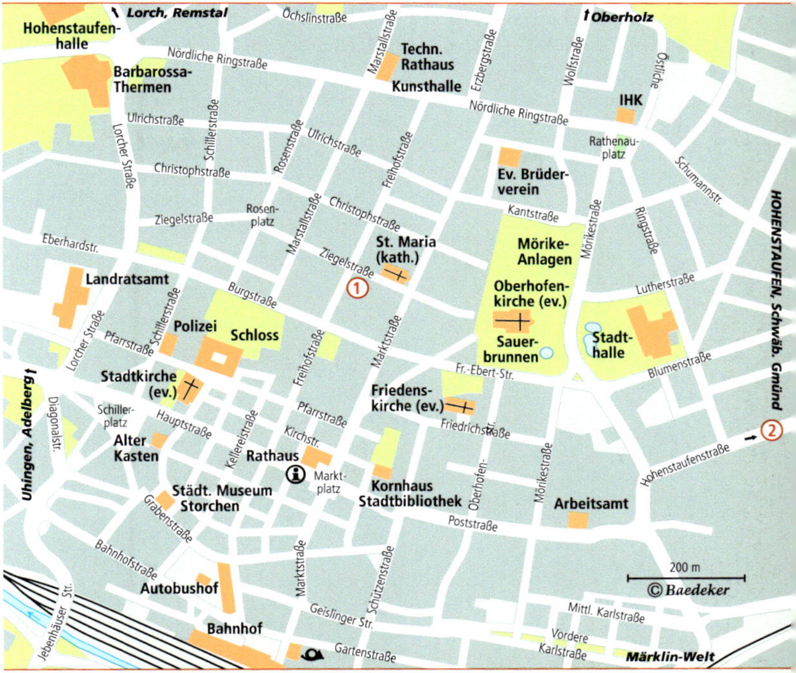

Übernachten und **Essen** ① Ringhotel Hohenstaufen ② Honey-Do

★ Storchen Der sog. »Storchen« ist ein im 16. Jh. erbautes Fachwerkschlösschen der Reichsfreiherren von Liebenstein. In ihm ist das **Städtische Museum** eingerichtet, das Stücke aus der Stauferzeit (u.a. »Augustalis«, eine Goldmünze Friedrichs II.), Göppinger Fayencen (18. Jh.) sowie altes Kunstgewerbe und Spielzeug enthält (Wilhelmstr. 36; Öffnungszeiten: Di. – Sa. 13.00 – 17.00, So., Fei. 11.00 – 17.00 Uhr).

Alter Kasten Wenige Schritte nordwestlich vom »Storchen« steht der »Alte Kasten«, ein schmucker schwäbischer Fachwerkbau. Er beherbergt die Heimatstuben der Banater Schwaben und der Vertriebenen aus dem sudetendeutschen Schönhengstgau.

Schloss Das Schloss hat man 1555 – 1568 nach Vorlagen von Aberlin Tretsch und Martin Berwart für den Herzog von Württemberg errichtet. Ein Kleinod dieser Vierflügelanlage ist die **»Rebenstiege«**, eine Wendeltreppe mit reliefiertem Rankenschmuck.

GÖPPINGEN ERLEBEN

AUSKUNFT

Tourist Information
i-Punkt im Rathaus
Hauptstr. 1
73033 Göppingen
Tel. (0 71 61) 65 02 92
Fax 65 02 99
www.goeppingen.de

EVENT

Maientag
Seit 350 Jahren feiert man dieses Heimat- und Kinderfest im Mai mit einem historischen Festzug und einem bunten Rahmenprogramm.

Freilichtspiele Adelberg
Im Sommer lockt Adelberg mit Freilichttheater einer eigenen Truppe sowie mit Gastspielen verschiedener befreundeter Ensembles aus ganz Deutschland. Informationen: Kultur- und Kunstverein, Tel. (0 71 66) 387, www.adelberg.de/kultur

AKTIVITÄTEN

Barbarossa-Thermen
Lorcher Str. 44
73033 Göppingen
Tel. (0 71 61) 6 06 88-0
www.barbarossa-thermen.de
Das Göppinger Stadtbad wurde kürzlich zur zeitgemäßen »Wellness- und Badewelt« ausgebaut. Öffnungszeiten: Mo. – Do. 8.00 – 22.00, Fr., Sa. 8.00 bis 23.00, So., Fei. 8.00 – 22.00 Uhr.

Nordic Walking
Im Göppinger Oberholz, im Wachtert und auch im Spitalwald gibt es herrliche Nordic-Walking-Rundkurse.

ÜBERNACHTEN · ESSEN

► Komfortabel

① ***Ringhotel Hohenstaufen***
Freihofstr. 64
73033 Göppingen
Tel. (0 71 61) 67 00
Fax 7 00 70
www.hotel-hohenstaufen.de
50 Zimmer, 1 Suite. Altbekannte Adresse. Die Küche des Hauses bietet eine vorzügliche regionale und saisonale Küche.

② ***Honey-Do***
Im Eutenbühl 1
73037 Göppingen-Hohenstaufen
Tel. (071 65) 91 09 10
Fax 91 09 119
www.honey-do.de
8 Zimmer. Aussichtsreich am Hang des Hohenstaufen gelegenes Haus mit guter Küche.

Stadtkirche Die evangelische Stadtkirche ist 1618/1619 nach Plänen von Heinrich Schickhardt erbaut worden. Das 1976 renovierte Innere ist im Stil des Barock gehalten. Die hölzerne Flachdecke ziert wunderschöne Ornamentmalerei.

Oberhofenkirche Nordöstlich des alten Stadtkerns liegt die evangelische Oberhofenkirche inmitten einer gepflegten Grünanlage (alter Friedhof). Das Gotteshaus, mit dessen Errichtung 1436 begonnen wurde, ist heute das älteste Gebäude der Stadt. Beachtenswert der Chor mit seinem Netzrippengewölbe und seinem kunstvoll gearbeiteten Gestühl. In der südlichen Eingangshalle ein Fresko mit einer Darstellung der Burg Hohenstaufen aus dem Jahre 1470.

Kunsthalle Göppingen

Die ehemalige Göppinger Gewerbeschule ist seit 1989 zur Kunstgalerie umfunktioniert. Hier werden Wechselausstellungen zeitgenössischer Kunst gezeigt. In der früheren Maschinenhalle (Shedhalle) sind großformatige Kunstwerke zu sehen (Marstallstr. 55; Öffnungszeiten: Di. – Fr. 13.00 – 19.00, Sa., So., Fei. 11.00 – 19.00 Uhr).

MuSeele

Einblicke in die **Geschichte der Psychiatrie** vermittelt die Ausstellung im ehemaligen, seinerzeit von **Heinrich Schickhardt** konzipierten Badhaus des Christophsbades (Öffnungszeiten: Mi. 16.00 – 18.00 u. So. 14.00 – 16.00Uhr).

★ Märklin-Welt

Hier kommen Freunde der **Modelleisenbahn** auf ihre Kosten. Von alten Uhrwerkbahnen über diverse Produktionen der Spurweiten I, HO und Z bis zur modernen digital gesteuerten Modellbahnanlage ist hier alles zu sehen, womit sich die traditionsreichen Spielzeugfirma einen Namen gemacht hat. Ein Ladengeschäft und eines Service-Station sind angeschlossen Ecke Ulmer Str./Reutlinger Str 2; Öffnungszeiten: Mo. – Fr. 10.00 bis 20.00, Sa. 10.00 – 18.00, So. 11.00 bis 18.00 Uhr, Fei. geschl.ossen.

Göppingen ist die Heimat der weltberühmten Modelleisenbahn-Firma Märklin.

★ Stiftskirche Faurndau

Zu den kunsthistorischen Kleinodien des Stauferlandes zählt die **Stiftskirche** im westlich der Kernstadt gelegenen Stadtteil Faurndau. Der **romanische Bau** hat seine Wurzeln in dem Kloster Furentoua, das König Ludwig der Deutsche im Jahre 875 seinem Hofdiakon Liutbrand zusammen mit der Kirche in Brenz (► Heidenheim an der Brenz) übertragen hat. Sehr bemerkenswert sind das achteckige **Gewölbe**, die wunderschönen **Kelchknospenkapitelle** an einzelnen Säulen im Vorraum sowie der Außenschmuck. Die Freskenausmalung (u.a. Bruchstücke eines Marienzyklus, Symbole der vier Evangelisten) wird auf das frühe 13. Jahrhundert datiert.

Umgebung von Göppingen

★ Hohenstaufen

Eine reizvolle Wanderung führt von Göppingen auf den Hohenstaufen (ca. 2. Std.). Der aussichtsreiche 684 m hohe Weißjura-Zeugenberg Hohenstaufen ist das Wahrzeichen des Stauferlandes. Hier oben

Auf dem markanten Jura-Zeugenberg Hohenstaufen befand sich einst der Stammsitz des wichtigsten hochmittelalterlichen Herrschergeschlechts.

stand einst die 1079 errichtete Stammburg der Staufer, des wichtigsten Herrschergeschlechtes des 11. bis 13. Jh.s. Die Burg, von der heute nur noch spärliche Reste zu sehen sind, wurde im Bauernkrieg von 1525 zerstört. Ihre Blütezeit erlebte die Burg Hohenstaufen unter **Kaiser Friedrich I. Barbarossa** (»Rotbart«), der von 1152 bis 1190 herrschte. Die Staufer konnten ihr Reich auf dem Höhepunkt ihrer Macht bis Süditalien und Sizilien ausdehnen. Unter den Staufern wurden zahlreiche Burgen, Klöster und Städte im süddeutschen Raum gegründet. Auch das höfische und bürgerliche Leben erreichte unter den Stauferkaisern einen Höhepunkt. Mit Konradin, der im Jahre 1268 in Neapel enthauptet worden ist, bricht die Macht der Staufer jäh ab.

An den Südosthang des Berges schmiegt sich der Ort Hohenstaufen, heute ein Stadtbezirk von Göppingen. Hier ist ein Besuch des **Dokumentationsraumes für staufische Geschichte** unbedingt lohnend, wo ein Modell der Stauferburg (um 1100) sowie etliche Zeugnisse der Stauferzeit im Original bzw. in Kopie zu sehen sind (Öffnungszeiten: Mitte März – Mitte Nov. tgl. 10. – 12.00 u. 13.00 – 17.00 Uhr).

Barbarossakirche ▶ Benachbart ist die Barbarossakirche (15. Jh.) mit schönem, wappengeschmücktem Westgiebel. Sie geht auf eine alte St.-Jakobs-Kirche zurück, die hier schon im 13. Jh. stand. Kaiser Friedrich I. Barbarossa soll einen unterirdischen Gang benutzt haben, als er das Gotteshaus während seiner Aufenthalte auf der Stammburg besuchte.

Spielburg ▶ Südwestlich unterhalb des Hohenstaufen liegt die markante Spielburg (585 m ü.d.M.), ein Fels- und Schutthang, an dem Bergsteiger und Drachenflieger üben.

Wäschenbeuren Nordwestlich unterhalb des Hohenstaufens liegt der Ort Wäschenbeuren. Auf seiner Markung wird der Stammsitz der Herren von Büren vermutet, die als unmittelbare Vorfahren der Staufer anzusehen sind. Am nordöstlichen Ortsrand erwartet das vor einigen Jahren renovierte Wäscherschlössle interessierte Besucher. Die kleine, im 13. Jh. errichtete Burg eines staufischen Ministerialen ist heute als Museum zugänglich (Öffnungszeiten: Di. – Fr. 10.30 – 12.00 u. 13.30 bis 16.00, Sa., So. 10.30 – 17.00 Uhr).

★ ◄ Wäscherschlössle

Adelberg

Der Erholungsort Adelberg (480 m ü.d.M.; 1800 Einw.) liegt auf einer Rodungsinsel im östlichen Schurwald. Seine Geschicke waren über Jahrhunderte mit dem Kloster verbunden, das 1178 an die Prämonstratenser gekommen war und das sich u.a. des besonderen Schutzes durch den Stauferkaiser Friedrich I. Barbarossa erfreute.

★ ◄ Ehem. Kloster

Der von einer 1200 m langen Mauer umgebene Klosterbezirk ist heute Kulisse für **Freilichtspiele** und bietet mehreren Kunstschaffenden Raum. Ein Kleinod ist die um 1500 erbaute **Ulrichskapelle** mit ihrem schönen Netzrippengewölbe im Chor und einem westlich aufgesetzten Turm. Die Kapelle beherbergt einen **Hochaltar von Nikolaus Weckmann** mit Bildtafeln aus der Werkstatt des Ulmer Meisters Zeitblom sowie mit einem Bilderzyklus (16. u. 18. Jh.) über die Klostergründung. An der Außenseite des Chores sind das Grabmal des Abtes Berthold Dürr sowie eine aus dem frühen 16. Jh. stammende Ölberggruppe bemerkenswert.

◄ Übrige Klosterbauten

Von den übrigen Klosterbauten sind erhalten die Prälatur (17. Jh.), der Fruchtkasten (1481), der Torbau (1744) und die Klostermühle (Herrenmühle; heute Gaststätte) am **Herrenbach-Stausee**.

◄ Klostervilla

In dem liebevoll wiederhergerichteten Wohn- und Amtsgebäude des 19. Jh.s, sind zwei Ausstellungen untergebracht, die sich mit der Geschichte des Klosters Adelberg sowie mit der Natur- und Kulturgeschichte des Schurwaldes befassen (Öffnungszeiten: So. u. Fei. 14.00 bis 17.00 Uhr u. n. V.)

◄ Klosterpark

Eine weitere Attraktion des Ortes ist das Erholungszentrum Klosterpark mit dem Erlebnisbad **Montemaris** mit Wellenhallenbad, Riesenrutschbahn sowie mit Eislaufhalle und Campingplatz.

Uhingen

5 km westlich von Göppingen liegt Uhingen (274 m ü.d.M.; 13 000 Einw.) mit seinen ausgedehnten Industriearealen. Beachtung verdient der 1477 erstmals erwähnte **Berchtoldshof** im alten Ortskern, der 1983/84 renoviert wurde und heute als ortsgeschichtliches Museum zugänglich ist (Öffnungszeiten: So. 14.00 – 18.00 Uhr).

★ ◄ Schloss Filseck

Über der Fils thront die im 16. Jh. anstelle einer mittelalterlichen Burg erbaute **Vierflügelanlage mit markanten Ecktürmen**. Sie ist 1971 und 1976 durch Brände verwüstet worden. In dem vor einigen Jahren restaurierten Schloss sind heute das Museum des Landkreises Göppingen, das Kreisarchiv, die Kreisvolkshochschule und Tagungsräume für verschiedene Anlässe sowie ein Restaurant untergebracht.

Eislingen/Fils

Ca. 4 km östlich von Göppingen liegt die Industriestadt Eislingen/Fils (336 m ü.d.M.; 18 000 Einw.). Im Turm der **Markuskirche** sind Fresken aus dem 14. Jh. höchst beachtenswert.

Fischsaurierfriedhof ► Im Süden der Stadt hat man im Jahre 2002 bei Straßenbauarbeiten einen urzeitlichen Fischsaurierfriedhof aufgedeckt, der vor etwa 180 Millionen Jahren am Grund des Jurameeres entstanden ist. Tübinger Paläontologen haben hier nicht nur Reste von gefräßigen urzeitlichen Räubern der Gattung Temnodontosaurus, sondern auch versteinerte Baumstämme freigelegt.

! *Baedeker* TIPP

Prickelnde Champagner-Bratbirne

Beste Obstweine bekommt man beim streitbaren Schlater Erzeuger Jörg Geiger, der vor Gericht um die Bezeichnung für seinen Schaumwein aus der Champagner-Bratbirne gerungen hat. Mittlerweile gibt es bei ihm nicht nur diesen prickelnden Birnenschaumwein (Halbtrocken, Trocken, Brut und Extra Brut), sondern auch »Schwäbischen Kir« aus Apfel- und Johannisbeerwein, »Schwäbischen Cidre« aus alten Apfel- und Birnensorten und vieles mehr. Infos: Manufaktur Jörg Geiger, Tel. (071 61) 9 99 02 24, www.champagner-bratbirne.de

Etwa 5 km südlich von Göppingen liegt das hübsch herausgeputzte und vom Obstbau geprägte Dorf **Schlat** (413 – 700 m ü.d.M.; 1700 Einw.), von wo aus sehr schöne Wanderungen zum **Wasserberg** (751 m ü.d.M.; vielbesuchtes Albvereinshaus; nahebei Wacholderheide-Lehrpfad) und zum **Fuchseck** (762 m ü.d.M.; Einkehrmöglichkeit am Fuchseckhof) unternommen werden können.

Süßen Der Industrieort Süßen (364 m ü.d.M.; 10 000 Einw.) liegt etwa halbwegs zwischen Göppingen und ► Geislingen an der Steige. Sehenswert ist in der alten **Martinskirche** ein romanisches Vortragekreuz, das wohl im 12. Jh. geschaffen worden ist. Nördlich über dem Ort thront die **Burgruine Staufeneck** (529 m ü.d.M.; 13. Jh.; Buckelquaderbauweise) mit ihrem hohen Turm an aussichtsreicher Stelle.

! *Baedeker* TIPP

Burghotel Staufeneck

Fürstlich übernachten und fein speisen kann man unmittelbar neben der Burgruine Staufeneck. Hier oben gibt es 28 Fremdenzimmer und fünf gepflegte Suiten. Küchenchef Rolf Straubinger gehört zu den besten seiner Zunft im »Ländle«. Infos: Tel. (0 71 62) 9 33 44-0, Fax 9 33 44 55, www.burg-staufeneck.de

Die 4 km nordöstlich von Süßen gelegene Stadt **Donzdorf** (406 m ü.d.M; 12 000 Einw.) ist der zentrale Ort des Lautertals und ein guter Ausgangspunkt für schöne Wanderungen. Einen Besuch lohnt die **Martinskirche** (15. Jh., 1777 umgebaut) mit der Grablege der Grafen von Rechberg sowie das kürzlich

Donzdorf renovierte rechbergische **Schloss** (15./16. Jh.) mit schönem Park. Im Schloss wird der **Mindelheimer Altar** von Bernhard Strigel (1505) aufbewahrt. Östlich von Donzdorf erhebt sich der **Messelberg** (749 m ü.d.M.) mit einem **kleinen Flugplatz** (bes. Segelflieger). Der Parkplatz Messelberg (Einkehrmöglichkeit im Fliegerheim) ist ein guter Ausgangspunkt für eine Radtour, die über Schnittlingen und Stötten zur **Kuchalb** (Einkehrmöglichkeit) führt. Von der Kuchalb sollte man sich einen kurzen Abstecher zum **Tegelberg** (666 m ü.d.M., schöner

Blick ins mittlere Filstal) nicht entgehen lassen.Südlich von Donzdorf sieht man die mittelalterliche Burgruine **Scharfenschlössle** auf einem kleinen Bergkegel. Nordwestlich von Donzdorf grüßt **Schloss Ramsberg** (13. Jh.) von einem Sporn des Rehgebirges. Zu seinen Füßen ist ein attraktiver **Golfplatz** angelegt.

Lauterstein

Wenige Kilometer lautertalaufwärts liegt die aus der kleinen Residenz **Weißenstein** und dem Dorf **Nenningen** geschaffene Stadt Lauterstein (470 – 778 m ü.d.M.; 2700 Einw.) am Westrand vom Albuch. Sehenswert sind die **Pfarrkirche Mariä Himmelfahrt** (15. Jh.) und das **Schloss Weißenstein** (15. Jh.; Privatbesitz) mit seinen markanten Erkern und Staffelgiebeln. In der Nenninger Friedhofskapelle kann man eine **Pietà von Ignaz Günther** (1774) bewundern.

✶

◄ Nenninger Pietà

Degenfeld

Knapp 2 km nördlich von Lauterstein-Weißenstein erreicht man den gern besuchten Ausflugsort Degenfeld (Ortsteil von ► Schwäbisch Gmünd) am Ostabfall des vielen Wanderern und Wintersportlern bekannten **Kalten Feldes**.

✶ **Rehgebirge**

Zwischen den drei Kaiserbergen Hohenstaufen, Rechberg und Stuifen im Norden und dem Filstal im Süden erstreckt sich das Rehgebirge, das aus einer in Riedel aufgelösten Braunjurafläche besteht. Wegen seines von Weiden, Wäldern, kleinen Dörfern und zahlreichen Einzelhöfen geprägten Landschaftsbildes wird es auch als die **»Schweiz des Stauferlandes«** bezeichnet. Das Rehgebirge ist heute ein bevorzugtes Wander- und Erholungsgebiet (u.a. Reiterleskapelle; Naherholung, Ferien auf dem Bauernhof). Bekannteste Hofstelle ist der **Schurrenhof** mit Isländer-Gestüt, Campingplatz, Schwimmbad und diversen Spielplätzen.

✶ Haigerloch

C 4

Landkreis: Zollernalbkreis
Einwohnerzahl: 11 000
Höhe: 390 – 535 m ü.d.M.

Das alte Städtchen liegt malerisch an und in einer tief in den Muschelkalk eingekerbten Schleife des Eyachtals. Besonders schön ist es hier im Mai, wenn die Fliederbüsche blühen und duften.

Die im Jahre 1237 erstmals als solche erwähnte Stadt hat zwei Siedlungskerne. Zum einen ist dies der so genannte Römerturm, ein mittelalterlicher Bergfried hoch über dem linken Eyachufer, der die heutige Oberstadt beherrscht. Zum anderen ist es das um das Jahr 1200 auf dem gegenüber liegenden Muschelkalksporn errichtete und hell leuchtende Schloss. Später wurde Haigerloch Residenz einer hohenzollerischen Nebenlinie.

Sehenswertes in Haigerloch und Umgebung

Schloss Auf dem Muschelkalksporn rechts der Eyach thront das vor einigen Jahren renovierte Haigerlocher Schloss (16./17. Jh.), das auf Fundamenten einer um 1200 erbauten Burg errichtet ist. Die ehemalige **Obervogtei** beherbergt heute ein Hotel mit Restaurant. In der ehemaligen **Zehntscheuer** ist eine **Kunstgalerie** untergebracht.

★ Schlosskirche ► Etwas abgesetzt die erhabene Schlosskirche (Ende 16./Anfang 17. Jh.), deren Inneres im 18. Jh. im Stil des Rokoko umgestaltet wurde. Prächtig sind die Deckengemälde von Meinrad von Ow, so z.B. im Chor eine »Huldigung der Erdteile«. Beachtung verdient der **Hochaltar** (1609), eines der wenigen noch erhaltenen Renaissance-Kunstwerke seiner Art in Deutschland. In dem Gotteshaus und in neugestalteten Räumen des benachbarten Fruchtkastens finden die in weitem Umkreis bekannten **Haigerlocher Schlosskonzerte** statt.

★ **Atomkeller-museum** Ein Felsenkeller unter der Schlosskirche war in den letzten Monaten des Zweiten Weltkrieges Atomforschungsstätte des Berliner Kaiser-Wilhelm-Instituts. Die Professoren Bothe, Heisenberg, Weizsäcker und Wirtz beschäftigten sich hier mit Versuchen zur Energiegewinnung aus Kernspaltung. In dem Keller wurde damals die modernste deutsche Kraftanlage gebaut, ein Atombrenner (Uranwürfel, Schwerwasser) mit einem Graphitmantel. Die Anlage wurde im April 1945 demontiert. Heute ist eine Rekonstruktion zu sehen (Öffnungszeiten: Mai – Sept., Oster- und Herbstferien Mo. – Sa. 10.00 – 12.00 u. 14.00 – 17.00, So. u. Fei. 10.00 – 17.00, März, April, Okt., Nov. Sa. 10.00 – 12.00 u. 14.00 – 17.00, So. u. Fei. 10.00 – 17.00 Uhr).

Schloss, Schlosskirche und Flieder sind die Wahrzeichen von Haigerloch.

HAIGERLOCH ERLEBEN

AUSKUNFT

Tourist Information
Oberstadtstr. 11
72401 Haigerloch
Tel. (0 74 74) 69 70
www.haigerloch.de

EVENTS

Haigerlocher Schlosskonzerte
Alljährlich im Zeitraum von Mitte Juli bis Ende Oktober geben namhafte Ensembles Konzerte im Schloss bzw. in der Schlosskirche.

ÜBERNACHTEN · ESSEN

► Komfortabel

Gastschloss Haigerloch
Schlossstr. 3
72401 Haigerloch
Tel. (0 74 74) 693-0
Fax 693-82
www.schloss-haigerloch.de
30 Zimmer. Angenehme Herberge mit gutem Restaurant, das auch regionale Küche bietet.

Schwanen
Marktplatz 5
72401 Haigerloch
Tel (0 74 74) 95 46-0
Fax 95 46 10
www.schwanen-haigerloch.de
21 Zimmer, 1 Suite, 3 Apartments. In dem traditionsreichen Gasthof an der Eyach wird man von Chris Groen meisterlich bekocht und von Pablo Gonzales bestens bei der Auswahl der Weine beraten.

Museen in der Ölmühle

Gleich nebenan, in der Ölmühle, befasst sich eine Ausstellung mit dem Leben und Werk des Physikers und Nobelpreisträgers Professor **Werner Heisenberg** (1901 – 1976). Ebenfalls in der alten Ölmühle befindet sich das **Städtische Kunstmuseum** mit seiner umfangreichen Kollektion von Bildern des Haigerlocher Künstlers Karl Hurm.

✶ »Haigerlocher Abendmahl«

Eine besondere Sehenswürdigkeit ist das »Haigerlocher Abendmahl« in der evangelischen Kirche. Es ist eine **Kopie des berühmten Gemäldes von Leonardo da Vinci**, geschaffen vom Haigerlocher Pfarrerssohn und Künstler Fridrich Schüz.

Synagoge

Ein paar Schritte abseits steht die vor wenigen Jahren renovierte Synagoge der Haigerlocher Juden, die in der Reichsprogromnacht 1938 verwüstet worden ist. Eine Dauerausstellung informiert über jüdisches Leben in Hohenzollern (Öffnungszeiten: Sa., So. 11.00 – 17.00, April – Okt. auch Do. 14.00 – 19.00 Uhr).

St. Anna

Am Rand der Oberstadt steht die **Wallfahrtskirche St. Anna**, die Mitte des 18. Jh.s erbaut wurde (Wallfahrt am letzten Juli-Sonntag). In ihrem Innern meisterhafte Stuckaturen von Johann Michael Feichtmayr sowie Fresken von Meinrad von Ow (u.a. St.-Anna-Legende im Chor). Gnadenbild ist eine thronende Muttergottes (14. Jh.) im Hochaltar.

✶ **Bad Imnau**

6 km nördlich von Haigerloch liegt der Kurort Bad Imnau (400 m ü.d.M.; 700 Einw.) im unteren Eyachtal, wo an mehreren Stellen kohlensäurehaltige Mineralwässer aus dem Muschelkalk austreten. 1733 gründete Fürst Josef Friedrich von Hohenzollern-Sigmaringen das **Stahlbad Imnau** mit dem prächtigen Fürstenbau, der heute als Kurhotel fungiert, und einem wunderschönen Kursaal. Im Josefshaus ist eine **Homöopathische Klinik** (Hahnemann-Klinik) eingerichtet. Im Theresienhauswohnen die Barmherzigen Schwestern vom Heiligen Kreuz, die bis heute den Stil des Stahlbades prägen (Informationen: Stahlbad Imnau, Tel. (0 74 74) 699-0, www.stahlbad.de).

✶✶ Hechingen · Burg Hohenzollern

D 4/5

Landkreis: Zollernalbkreis
Einwohnerzahl: 20 000
Höhe: 470 – 548 m ü.d.M.
Prädikat: Große Kreisstadt

Die ehemalige Residenz- und Kreisstadt Hechingen erstreckt sich zu Füßen der Burg Hohenzollern über einen Ausläufer der oberen Liasstufe bis ins mittlere Starzeltal. Sie ist heute wirtschaftliches und kulturelles Zentrum des nördlichen Zollernalbkreises.

Geschichte

Im Jahre 786 n.Chr. tauchte erstmals der Siedlungsname »Hahhingun« auf. Im 13. Jh. gründeten die Grafen von Zollern die heutige Oberstadt, die sich rasch zum Mittelpunkt der Zollerischen Lande entwickeln sollte. 1852 wurde Hechingen Sitz eines preußischen Oberamtes, 1925 Hauptort des Landkreises Hechingen. Mit der Verwaltungsreform verlor Hechingen 1973 seine Funktion als Kreisstadt.

Sehenswertes in Hechingen

✶ **Stiftskirche St. Jakobus**

Herausragende Sehenswürdigkeit im Zentrum ist die 1779 bis 1783 nach Plänen von **Michel d'Ixnard** im Zopfstil errichtete Stiftskirche St. Jakobus. Sie gehörte früher zu einem Kollegiatsstift, das 1495 eingerichtet wurde und bis 1806 Bestand hatte. In ihrem Innern sind fünf Gemälde des Karlsruher Hofmalers J. Melling (18. Jh.) beachtenswert. Links neben dem Hochaltar das Grabmal von Graf Eitelfriedrich von Zollern († 1512) und dessen Gemahlin Magdalena von Brandenburg († 1496). In den Seitenkapellen und in der Fürstenloge sieht man hervorragende Bildwerke des Meinrad von Ow.

Stadtzentrum und Unterstadt

In der Nähe des Gotteshauses, am unteren Ende des Marktplatzes, steht das **Rathaus**, das 1957 nach Vorlagen des seinerzeit renommierten Architekten Paul Schmitthenner errichtet worden ist. Ein paar Schritte entfernt trifft man auf die vor einigen Jahren renovierte ehemalige **Synagoge** der bereits im 16. Jh. nachgewiesenen jüdischen Gemeinde von Hechingen. Sie dient heute als Kulturzentrum.

HECHINGEN ERLEBEN

AUSKUNFT

Bürger- und Tourismusbüro
Kirchplatz 12
72379 Hechingen
Tel. (0 74 71) 940-211
Fax 940-210
www.hechingen.de

EVENTS

Hechinger Fasnacht
Ihre Tradition reicht bis ins 16. Jh. zurück. Höhepunkte des närrischen Treibens sind der »Aoselige Daoschdig« (Donnerstag vor Fastnacht), der »Lombameedig« (Rosenmontag) und der Fastnachtsdienstag (Umzug).

Irma-West-Kinder- und Heimatfest
Alljährlich an einem verlängerten Juli-Wochenende geht dieses traditionsreiche Fest mit buntem Rahmenprogramm über die Bühne.

Hechingen Orientierung

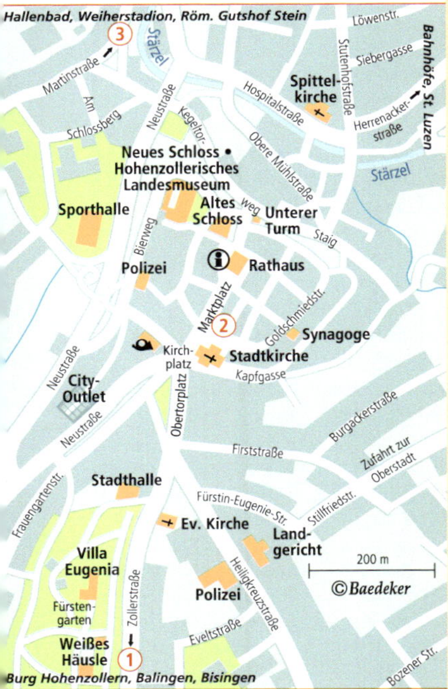

Übernachten und Essen
① Brielhof ② Klaiber ③ Lamm

ÜBERNACHTEN · ESSEN

► Komfortabel

① ***Brielhof***
B 27/Auffahrt Burg Hohenzollern
72379 Hechingen
Tel. (0 74 71) 98 86-0
Fax 1 69 08
www.brielhof.de
24 Zimmer, 1 Apartment. Aus der ehemaligen Postkutschenstation an der viel befahrenen Schweizerstraße (heute B 27) ist ein komfortables Hotel mit vorzüglicher Küche geworden.

► Günstig

② ***Klaiber***
Obertorplatz 11
72379 Hechingen
Tel (0 74 71) 22 57
Fax 1 39 18
www.hotel-klaiber.de
27 Zimmer. Nette Unterkunft im Stadtzentrum mit beliebtem Café und eigener guter Konditorei.

③ ***Lamm***
Römerstr 29
72379 Hechingen-Stein
Tel. (0 74 71) 9 25-0
Fax 9 25 42
www.hotel-gasthof-lamm.de
30 Zimmer. Recht freundlicher Gasthof in der Nähe der römischen Gutsanlage.

Das Alte Schloss und der Untere Turm sind jüngst aufwändig renoviert worden.

★ **Altes Schloss**

Die umfangreiche **Hohenzollerische Landessammlung** ist im kürzlich renovierten Alten Schloss von Hechingen untergebracht. Im Gewölbekeller sind archäologische Funde aus dem Gebiet zwischen Haigerloch und Sigmaringen zu sehen, darunter steinzeitliche Faustkeile und alamannische Grabbeigaben. Im 1. Stock sind interessante Stücke vom Mittelalter bis zur Renaissance ausgestellt. Zwei Highlights sind der um das Jahr 1330 entstandene Laizer Apostels owie der um 1380 geschaffene Christus auf dem Palmesel. Eindrucksvoll sind auch die Handarbeiten aus den zollerischen Klöstern (Öffnungszeiten: Di. – Sa. 14.00 – 17.00, So. u. Fei. 10.00 – 17.00 Uhr).
Gegenüber, im 1819 erbauten **Neuen Schloss**, hat sich die Sparkasse des Zollernalbkreises häuslich eingerichtet.
Ein Rest der unter Graf Eitelfriedrich erbauten Stadtbefestigung ist der in die Unterstadt führende **Untere Turm** (1580).

★ **St. Luzen**

Jenseits des Bahngeländes steht die 1589 erbaute ehemalige Franziskanerklosterkirche St. Luzen. Sehr schön sind ihr **Renaissance-Dekor** und die kunstvolle **Stuck-Rosette** in ihrem Gewölbe.

Oberstadt

Oberhalb der Stiftskirche sind einige herrschaftliche Bauten bemerkenswert. Dazu gehört die **Villa Eugenia** (1775) inmitten eines englischen Parks. Sie war Wohnsitz der letzten Fürsten der Linie Hohenzollern-Hechingen und im 19. Jh. ein kultureller Treffpunkt, dem auch Franz Liszt einen Besuch abstattete. Gleich in der Nähe steht das **Weiße Häusle** (1830), einst fürstlicher Billardsalon und heute Sitz der Hechinger Künstlergilde. Links vom Eingang erinnert ein Gedenkstein an **Friedrich Wilhelm von Steuben**, der von 1764 bis 1776 fürstlicher Hofmarschall in Hechingen war.

✶ ✶ Burg Hohenzollern

Südlich von Hechingen erhebt sich ein Kegelberg, auf dem eine der berühmtesten Burgen Deutschlands thront (► 3D-Seite 221). Der Berg selbst ist das Musterbeispiel eines Jura-Zeugenberges, der zudem noch mitten im geologisch recht instabilen und erdbebengefährdeten Zollerngraben (► Albstadt) liegt. So wundert es nicht, dass die Burg schon mehrfach unter Erdbeben gelitten hat, letztmals 1970 und 1978. Umfangreiche Renovierungsarbeiten wurden erforderlich.

Geschichte

Der im Jahre 1061 erstmals beurkundete Stammsitz eines der berühmtesten Grafengeschlechter Süddeutschlands wurde 1423 nach langer Belagerung durch Verbände der schwäbischen Reichsstädte zerstört. Sein Wiederaufbau erfolgte zwischen 1454 und 1460. Von 1850 bis 1867 errichteten der preußische Hofarchitekt F. A. Stüler und der Festungsbaumeister Oberst von Prittwitz auf den alten Grundfesten eine von der Romantik geprägte Burg, die am 3. Oktober 1867 feierlich eingeweiht wurde.

◄ Stammbaum der Burgherren

Vom Geschlecht der Zollern trennten sich im 12. Jh. die Grafen von Hohenberg, die im Bereich der westlichen Alb und ihrem Vorland zur Ton angebenden Macht wurden. Eine Seitenlinie des Adelshauses bildete sich später mit der Verleihung des Nürnberger Burggrafenamtes als Reichslehen. Sie erhielt im 15. Jh. die Mark Brandenburg. Die Markgrafen von Brandenburg residierten in Ansbach und Bayreuth. Aus dem kurfürstlichen Zweig der fränkischen Linie erwuchs das Haus Preußen. Die schwäbische Linie der Zollern teilte die hohenzollerischen süddeutschen Lande 1576 unter den Zweigen Haigerloch, Hechingen und Sigmaringen auf. Die Haigerlocher starben 1634, die Hechinger 1869 im Mannesstamm aus. Bis zu seinem Tode im Jahre 1994 war Prinz Louis Ferdinand von Preußen, der Enkel des letzten deutschen Kaisers, Burgherr auf Hohenzollern. Seinen Platz nimmt heute Prinz Georg Friedrich Ferdinand ein.

✶ **Wanderung auf den Raichberg**

Eine der schönsten Etappen des Wanderweges Baden-Württemberg bzw. des Alb-Nordrandweges führt von Hechingen über den **Hohenzollern** und das aussichtsreiche **Zeller Horn** zum **Backofenfelsen** (942 m ü.d.M.) und auf den **Raichberg** (956 m ü.d.M.; Aussichtsturm, Albvereinsheim Nägelehaus, Sendemast).

Bisingen

5 km südwestlich von Hechingen liegt die gewerbereiche Gemeinde Bisingen (548 m ü.d.M.; 8000 Einw.). Auf ihrer Gemarkung befand sich während des Zweiten Weltkrieges ein Konzentrationslager. Jüdische Häftlinge sowie polnische und italienische Kriegsgefangene mussten vom Sommer 1944 bis zur Kapitulation an verschiedenen Stellen in der Umgebung Ölschiefer abbauen. Sehr eindringlich bekommt man diese schlimme Zeit auf dem nahen **KZ-Friedhof** sowie im örtlichen **Heimatmuseum** (Öffnungszeiten: Sa., So. 14.00 – 17.00 Uhr) vor Augen geführt.

BURG HOHENZOLLERN

★★ **Auf dem 855 Meter hohen Bergkegel vor dem eigentlichen Albtrauf thront weithin sichtbar der Stammsitz der Hohenzollern. Vor rund einem Jahrtausend trat die Zollern-Dynastie von hier oben ihren Siegeszug an.**

Öffnungszeiten:
Mitte März – Okt. tgl. 9.00 – 17.30 Uhr
Nov. – Mitte März tgl. 10.00 – 16.30 Uhr

① **Adlertor**
Eingang in die Burg

② **Auffahrtsanlagen**
Spiralförmige Auffahrt mit Toren, Brücken und einer Galerie

③ **Zugang zu den Basteien**
Von hier genießt man eine tolle Aussicht.

④ **Burggarten**
Erholungsfläche und Biergarten.

⑤ **Burghof**

⑥ **Burgschenke, Souvenirs**

⑦ **Stammbaumhalle**
Gemalter Stammbaum der Hohenzollern mit schwäbischer, fränkischer und brandenburgisch-preußischer Linie

⑧ **Grafensaal**
Er ist der repräsentativste Saal der Burg. Unter diesem Saal befindet sich die Schatzkammer.

⑨ **Markgrafenzimmer**
mit dem Salon des preußischen Königs

⑩ **Schlaf- und Ankleidezimmer**
des königlichen Paares

⑪ **Blauer Salon**
Prachtvoll ausgestattetes Zimmer der Königin

⑫ **St.-Michaels-Kapelle**
Das 1461 geweihte kleine Gotteshaus ist der älteste erhaltene Teil der Burg Hohenzollern. Sie enthält wertvollste gotische Glasmalereien sowie das älteste bekannte Wappen der Hohenzollern.

Die preußische Königskrone von 1889 ist das »Highlight« der Schatzkammer.

Ritterrüstungen und Waffen sind in der Waffenkammer ausgestellt.

Die Kanone im Burghof wird ausgesprochen gern von Kleinkindern erklommen.

In der evangelischen Christuskapelle standen von 1952 bis 1991 die Särge von Friedrich dem Großen und dessen Vater Friedrich Wilhelm I.

✶ **Römisches Freilichtmuseum**

Bei Hechingen-Stein, knapp 4 km nordwestlich vom Stadtzentrum, kann man die seit 1976 aufgedeckten **Reste eines römischen Gutshofes** (1. – 3. Jh. n.Chr.) besichtigen. Ein Teil der Anlage ist inzwischen aufwändig rekonstruiert worden (Öffnungszeiten: April, Mai Di. – So. 10.00 – 17.00, Juni – Aug. tgl. 10.00 – 18.00, Sept., Okt. Di. – So. 10.00 – 17.00 Uhr; Führungen auf Anfrage, Tel. 0 74 71 / 64 00, www.villa-rustica.de)

✶ Heidenheim an der Brenz

L/M 2/3

Landkreis: Heidenheim
Einwohnerzahl: 52 000
Höhe: 478 – 645 m ü.d.M.
Prädikat: Große Kreisstadt

In einer Weitung des Brenztales zwischen Albuch und Härtsfeld liegt eine der ältesten Industriestädte Württembergs. Seit 1723 findet der Schäferlauf statt, der alle zwei Jahre Abertausende Zuschauer anlockt.

Geschichte

Von 90 bis 150 n.Chr. unterhielten die Römer hier das Kastell Aquileia. Im 14. Jh. begann bei Heidenheim die Eisenerzverhüttung. Bereits in der ersten Hälfte des 19. Jh.s zeichnete sich ein wirtschaftlicher Aufschwung ab, der von der Industrialisierung im Textil- und Metallbereich ausging. Trotz schwerer Rückschläge in den beiden Weltkriegen konnte sich die Stadt auf der Ostalb nach 1946 wirtschaftlich wieder rasch erholen, wozu auch Betriebsverlagerungen aus Mitteldeutschland in den Raum Heidenheim beitrugen. Bekannte Heidenheimer Unternehmen sind u.a. J. M. Voith GmbH (Turbinen) und die Paul Hartmann AG, die Verbandsstoffe erzeugt.

Sehenswertes in Heidenheim

✶✶ **Schloss Hellenstein**

Um 1100 ließ Gozpert von Hellenstein eine Höhenburg erbauen, die um 1180 durch seinen Enkel Degenhard, einen engen Vertrauten des Stauferkaisers Friedrich Barbarossa, vollendet wurde. Zwischen 1600 und 1610 entstand unter Herzog Friedrich I. von Württemberg eine großzügige Renaissance-Anlage mit Schlosskirche, Obervogtei, Burgvogtei, Altanbau und einem gewaltigen Fruchtkasten. Ab 1794 wurden Teile der staufischen Burganlage abgetragen.

✶ Museum Schloss Hellenstein ►

Im Schloss ist seit 1901 ein Museum eingerichtet. Die in der Schlosskirche untergebrachte vor- und frühgeschichtliche Abteilung des Museums zählt mit ihren altsteinzeitlichen Funden sowie reichen Beigaben aus alamannischen Reihengräbern zu den bedeutendsten in Baden-Württemberg. Heidenheims Geschichte wird anhand alter Ansichten, Landkarten, Urkunden und Portraits so-

HEIDENHEIM ERLEBEN

AUSKUNFT

Tourist-Information
Hauptstr. 34
89522 Heidenheim an der Brenz
Tel. (0 73 21) 3 27 49 10
Fax (0 73 21) 3 27 49 11
www.heidenheim.de

EVENTS

Heidenheimer Schäferlauf
1723 wurde der Heidenheimer Schäferlauf vom Württembergischen Herzog gestiftet. Alle 2 Jahre (2008, 2010, 2012 usw.) im Mai/Juni wird das Schäferkönigspaar ermittelt.

Naturtheater Heidenheim
Alljährlich in der warmen Jahreszeit kommen im Naturtheater neben Schloss Hellenstein bekannte Stoffe zur Aufführung. Weitere Informationen: Tel. (0 73 21) 92 55-0, www.naturtheater.de

AKTIVITÄTEN

Aquarena
Spaßbad im Nordwesten der Stadt mit 4 Schwimmbecken, 2 Riesen-Wasserrutschen, 3 Saunen, 7 Solarien, Fitness- und Freizeitbereich. Informationen: Tel. (0 73 21) 328-130. Öffnungszeiten: Mo. 12.00 – 21.00, Di., Mi., Do. 8.00 – 21.00, Fr. 8.00 bis 22.00, Sa., So., Fei. 9.00 – 18.00 Uhr.

Freizeitpark Schloss Hellenstein
Dieser Park ist mit seinen Wildgehegen und Kinderspielplätzen ein schönes Naherholungsgebiet. Auch ein Streichelzoo ist vorhanden.

ÜBERNACHTEN · ESSEN

► Komfortabel

① ***NH Hotel Heidenheim***
Friedr.-Pfenning-Str. 33
89518 Heidenheim an der Brenz
Tel. (0 73 21) 98 00, Fax 98 01 00
www.nh-hotels.com
83 Zimmer. Gepflegtes Haus mit nettem Restaurant.

► Günstig

② ***Linde***
St.-Pöltener-Str. 53
89522 Heidenheim an der Brenz
Tel. (0 73 21) 95 92-0, Fax 95 92 58
www.hotel-linde-hdh.com
31 Zimmer. Freundliche zentrumsnah gelegene Unterkunft mit vorwiegend regionaler Küche.

③ ***Traube***
Hauptstr. 27
89522 Heidenheim-Oggenhausen
Tel. (0 73 21) 97 87 10, Fax 97 87 48
www.traube-oggenhausen.de
12 Zimmer. Beliebter Landgasthof mit neuem Gästehaus und bodenständiger schwäbischer Küche (Rostbraten etc.).

wie markanter Zeugnisse aus der **Frühzeit des Handwerks und der Industrie** lebendig. Beachtlich ist auch die Sammlung sakraler Kunst. Ferner kann man altes Spielzeug und die Indische Sammlung Alfred Meebold bewundern (Öffnungszeiten: Mitte März – Mitte Nov. Di. bis Sa. 10.00 – 12.00 u. 14.00 – 17.00, So., Fei. 10.00 – 17.00 Uhr).
Der gewaltige, früher als **Fruchtkasten** genutzte Fachwerkbau beherbergt heute einen Zweig des Württembergischen Landesmuseums, das Museum für Kutschen, Chaisen und Karren. Veranschaulicht

◄ Kutschenmuseum

Heidenheim *Orientierung*

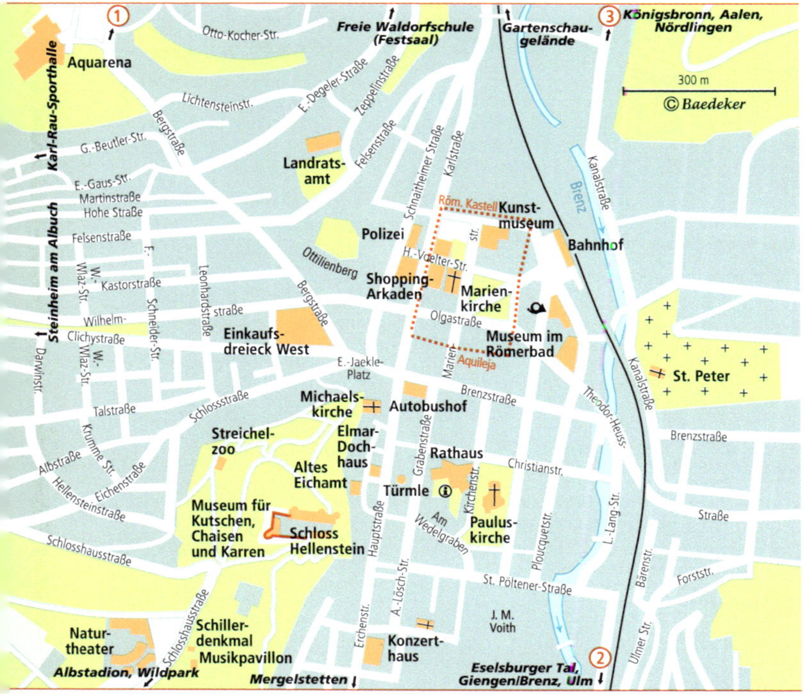

Übernachten ① NH Hotel Heidenheim ② Linde ③ Traube

wird der Landverkehr vor dem Einsetzen der Motorisierung mit den Themen Postverkehr, Feuerlöschwesen, Ausflugs- und Überlandreisen, Marktbeschickung sowie städtischer Personenverkehr (Öffnungszeiten: Mitte März – Mitte Nov. Di. – Sa. 10.00 – 12.00 u. 14.00 bis 17.00, So., Fei. 10.00 – 17.00 Uhr).

Altstadt Die am Fuße des Schlossfelsens liegende Heidenheimer Altstadt lässt sich in ihrer mittelalterlichen Erscheinung noch gut erkennen. Typisches Merkmal für ihre Entstehung in staufischer Zeit ist der langgezogene und in der Mitte verbreiterte Straßenmarkt.

✶ Kastell Aquileia, Museum im Römerbad Das römische Kastell Aquileia ist unter Kaiser Domitian (81 – 96 n. Chr.) im Bereich des heutigen Stadtkerns angelegt worden. Es war bis zur Vorverlegung des Limes nach Norden (ca. 150 n. Chr.) Standort der römischen Reitertruppe Ala II Flavia. Den Beweis für das Bestehen einer provinzialrömischen Zivilsiedlung erbrachten seit 1980 durchgeführte archäologische Forschungen. Man hat Spuren eines provinzialrömischen Monumentalbauwerks mit Heizanlage und einer Badeanlage gefunden. Zur musealen Ausstattung gehören originale Fundstücke und Nachbildungen. Schautafeln vermitteln Einblicke in die provinzialrömische Geschichtsepoche und beleuchten u.a. die Heiztechnik, die Töpferei und das Münzwesen jener Epoche (Öffnungszeiten: Mitte März – Mitte Nov. Do. 10.00 – 12.00 u. 14.00 bis 17.00, So., Fei. 10.00 – 17.00 Uhr).

★★ Kunstmuseum Hermann Voith

Das Kunstmuseum ist im renovierten ehem. Jugendstil-Stadtbad untergebracht. In Dauer- und Wechselausstellungen kann man eine Auswahl aus der größten **Picasso-Plakate-Sammlung** der Welt (über 700 Exemplare) sehen, darunter sämtliche von Picasso selbst gefertigte Plakate (u.a. Linolschnitte, Lithographien, Radierungen). Das Museum besitzt auch eine bedeutende Kollektion von **HAP-Grieshaber-Plakaten** sowie einen umfangreichen Bestand weiterer Originalplakate von Künstlern der Klassischen Moderne und der École de Paris, u. a. von Georges Braque, Marc Chagall, Max Ernst und Fernand Léger (Öffnungszeiten: Di. – Fr. 10.00 – 12.00 und 14.00 – 17.00, Mi. bis 19.00, Sa., So. 11.00 – 17.00 Uhr).

Galerie im Türmle

Von der mittelalterlichen Stadtbefestigung sind noch einige Reste erhalten. Am Schlossberg steht noch der Schandturm und an der Grabenstraße das sog. Türmle, in dem heute eine Galerie des Heidenheimer Kunstvereins untergebracht ist.

Michaelskirche

Der Bau der spätgotischen ev. Kirche erfolgte wohl um 1460. 1621 wurde sie nach Süden erweitert, 1767 wurde eine nochmalige Erweiterung nach Nordwesten durchgeführt. Bei der Renovierung 1965 bis 1967 wurden 36 **Holztafelbilder** u.a. mit einem ausführlichen Zyklus aus der Christusgeschichte, 1629 geschaffen von dem Heidenheimer Maler Johann Gottfried Enßlin, wiederentdeckt.

Gartenschaugelände

»Schau schau ...« hieß es im Jahre 2006 in Heidenheim, denn von Mitte Mai bis Anfang Oktober lockte die Landesgartenschau viele Tausend Besucher nach Heidenheim. Zu diesem Zweck hat man eine Brachfläche zwischen Brenz und Bahnlinie in eine prachtvoll blühende Landschaft umgewandelt, die heute als erholsame Oase in der Stadt geschätzt wird.

Umgebung von Heidenheim

★ Königsbronn

Wenige Kilometer weiter nördlich liegt der Erholungsort Königsbronn (495 – 674 m ü.d.M.; 7500 Einw.) reizvoll am **Brenzursprung**, einem der schönsten Karstquelltöpfe der Alb, und unweit der europäischen Wasserscheide Rhein/Donau. 1303 wurde ein Zisterzienserkloster gegründet. 1365 fand erstmals ein Eisenwerk Erwähnung, das

Eine Idylle: der Brenztopf in Königsbronn

die **Keimzelle der Metallindustrie im Raum Aalen / Heidenheim** werden sollte. Hier hat man in der näheren Umgebung gefundenes Bohn- und Braunerz verarbeitet. Neben dem idyllischen Brenztopf (Schüttung: ca. 1200 l/sec) steht das **Rathaus**, das einstmals Wohnsitz des Hüttenwerkspächters J. G. Blezinger (1717 bis 1795) gewesen ist. Beachtenswert sind die Rokoko-Fassade (1775) und das barocke Fürstenzimmer im Giebel. Gleich nebenan, in der **Georg-Elser-Gedenkstätte** (Herwartstr. 3) wird an den in Königsbronn aufgewachsenen Schreiner Georg Elser (1903 bis 1945) erinnert, der am 8. November 1939 im Münchner Bürgerbräukeller einen Anschlag auf Adolf Hitler verübt hat (Öffnungszeiten: So., Fei. 11.00 – 17.00 Uhr). Das **Torbogen-Museum** ist in der barocken ehem. Oberamtei untergebracht. Vor- und frühgeschichtliche Kulturzeugnisse sind hier ebenso zu sehen wie Dokumente zur Geschichte des Klosters. Interessant sind die Erläuterungen zur **Entwicklung der Eisenverhüttung** im oberen Brenztal. Eine wertvolle **Kunstgussssammlung**, eine Gemäldekollektion sowie eine Jagdabteilung runden die heimatkundliche Ausstellung ab. Angeschlossen ist das **Landesfischereimuseum** (Öffnungszeiten: April – Okt. So., Fei. 11.00 – 17.00 Uhr).

Im ehemaligen Klosterhof sind noch die frühere Prälatur (1757; heute Pfarr- und Forstamt) und die Pfisterei erhalten. Vom früheren Münster sind nur noch Reste des Chores zu sehen. Ein Kleinod ist der achteckige **Klosterbrunnen** (1729), der mit schönen Gussplatten eingefasst ist. In der **Ev. Klosterkirche** (1565; 1710 u. 1974 umgestaltet) sind der barocke Altaraufsatz, das Gestühl (1713), der Grabstein von Gräfin Beatrix von Schlüsselberg-Helfenstein († 1357) und gusseiserne Epitaphien aus dem 17. und 18. Jh. beachtenswert.

Itzelberger See

Am östlichen Ortsrand von Königsbronn erstreckt sich der 8,4 ha große Itzelberger See, der einst von Mönchen des Klosters Königsbronn aufgestaut worden ist. Im See liegt eine Vogelschutzinsel (über 50 Arten). Wassersport ist möglich. Der **Karstquellenweg** (15 Stationen) verbindet Königsbronn mit Oberkochen (►Aalen).

Nattheim

Die Gemeinde Nattheim (651 m ü.d.M.; 6000 Einw.) liegt am Südwestrand des Härtsfeldes. Nattheim selbst hat sich in den vergangenen Jahren zu einem beliebten Ausflugsziel entwickelt. Ein attraktives Hallenfreizeitbad, schöne Wanderwege und nicht zuletzt die Wintersporteinrichtungen ziehen viele Gäste an.

✶ ◄ Korallen- und Heimatmuseum

Hier sind tolle Versteinerungen von Lebewesen des seinerzeit tropisch warmen Weißjurameeres ausgestellt, die man in der Umgebung von Nattheim gefunden hat, darunter vor allem auch Korallen. Das große Korallenriff-Aquarium mit seinen bunten Fischen zeigt, wie die Gegend um das heutige Nattheim vor etwa 145 Millionen Jahren ausgesehen haben könnte (Öffnungszeiten: So. 14.00 – 17.00 Uhr).

✶✶ **Eselsburger Tal**

Südlich von Herbrechtingen-Anhausen, wo noch einige Bauten eines im 12. Jh. gegründeten Klosters zu sehen sind, beginnt das Eselsburger Tal, der unter Naturschutz stehende, **landschaftlich schönste Abschnitt des Brenztales**. Der Fluss umzieht hier den 523 m hohen

Wunderschöne Alb: das Eselsburger Tal mit den »Steinernen Jungfrauen«

Buigen (Reste einer keltischen Schanze). Bizarre Felsbildungen wie die **Steinernen Jungfrauen**, Aussichtspunkte wie **Fischerfelsen** und **Bachfelsen** sowie eine vielgestaltige Trockenvegetation an den sonnenseitigen Talhängen laden viele Wanderer und Naturliebhaber ein.

Heubach

K 2

Landkreis: Ostalbkreis
Einwohnerzahl: 10 000
Höhe: 460 – 766 m ü.d.M.

Miederwaren der Marken »Susa« und »Triumph International« haben das Städtchen Heubach weltweit bekannt gemacht. Und die landschaftlich reizvolle Lage am Fuße des geschichtsträchtigen Rosensteins hat es vielen Ausflüglern angetan.

Heubach wurde 1234 erstmals urkundlich erwähnt und bekam 1360 das Stadtrecht. Im 15. und 16. Jh. war die Stadt im Besitz der Herren von Woellwarth, die 1524 in Heubach ein Schloss errichteten. Aus einigen bereits bestehenden Hauswebereien entstanden im 19. Jh. die Korsettweberei Schneider (1859), die wenig später unter der Marke »Susa« bekannt wurde, sowie die Firma Spießhofer und Braun, deren Erzeugnisse unter der Handelsmarke »Triumph International« Weltruhm erlangten.

Extremsport am Rosenstein hoch über Heubach

HEUBACH ERLEBEN

AUSKUNFT

Stadtverwaltung
Hauptstr. 53, 73540 Heubach
Tel. (0 71 73) 181-0, Fax 181-49
www.heubach.de

AKTIVITÄTEN

Wandern
Eine reizvolle Rundwanderung (ca. 5 Std.) führt von Heubach über das Himmelreich zum Bargauer Horn (710 m; Naturschutzgebiet; schöne Aussicht ins Remstal) und zum Bargauer Kreuz. Von dort geht es über den »Gmünder Weg« zum Glasenberg (Fernmeldeturm), zum Rosenstein und wieder zurück nach Heubach.

ÜBERNACHTEN · ESSEN

► Komfortabel / Günstig
Deutscher Kaiser
Hauptstr. 42, 73540 Heubach
Tel. (0 71 73) 87 08, Fax 80 89
www.deutscher-kaiser-heubach.de
13 Zimmer. Der seit 1860 in Familienbesitz befindliche Betrieb bietet behagliche Unterkunft und gute schwäbische Küche.

Sehenswertes in Heubach und Umgebung

Die **Pfarrkirche St. Ulrich** geht auf eine romanische Pfeilerbasilika des 13. Jh.s zurück. Weitere beachtenswerte Bauwerke sind der **Blockturm** (1473) und das Rathaus (1581; 1908 und 1965 umgestaltet). Im Obergeschoss des Heubacher Schlosses ist das **Miedermuseum** untergebracht, das sich mit der hiesigen Miederindustrie und dem Wandel der Moden und Mieder beschäftigt (Öffnungszeiten: Di. 9.00 – 13.00 u. 15.00 – 18.00, Mi. 9.00 – 12.00 u. 15.00 – 18.00, Do. 9.00 12.00, Fr. 9.00 12.00 u. 13.00 bis 17.00, Sa. 9.00 – 13.00 Uhr).

! *Baedeker* TIPP

Amourette, Sloggi & Co.

Preisreduzierte Markenprodukte von Triumph International gibt es im Hausverkauf der weltberühmten Heubacher Firma (Fritz-Spießhofer-Str. 7. Öffnungszeiten: Mo. – Fr. 10.00 – 18.00, Sa. 10.00 – 16.00 Uhr).

✶ Rosenstein

Östlich über der Stadt erhebt sich der aussichtsreiche Rosenstein (686 m ü.d.M.). Seine steilen Felsen werden gern von Kletterern angegangen. In den **Höhlen** am Rosenstein hat man diverse Gerätschaften aus der jüngeren Altsteinzeit, der Hallstatt- und der Bronzezeit gefunden. Etwa 1200 – 500 v. Chr. wurden auf dem Rosenstein Ringwälle für eine Fliehburg angelegt. Um 1070 entstand die **mittelalterliche Burg Rosenstein**, die jedoch im 16. Jh. verlassen wurde.

Glasenberg, Fernmeldeturm

Auf dem Glasenberg (721 m ü.d.M.) ragt ein 165 m hoher Fernmeldeturm in den Himmel. Von der Plattform (Öffnungszeiten: April bis Sept. Sa.- u. So.-nachm. genießt man einen tollen Ausblick.

★★ Kirchheim unter Teck

G 3

Landkreis: Esslingen
Einwohnerzahl: 39 000
Höhe: 311 m ü.d.M.
Prädikat: Große Kreisstadt

Die geschichtsträchtige Stadt Kirchheim breitet sich zu Füßen der Teck im Vorland der Mittleren Schwäbischen Alb aus und ist heute ein wichtiger Industriestandort im Südosten der Region Stuttgart.

Kirchheim, als Siedlung erstmals im Jahre 960 erwähnt, wurde von den Herzögen von Teck im 13. Jahrhundert zur Stadt erhoben. 1381 kam Kirchheim an das Haus Württemberg und wurde Amtsstadt. Die Gemahlinnen verschiedener württembergischer Herzöge bezogen hier ihren Witwensitz. Nach einem verheerenden Stadtbrand im Jahre 1690 erhielt die heutige Altstadt ihren regelmäßigen Grundriss.

Sehenswertes in Kirchheim unter Teck

★ **Rathaus, Marktstraße**

Hauptachse der malerischen Altstadt ist die **Marktstraße** (Fußgängerzone). Als einer der schönsten Fachwerkbauten seiner Art in Süddeutschland gilt das **Rathaus** (1724) mit hübscher Kassettendecke in seinen Arkaden sowie einer Mondphasenuhr am Giebel.

★ **Martinskirche**

Hinter dem Rathaus erhebt sich die Martinskirche, deren Ursprünge bis ins 7. Jh. zurückreichen. Sie erhielt ihre heutige Gestalt im 14. und 15. Jh.; in ihrem Innern **Freskenreste von 1463** (Chorrückwand) und ein Frührenaissance-Epitaph sowie das **Grabmal der Reichsgrä-**

Kirchheim unter Teck Orientierung

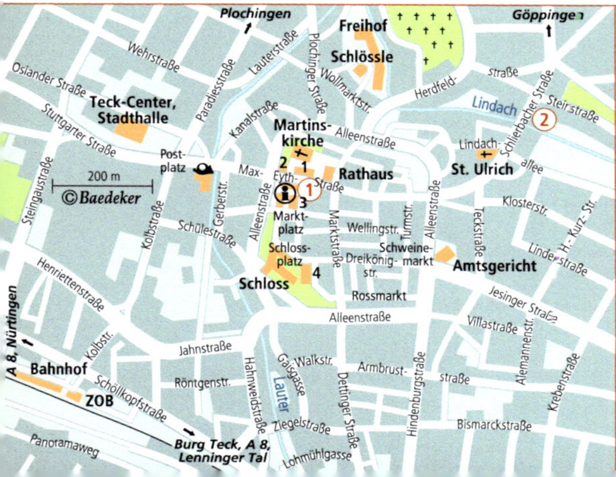

1 Städt. Museum
2 Max-Eyth-Haus
3 Spital
4 Päd. Fachseminar

Übernachten und Essen

① Zum Fuchsen
② Waldhorn

KIRCHHEIM UNTER TECK ERLEBEN

AUSKUNFT

Kirchheim-Info
Max-Eyth-Str. 15
73230 Kirchheim unter Teck
Tel. (0 70 21) 30 27, Fax 48 05 38
www.kirchheim-teck.de

EVENTS

Haft- und Hoka-Feschd
Stadtfest mit buntem Rahmenprogramm im Juni.

Oldtimer-Fliegertreffen
Alle 2 Jahre (2007, 2009 usw.) an einem Septemberwochenende kann man auf der Hahnweide rund 400 betagte Motor- und Segelflugzeuge in Augenschein nehmen. Dazu gibt es auch Flugvorführungen von Maschinen der Typen JU 52, Me 109 etc.

AKTIVITÄTEN

Fliegen
Auf dem Flugplatz »Hahnweide« am westlichen Stadtrand besteht die Möglichkeit zu Rundflügen.

Baden
Im Sommer kann man in den »Bürgerseen« westlich vom Flugplatz »Hahnweide« baden.

ÜBERNACHTEN · ESSEN

► Komfortabel

① ***Zum Fuchsen***
Schlierbacher Str. 28
73230 Kirchheim unter Teck
Tel. (0 70 21) 57 80, Fax 57 84 44
www.hotel-fuchsen.de
71 Zimmer und 2 Suiten. Sehr ansprechendes Haus mit Hallenbad und Sauna in der Nähe der Altstadt mit guter Küche.

► Komfortable / Günstig

② ***Stadthotel Waldhorn***
Marktplatz 8
(0 70 21) 9 22 40
Fax 92 24 50
www.stadthotel-waldhorn.de
17 Zimmer. Gemütliche und denkmalgeschützte Herberge mit guter Küche im Herzen der Altstadt.

fin Franziska von Hohenheim. Der 44 m hohe Kirchturm mit welscher Haube wurde im 16. Jh. in die Stadtbefestigung miteinbezogen.

✶ **Kornhaus**

Vor der Kirche an der Max-Eyth-Straße steht das Kornhaus (um 1550), in dem das Städtische Museum (geologische, vor- und frühgeschichtliche sowie volkskundliche Abteilungen) und eine Galerie untergebracht sind (Öffnungszeiten: Di. 14.00 – 17.00, Mi., Do., Fr. 10.00 – 12.00 u. 14.00 – 17.00, Sa., So., Fei. 11.00 – 17.00 Uhr).

Max-Eyth-Geburtshaus

Nebenan steht das Geburtshaus von Max Eyth (► Berühmte Persönlichkeiten), in dem seit 1249 eine der ersten Lateinschulen des Albvorlandes bestand. Heute beherbergt es ein literarisches Museum (Öffnungszeiten: Di. – Fr. 14.00 – 17.00, So. 11.00 – 16.00 Uhr).

✶ **Schloss**

Blickfang im Südwesten der Altstadt das Schloss (16. Jh.), das Witwen mehrerer württembergischer Herzöge bewohnt haben, so etwa

Franziska von Hohenheim, die Gemahlin von Herzog Carl Eugen, und Herzogin Henriette († 1857), von der eine direkte Linie zum englischen Königshaus führt. Die **Fürstenzimmer** können besichtigt werden (Öffnungszeiten: Mi. – Fr. 14.00 bis 17.00, Sa., So., Fei. 11.00 – 16.00; Führungen: So. 14.00 u. 15.00 Uhr).

Gasthaus zur Krone

Südlich vom Schloss trifft man auf das ehemalige »Gasthaus zur Krone«, wo die beiden Literaten Hermann Hesse und Ludwig Finckh 1899 logierten. Hesse verliebte sich damals in die Haustochter Julie Hellmann, die als »Lulu« in die Literaturgeschichte eingehen sollte.

Weitere Sehenswürdigkeiten in der Altstadt

Auf dem **Rossmarkt** im Süden der Altstadt steht eine schöne Pferdeplastik von Fritz von Grävenitz. Die **Nordostbastei** der alten Stadtbefestigung (13. – 15. Jh.) ist gut erhalten. Ein Wehrgang verbindet sie mit der ehemaligen Obervogtei. Der **Freihof** war lange der größte Wollmarkt Süddeutschlands. Das sog. **Schlössle**, ein barocker Freiadelssitz, war unter Herzog Friedrich I. Alchimistenherberge.

i Englische Verwandtschaft

- Anlässlich ihres Staatsbesuches in Deutschland im Jahre 1960 wollte Queen Elizabeth II. auch die Burg Teck besuchen, denn ihre Großmutter, Queen Mary, war eine Fürstin von Teck. Doch zwischen Friedrich, dem letzten Herzog von Teck, der 1381 die Stadt Kirchheim an Württemberg übergab und Franz von Teck, dem Urgroßvater der heutigen Queen, liegen beinahe 500 Jahre. Näheres über die Verbindung erfährt man, wenn man sich Henriette von Württemberg (1780 bis 1857) widmet, die von 1817 bis 1857 im Kirchheimer Schloss gelebt hat. Die Tochter des Fürsten Karl von Nassau-Weilburg und Karoline, Prinzessin von Oranien, heiratete 1797 Herzog Ludwig von Württemberg. Ihre kluge Heiratspolitik machte sie zur »Großmutter Europas«. Die christlich erzogene Adlige war stark im Glauben, war bescheiden, förderte soziale Einrichtungen. Eine ihrer Nachkommen war die englische Queen Mary, beim Volk als »Swabian Mary« bekannt. Auch für sie stand Pflichterfüllung gegenüber dem Land an erster Stelle, auch sie war sparsam, zuverlässig und pünktlich. Ihr Sohn George, der nach der Abdankung von King Edward den englischen Thron bestieg, wurde Vater von Elizabeth, der heutigen Queen. Die Enkelin von Mary von Teck ist also Ur-Ur-Urenkelin von Henriette von Württemberg.

Teck

Ca. 7 km südlich von Kirchheim ragt der **Weißjura-Bergsporn** Teck (775 m ü.d.M.; Aussichtsturm und Wanderheim des Schwäbischen Albvereins) auf, der die Reste einer im Bauernkrieg zerstörten Burg (12. Jh.) der Herzöge von Teck trägt. Der von Ausflüglern und Segelfliegern gleichermaßen geschätzte und inzwischen als Naturschutzgebiet ausgewiesene Berg liegt im Kirchheimer-Uracher Vulkangebiet, wie die am Nord- bzw. Westhang herausgearbeiteten Vulkanschlote »Hörnle« bzw. »Hohenbol« und »Bölle« zeigen.

Unter dem Teckturm befindet sich die **Sibyllenhöhle**, aus der Ende des 19. Jh.s zahllose Tierreste (u.a. von Höhlenbären) geborgen wurden. Hier soll der Sage nach **Sibylle von der Teck** gelebt haben. Diese weise und hilfsbereite Frau soll eines Abends mit einem feurigen Wagen davongefahren sein aus

Als Landmarke weithin sichtbar ist die Teck mit Aussichtsturm und Wanderheim.

Gram über ihre missratenen Söhne, die auf den weiter südlich gelegenen Burgen Rauber, Diepoldsburg und Wielandstein ihr Unwesen getrieben hätten. Im Lautertal unter der Teck verläuft die sog. **Sibyllenspur**, eine Strecke, auf der das Korn besser gedeiht als in der nächsten Umgebung. Nach der Sage soll Sibylle diese bei ihrer Abfahrt von der Teck hinterlassen haben. Grabungen haben ergeben, dass es sich hierbei um eine inzwischen von Erde überdeckte römische Grenzbefestigung (2. Jh. n. Chr.) handelt.
Etwa 700 m südlich der Burgruine Teck erreicht man den aussichtsreichen **Gelben Fels** (771 m ü.d.M.) mit der 30 m langen **Veronikahöhle** und dem gefährlichen **Verena-Beutlins-Loch**.

Holzmaden

Der kleine Ort Holzmaden liegt 3 km südöstlich von Kirchheim nahe an der A 8 auf einer Schichtstufe des Lias im mittleren Albvorland. Das Dorf, dessen nähere Umgebung als Grabungsschutzgebiet ausgewiesen ist, erlangte Weltberühmtheit durch die zahlreichen Fossilien aus der Jurazeit vor zirka 180 Mio. Jahren, die man in den hiesigen Schieferbrüchen entdeckt hat.

★ ★
◀ Urwelt-Museum Hauff

Eine der bedeutendsten Sehenswürdigkeiten Süddeutschlands ist das 1937 gegründete Urwelt-Museum, das aus einer reichen Fossiliensammlung von **Dr. Bernhard Hauff** hervorging. Den Schwerpunkt der Ausstellung bilden die von Dr. Hauff und seinen Mitarbeitern sorgfältig präparierten Fossilien, die in den nahen Schieferbrüchen geborgen wurden. Glanzstücke der Sammlung sind die mit 100 m² **größte Kolonie der Welt von versteinerten Seelilien**, ein 2,80 m lan-

Höchst eindrucksvoll: ein versteinerter Fischsaurier im Urwelt-Museum Hauff in Holzmaden

ger Plesiosaurier, ein fast 4 m langes **Ichthyosaurier-Muttertier** mit einem bereits geborenen Jungen und fünf Embryonen im Leib, ferner ein 2,70 m langer Steneosaurus und ein wuchtiger Dapedius. Eine Kollektion der wichtigsten Fossilien aus Dogger und Malm (u.a. Belemniten, Ammoniten, Muscheln) konnte während der sehr umfangreichen Erdbewegungen für den Bau der damaligen Reichsautobahn Stuttgart – Ulm zusammengestellt werden.

Der Außenbereich des Museums ist als **Dinopark** hergerichtet, in dem einige lebensgroße Dinosaurier aufgebaut sind (Öffnungszeiten: Di. – So. 9.00 – 17.00 Uhr; Führungen: n. V., Tel. 0 70 23/28 73; www.urweltmuseum.de).

Schieferbruch Kromer ▶

Mit Hammer und Meißel kann man in einem Schieferbruch zwischen Ohmden und Zell selbst nach Fossilien suchen (Öffnungszeiten: Mo. – Fr. 8.00 – 17.00, April – Okt auch Sa. 10.00 – 17.00 Uhr, So. n. V., Tel. 0 70 23/47 03, www.schieferbruch-kromer.de)

Urweltsteinbruch Fischer ▶

Gleich gegenüber vom Urwelt-Museum Hauff lädt eine zweite Fossiliensammlung zum Besuch ein, in der ebenfalls wunderschön präparierte Versteinerungen zu sehen sind. Wer möchte, kann im dazu gehörenden Steinbruch selbst nach Donnerkeilen usw. graben (Öffnungszeiten: Di. – So. 9.00 – 17.00 Uhr).

✶ Laichingen

J 4

Landkreis: Alb-Donau-Kreis
Einwohnerzahl: 11 000
Höhe: 750 – 810 m ü.d.M.

Das alte Leinenweberstädtchen Laichingen liegt in einem Maar des Kirchheim-Uracher Vulkangebiets auf der Mittleren Kuppenalb. Es ist zentraler Ort eines bäuerlich geprägten Umlandes und hat in den letzten Jahren dank preiswerten Baulandes auch einige Industrie- und Handelsbetriebe anziehen können.

Geschichte

Im Mittelalter gehörte die Siedlung den Pfalzgrafen von Tübingen. Sie erhielt 1364 von Kaiser Karl IV. das Stadtrecht. In der Folgezeit kamen die Laichinger Leinenweber mit Hilfe Ulmer Kaufleute zu Wohlstand. Noch heute genießt Laichinger Bettwäsche einen ausgezeichneten Ruf.

Sehenswertes in Laichingen und Umgebung

✶ Kirchenfestung St. Alban

Architektonisch interessant ist die Wehrkirche St. Alban mit Ringmauer, Wehrgang und Torburg, die in ihrer heutigen Gestalt im wesentlichen aus dem 16. Jh. stammt.

LAICHINGEN ERLEBEN

AUSKUNFT

Stadtverwaltung
Bahnhofstr. 26
89150 Laichingen
Tel. (073 33) 85-0
Fax 85 25
www.laichingen.de

SHOPPING

Fabrikverkäufe
Beste Laichinger Bett-und Tischwäsche gibt es bei der Firma »Wäschekrone« in der Fölltorstraße und der Hirschstraße.
Gleich mehrere Schuh-Fabrikverkäufe findet man in Laichingen-Feldstetten.

ÜBERNACHTEN · ESSEN

► Komfortabel

Hotel Krehl
Radstraße 7
89150 Laichingen
Tel. (0 73 33) 96 65-0
Fax 96 65 11
www.hotel-krehl.de
28 Zimmer und 2 Ferienwohnungen. Behagliche Unterkunft im Stadtzentrum mit weithin gelobter Küche und gut sortiertem Weinkeller.

Hotel-Gasthof Post
Lange Straße 60
89150 Laichingen-Feldstetten
Tel. (073 33) 96 35-0
Fax 96 35-20
www.gasthofhotelpost.de
43 Zimmer. Altbekannte, aus einer Postkutschenstation hervorgegangene und kürzlich aufwändig modernisierte Herberge mit Wellness-Bereich. In der gemütlichen Gaststube werden regionale Gerichte serviert.

Atemberaubend ist der Blick in den Schacht der Laichinger Tiefenhöhle

Im Heiligenhaus der Kirchenfestung ist das reichhaltige **Heimat- und Webermuseum** untergebracht. Hier sind u.a. die Nachbildung einer Weberdunk, Werkzeuge für die Flachsbearbeitung, Webstühle, Gewebe, Stickereien und Musterbücher sowie landwirtschaftliche Geräte, alte Feuerspritzen und schöne gusseiserne Ofenplatten zu sehen (Öffnungszeiten: Anfang April bis Mitte Okt. 1. u. 3. So. im Monat u. Fei. 13.00 – 17.00 Uhr).

Südlich außerhalb der Stadt erreicht man die im 1892 entdeckte **tiefste begehbare Schachthöhle Deutschlands**. Ihr Röhrensystem reicht bis ca. 80 m unter die Erdoberfläche (begehbar bis 55 m Tiefe) und bietet gewissermaßen ein »Röntgenbild der Schwäbischen Alb«. Angeschlossen ist ein informatives **Höhlenmuseum** mit einem geologischen Modellprofil der Schwäbischen Alb, das von den Gryphäenkalken des Lias alpha bis zu den Kalken des Malm zeta reicht. Ferner sind Belege für den Vulkanismus im Bereich der Mittleren Alb, Quarzite der voreiszeitlichen Donau sowie präparierte Höhlentiere (bes. Fledermäuse) ausgestellt (Öffnungszeiten: Ostern – Anf. Nov. tgl. 9.00 – 18.00 Uhr). Übrigens: Bei der Tiefenhöhle beginnt ein **Karstkundlicher Rundweg**, der zu Dolinen und interessanten Felsbildungen führt.

✶ Sontheimer Höhle

8 km südlich von Laichingen, bei der Ortschaft Heroldstatt-Sontheim, lädt das »Sontheimer Erdloch« zu einem Besuch ein. In dieser **frühere Flusshöhle** kann man wunderschöne Tropfstein- und Sinterbildungen bestaunen. Die Höhle war bereits im 15. Jh. bekannt (Öffnungs-zeiten: Mai – Okt. Sa. 14.00 – 18.00, So. 9.00 bis 18.00 Uhr).

Machtolsheim

4 km östlich von Laichingen liegt das Dorf Machtolsheim mit einem **Wasserturm** als Wahrzeichen, von dessen Aussichtsplattform man bei günstiger Witterung bis zu den Alpen sieht. Südlich außerhalb des Ortes zieht ein **Ponyhof mit Märchengarten** Familien mit Kindern an (Öffnungszeiten: Ostern – Anf. Nov. tgl. 8.00 – 19.00 Uhr).

Merklingen

7 km nordöstlich liegt Merklingen. In der **Dorfkirche** ist ein um 1500 entstandener Flügelaltar (Ulmer Schule) beachtenswert. Hauptattraktion des Ortes ist jedoch eine der schönsten **Modelleisenbahnanlagen** Europas auf dem Gelände der Firma Falch (Öffnungszeiten: Di. – So. 10.00 – 18.00 Uhr).

✶ Langenau

L 3/4

Landkreis: Alb-Donau-Kreis
Einwohnerzahl: 14 000
Höhe: 461 – 523 m ü.d.M.

Das alte Landstädtchen liegt sehr verkehrsgünstig nahe der Kreuzung der beiden Autobahnen A 8 und A 7 am Südrand der Alb bzw. am Nordwestrand des Trinkwasserspeichers Donauried.

Langenau wurde bereits im Jahre 1003 als »curtis navua« (Hof an der Nau) erwähnt. 1376 erhielt die Siedlung von Kaiser Karl IV. das Stadtrecht. Im 14. Jh. kauften sich reiche Ulmer Bürger in dem schmucken Landstädtchen ein.

Sehenswertes in Langenau und Umgebung

✶ **Martinskirche**

Die evangelische Martinskirche (14. – 18. Jh.; barocker Hochaltar) steht auf einem geschichtsträchtigen Platz: Hier stand in der Römerzeit (2./3. Jh.) ein Heiligtum, dessen Mauerwerk wahrscheinlich schon im 7. Jh. für die Errichtung eines christlichen Gotteshauses benutzt wurde.

LANGENAU ERLEBEN

AUSKUNFT

Stadtverwaltung
Marktplatz 1, 89129 Langenau
Tel. (0 73 45) 96 22-0
Fax 96 22-115
www.langenau.de

ÜBERNACHTEN · ESSEN

► Komfortabel/Günstig

Gasthof zum Bad
Burghof 11
89129 Langenau
Tel. (0 73 45) 96 00-0, Fax 96 00 50
www.gasthof-zum-bad.de
24 Zimmer. Zentral und trotzdem ruhig gelegenes Haus. Die Küche ist für ihre schwäbischen Spezialitäten bekannt.

Weisses Ross
Hindenburgstr. 29 – 31
89129 Langenau
Tel. (0 73 45) 80 10
Fax 80 15 51
www.lobinger-hotels.de
70 Zimmer. Zentral gelegenes und gut geführtes Haus, das sich besonders für Familien mit Kindern eignet.

Baedeker-Empfehlung

Dinkel in allen Variationen ...
... gibt es in der Langenauer Ostermühle, die auf eine mehr als 700-jährige Tradition zurückblicken kann. Hier wird hauptsächlich Dinkel zu Naturkost-Produkten weiterverarbeitet. Bei einer Führung erfährt man alles über die Geschichte der Mühle, die Mühlentechnik und das Müllerhandwerk. Im Mühlenladen kann man danach beste Naturprodukte wie Dinkelmehl, Dinkelbrot usw. erwerben. Infos: Tel. (0 73 45) 92 94 90, www.ostermuehle.de

★ **Heimatmuseum**

Im ehem. **Helferhaus**, das im 16. Jh. in der Kirchgasse erbaut worden ist, befindet sich das Langenauer Heimatmuseum, das zu den bestausgestatteten volkskundlichen Sammlungen Südwestdeutschlands gehört. Handwerkerstuben mit diversen Werkzeugen und Geräten (bes. Flachs- und Hanfbearbeitung, Weberei), schmucke Truhen und Schränke, Geschirr und alte Puppenküchen vermitteln einen vorzüglichen Einblick in die bäuerliche Kultur der Ulmer Alb, wie sie noch im 19. Jh. anzutreffen war (Öffnungszeiten: jeden 1. u. 3. So. im Monat 14.00 – 16.00 Uhr).

★ **Vor- und frühgeschichtliches Museum**

Der benachbarte **Pfleghof** beherbergt eine hochinteressante Sammlung mit steinzeitlichen Funden aus dem nahen ►Lonetal sowie Gegenständen aus römischer und alamannischer Zeit. An gleicher Stelle können die **Ungarndeutschen Heimatstuben** besucht werden. Sie sind nach dem Zweiten Weltkrieg von vertriebenen Ungarndeutschen eingerichtet worden. Man bekommt vermittelt, wie es einmal in der »Schwäbischen Türkei« (südungarischer Donauraum) ausgesehen hat (Öffnungszeiten: 1. u. 3. So. im Monat 14.00 – 16.00 Uhr).

Donauried, Wasserwerk

Im Donauried bei Langenau liegt eines der modernsten Wasserwerke Europas. Hier werden aus über 200 Brunnen jährlich ca. 35 Mio. m³ Trinkwasser entnommen. Außerdem bereitet man 4000 l/sec Donauwasser zu Trinkwasser auf. Das Wasserwerk Langenau der Landeswasserversorgung liefert über ein Fernleitungsnetz Trinkwasser für mehr als 2,5 Mio. Menschen im mittleren Neckarraum (Großraum Stuttgart) und in Nordwürttemberg. Auf dem Gelände des Wasserwerks kan man eine »Entdeckungsreise zum Ursprung unseres wichtigsten Lebensmittels« unternehmen. Sowohl spielerisch als auch mit traditionellen und modernen Techniken ergründet man die Bedeutung des Grundwassers. Am Ende des Rundgangs gibt es an der »Trinkwasserbar« ein erfrischendes Glas Wasser (Öffnungszeiten: Mo bis Fr 9.00 – 17.00, So. 10.00 bis 15.00 n. V., Tel. 0711 / 21 75-0).

★ Erlebniswelt Grundwasser ►

? WUSSTEN SIE SCHON ...?

- ... dass der Elektrotechnik-Großindustrielle Robert Bosch am 23. September 1861 Im Gasthaus »Krone« im Langenauer Ortsteil Albeck das Licht der Welt erblickt hat?

★ Laucherttal

E–G 4–6

Landkreise: Zollernalbkreis, Sigmaringen **Höhe:** 740 – 565 m ü.d.M.

Die Lauchert hat eines der landschaftlich reizvollsten Täler der Schwäbischen Alb geschaffen. Das Flüsschen, das bei Melchingen entspringt, schlängelt sich an bizarren Felsbildungen und altertümlichen Städtchen und Burgruinen vorbei südwärts zur Donau.

LAUCHERTTAL ERLEBEN

AUSKUNFT

Tourismusbüro
Ferienregion »Tal der Lauchert«
Hohenzollernstr. 5
72501 Gammertingen
Tel. (075 74) 40 60, Fax 4 06 56
www.laucherttal.de

AKTIVITÄTEN

Ski alpin
Bei Hausen an der Lauchert ist einer der steilsten Skihänge der Schwäbischen Alb erschlossen.

ÜBERNACHTEN · ESSEN

► Günstig

Adler
Sigmaringer Str. 2
72513 Hettingen-Inneringen
Tel. (0 75 77) 546
Fax 76 67
www.adler-inneringen.de
7 Zimmer. Gemütlicher Gasthof mit zweckmäßig eingerichteten Zimmern und gut schwäbischer Küche.

Hotel Hohenzollern
Egelfinger Str. 11
72511 Bingen an der Lauchert
Tel. (0 75 71) 6 11 55
Fax 6 11 57
www.hotelhohenzollern.de
Mehere Zimmer, Apartments und Ferienwohnungen. Frisch renovierte gemütliche Herberge mit italienischem Restaurant.

In der warmen Jahreszeit ist das Laucherttal ein gern besuchter Naherholungsraum, in dem man schöne Wanderungen, Radtouren und streckenweise auch Kanutouren unternehmen kann.

Fahrt durch das Laucherttal

Stetten unter Holstein

Nahe der Lauchertquelle liegt das Dorf **Melchingen** (►Burladingen). Weiter flussabwärts folgt Stetten unter Holstein mit mehrere Siedlungskernen. Östlich über dem Ort gibt es noch Reste der noch im 15. Jh. bewohnten Burg der Edelfreien von Holinstain (benannt nach der Höhle im Burgfelsen).

Mägerkingen

Am Zusammenfluss von Lauchert und Seckach liegt dieser Trochtelfinger Stadtteil mit der **Burgruine Hielock**. Dort, wo die Seckach in die Lauchert einmündet, ist der 1,2 ha große **Lauchertsee** angelegt, an dem sich im Sommer viele Erholungssuchende wohfühlen.

Mariaberg

Weiter flussabwärts, rechts oberhalb der Lauchert, sieht man das ehem. Kloster Mariaberg, das 1267 als »Mons Sanctae Mariae« im Schrifttum auftauchte. Bis zu seiner Aufhebung im Jahre 1803 stand es unter der Aufsicht des Klosters Zwiefalten. 1847 wurde hier eine **Heil- und Pflegeanstalt** für geistig Behinderte eingerichtet. Seit 1967 gibt es die »Mariaberger Heime für Behinderte e.V.« des Diakonischen Werkes der Evangelischen Landeskirche Württemberg.

✶ Klosterkirche ► Sehenswert ist die 1684 bis 1687 von **Michael Thumb** und **Franz Beer** errichtete Klosterkirche mit stattlichen Altären und spätgotischen Bildwerken. Sie wurde vor einigen Jahren aufwändig restauriert (Öffnungszeiten: Mo. – Sa. 8.00 – 12.00 u. 14.00 – 16.00 Uhr).

Gammertingen ►dort

Hettingen Das knapp 1000 Einwohner zählende Städtchen liegt in einem engen Abschnitt des mittleren Laucherttales. Sehenswert sind hier die **Reste einer mittelalterlichen Burg**, das um 1720 erbaute, kürzlich renovierte **Schloss** (heute Rathaus) sowie die spätgotische **Pfarrkirche St. Martin** (Ende 15. Jh.).

✶ Untere Fehlatal ► Westlich von Hettingen plätschert das Flüsschen Fehla durch ein sehr idyllisches Tal (Naturschutzgebiet), in dem noch viele anderswo selten gewordene Pflanzen gedeihen.

✶ **Veringenstadt** Das mittelalterliche Städtchen (630 – 720 m ü.d.M.; 2200 Einw.) liegt in einer Biegung des mittleren Laucherttales. Die katholische **Nikolauskirche** im alten Stadtkern wurde 1862 auf älteren Bauresten (z. T. 13. Jh.) errichtet. Sie enthält schöne Schnitzereien von Martin Schaffner und Jörg Syrlin dem Jüngeren.

Im **Rathaus**, einem Fachwerkbau des 15. Jh.s, ist das **Heimatmuseum** untergebracht. Hier sind nicht nur einmalige Funde aus den schon in der Steinzeit bewohnten Höhlen der Umgebung zu sehen, sondern auch Dokumente aus der Zeit der Hexenprozesse (Im Städtle 116; Öffnungszeiten: n. V., Tel. 0 75 77 / 930-0).

Im **Strüb-Haus** bekommt man Einblicke in die Malkunst der Zeit um 1500. Beachtung verdienen die Arbeiten der Künstlerfamilie Strüb (15./16. Jh.; Kopien; Am Kirchberg; Öffnungszeiten: n. V., Tel. 0 75 77 / 72 69). Beachtung verdient auch die **Peterskapelle**, die wohl von Peter Strüb im Jahre 1515 teilweise ausgemalt worden ist.

Oberhalb der »Neandertalerbrücke« (Denkmal für die Frühmenschen) verbirgt sich die **Göpfelsteinhöhle**, in der man verschiedene Werkzeuge aus der Steinzeit sowie Tierreste gefunden hat.

Am Fluss verläuft der **Uferpfad »Lebendige Lauchert«**, der diesen Lebensraum und seine wirtschaftliche Inwertsetzung erläutert.

Südöstlich außerhalb von Veringenstadt ist ein **heimatgeschichtlicher Rundweg** angelegt. Er gliedert

Der »Ur-Älbler« von Veringenstadt blickt ins Laucherttal.

sich in drei Stationen mit den Themenbereichen »Erzgrube« (Bohnerzgrube, Meiler zur Gewinnung von Holzkohle für die Hochöfen im Lauchert- und Donautal), »Schwammriff« (Entstehung des Schwammriffs im Weißjura alpha vor rund 140 Mio. Jahren, Einsenkung des Lauchertgrabens vor ca. 15 Mio. Jahren, geologisches Profil durch den südlichen Lauchertgraben) und »Verlassene Siedlungsstätte« (steinzeitliche Funde, mittelalterliche Siedlungsreste).

Veringendorf

Der 500-Seelen-Ort liegt in einer Weitung des Laucherttales. Von hier aus wurde im Mittelalter die Burg Veringen angelegt (► Veringenstadt). Beachtenswert im Ort die **St.-Michaels-Kirche**, eine der ältesten Kirchen Hohenzollerns, mit Fresken aus der Zeit um 1330.

Hornstein

Westlich von Bingen liegt der alte Burgweiler Hornstein. Vom ehemaligen **Schloss** der Freiherren von Hornstein sind noch das Torhaus und die Kapelle erhalten. In der warmen Jahreszeit werden hier gelegentlich **Ritterspiele** aufgeführt (Auskunft: Tel. 0 75 71 / 5 20 50, www.ruine-hornstein.de).

Sigmaringendorf

Der Industrieort liegt an der Einmündung der Lauchert in die Donau. An der Lauchertbrücke steht das **Schlösschen Ratzenhofen** (16. u. 17. Jh.). Daneben die sogenannte »Pfannenschmiede«, die seit 1663 nachgewiesen ist und deren Arbeiter ursprünglich aus Belgien stammten (»Pfannenwelsche«).

★★ Lautertal (Großes Lautertal)

G/H 4/5

Landkreise: Reutlingen, Alb-Donau-Kreis **Höhe:** 690 – 508 m ü.d.M.
Länge: 45 km

Wohl das schönste Tal auf der Alb ist das von zahlreichen Burgruinen und bizarren Felsen gesäumte Große Lautertal, in dem sich Erholungssuchende per Auto, Motorrad, Fahrrad oder Pferdekutsche, zu Fuß oder hoch zu Ross oder per Kanu ein Stelldichein geben.

Auf dem Weg zur Donau

Die Große Lauter entspringt als stark schüttende Karstquelle in Gomadingen-Offenhausen (Gestütshof) unterhalb des Sternbergs. Sie fließt windungsreich in einem großen Bogen südostwärts durch ein tief eingeschnittenes Tal. Von beiden Seiten münden **romantische Seitentäler**, so z. B. das Tal der Gächinger Lauter (► St. Johann), das Tiefental, das wunderschöne Pfaffental mit seinen großen Wacholderheiden am Oberlauf des Flusses sowie das Ehestetter Tal, das Lange Tal und das wilde Wolfstal am Unterlauf der Lauter. In einem großartigen Durchbruchstal zwängt sich die Große Lauter südlich von Hayingen-Anhausen durch die südliche Alb und mündet unterhalb von Obermarchtal in in die Donau.

Römer-Show bei der Marbacher Hengstparade

Fahrt durch das Lautertal

★
Offenhausen

Der Ort Offenhausen am Lauterursprung wurde im 12. Jh. erstmals erwähnt. Im 13. Jh. entstand hier ein Nonnenkloster, das schon 1575 aufgehoben worden ist. Statt dessen hat man hier ein Gestüt eingerichtet, das unter dem württembergischen Herzog Karl Eugen eine Blüte erlebte und heute Teil des berühmten Haupt- und Landesgestüts Marbach ist. Die ehem. **Klosterkirche** ist in den 1980er-Jahren restauriert und als **Gestütsmuseum** hergerichtet worden, in dem neben kirchenhistorischen Hintergründen die Entwicklung der Pferdezucht dargestellt wird (Öffnungszeiten: Di. – Fr. 14.00 – 17.00, Sa. 13.00 – 17.00, So. u. Fei. 10.00 – 12.00 u. 13.00 – 17.00 Uhr).

Gomadingen

Am Osthang des Sternberges liegt das Dorf Gomadingen im oberen Lautertal. Es wurde in den letzten Jahrzehnten zu einem vielbesuchten Erholungsort (seit 1986 Luftkurort), wozu nicht zuletzt ein **Evangelisches Feriendorf** beiträgt.

★
Sternberg ▶

Von Gomadingen lohnt eine Wanderung auf den 844 m hohen Sternberg, der einen **Basalttuffschlot** des »Schwäbischen Vulkans« (▶ Naturraum) enthält. Auf dem Gipfel stehen ein Aussichtsturm und ein Wanderheim des Albvereins. Am Südwesthang des Sternbergs breiten sich eine schöne Wacholderheide sowie ein Schaufeld (u.a. Dinkel-, Flachs- und Mohnanbau) aus.

★ ★
Haupt- und Landgestüt Marbach

Am Zusammenfluss von Großer Lauter und Dolderbach liegt der Weiler Marbach, wo die württembergischen Herzöge vor mehr als 400 Jahren ein Gestüt gründeten, das heute als baden-württembergisches Haupt- und Landgestüt Weltruf genießt (u.a. Zucht von Vollblut-Arabern). Über 350 Pferde können in den Ställen und auf den Weiden beobachtet werden (Öffnungszeiten: tgl. 8.00 – 12.00 u. 13.00 – 17.00 Uhr).

Das Hauptgebäude entstand in der Spätrenaissance und wurde im 18. Jh. erweitert. Wahrzeichen des Gestüts ist der **Stutenbrunnen** von 1844. Im Gestüt können Reit- und Fahrlehrgänge belegt werden. Im Reitstadion werden im Sommer und im Herbst glanzvolle Hengstparaden abgehalten (► Lautertal erleben). Im **Treffpunkt Marbach** kann man sich über alle Aktivitäten im Gestüt informieren.

Schloss Grafeneck

Nordöstlich von Marbach liegt Schloss Grafeneck, das 1556 bis 1560 auf Geheiß von Herzog Christoph anstelle einer mittelalterlichen Burg errichtet und 1762 bis 1772 von Herzog Karl Eugen zur **»Zweiten Solitude«** mit Schlosskirche und Opernbau umgestaltet worden ist. Im 19. Jh. hat man einen Teil dieser Bauten wieder abgebrochen. Seit Jahrzehnten werden auf Schloss Grafeneck Behinderte gepflegt.

Wunderschön ist der Blick von Hohengundelfingen hinunter ins Lautertal.

Gedenkstätte Grafeneck ► Traurige Berühmtheit erlangte Grafeneck im Dritten Reich. 1940 wurde hier mit der sog. »Aktion Gnadentod« begonnen, d. h. mit der Tötung von behinderten Menschen. In einem Jahr wurden hier oben 10 654 Männer, Frauen und Kinder umgebracht, viele andere wurden schwer geschädigt. Eine Gedenkstätte erinnert an jene Zeit.

LAUTERTAL ERLEBEN

AUSKUNFT

Fremdenverkehrsgemeinschaft Großes Lautertal – Zwiefalter Aach
Bachwiesenstr. 7
72525 Münsingen
Tel. (0 73 81) 182-145, Fax 182-101
www.muensingen.de

Lautertalinfo
Bootshaus Bichishausen

EVENTS

Glanzvolle Hengstparaden
werden im Juni und im Sept./Okt. im Reitstadion des Haupt- und Landgestüts Marbach abgehalten. Infos: Tel. (0 73 85) 96 95-0, www.hul-bw.de

AKTIVITÄTEN

Boot fahren
Von Buttenhausen bis Anhausen kann die Lauter mit Paddelbooten befahren werden. Vom 15. März bis 30 Juni besteht jedoch ein absolutes Fahrverbot. Vom 1. Juli bis 30. Sept. besteht Sa. u. So. ein Fahrverbot außerhalb geschlossener Ortslagen.

Radeln
Ein gut ausgebauter Radwanderweg führt von Gomadingen entlang der mäandrierenden Lauter bis zu ihrer Mündung in die Donau.

Wandern
Der vom Albverein markierte »Burgenweg« führt zu den interessantesten Burgruinen und schönsten Aussichtspunkten im Großen Lautertal.

ÜBERNACHTEN · ESSEN

► Komfortabel

Landhotel Gulewitsch
Ziegelbergstr. 24
72532 Gomadingen-Offenhausen
Tel. (0 73 85) 96 79-0, Fax 96 79 96
www.gule.de
23 Zimmer. Nette Herberge. Im Restaurant gibt's Gutes aus der Region.

Hirsch
Lautertalstr. 59
72532 Gomadingen-Dapfen
Tel. (0 73 85) 427, Fax 13 11
www.hirsch-dapfen.de
22 Zimmer. Gemütlicher Landgasthof mit guter regionaler Küche.

Landhotel Wittstaig
Wittstaig 10
72525 Münsingen-Gundelfingen
Tel. (0 73 83) 94 96-0, Fax 94 96 99
www.hotel-wittstaig.de
25 Zimmer. Gepflegtes Haus mit Hallenbad und gutem Restaurant.

Baedeker-Empfehlung

► Günstig

Adler
Am Mühlenweg
72534 Hayingen-Anhausen
Tel. (0 73 86) 518, Fax 14 13
www.adler-anhausen.de
Mehrere Zimmer. Bei Vitus Frey gibt es noch echt schwäbische Küche mit Erzeugnissen aus eigener Landwirtschaft mit Hausschlachtung. Eigene Brennerei.

Buttenhausen

An der Einmündung eines Trockentales in das Tal der oberen Lauter liegt Buttenhausen, ein ritterschaftlicher Ort, der in der Vergangenheit oft die Besitzer gewechselt hat. Er gelangte 1782 an die Herren von Liebenstein, die hier die Ansiedlung von Juden förderten. 1870 waren mehr als die Hälfte der Einwohner Juden.
Buttenhausen ist Geburtsort des Zentrumspolitikers **Matthias Erzberger** (1875 – 1921), der in der Weimarer Zeit Reichsfinanzminister gewesen ist und 1918 das Waffenstillstandsabkommen unterzeichnet hat. Er wurde 1921 Opfer eines Mordanschlages. Sein Geburtshaus an der Mühlsteige ist als Gedenkstätte hergerichtet.
Die um 1800 erbaute Synagoge wurde 1938 zerstört. Erhalten sind noch das frühere **Rabbinerhaus** und der **israelitische Friedhof** am rechten Talhang. Für die während der Nazi-Herrschaft nach Riga und Theresienstadt deportierten jüdischen Dorfbewohner wurde 1960 im Dorfzentrum ein Mahnmal errichtet. Im **Alten Schulhaus** erinnert eine ständige Ausstellung an die Buttenhausener Juden (Öffnungszeiten: Mai – Okt. So. 14.00 – 17.00 Uhr).

Hundersingen

Bis ins 7. Jh. reicht die überlieferte Geschichte dieses langgestreckten Ortes zurück. Interessant sind die beiden **Burgen**. Von der oberen sind nur noch Gräben zu sehen. Dagegen verfügt die untere Burg über einen mächtigen Bergfried (11./12. Jh.; staufische Buckelquader) und Reste einer jüngeren Vorburg.

★ **Bichishausen**

Dieses Dorf ist eine Ausbausiedlung von Hundersingen. Ende des 13. Jh.s kam der Ort an die Herren von Gundelfingen, die auf dem Bergsporn über dem Dorf eine **Burg** errichteten, welche im 16. Jh. zerstört und 1973 bis 1975 restauriert worden ist. Auch die **Pfarrkirche St. Gallus** (18. Jh.) mit ihrem Zwiebelturm lohnt einen Besuch.

★ ◄ Spitziger Stein

Unterhalb von Bichishausen (linkes Lauterufer) ragt der von Kletterern gern aufgesuchte Spitzige Stein auf. Er ist sozusagen das Wahrzeichen des Lautertals.

★ **Gundelfingen**

Der Ort liegt reizvoll an einem Umlaufberg der Großen Lauter. Gundelfingen ist wahrscheinlich im 8. bzw. 9. Jh. als Burgweiler entstanden. Sehr hübsch ist die teilweise erhaltene **Burg Niedergundelfingen**, die im 13. Jh. auf älteren Grundfesten neu errichtet worden ist. An ihrer Südseite eine barocke Michaelskapelle (um 1700). Burg und Kapelle sind in Privatbesitz. **Hohengundelfingen**, im 12. Jh. als Höhenburg errichtet und im 12. und 14. Jh. Sitz der Swigger von Gundelfingen, ist im 15. Jh. verfallen. Erhalten sind der Bergfried (staufische Buckelquader) und Teile der Zwingmauer. Von der Burg, die sich ebenfalls in Privatbesitz befindet, hat man einen schönen Ausblick.

★ ◄ Museum Geiselhart

Einen Besuch lohnt das Atelier und Museum des aus Reutlingen gebürtigen Künstlers **Anton Geiselhart** (1907 bis 1973), der vielfältige Arbeiten (Zeichnungen, Gemälde, Kunsthandwerk) hinterlassen hat (Öffnungszeiten: Do., Fr., So. 10.00 – 12.00 u. 14.00 bis 17.00, Sa. nur 14.00 – 17.00 Uhr).

Burg Derneck Südwestlich von Gundelfingen versteckt sich die Burg Derneck etwas abseits über dem Lautertal. Sie wurde 1350 von Degenhard von Gundelfingen erbaut und kam 1627 an das Haus Fürstenberg. Heute dient die Burg als **Wanderheim des Albvereins**.

Indelhausen, Anhausen Am Eingang zum wildromantischen unteren Lautertal liegen die beiden kleinen Dörfer Indelhausen und Anhausen, die beide nach Hayingen (► Zwiefalten) eingemeindet sind. Sie sind vor allem an Wochenenden und Feiertagen sehr stark besucht. Südlich über Anhausen die Reste der **Schülzburg**, die im 14. Jahrhundert von Walter von Stadion erbaut worden ist. Der ganze Komplex brannte 1884 aus.

Von Anhausen (großer Wanderparkplatz und Spielplatz) führt ein gut ausgebauter Weg unterhalb der **Maisenburg** (12. Jh.; Ferienwohnungen) vorbei zu den aus den anstehenden Felsen erodierten **Ochsenlöchern** und zur **Hohen Geißel**, einem zwar wild rauschenden, aber nicht besonders hohen Wasserfall der Lauter.

Ruine Wartstein Weiter talabwärts links erreicht man den aussichtsreichen **Gemsfels** und die Ruine der **Burg Wartstein** (655 m ü.d.M.), eines im 12. Jh. erbauten Grafensitzes, der 1495 zerstört worden ist. Vom Bergfried hat man eine gute Aussicht. Wenig unterhalb, ebenfalls links über die Lauter, die **Ruine Monsberg** (13. Jh.; 1495 zerstört).

Unterwilzingen In einer Talweitung liegt das Dorf Unterwilzingen. Weiter talabwärts, rechts hoch über der Lauter, thront das Dorf **Reichenstein** mit Resten einer im Bauernkrieg von 1525 zerstörten Burg aus dem 13. Jahrhundert. Südlich außerhalb, auf dem Hochberg (662 m ü.d.M.), der **Bismarckstein** mit Aussicht ins Donautal und ins Oberschwäbische.

Wolfstal Unterhalb der Laufenmühle mündet das wildromantische Wolfstal von Norden ins Tal der Lauter. Besonders viele Wanderer trifft man hier während der **Märzenbecherblüte** im Frühjahr.

Lautermündung Knapp 2 km südlich unterhalb von Lauterach mündet die Große Lauter in die Donau.

Lenningen · Lenninger Tal

G/H 3

Landkreis: Esslingen
Einwohnerzahl: 9000
Höhe: 397 – 830 m ü.d.M.

Tief in den Körper der Mittleren Alb ist das landschaftlich reizvolle Lenninger Tal eingeschnitten an dessen Ausgang der markante Bergsporn mit der Burg Teck (► Kirchheim unter Teck) wacht.

Geschichte

Das Gebiet der Gemeinde Lenningen, die im Rahmen der Gemeindereform aus mehreren Dörfern entstanden ist, umfasst das großenteils unter Naturschutz gestellte Tal der Lenninger Lauter sowie die umgebenden Höhen der Kuppenalb.
In der Römerzeit verband eine im Lenninger Tal verlaufende Straße die beiden Kastelle Grinario (Köngen) und Clarenna (Donnstetten). Im 14. Jh. kam der Ort an Württemberg. 1855 übernahm Karl Wilhelm Scheufelen eine Papiermühle in dem mühlenreichen Tal, aus der sich eine leistungsstarke Papierfabrik entwickeln sollte.

Unterlenningen

Hier bilden die barocke **Ev. Pfarrkirche** (1769; spätgot. Chor, Sterngewölbe) und das **Pfarrhaus** ein reizvolles architektonisches Ensemble. Das Ortsbild wird jedoch nachhaltig von der **Papierfabrik Scheufelen** geprägt. Auf einer Anhöhe westlich von Unterlenningen gibt es noch Reste der **Sulzburg** (14. Jh.). Östlich und nordöstlich über Unterlenningen sieht man auf schwer zugänglichem Fels die sagenumwobenen mittelalterlichen Burgruinen **Diepoldsburg** und **Rauber**.

In **Oberlenningen** steht die **Ev. Martinskirche** auf Resten einer Basilika des 9. – 11. Jh.s. Sehr schön ist der Chor mit gotischem Sternrippengewölbe. Im Mittel- und im Seitenschiff sieht man romanische und gotische Fresken.
Das vor einigen Jahren aufwändig restaurierte **Schlössle** (Fachwerkbau von 1593) beherbergt ein interessantes **Museum für Papier- und Buchkunst**, das von der ortsansässigen Papierfabrik Scheufelen unterstützt wird (Öffnungszeiten: Sa. 10.00 – 12.00, So. 14.00 – 17.00 Uhr; Führungen n. V.).

Südöstlich oberhalb von Oberlenningen auf einem Felsgrat über dem Tobeltal die **Reste der Burg Wielandstein** (671 m ü. d. M.), wo im Mittelalter teckische Ministerialen saßen. Südöstlich vom Wielandstein lockt der **Hohgreutfelsen** (739 m ü. d. M.) mit einer tollen Aussicht. Auch hier sind noch Reste einer Befestigung zu sehen.

Ein hübscher Fachwerkbau ist das Oberlenninger Schlössle.

LENNINGEN ERLEBEN

AUSKUNFT

Gemeindeverwaltung
Marktplatz 1
73252 Lenningen
Tel. (0 70 26) 60 90
Fax 6 09 44
www.lenningen.de

AKTIVITÄTEN

Klettern
Beliebte Kletterfelsen im Lenninger Tal sind Kompostfels, Kesselwand, Wielandstein und Stellfelsen.

Wintersport
Ein Brennpunkt des Alpinskisports auf der Alb ist Schopfloch mit seinen Pfulb-Liften. Außerdem können hier oben schöne Skilanglauf-Touren unternommen werden.

ÜBERNACHTEN · ESSEN

► Günstig

Löwen
Höllsternstr. 6 – 8
73252 Lenningen-Gutenberg
Tel. (0 70 26) 78 10, Fax 37 01 37
www.hotel-ami.de/hotels
19 Zimmer. Gemütliches Nicht-rau-cher-Haus, bestens für Familien geeignet. Bio-Vollwertkost wird angeboten.

Harpprechthaus
73252 Lenningen-Schopflocj
Tel. (0 70 26) 21 11, Fax 34 16
www.harpprechthaus.de
16 Zimmer, 3 Matratzenlager. Zeitgemäß eingerichtetes Berghaus der Sektion Schwaben des Deutschen Alpenvereins. Gute Küche.

Baedeker-Empfehlung

► Erschwinglich

Gasthaus Hirsch
Von einer anstrengenden Wanderung o. ä. kann man sich im Hirsch in Schlattstall bestens erholen. Hier gibt's beste Schwäbische Küche! Öffnungszeiten: Mi. bis So.; Reservierung: Tel. (0 70 26) 72 16.

★ Schlattstall

Das Dörflein Schlattstall liegt im wildromantischen und tief eingekerbten Tal der Schwarzen Lauter südöstlich von Oberlenningen. Es wurde im 14. Jh. erstmals erwähnt. Im 19. Jh. wanderte ein Großteil seiner Bevölkerung in die USA aus. Von Schlattstall lohnt eine Wanderung zur **Lauterquelle**, einer der stärksten Karstquellen der Alb. Nahebei das sagenumwobene **Goldloch**. Weiter talaufwärts die wildromantische **Große Schrecke** mit ihren jäh abbrechenden Felsen. Von hier kann man zum **Heidengraben** und weiter zur **Falkensteiner Höhle** (►Bad Urach) wandern.

Gutenberg

Nördlich von Gutenberg, in einem felsenumkränzten Taleinschnitt, findet man die **Gutenberger Höhle**, die **Gußmannshöhle** (derzeit wegen Steinschlaggefahr gesperrt) und die **Wolfsschluchthöhle** mit schönen Tropfsteinbildungen. Hier hat man auch Relikte einer eiszeitlichen Tierwelt entdeckt. Höhlenführungen: Mai – Mitte Okt. So., Fei. 10.00 – 17.00 u. n. V., Tel. (0 70 26) 78 22.

Schopfloch

Hoch über dem Talschluss liegt das Dorf Schopfloch. Es ist ein guter Ausgangspunkt für Klettertouren auf den Felsen über dem Lenninger Tal und einer der meistbesuchten Wintersportorte der mittleren Alb.

◄ Naturschutzzentrum

In einem aufgelassenen Steinbruch nördlich von Schopfloch kann man sich über Naturgeschichte sowie die artenreiche Flora und Fauna der Schopflocher Alb informieren (Öffnungszeiten: Mitte April bis Mitte Okt. Di. – Fr. 14.00 – 17.00, So. 11.00 – 17.00; Mitte Okt bis Mitte April Di. – Fr. 14.00 – 17.00, jeden 1. So. im Monat 11.00 bis 17.00 Uhr). Weiter nördlich sind die Torfgrube mit dem Otto-Hoffmeister-Haus und das **Randecker Maar** (►Weilheim an der Teck) beliebte Wanderziele.

Erkenbrechtsweiler

Westlich oberhalb von Lenningen liegt das Dorf Erkenbrechtsweiler (702 m ü. d. M.; 2000 Einw.) auf einer Berghalbinsel, die schon in der Keltenzeit besiedelt war. In Ortsnähe gibt es zum **Heidengraben** (► Bad Urach) gehörende Befestigungsreste anzutreffen. Erkenbrechtsweiler ist Ausgangspunkt für Wanderungen zur **Bassgeige** mit ihren Aussichtspunkten **Beurener Fels** (730 m ü. d. M.) und **Brucker Fels** (727 m ü. d. M.) sowie zum **Hohenneuffen** (►Neuffen).

Owen

Nördlich von Lenningen liegt der Ort Owen (gesprochen »Auen«; 391 m ü.d.M.; 3000 Einw.) zu Füßen der Teck (► Kirchheim unter Teck). Rund um Owen wird noch viel **Obstbau** betrieben. Deshalb verwundert es nicht, dass hier gleich einige Dutzend **Schnapsbrennereien** zu finden sind.

✶ Lichtenstein

F 4

Landkreis: Reutlingen
Einwohnerzahl: 10 000
Höhe: 470 – 836 m ü.d.M.
Prädikat: Erholungsort

Hoch über dem Echaztal, auf steilem Fels in 817 m Höhe thront das Schloss Lichtenstein, eines der Wahrzeichen und zugleich eine der meistbesuchten Sehenswürdigkeiten der Schwäbischen Alb.

Hervorragende Wandergebiete umgeben dieses Gebiet. Vom Schloss aus ist es nicht allzu weit zur Nebelhöhle, in den Gemeinden ringsum warten weitere Höhlen, sowie Burgen und Museen.

Sehenswertes in Lichtenstein und Umgebung

✶✶ Schloss Lichtenstein

Graf Wilhelm von Württemberg, Herzog von Urach und Neffe des württembergischen Königs, ließ es 1840/1841 vom damaligen Star-Architekten **Heideloff** im Stil der Romantik erbauen. Das zu den populären Beispielen der deutschen Burgenromantik gehörende Schloss wurde in den letzten Jahren aufwändig renoviert.

Auf steilem Fels: Schloss Lichtenstein

Es ist noch heute im Besitz der herzoglichen Familie. Bei einem Schlossrundgang kann man eine Waffensammlung, schönes altdeutsches Mobiliar und einige hervorragende Gemälde (u.a. »Marias Tod« vom Meister von Lichtenstein, 15. Jh.; »Anbetung der Heiligen Drei Könige« von Jerg Ratgeb, 16. Jh.) besichtigen (Führungen: April – Okt. tgl. 9.00 – 12.00 u. 13.00 – 17.30, So., Fei. 9.00 – 17.30, Nov., Feb., März Sa., So., Fei. 9.00 – 12.00 u. 13.00 – 17.00).

Ein paar Schritte abseits von Schloss Lichtenstein erklärt eine Steinpyramide den geologischen Aufbau der Schwäbischen Alb. Daneben erinnert ein Denkmal an **Wilhelm Hauff**, den Verfasser des 1826 erschienenen Romans »Lichtenstein«, der eine wichtige Anregung zum Bau der romantischen Burg gewesen ist. Weiter südlich hat man vor einiger Zeit die Reste einer mittelalterlichen Burg (12. Jh.) freigelegt und konserviert.

Gemeinde Lichtenstein

Die aus den Ortsteilen Holzelfingen, Honau und Unterhausen bestehende Gemeinde Lichtenstein liegt im landschaftlich reizvollen oberen Echaztal, das von einem Kranz aussichtsreicher Felsen umgeben ist. Lichtenstein ist als Erholungsort anerkannt.

Unterhausen ►

Im oberen Echaztal liegt der von der Textilindustrie geprägte Lichtensteiner Ortsteil Unterhausen, wo bereits 1852 eine Baumwollspinnerei ihren Betrieb aufgenommen hat. Von Unterhausen aus führen reizvolle Wanderwege auf den **Gießstein** (788 m ü.d.M.), zur **Nebelhöhle**, auf den Urselhochberg (Naturschutzgebiet), durch das Zellertal auf den Übersberg, zum Stahlecker Hof (beliebtes Gasthaus) und weiter zur Landhaussiedlung Göllesberg. Recht reizvoll ist auch eine Wanderung zur Ruine der mittelalterlichen Burg der Edelfreien von **Greifenstein**.

Honau ►

In dem auf einer mächtigen Kalktuffterrasse gelegenen Dorf Honau, das bereits 937 in einer Urkunde Ottos I. erwähnt wurde und heute vor allem für seine **Forellen-Restaurants** bekannt ist, sollte man die 1874 entdeckte **Olgahöhle** besuchen (Öffnungszeiten: April bis Okt. jeden 1. So. im Monat 10.00 bis 17.00 Uhr), in der Tuffkalotten, inkrustierte Moose und Tropfsteinbildungen zu sehen sind. Zu Ehren des schwäbischen Schriftstellers **Wilhelm Hauff** hat man ein kleines literarisches **Museum** eingerichtet (Öffnungszeiten: Sa., So., Fei. 14.00 – 17.00 Uhr). Die 1892 fertiggestellte **Honauer Steige** der Bahnlinie Reutlingen – Münsingen (1969 stillgelegt) war mit einer Steigung von 10% die steilste des deutschen Eisenbahnnetzes. Sie wurde im Zahnradbetrieb bewältigt und endete am Traifelberg.

Holzelfingen

Östlich über dem oberen Echaztal das Dorf Holzelfingen mit hübscher **Wehrkirche** (15. u. 19. Jh.; 1909 im Jugendstil umgestaltet). Östlich des Dorfes das bei Wanderern und Wintersportlern gleichermaßen beliebte Heutal. Von Holzelfingen führt ein bequemer Fußweg zur **Burgruine Greifenstein**.

Traifelberg

Südöstlich oberhalb des Echaz-Talkopfes (schöner Spazierweg zur Echazquelle) der Traifelberg (781 m ü.d.M.) mit dem 1911/1912 erbauten ehemaligen Albhotel Traifelberg und einer Landhaussiedlung. Südwestlich abseits des Traifelberges erstreckt sich das **Naturschutzgebiet Greuthau** (Wacholderheide).

Engstingen

Etwa 5 km südlich oberhalb von Lichtenstein liegt die Gemeinde Engstingen an der Kreuzung alter Römerstraßen. Im katholischen Ortsteil **Großengstingen** ist die Rokoko-Dorfkirche von 1719 beachtenswert. Gern besucht wird auch das **Automobilmuseum Siegfried Stotz** (Öffnungszeiten: März – Nov. Di. – So. 10.00 – 16.00 Uhr).
Im evangelischen Ortsteil **Kleinengstingen**, der auf einem wasserführenden Basalttuffschlot des Schwäbischen Vulkans erbaut ist, wurde 1580 ein **Sauerbrunnen** erschlossen und gefasst (hübscher Brunnen in der Ortsmitte).

LICHTENSTEIN ERLEBEN

AUSKUNFT

Gemeindeverwaltung
Schulstr. 8
72805 Lichtenstein/Württ.
Tel. (0 71 29) 41 15, Fax 63 89
www.gemeinde-lichtenstein.de

AKTIVITÄTEN

Hochseilgarten
Im Wald beim Schloss Lichtenstein ist ein Hochseilgarten angelegt.

Wintersport
Skilifte gibt es beim Traifelberg, bei Holzelfingen und bei Kleinengstingen. Auch etliche Loipen werden bei entsprechender Schneelage gespurt.

ÜBERNACHTEN · ESSEN

► **Komfortabel / Günstig**

Baedeker-Empfehlung

Forellenhof »Rössle«
Heerstr. 20
72805 Lichtenstein-Honau
Tel. (0 71 29) 92 97-0, Fax 92 97 50
www.forellenhofroessle.de
20 Zimmer und 3 Suiten. Altbekannte Adresse mit nett eingerichteten Zimmern. Im Restaurant werden köstlich zubereitete Forellen aus eigenen Gewässern serviert, und im Ladengeschäft gibt´s Forellen-Spezialitäten zum Mitnehmen.

★ Lonetal

K/M 3

Landkreise: Alb-Donau, Heidenheim **Höhe:** 570 – 446 m ü.d.M.
Länge: 30 km

Eines der natur- wie kulturhistorisch interessantesten Täler der Schwäbischen Alb ist das noch heute über weite Strecken wenig berührte Lonetal. Erst in den letzten Jahren ist es vermehrt von Wanderern und Radlern »entdeckt« worden.

Die **Lone**, ursprünglich ein starker Fluss, dessen Einzugsbereich vor dem Einbruch des Oberrheingrabens weit in das heutige Albvorland hinaus gereicht hat, entspringt heute als bescheidenes Gewässer im Quelltopf von Urspring. Das Lonetal, dessen unterster Teil auch von der Hürbe durchflossen wird, mündet südlich von ►Giengen in die Brenz. Zahlreiche Höhlen, Grotten, Felsüberhänge und Trockentäler im Bereich des Lonetales vermitteln ein überaus facettenreiches Bild der Landschaftsgeschichte in diesem Teil der Alb.

Urspring Das Dorf Urspring – es gehört zur Gemeinde Lonsee – liegt etwa auf halber Strecke zwischen ►Geislingen an der Steige und ►Ulm an der Donau. Im Nordosten des Ortes befand sich im 1./2. Jh. n. Chr. das **Römerkastell »Ad Lunam«**.

Höhlen im Lonetal

Haldensteinhöhle Die Höhlen des Lonetales ziehen seit vielen Jahren Experten der Vor- und Frühgeschichte an. Unweit westlich vom Lone-Quelltopf in Urspring findet man die Haldensteinhöhle, in der zahlreiche Tierreste (u.a. von Wollnashörnern, Rentieren) und auch Spuren menschlicher Besiedlung gefunden wurden.

LONETAL ERLEBEN

AUSKUNFT

Bürgermeisteramt
Im Städtle 26
89168 Niederstotzingen
Tel. (0 73 25) 10 20, Fax 1 02 36
www.niederstotzingen.de

AKTIVITÄTEN

Wandern, Radeln
Das Lonetal kann man von der Quelle bis zur Mündung sozusagen auf den Spuren eiszeitlicher Jäger auf gut markierten Wegen bequem per Fahrrad oder zu Fuß erkunden.

ÜBERNACHTEN

► **Günstig**
Gästehaus Schlipf
Albstr. 10
89173 Lonsee-Urspring
Tel. (0 73 36) 86 65
E-Mail: IngSchlipf@aol.com
Gästezimmer und Ferienwohnung idyllisch am Lone-Quelltopf gelegen.

Salzbühl, Fohlenhaus

Im Lonetal nordwestlich von ►Langenau liegen diese beiden Höhlen ziemlich versteckt. In ihnen hat man ebenfalls Tierknochen, aber auch Kulturzeugnisse aus der Steinzeit geborgen.

Bocksteinhöhle, Stadelhöhle, Vogelherdhöhle

Die drei interessantesten Höhlen liegen im unteren Lonetal und sind via Bissingen ob Lonetal bzw. Stetten ob Lonetal am leichtesten zu erreichen. Hier hat man einige der **ältesten bislang bekannten Kunstwerke der Erde** ausgegraben. Etliche Funde können im Schloss Hohentübingen (► Tübingen) angeschaut werden. Am **Bockstein** gibt es Fundstellen, die verschiedenen Epochen zuzurechnen sind. Hier hat man Tierreste entdeckt, u. a. von Höhlenbären, Höhlenlöwen, Mammuts, Wildpferden, Rentieren, Riesenhirschen und Moschusochsen. Am **Hohlenstein** (rechtes Loneufer) gibt es mehrere Höhlen. Relikte von Tieren hat man aus der **Bärenhöhle** (hier werden Reste zahlreicher Höhlenbären vermutet) und aus der **Kleinen Scheuer** zutage gefördert. Der **Hohlenstein-Stadel** ist Fundplatz einer 28 cm hohen Löwe-Mensch-Figur, die ca. 35 000 Jahre alt ist. Die Statuette ist aus dem Stoßzahn eines Mammuts geschnitzt. Man kann sie im Ulmer Museum (►Ulm) bestaunen. Der **Vogelherd** war, was die Zahl der Funde betrifft, die reichste Höhle des Lonetals. In elf Schichten sind viele Tierreste nachgewiesen, darunter Wildpferde, Wildrinder und Mammuts. Weltberühmtheit erlangte die Vogelherdhöhle durch 30 000 bis 35 000 Jahre alte **Tierfiguren aus Mammut-Elfenbein**, die der Tübinger Archäologe Gustav Riek 1931 ausgegraben hat. Bei Nachgrabungen in den Jahren 2005 bis 2007 konnten Tübinger Forscher weitere spektakuläre Tierfigürchen bergen.

Die Bocksteinhöhle ist einer der interessantesten vor- und frühgeschichtlichen Fundplätze der Alb.

◄ Infostelle »Höhle des Löwenmenschen«

Unweit des Hohlenstein-Stadels, in der ehem. Mönchsklause des Weilers Lindenau (nordöstlich von ►Langenau) kann man sich über eines der ältesten Kunstwerke der Menschheit informieren (Öffnungszeiten: Di. – So. 10.00 – 18.00 Uhr).

Stetten ob Lonetal

Hier sind beachtenswert das **Schloss** (16. u. 18. Jh.) der Herren von Riedheim sowie die benachbarte **Wallfahrtskirche Mariä Himmelfahrt** (18. Jh.) mit schönem Deckengemälde von J. G. Wolcker und einer Nachbildung des Gnadenbildes von Einsiedeln.

Niederstotzingen Das altertümliche Städtchen (470 m ü.d.M.; 4 000 Einw.) liegt am südlichen Rand der Ostalb über dem Donauried und ist ein beliebter Ausgangspunkt für Wanderungen ins nahe Lonetal. Beachtenswert ist hier das 1778 bis 1783 von den Grafen von Stain erbaute **Schloss** mit seinem schönen Park.

Oberstotzingen ► Im Stadtteil Oberstotzingen steht ein im frühen 17. Jh. fertiggestelltes **Renaissanceschloss**, das vor einigen Jahren renoviert wurde.

★ Lorch

J 2

Landkreis: Ostalbkreis
Einwohnerzahl: 11 000
Höhe: 265 – 477 m ü.d.M.

Die Stadt Lorch liegt recht idyllisch im Remstal zwischen den Kaiserbergen und den Südhängen des Welzheimer Waldes. Besonders sehenswert ist das Kloster.

Geschichte Im 2. und 3. Jh. n. Chr. trafen sich nördlich des Ortes der Obergermanische und der Rätische Limes. Lorch kam im frühen 11. Jh. an die Staufer und war Standort einer frühstaufischen Burg. 1102 stiftete der staufische Herzog Friedrich von Schwaben das Kloster Lorch. Mit der Reformation kamen Kloster und Ort Lorch an Württemberg.

Sehenswertes in Lorch und Umgebung

Stadtzentrum Die **Ev. Stadtkirche** steht auf dem Gelände eines römischen Kohortenkastells, das hier im 2. und 3. Jh. n. Ch. bestanden hat. Das spätgotische Gotteshaus, das 1340 und 1460 durch Brand zerstört worden ist, hat man 1474 wiederaufgebaut. Auf der Schiffsempore von 1728 Tafelbilder von J. J. Ihle (1755). Weitere sehenswerte Bauten in der Stadt sind das 1686 erbaute **Rathaus** (schönes Fachwerk), das 1679 fertiggestellte alte **Pfarrhaus**, der ehem. **Gasthof »Hirsch«** (17. Jh.; heute Kreissparkasse) sowie das **Wohnhaus der Familie Schiller** und das **Wohnhaus von Eduard Mörike**.

Ausschnitt aus dem Rundgemälde im Lorcher Klostermuseum

Nordöstlich über der Stadt liegt das **einstige Hauskloster der Staufer**. Eine auf das Jahr 1102 datierte Urkunde bezeugt, dass Herzog

Ehem. Kloster Lorch Orientierung

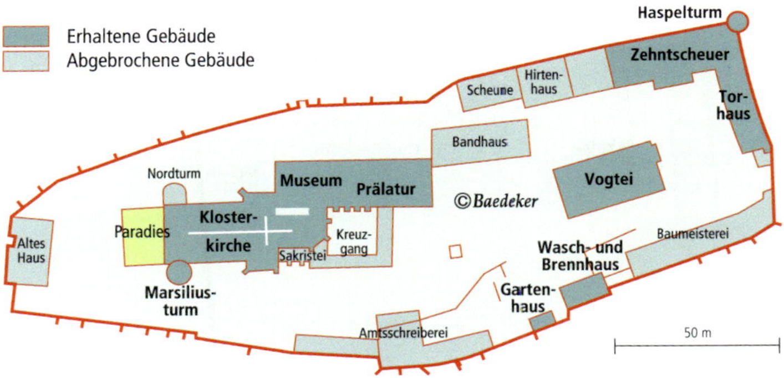

Friedrich von Schwaben, seine Frau Agnes und seine Söhne das Kloster Lorch gestiftet haben. Es war Grablege der Staufer und kam im 13. Jh. unter württembergischen Schutz. Vom Kloster sind noch die romanische Kirche, Teile des Kreuzgangs, die Prälatur, die Vogtei, die Zehntscheuer, die Torgebäude und einige kleinere Bauten erhalten.

★★ Kloster Lorch

Kern der Klosteranlage ist die **dreischiffige Pfeilerbasilika** aus dem 11. Jh., ein **Musterbeispiel der Hirsauer Bauschule**. Sie war ab 1140 **Grablege der Staufer**, jedoch ist hier kein männlicher Träger der Krone bestattet. Königin Irene, die byzantinische Kaisertochter und Witwe des Stauferkönigs Philipp, fand hier ihre letzte Ruhestätte. Im nördlichen Querschiff (Mauritiuskapelle) Grabmäler der Herren von Woellwarth aus dem 15. und 16. Jh., im südlichen Querschiff (Bartholomäuskapelle) Grabmäler von Äbten aus dem 14. – 16. Jahrhundert. An den acht Pfeilern des Mittelschiffs freigelegte Bildnisse staufischer Könige und Kaiser. Weiterhin beachtenswert sind im Mittelschiff eine Tumba (1475) zu Ehren der in der Kirche bestatteten Staufer mit Stauferwappen und figürlichen Darstellungen.

★ ◄ Basilika

Weithin sichtbares Wahrzeichen des Klosters ist der 1881 wiederaufgebaute und kürzlich restaurierte Marsiliusturm, von dem aus man eine tolle Aussicht genießen kann.

◄ Marsiliusturm

Aus Anlass der 900-Jahr-Feier des Klosters Lorch im Jahre 2002 hat man im Kapitelsaal eine Ausstellung eingerichtet, die sich mit der Geschichte des staufischen Hausklosters beschäftigt. Als Meisterwerke der spätgotischen süddeutschen Buchmalerei gelten die in den Jahren 1511/1512 entstandenen **Lorcher Chorbücher**, drei großformatige und prachtvoll ausgestattete Handschriften, die im ehemaligen Refektorium gezeigt werden. Eine besondere Attraktion ist das **Rundgemälde des Lorcher Künstlers Hans Kloss** im Kapitelsaal. Es zeigt einige wichtige Episoden aus der Geschichte der Staufer (Öffnungszeiten: April bis Okt. Di. – So. 10.00 – 18.00, Nov. – März Di. bis So. 10.00 – 17.00 Uhr).

◄ Klostermuseum

LORCH ERLEBEN

AUSKUNFT

Stadtverwaltung
Hauptstr. 19
73547 Lorch
Tel. (0 71 72) 18 01 19, Fax 18 01 59
www.stadt-lorch.de

AKTIVITÄTEN

Wandern
Vor den Toren Lorchs verläuft der unter den Schutz der UNESCO befindliche Limes, dem ein speziell beschilderter Wanderweg folgt.

Baden
Beim Lorcher Stadtteil Waldhausen ist ein hübscher Badesee angelegt, der sich im Sommer regen Besuchs erfreut.

ESSEN

► **Erschwinglich**
Waldcafé-Restaurant Muckensee
Am Muckensee
73547 Lorch
Tel. (0 71 72) 87 18
www.muckensee.de
Seit mehr als 80 Jahren gibt es diese beliebte Ausflugsgaststätte, die inzwischen im Stil der Zeit erweitert worden ist mit Wintergarten, Biergarten, Kinderspielplatz etc.

Umgebung von Lorch Unweit nordöstlich vom Kloster ist ein römischer **Limes-Wachturm** in Holzbauweise rekonstruiert, wie er hier wohl im 2./3. Jh. n. Chr bestanden hat. 2 km nördlich von Lorch findet man die romantische **Schelmenklinge**, ein für das Keuperwaldland ganz typischer Tobel mit Wasserfall und Wasserspielen. Südöstlich der Stadt ist der kleine **Muckensee** ein gern besuchtes Ausflugsziel.

Mengen

G 6

Landkreis: Sigmaringen
Einwohnerzahl: 10 000
Höhe: 561 m ü.d.M.

Die alte Fuhrmannstadt und heutige Industriestadt Mengen liegt an der Einmündung des Ablachtales in die Donauniederung. Recht hübsch ist die Altstadt mit ihren alten Fachwerkhäusern.

Geschichte Mengen besitzt einen rechteckig angelegten mittelalterlichen Stadtkern. Von der einstigen Stadtbefestigung sind nur noch Reste der Stadtmauer erhalten. Die Gründung der Stadt, auf deren Markung man römische Siedlungsreste und alamannische Reihengräber gefunden hat, geht wohl auf die Stauferzeit zurück. Sie wurde 1276 habsburgisch und ist eine der fünf Donaustädte, die 1680 nach wechselvoller Geschichte an Österreich kamen. Im Jahre 1805 wurde Mengen württembergisch.

Sehenswertes in Mengen und Umgebung

Altstadt

Besonders schön sind die **Fachwerkbauten** »Kazede« und »Geis'sches Haus«. Der Alte Fuchs, ein ehemaliger Wehrturm mit Herrschaftshaus von 1514 in der nordöstlichen Stadtmauerecke, dient heute als Senioren-Tagesstätte. Beachtenswert ist ferner das einstige **Wilhelmiterkloster** (jetzt Gymnasium).
In der **Alten Post** (Hauptst. 96), die im 17. Jh. Posthalterei der Fürsten von Thurn und Taxis war, ist das Mengener **Heimatmuseum** mit bemerkenswerten vor- und frühgeschichtlichen Funden und Arbeiten heimischer Künstler eingerichtet.

Kath. Pfarrkirche

Die dreischiffige Basilika aus dem 15. Jh. wurde nach einem Brand 1604 wiederaufgebaut und 1734 – 1742 barockisiert. Prächtig sind die **Deckenfresken** von Georg Wilhelm Vollmer und Jonathan Sautter (von 1740) im Innern. Der Chor birgt eine **spätgotische Muttergottes**. Im südlichen Seitengewölbe befindet sich eine Ölberggruppe aus dem 16. Jahrhundert.

Missionsberg

Im Süden der Stadt erhebt sich der Missionsberg (611 m ü.d.M.; Aussichtsturm), auf dem man **alamannische Reihengräber** entdeckt hat. Übrigens: Ein weiteres alamannisches Gräberfeld wurde vor einiger Zeit beim Straßenbau einen knappen Kilometer nördlich der Stadt aufgedeckt.

Ennetach

In dem westlichen Stadtteil ist die den Heiligen Cornelius und Cyprian geweihte **Kirche** (15. Jh.) sehenswert, deren Chor und Sakristei Aberlin Jörg konzipiert hat. Das Chorgestühl, einen Levitenstuhl und andere Schnitzarbeiten hat Jörg Syrlin d.J. geschaffen.

MENGEN ERLEBEN

AUSKUNFT

Tourist-Information
Im Bahnhof
88512 Mengen
Tel. (0 75 72) 76 29 60
Fax 76 29 70
www.mengen.de

AKTIVITÄTEN

Radeln
Mengen ist ein hervorragender Ausgangspunkt für leichte Radtouren in der Donauniederung bzw. entlang der Donau und auch hinauf zur nahen Heuneburg.

Baden
Südwestlich von Mengen, bei dem Dorf Zielfingen, laden mehrere Baggerseen zum Wassersport ein

ÜBERNACHTEN · ESSEN

► Komfortabel / Günstig

Zum Lamm
Hauptstr. 31, 88512 Mengen
Tel. (0 75 72) 76 61-0
Fax 76 61 23
www.lamm-mengen.de
10 Zimmer. Freundlicher Gasthof, dessen junger Küchenchef auch nicht alltägliche Kreationen zaubert.

★ Römermuseum ►

Im 1. Jh. n. Chr. bestand auf dem Ennetacher Berg ein römisches Kastell, und bis ins 3. Jh. n. Chr. gab es auch eine römische Siedlung. Diverse Funde, darunter auch ein Goldring, Utensilien eines römischen Arztes sowie Gefäße und Baumaterialien kann man im neuen Römermuseum bestaunen (Kastellstr. 52; Öffnungszeiten: April bis Okt. Di. – So. 10.00 – 18.00 Uhr).

★ Meßstetten

D 5

Landkreis: Zollernalbkreis
Einwohnerzahl: 11 000
Höhe: 750 – 989 m ü.d.M.

In einer Mulde auf der Westalb und am Rand des noch in Betrieb befindlichen Truppenübungsplatzes Heuberg liegt Meßstetten, das im Jahre 1978 zur Stadt erhoben worden ist.

Der Ort wurde im 13. Jh. als Niederadelssitz erwähnt und kam 1418 an Württemberg. Schon recht früh hat sich hier oben die Textilindustrie entwickeln können. Heute ist Meßstetten nicht nur Bundeswehrstandort, sondern auch Standort von vielen kleineren Gewerbebetrieben.

Sehenswertes in Meßstetten und Umgebung

Ev. Pfarrkirche

Das Gotteshaus wurde 1911 durch ein Erdbeben beschädigt. An den alten Turm fügte man danach einen nach Vorlagen von Martin Elsäßer gestalteten **Jugendstil-Neubau** an.

★★ **Museum für Volkskunst**

Eines der interessantesten Museen der Westalb bewahrt die **Volkskunst-Sammlung von Alfred Hagenlocher** auf, die über 1300 Exponate umfasst, darunter auch Buttermodel, Mostkrüge, Eisenguss, Schmiedeeisernes, bemaltes Mobiliar, Glaswaren etc. (Hangergasse 16; Öffnungszeiten: Mi., So. u. Fei. 14.00 – 17.00 Uhr).

★ **Hossingen**

4 km nordwestlich von Meßstetten liegt dieses Dorf fast 900 m hoch. Interessant ist hier das kleine **Heimatmuseum**. Von Hossingen aus lohnen **Wanderungen zum Trauf** über dem Eyachtal mit dem eisengesicherten Bergsteig **Hossinger Leiter** und dem vorgeschichtlichen Siedlungsplatz Gräbelesberg.

★ **Tieringen**

Knapp 4 km nordwestlich von Hossingen liegt der Erholungsort **Tieringen** auf der Wasserscheide Rhein/Donau zwischen Schlichem- und Oberem Bäratal. Beachtenswert ist die **Ev. Pfarrkirche** (1595) mit romanischen und frühgotischen Mauerresten. Am nördlichen Ortsrand liegt ein **Feriendorf** in der reizvollen Landschaft um **Lochenstein, Schafberg** und **Hörnle** (►Balingen, Umgebung).

7 km südwestlich von Meßstetten im oberen Bäratal befindet sich das alte Zwergstädtchen Nusplingen mit seinen beiden Siedlungskernen. Ein hochinteressantes Bauwerk ist die **Friedhofskirche St. Peter und Paul** mit frühromanischem Turm und Fresken, die aus unterschiedlichen Epochen stammen. Die Deckenkassetten sind mit barocken bäuerlichen Motiven bemalt.

★ **Nusplingen**

Im **Nusplinger Plattenkalk**, der von einer 150 Mio. Jahre alten jurazeitlichen Lagune übrig geblieben ist, werden immer wieder sen-sationelle **Fossilien-Funde** zu Tage gefördert, so etwa die berühmten »Meerengel«. Auf dem **Westerberg** ist ein **Geo-Pfad** angelegt.

★ ◄ Meerengel & Co.

Der Großer Heuberg ist der höchste Teil der Schwäbischen Alb (am Trauf etwa 1000 m ü. d. M., an der Donau immer noch 800 m ü. d. M.) und gehört mit seinem recht rauhen Klima zu den eher dünn besiedelten Räumen Südwestdeutschlands. Hier oben kann man noch »Schwäbische Alb pur« genießen. Im Osten des Großen Heubergs liegt der 1912 angelegte und 48 000 ha große **Truppenübungsplatz** Heuberg.

Großer Heuberg

Landschaftlich reizvoll sind das Bäratal mit den beiden hübschen Ortschaften **Nusplingen** und **Bärenthal** (► Fridingen) sowie der donaunahe Bereich des Großen Heubergs, der zum Naturpark Obere Donau (► Beuron) gehört, mit dem interessanten Irndorfer Hardt.

★ ◄ Bäratal

MESSSTETTEN ERLEBEN

AUSKUNFT

Stadtverwaltung
Hossinger Str. 11
72469 Meßstetten
Tel. (0 74 31) 63 49-0
Fax 6 20 43
www.messstetten.de

AKTIVITÄTEN

Wandern
Ab Meßstetten sind herrliche Wanderungen entlang des Traufs der »Hohen Schwabenalb« mit Gräbelesberg, Hossinger Leiter etc möglich.

ÜBERNACHTEN · ESSEN

► Komfortabel / Günstig

Schwane
Hauptstr. 11
72469 Meßstetten
Tel. (0 74 31) 94 94-0
Fax 94 94 94
www.hotel-schwane.de
22 Zimmer. Altbekannte Adresse mit freundlichen Zimmern und gemütlichem Restaurant. Die Küche des Hauses bietet nicht nur Schwäbisches, sondern auch Vegetarisches und leckere Fisch-Spezialitäten.

Auf Schusters Rappen über die Alb

★ Metzingen

F 3

Landkreis: Reutlingen
Einwohnerzahl: 22 000
Höhe: 350 m ü.d.M.
Prädikat: »Schnäppchenmetropole«

Vielen Zeitgenossen ist Metzingen in erster Linie als Schnäppchenmetropole ein Begriff, wo man günstig Kleidung einkaufen kann. Kaum ins Bewusstsein dringt, dass die Stadt mit ihren 7 Keltern ein kulturhistorisch einzigartiges Ensemble bewahrt hat.

Geschichte Die Stadt liegt am Ausgang des von Weinbergen und Obsthängen flankierten Ermstales in das Lias-Albvorland. Siedlungskern ist ein 1075 erstmals erwähntes Haufendorf. Heute ist Metzingen eine lebhafte Industriestadt (u.a. Textil, Kunststoff, Lederverarbeitung, Maschinenbau) und pflegt das Image einer Schnäppchenmetropole.

Sehenswertes in Metzingen und Umgebung

Stadtzentrum Quirliger neuer Mittelpunkt der Stadt ist der **Lindenplatz**, um den sich viele bekannte Fabrikverkäufe gruppieren. Beherrscht wird die Kernstadt von der um 1500 errichteten ev. **Martinskirche**, mit einem von Heinrich Schickhardt konzipierten spätgotischen Turm. Stadteinwärts erreicht man den den frisch herausgeputzten Marktplatz. Hier steht auch das **Rathaus** mit seiner hübschen Fachwerk-Blumenkasten-Fassade.

★★ **Sieben Keltern** Eindrucksvolle Fachwerk-Zweckbauten sind die bereits 1283 erwähnten Sieben Keltern. Sie bezeugen die große Bedeutung, die der Weinbau für Metzingen einst hatte. In der ehem. Herrschaftskelter ist ein **Weinbaumuseum** (Öffnungszeiten: April – Okt. So. 10.00 – 17.00 Uhr) untergebracht.

In der Großen Stadtkelter kann man samstags zwischen 10.00 und 12.00 Uhr **Metzinger Wein** (Schwarzriesling, Weißherbst, Kerner, Müller-Thurgau, Silvaner) erstehen.

Haus Hindenburgstr. 15 Wenige Schritte weiter, in einer renovierten **Jugendstilvilla** (1912; schöne florale Ornamente) residieren die Gebrüder Holy, die Metzingen mit ihrem Herrenmode-Unternehmen weltberühmt gemacht haben. Das Haus ist über dem größten Weinkeller der Stadt erbaut, in dem die Universität Tübingen von 1676 bis 1829 ihren Zehntwein gelagert hat.

Nordöstlich erheben sich der **Metzinger Weinberg** (488 m ü.d.M.), der **Hofbühl** (510 m ü.d.M.) und der **Florian** (522 m ü.d.M.), alle

? WUSSTEN SIE SCHON ...?

- ... dass Metzingen der Geburtsort von Christian Friedrich Schönbein (1799 – 1868) ist, der 1839 das Ozon entdeckt hat und als Begründer der Geochemie gilt?

METZINGEN ERLEBEN

AUSKUNFT

Stadtverwaltung
Stuttgarter Str. 2 – 4
72555 Metzingen
Tel. (0 71 23) 925-0
www.metzingen.de

SHOPPING

Mekka der Schnäppchenjäger
Mit rund 80 Fabrikverkäufen (Factory Outlets) meist edler Marken nimmt Metzingen deutschlandweit einen Spitzenplatz ein, nirgendwo sonst im Land drängen sich viele große Namen um einen Marktplatz wie um den Metzinger Lindenplatz. Ja inzwischen verkehrt sogar ein Shuttle-Bus zum Stuttgarter Flughafen, der dort Amerikaner, Araber, Japaner usw. abholt und wieder hin bringt. Die Metzinger »Outlets« von Hugo Boss, Bally, Escada, Gerry Weber, Joop!, Kanz, Lacoste, Marc O´Polo, Möve, Nike, Polo Ralph Lauren, Puma, Reebok, Schiesser, Strenesse, Seidensticker, Tommy Hilfiger, Triumph International, Wolford, Bogner, Oilily, Sigikid und Co. sind in der Regel zu folgenden Zeiten geöffnet: Mo. – Fr. 9.30 – 19.00, Sa. 9.00 bis 18.00 Uhr. Jedes Jahr gibt es zwei verkaufsoffene Sonntage (Mai, Okt.) und mindestens ein »Late Night Shopping Event« an einem Freitag im Sommer (Abendverkauf bis 24.00 Uhr). Im i-Punkt am Lindenplatz gibt es ein mehrmals jährlich aktualisiertes Verzeichnis aller Fabrikverkäufe mit Lageplan der einzelnen Verkaufsstellen.

EVENTS

Schwäbischer Kunstmarkt
Zu Pfingsten bieten auf dem Keltern-platz Künstler und Kunsthandwerker aus ganz Deutschland ihre oftmals wunderschönen Waren feil.

Sieben-Keltern-Fest
In der 3. Oktober-Woche dreht sich in den berühmten Metzinger Keltern alles um den Wein. Und dann geht´s auch richtig zünftig zu bei süßem oder »räsem« neuem Wein oder auch bei gutem altem Wein.

Glemser Kirbe
Schäbisch deftig geht es auch beim Kirchweihfest (»Kirbe«) im Metzinger Stadtteil Glems zu, das jedes Jahr am Wochenende nach Martini in den örtlichen Gaststätten mit einer großen Schlachtplatte gefeiert wird.

ÜBERNACHTEN · ESSEN

► Komfortabel

Baedeker-Empfehlung

Schwanen
Bei der Martinskirche 10
72555 Metzingen
Tel. (0 71 23) 94 60, Fax 94 61 00
www.schwanen-metzingen.de
62 Zimmer und 2 Suiten
Im »Ersten Haus am Platz« lässt´s sich´s bequem logieren. Die Küche ist für ihre regionalen Spezialitäten in weitem Umkreis bekannt. Dies gilt auch für den gut sortierten Gewölbe-Weinkeller.

Stausee-Hotel
Unterer Hof 3
72555 Metzingen-Glems
Tel. (0 71 23) 92 36-0, Fax 92 36 63
www.stausee-hotel.de
20 Zimmer und 1 Apartment.
Wenige Autominuten oberhalb von Metzingen gelegenes Haus in landschaftlich reizvoller Umgebung. Guter Service und gutes Restaurant mit regionaler und internationaler Küche.

Shopping bei Boss, Joop, Nike usw. ist in Metzingen angesagt.

drei Relikte (Basalttuffschlote) des Schwäbischen Vulkans. Die sonnenexponierten Hänge sind mit Weinreben bestockt.

Von Metzingen führt der **Gustav-Ströhmfeld-Weg**, ein nach dem früheren Rechner des Schwäbischen Albvereins benannter geologischer Lehrpfad, über den **Florian**, den **Jusi** und weiter auf schmalem Grat zwischen Ermstal und Neuffener Tal mit dem **Hörnle** (706 m ü.d.M.; aufgelassener Steinbruch des ehemaligen Nürtinger Zementwerkes) und entlang des Albtraufs zum **Hohenneuffen** (► Neuffen). Der Weg erschließt den erdgeschichtlich interessanten Westteil des tertiären Kirchheim-Uracher Vulkangebietes (Schwäbischer Vulkan) und führt an etlichen Tuffschloten vorbei.

★ Glems

Ca. 4 km südöstlich von Metzingen liegt das Dorf Glems in einer Talmulde unter den Weißjura-Steilhängen des Albtraufs mit den Aussichtsfelsen **Wolfsfels** (791 m ü.d.M.), **Grüner Fels** (803 m ü.d.M.) und **Olgafels** (786 m über dem Meeresspiegel).

Pumpspeicherbecken Glems ►

Westlich außerhalb des Ortes erreicht man das untere Speicherbecken des Pumpspeicherwerkes Glems (Führungen n. V., Tel. 0 71 23 / 40 61) der Energie Baden-Württemberg AG (EnBW). Fast 300 m höher, auf dem Grasberg, befindet sich das obere Speicherbecken.

Dettingen an der Erms

Dettingen (398 m ü.d.M.; 9000 Einw.), 5 km östlich von Metzingen, ist Standort namhafter Betriebe der Papier- und Verpackungsindustrie. Rund um den Ort gibt es noch schöne **Kirschbaum- und Streuobstwiesen**. Von hier lohnt eine Wanderung über den südlich gelegenen tertiären Vulkanembryo **Calverbühl** (509 m ü.d.M.) hinauf zu den wilden Höllenlöchern, dem Sonnenfels und dem Gelben Fels.

Ermstal

Die Erms entspringt in einer Karstquelle südlich von ►Bad Urach in der Mittleren Kuppenalb. Sie fließt durch das landschaftlich reizvolle Seeburger Tal (Sinterterrassen, felsenbekränzte Talhänge) nordwestwärts nach Bad Urach. Danach weitet sich das Ermstal, dessen klimabegünstigte Hänge im Raum Dettingen – Metzingen gute Voraussetzungen für Obst- und Weinbau bieten. Bei Metzingen tritt die Erms ins Mittlere Albvorland aus und strebt nun durch ein dichtbesiedeltes Gebiet in nordwestlicher Richtung dem Neckar entgegen.

Mössingen

E 4

Landkreis: Tübingen
Einwohnerzahl: 19 000
Höhe: 475 m ü.d.M.
Prädikat: »Blumenstadt«

Mössingen liegt im Steinlachtal zu Füßen von Farrenberg und Dreifürstenstein. 1983 machte ein spektakulärer Bergsturz am Hirschkopf die Gemeinde bundesweit bekannt.

Im 14. Jh. hatten die Grafen von Zollern in dem 774 erstmals erwähnten Ort die Oberhohheit inne. 1415 kam Mössingen an Württemberg. Der Eisenbahnbau (ab 1869) begünstigte das Aufblühen der örtlichen Textilindustrie und des Holzgewerbes. 1933 fand hier reichsweit der **einzige Arbeiteraufstand gegen Hitlers Machtergreifung** statt. Nach dem Zweiten Weltkrieg erfolgte eine starke Siedlungsausdehnung, die bis heute anhält. Seit einigen Jahren hat sich die Industriestadt mit diversen Veranstaltungen und ungewöhnlich schön bepflanzten städtischen Grünflächen als »Blumenstadt« einen Namen gemacht.

Sehenswertes in Mössingen und Umgebung

Mössingen

In Mössingen selbst ist die spätgotische **Peter-und-Paul-Kirche** (ev.; 1517) mit ihren Grisaille-Malereien und ihrer Barock-Orgel beachtenswert. Einen Besuch verdient das restaurierte **Haus eines Rechenmachers** aus dem Jahre 1707, das heute als Museum zugänglich ist

MÖSSINGEN ERLEBEN

AUSKUNFT

Stadtverwaltung
Freiherr-vom-Stein-Str. 20
72116 Mössingen
Tel. (0 74 73) 370-0, Fax 370-163
www.moessingen.de

AKTIVITÄTEN

Führungen zum Erdrutsch
Armin Dieter bietet Führungen zum Rutschgelände am Hirschkopf an (nach Voranmelungen, Tel. 07473/68 30).

Fliegen
Auf dem Sportflugplatz auf dem Farrenberg gibt es einige Piloten, die gerne Passagiere mitnehmen. Auskunft: Flugsportverein Mössingen, Tel. (0 74 73) 81 91.

ÜBERNACHTEN · ESSEN

► Komfortabel

Ochsen
Falltorstr. 73
72116 Mössingen
Tel. (0 74 73) 62 48, Fax 63 96
www.ochsen-moessingen.de
8 Zimmer und 2 Apartments. Nette Unterkunft in einem historischen Fachwerkhaus. Die Küche bietet neben schwäbischen Spezialitäten (u. a. Rostbraten und Spätzle) auch kunstvoll garnierte internationale Gerichte.

(Waibachstr. 15; geöffnet n.V., Tel. 07473/22448). Am Bahnhof ist ein neues Stadtzentrum mit ultramodernem **Rathaus**, Stadtbücherei und einigen Dienstleistungsbetrieben entstanden.

★ Belsener Kapelle

Auf dem südwestlich der Kernstadt gelegenen Belsener Friedhof steht die berühmte Belsener Kapelle, ein **romanisches Chorturm-Kirchlein** (12. Jh.), das gotische und neuere bauliche Veränderungen aufweist. Besonders interessant sind die Plastiken an der Westfront, die wohl als Dämonenabwehr gedacht waren. Unter der Kirche hat man Fundamente eines noch älteren Vorgängerbaus gefunden.

Präsenz-Galerie Andreas Felger ►

Farbholzschnitte, Aquarelle usw. des Belsener Künstlers können im Hause seiner Eltern bewundert werden (Geißhäuserstr. 15; Öffnungszeiten: Fr. 15.00 – 18.00, Sa. 10.00 – 13.00 Uhr).

Bad Sebastiansweiler

An der alten »Schweizer Straße« (heute B 27) liegt das kleine Schwefelbad Sebastiansweiler. Grundlage des im 19. Jh. aufgenommenen Kurbetriebes sind die aus dem Lias alpha austretenden schwefelhaltigen Mineralwässer. 1924 kam das Kurhaus in den Besitz der Basler Mission, die hier vor einigen Jahren eine Kurklinik errichtete.

Farrenberg

Südwestlich von Mössingen erhebt sich der Farrenberg (bis 820 m ü.d.M.) vor dem eigentlichen Albtrauf. Er ist ein bei Sportfliegern beliebter Flugplatz (Motor- und Segelflug, Ultraleichtflugzeuge).

★ Dreifürstenstein

Südlich von Mössingen-Belsen tritt der aussichtsreiche Dreifürstenstein (854 m ü.d.M.) mit seinem dicht bewaldeten Nordhang markant hervor. Hier oben sollen einstmals die Fürsten von Zollern, Württemberg und Fürstenberg zusammengesessen haben. Die Grenzen ihrer Herrschaftsbereiche berührten sich hier.

★ Hirschkopf ►

Östlich vom Dreifürstenstein, am Hirschkopf, klafft seit April 1983 eine riesige Wunde unter dem Albtrauf, denn der Berghang ist auf einer Breite von ca. 600 m abgerutscht. Damals bewegten sich 4 Mio. m^3 Erd- und Gesteinsmassen talwärts. Die freigelegte Fläche (Naturschutzgebiet, Zugang beschränkt!) ist ein hochinteressantes Biotop, in dem sogar die Europäische Sumpfschildkröte wieder heimisch ist.

★ Holzschnitt-Museum Klaus Herzer

4 km östlich von Mössingen liegt das Dorf Öschingen. Im restaurierten alten Rathaus hat der Öschinger Pädagoge und Künstler Klaus Herzer sein Museum, in dem das Thema Holzschnitt didaktisch hervorragend aufbereitet ist. Neben vielen eindrucksvollen Arbeiten des Öschinger Holzschneiders ist hier auch noch die voll funktionstüchtige Stockpresse von HAP Grieshaber zu sehen (Öffnungszeiten: So. 14.00 – 17.00 Uhr; Führungen n. V., Tel. 0 74 73 / 63 39).

Talheim

5 km südöstlich erreicht man das Dorf Talheim, in dessen **Pfarrkirche** Wandfresken aus dem 14. Jh. erhalten sind. Wanderwege führen zur **Burgruine Andeck** auf dem Südostsporn des Farrenbergs sowie zur **Heidenburg** (östlich oberhalb; 851 m ü.d.M.; gute Aussicht).

3 km nordwestlich von Mössingen liegt Ofterdingen (424 m ü.d.M.; 4000 Einw.), wo das Flüsschen Steinlach eine Schwarzjura-Fläche mit **Abdrücken von großen Ammoniten** und anderen Bewohnern des urzeitlichen Jurameeres freigelegt hat.

★ **Ofterdinger Schneckenpflaster**

★ Münsingen

G/H 4

Landkreis: Reutlingen
Einwohnerzahl: 14 000
Höhe: 600 – 866 m ü.d.M.
Prädikat: »Tor zum GeoPark«

Münsingen, bis zum Abzug der Bundeswehr im Jahre 2005 bekannt als Garnisonstadt mit einem großen Truppenübungsplatz, ist heute Tor zum neu geschaffenen Biosphären-Reservat Schwäbische Alb, dem der frühere Truppenübungsplatz zugeschlagen wurde.

Geschichte

Die ehemalige Kreisstadt liegt auf der klimatisch rauhen Hochfläche der mittleren Alb. Im Jahre 809 wurde erstmals eine »villa Munigesinga« erwähnt. Ortsherren waren bis ins 13. Jh. die Grafen von Urach. Um das Jahr 1325 erhielt das inzwischen württembergisch gewordene Münsingen das Stadtrecht. 1482 wurde der **Münsinger Vertrag** geschlossen, durch den die beiden württembergischen Landesteile wieder zusammenkamen. Um 1600 erblühte das Gewerbe, angeregt durch den Aufschwung der Weberei. 1895 wurde der Truppenübungsplatz eingerichtet. Die 1938 erworbene Funktion als Kreisstadt verlor Münsingen 1973 im Rahmen der Kreisreform. Im Jahre 2005 verließen die letzten Soldaten die inzwischen dem Erdboden gleich gemachte Kaserne. Dank öffentlicher Hilfen konnten in den letzten Jahren etliche Industriebetriebe angesiedelt werden.

Sehenswertes in Münsingen und Umgebung

★ **Stadtzentrum**

Die evangelische **Martinskirche** stammt im wesentlichen aus dem 13. Jahrhundert. Ihren Chor hat Peter von Koblenz Ende des 15. Jahrhunderts geschaffen. Der Kirchturm erhielt 1887 eine neugotische Bekrönung.

Im Münsinger **Schloss**, einem Steinbau des 14. Jh.s mit kleinen Fensteröffnungen, wurde 1482 der Münsinger Vertrag geschlossen, durch den Graf Eberhard im Bart das 1442 geteilte Land Württemberg wieder vereinigte. Im 1984 renovierten Schloss ist heute das Münsinger **Heimatmuseum** untergebracht. Hier kann man geologische Schaustücke, interessante Bodenfunde aus vor- und frühgeschichtlicher Zeit sowie eine stadthistorische Dokumentation studieren (Öffnungszeiten: Mai – Okt. Mi. 14.30 – 16.30, So. 14.00 – 16.00 Uhr).

Das **Alte Rathaus** (17. Jh.), ehemals herzogliches Zeughaus, mit Erdgeschoss-Lauben, der um 1600 geschaffene **Marktbrunnen** und einige alte Fachwerkhäuser sind ebenfalls vorbildlich renoviert worden. In

MÜNSINGEN ERLEBEN

AUSKUNFT

Tourist-Information
Bachwiesenstr. 7, 72525 Münsingen
Tel. (0 73 81) 182-145, Fax 182-101
www.muensingen.de

AKTIVITÄTEN

Radeln, Wandern
Münsingen ist ein guter Ausgangspunkt für Wanderungen und Radtouren ins nahe ►Lautertal sowie ins neu ausgewiesene Biosphärenreservat.

Wintersport
Rasante Abfahrtsläufer treffen sich am alpinen Hang in Dottingen. Auf der gesamten Gemarkung Münsingen werden Dutzende Loipen präpariert.

ÜBERNACHTEN · ESSEN

► **Komfortabel**

Baedeker-Empfehlung

Hermann
Am Marktplatz
72525 Münsingen
Tel. (0 73 81) 18 26-0, Fax 62 82
www.hotelhermann.de
32 Zimmer. Mitten in der verkehrsberuhigten Altstadt steht dieser hübschrenovierte Fachwerkbau mit seinen nett eingerichteten Zimmern. »Schmeck' den Süden« (Deutschlands) heißt es in der Küche, deren schwäbische Spezialitäten in weitem Umkreis geschätzt werden.

der **Stadtbücherei** ist eine Gedenkstätte für den aus Münsingen gebürtigen Literaten **Max Kommerell** (1902 – 1944) eingerichtet.

Informationszentrum

Der alte Bahnhof ist eines der Informationszentren des von der UNESCO anerkannten GeoParks Schwäbische Alb. Hier erfährt man Wissenswertes über die Landschaft (Öffnungszeiten: Mai – Mitte Okt. So. u. Fei. 10.00 – 17.30 Uhr u. n. V., Tel. 0 73 81 / 5 01 75 56). Ferner ist der alte Bahnhof **Haltepunkt der Schwäbische-Alb-Bahn** und Kreuzungspunkt von Buslinien, auf denen die Mitnahme von Fahrrädern möglich ist (Mai – Mitte Okt. So. u. Fei.).

★ Beutenlay

Südöstlich der Stadt erstreckt sich das Naturschutzgebiet Beutenlay mit einer für die Albhochfläche ganz typischen Flora. Darunter befinden sich auch Pflanzen, die andernorts längst ausgerottet sind. Als historisch zu bezeichnende Wirtschaftspflanzen, wie beispielsweise Dinkel und Flachs, die früher auf der Alb eine große Rolle gespielt haben, sind auf kleinen Feldern angebaut. Eindrucksvoll ist der Beutenlay zur Blütezeit im Frühling und Frühsommer. Dann leuchten hier Farben, wie sonst nur noch an wenigen Stellen auf der Alb.

Ehem. Truppenübungsplatz

Nördlich und östlich von Münsingen erstreckt sich der Gutsbezirk Münsingen, dessen Kern das ziemlich unfruchtbare Weidegebiet **Münsinger Hart** ist. Hier wurde 1895 ein Truppenübungsplatz eingerichtet. Im ehem. Postamt des Alten Lagers ist ein kleines **Museum** eingerichtet, das sich mit der Geschichte des Truppenübungsplatzes beschäftigt. Im Westen des Areals liegt der 1937 aufgelöste Ort **Gruorn**, in dessen Kirche man im Jahre 1903 ein »Jüngstes Gericht« aus dem 14. Jh. freigelegt hat (heute im Münsinger Heimatmuseum ausgestellt). Das gesamte Areal ist **Kernraum des im Aufbau befindlichen Biosphärenreservats Schwäbische Alb**.

i Ehem. Truppenübungsplatz

- Der ehemalige Truppenübungsplatz ist seit 2006 auf ausgewiesenen Wegen für Wanderer und Radler zugänglich. Diese Wege sind durch gelb gestrichene Holzpflöcke bzw. durch gelbe Rauten auf dem Asphalt markiert. Wegen zahlreicher auf dem Gelände verstreuter gefährlicher Munitionsüberreste dürfen die Wege nicht verlassen werden. Inzwischen gibt es aber auch schon ein paar ausgebildete TrÜP-Guides, die interessierte Besucher zu naturkundlich besonders interessanten Plätzen führen dürfen. Nähere Auskünfte erteilt die Münsinger Tourist-Information.

5 km östlich von Münsingen wurde bei Böttingen bis vor kurzem der sog. **Böttinger Marmor** gebrochen, mit dem u. a. ein Saal im Stuttgarter Neuen Schloss ausgekleidet ist. Daneben findet man auch »wilden« Marmor.

Mehrstetten

10 km südöstlich von Münsingen liegt Mehrstetten (763 m ü.d.M.; 1200 Einw.), das heute als Musterbeispiel für eine gelungene Albdorfsanierung gefeiert wird. Mehrstetten ist ein beliebter **Ausgangsort für Wanderungen und Radtouren** ins Große ► Lautertal sowie ins Schmiechtal und ist als besonders schneesicherer **Wintersportort** bekannt. Im alten Farrenstall ist ein **Heimatmuseum** eingerichtet (bäuerliches Leben; Öffnungszeiten: Mai – Nov. So. 13.30 – 16.30 Uhr).

Hohenstein

Die Gemeinde Hohenstein (683 – 830 m ü.d.M.; 4000 Einw.), aus mehreren alten Dörfern gebildet, liegt südwestlich des Großen Lautertales. Bewaldete Höhen, Wacholderheiden und Trockenrasenflächen gehören ebenso zum Landschaftsbild wie ackerbaulich genutzte Mulden und Trockentäler. Auf einer Kuppe nordöstlich von **Oberstetten** ist die Ruine der im 11. Jh. erbauten Burg Hohenstein zu sehen. In **Bernloch**, dem Geburtsort des Heimatdichters Hans Reyhing (1882 bis 1961; Gedenkstube im Haus Wiesengrund 1), ist noch eine Hüle erhalten, die einstmals ein wichtiger Bestandteil der örtlichen Wasserversorgung gewesen ist. Südlich außerhalb von **Meidelstetten** befindet sich ein Aussichtsturm auf dem 829 m hohen Dachenstein. In **Ödenwaldstetten** ist ein Bauernhausmuseum besuchenswert (Öffnungszeiten: Mai – Okt. Mi., Sa., So. 14.00 – 17.00 Uhr).

! *Baedeker* TIPP

Speidels Brauereile

In Ödenwaldstetten gibt's eine kleine Brauerei, in der man sich während eines mehrstündigen Seminars zum Brauereigesellen ausbilden lassen kann. Außerdem wird hier noch echt schwäbisch gekocht. Und im neuen Designer-Hoteltrakt nächtigt man bestens! Weitere Informationen: Brauerei-Gasthof Lamm, Tel. (0 73 87) 98 90-0, www.speidels-brauereile.de

★★ Neresheim

M/N 2

Landkreis: Ostalbkreis
Einwohnerzahl: 8500
Höhe: 504 m ü.d.M.
Prädikat Erholungsort

Neresheim, der Hauptort des Härtsfeldes, liegt mit seiner weltberühmten barocken Benediktinerabtei inmitten einer reizvoll-herben Landschaft mit herrlichen Wacholderheiden, wildreichen Wäldern und felsigen Trockentälern.

Sehenswertes in Neresheim

Stadtkirche Beachtenswert ist die im 18. Jahrhundert errichtete Stadtkirche mit wundervollen Fresken von **Januarius Zick**.

Härtsfeld-museum Im ehemaligen Vogtshaus hat man das reichhaltige Härtsfeldmuseum untergebracht, zu dessen Schätzen Funde aus der Alamannen- und Merowingerzeit, Trachten, Erinnerungen an Dr. Martin Eisenbarth sowie eine Dokumentation zur Geschichte der Härtsfeldbahn gehören (Öffnungszeiten: 1. April – 31. Okt. So. 13.00 – 17.00 Uhr).

Hoch über dem gleichnamigen Ort thront das Kloster Neresheim.

NERESHEIM ERLEBEN

AUSKUNFT

Tourist-Information
Hauptstr. 21
73450 Neresheim
Tel. (0 73 26) 81 49
www.neresheim.de

AKTIVITÄTEN

Härtsfeldbahn
An manchen Wochenenden und Feiertagen verkehrt die historische Härtsfeld-Schmalspurbahn auf ein paar Kilometern wiederhergerichteter Strecke ab dem alten Bahnhof.

ÜBERNACHTEN · ESSEN

► Günstig

Krone
Hauptstr. 13
73450 Neresheim
Tel. (0 73 26) 96 39 00, Fax 96 96 96
www.neresheim-krone.de
14 Zimmer und 1 Suite; Traditionsreicher Gasthof im Herzen der Stadt.

Härtsfeldbahnmuseum

Im ehemaligen Bahnhof von Neresheim ist das Härtsfeldbahnmuseum untergebracht, in dem Fotos, Dokumente, Werkzeuge und Uniformen aus der »guten, alten Zeit« gezeigt werden. Aufgebaut wurde auch eine Modellbahnanlage. Einige alte Lokomotiven und Waggons werden derzeit restauriert (Öffnungszeiten: Mai – Okt. jeden 1. So. 11.00 – 12.00 und 13.00 – 17.00 Uhr).

✶✶ Benediktinerabtei Neresheim

Geschichte

Die Benediktinerabtei Neresheim wurde 1095 von Graf Hartmann und Gräfin Adelheid von Dillingen-Kyburg gegründet. Von den romanischen Bauten des Klosters ist nichts mehr übrig geblieben. In der Zeit zwischen 1119 und 1669 wurde die Anlage insgesamt elfmal von Bränden heimgesucht. Aus der vorbarocken Zeit sind heute nur noch die Prälatur und der Turm erhalten. 1694 begann man mit der Errichtung der mustergültigen barocken Klosteranlage, deren schönster Teil die Abteikirche werden sollte (Öffnungszeiten: tgl. 9.00 – 20.00 Uhr; Führungen: Ostern bis Allerheiligen tgl. 11.00 und 15.00 Uhr).

Abteikirche

Das Gotteshaus wurde von 1745 bis 1792 nach Vorlagen des berühmten Barockbaumeisters **Balthasar Neumann** errichtet. Die Raumwirkung der zwischen 1966 und 1975 mit großem Aufwand renovierten Kirche ist unvergleichlich, nicht zuletzt dank der genialen Kuppelarchitektur.

◄ Kuppelgemälde

Die großartigen Kuppelgemälde stammen von **Martin Knoller** aus Steinach am Brenner. Über der Orgelempore sieht man eine Darstellung von Jesus, der die Händler aus dem Tempel treibt, über der Kanzel den zwölfjährigen Jesus als Tempellehrer. Die Anbetung der heiligsten Dreifaltigkeit ist in der Hauptkuppel zu sehen. Eine Dar-

ABTEIKIRCHE NERESHEIM

★★ **Die Kirche des Benediktinerklosters Neresheim ist eines der Meisterwerke barocker Baukunst in Europa. Das nach Entwürfen von Balthasar Neumann errichtete Gotteshaus ist mit wunderbaren Deckengemälden von Martin Knoller und Joseph Schöpf versehen. Die Ausstattung hat Thomas Schaidhauf besorgt.**

Gottesdienste:

Sonn- und Feiertage:
05.00 Uhr: Virgil und Laudes
08.30 Uhr: Gemeindemesse
10.00 Uhr: Konventmesse
12.05 Uhr: Mittagshore
14.30 Uhr: Vesper
19.30 Uhr: Komplet

Werktags:
05.00 Uhr: Vigil und Laudes
09.00 Uhr: Konventmesse
12.05 Uhr: Mittagshore
18.00 Uhr: Vesper
19.30 Uhr: Komplet

① **Hauptportal**
mit Terrasse und Freitreppe (Ende des 18. Jh.s angelegt und 1864 umgebaut).

② **Westfassade**
aus unverputzten Kalksteinquadern mit Dreiecksgiebel und Fassadenskulpturen der Heiligen Ulrich und Afra von Michael Fischer (1767). Ende des 18. Jh.s kam der Frontispiz dazu.

③ **Orgelempore**
Gehäuse der Hauptorgel von Thomas Schaidhauf, Orgelwerk von Johann Nepomuk Holzhay (1798).

④ **Glockenturm**
Der 8-geschossige Turm wurde 1618 – 1626 von Peter Schwarz in romanisierenden Formen errichtet.

⑤ **Vierung**
Das großartige Deckengemälde in der gewaltigen Vierungskuppel zeigt die Verehrung der Dreifaltigkeit durch die vier Evangelisten und etliche Ordensheilige.

⑥ **Südliches Querhaus**
Eine Darbringung im Tempel zeigt das Deckenfresko.

⑦ **Nördliches Querhaus**
Das Deckenfresko hat die Taufe Christi zum Thema.

⑧ **Mönchschor**
Das herrliche Deckengemälde zeigt den auferstandenen Christus in Imperator-Geste, dagegen ist der Tod in Ohnmacht gefallen und der Satan entthront.

⑨ **Hochaltar**
Eine wunderschöne Abendmahl-Darstellung sieht man in der Kuppel über dem Hochaltar. Ein vollplastischer Christus am Kreuz bildet den Chorabschluss.

Abteikirche Neresheim Orientierung

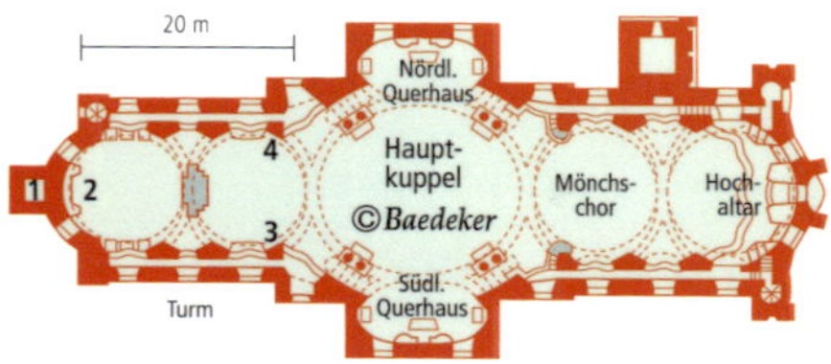

1 Hauptportal 2 Orgelempore 3 Kanzel 4 Taufstein

Verehrung der Heiligen Dreifaltigkeit. Deckengemälde von Martin Knoller und Joseph Schöpf

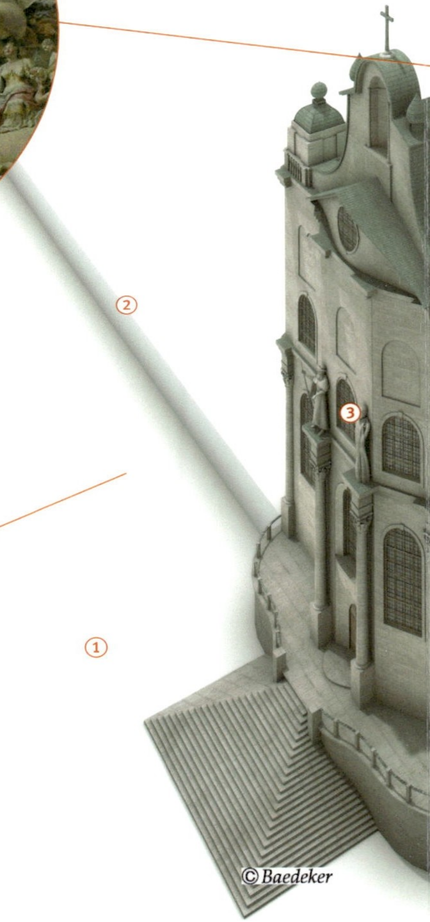

Westfassade mit Skulpturen der Heiligen Ulrich und Afra von Michael Fischer

Hochaltar mit vollplastischem Kruzifix als Chorabschluss

Auferstehung. Kuppelbild von Martin Knoller und Joseph Schöpf über dem Mönchschor

stellung Jesu im Tempel schmückt das südliche Querhaus, im nördlichen Querhaus sieht man die Taufe Jesu im Jordan. Das Kuppelbild über dem Mönchschor zeigt die Auferstehung des Herrn. Prachtvoll ist auch das »Abendmahl« über dem Hochaltar. Die Stuckarbeiten, die zu den schönsten in Süddeutschland zählen, hat **Thomas Schaidhauf** aus Raisting bei Wessobrunn kreiert.
Die 1979 restaurierte Hauptorgel entstand Ende des 18. Jh.s in Ottobeurener Werkstätten; die Chororgel, die aus dem Hause Steinmeyer in Oettingen stammt, wurde 1949 fertig gestellt.

Umgebung von Neresheim

✶ Naturschutzgebiet Zwing Südlich des Benediktinerklosters erstreckt sich das Naturschutzgebiet »Zwing« mit seiner für die Alb so typischen Trockenvegetation (Wacholder, Magergräser, Orchideen u.v.a.).

Härtsfeldsee Ca. 6 km südlich liegt der von Wassersportlern gern besuchte Härtsfeldsee in einer Biegung des hübschen Egautales. Knapp 1 km nordöstlich abseits vom Härtsfeldsee findet man die im 11. Jh. errichtete **Burg Katzenstein**, ein im spätromanisch-frühgotischen Stil wieder hergestellter staufischer Wehrbau. In der Laurentiuskapelle sind noch Fresken aus dem 13. Jh. zu sehen (Öffnungszeiten: Di. – So. 10.00 – 18.00; Führungen: 11.00 u. 14.00 Uhr).

! Baedeker TIPP

Rittermahl im Felsenkeller
Eine kulinarische Zeitreise ins 12. Jh. bietet das Restaurant der Burg Katzenstein und serviert im historischen Felsenkeller ein wahrhaft ritterliches Menü mit Schwarzbier, Kartoffelsuppe und Spanferkel (Reservierung unter Tel. 07326 / 91 96 56 und www.burgkatzenstein.de).

Dischingen 8 km südlich von Neresheim liegt der Erholungsort Dischingen mit einer 1771 nach Plänen von Josef Dossenberger errichteten kath. **Kirche** (Rokoko-Ausstattung) und einem lehrreichen **Heimatmuseum** (Hauptstr. 5), das u. a. historische Bauernstuben zeigt.

Schloss Taxis Knapp 1 km südöstlich von Dischingen liegt das Schloss Taxis (18. Jh.) inmitten eines Englischen Parks. Es wird noch als sommerliche Residenz genutzt. Eine Besichtigung ist nicht möglich.

Schloss Duttenstein Etwa 3 km weiter östlich findet man das das Renaissanceschloss Duttenstein, das ebenfalls den Fürsten von Thurn und Taxis gehört, mit einem großen Wildpark.

Ca. 2 km südlich von Dischingen fördert dieses moderne Wasserwerk Trinkwasser für zahlreiche Gemeinden auf dem Härtsfeld. **Egau-Werk**

Etwa 1 km weiter, im Ballmertshofener Schloss, eine ländliche Bildergalerie (u.a. bäuerlicher Wandschmuck, Heiligendarstellungen). **Schloss Ballmertshofen**

Das Härtsfeld erstreckt sich zwischen der Kocher-Brenz-Talfurche im Westen und dem Ries im Osten. Das relativ dünn besiedelte Gebiet liegt zwischen 600 und 730 m Meereshöhe. Wegen des rauen Klimas soll es von König Friedrich I. von Württemberg als **»Schwäbisch Sibirien«** bezeichnet worden sein. Weite Hochflächen, flache Rücken, Trockentäler, Magerwiesen und Wacholderheiden, dichte Wälder und offene Ackerflächen prägen das Bild dieser erst vor wenigen Jahrzehnten für den Erholungsfremdenverkehr entdeckten Landschaft. **Härtsfeld**

Berühmtheit erlangte das Härtsfeld im Jahr 1634, als die Schweden eine entscheidende Schlacht gegen die Kaiserlichen verloren. Für das protestantische Württemberg hatte dies katastrophale wirtschaftliche Folgen. Auf dem 5 km südlich von Nördlingen gelegenen Albuch erinnert ein Denkmal an diese Schlacht. ◄ Schlacht bei Nördlingen

★ Neuffen

G 3

Landkreis: Esslingen
Einwohnerzahl: 6300
Höhe: 355 – 740 m ü.d.M.

Das hübsche Kleinstädtchen Neuffen liegt in der kesselförmigen Steinachbucht zu Füßen des Hohenneuffen mit seinen sonnenseitigen Rebhängen.

Neuffen wurde erstmals im 12. Jh. urkundlich erwähnt. Damals kam die Ortsherrschaft an die Edelfreien von Neuffen. Ihr bekanntester Sproß ist der Minnesänger **Gottfried von Neuffen** (um 1220/1230).

Sehenswertes in Neuffen und Umgebung

Recht hübsch ist der runde mittelalterliche Stadtkern (Fachwerkbauten) mit dem **Rathaus** (17. Jh.). Die ev. **Pfarrkirche** (14. Jh.) beherrscht als Rundpfeilerbasilika das Stadtbild. Im Chor ist ein Fresko des hl. Georg aus dem 15. Jh. sehenswert; an ihrer Außenfront ein Ölberg aus dem frühen 16. Jahrhundert. **Stadtkern**

Beachtenswerte Bauten sind ferner das restaurierte **Große Haus** (Schilling'sches Haus; Stadtbücherei, Stadtmuseum) und das **Melchior-Jäger-Haus**. Beachtung verdient auch das Deutsche Orden-museum (Unterer Graben 26; Öffnungszeiten: jeden 3. So. im Monat 10.00 – 14.00 Uhr).

NEUFFEN ERLEBEN

AUSKUNFT

Tourist-Information
Stadtverwaltung
Hauptstr. 19; 72637 Neuffen
Tel. (0 70 25) 10 60
www.neuffen.de

EVENT

Neuffener Winzerfest
Mitte September lockt das Neuffener Winzerfest (bei der Kelter) Weinzähne aus nah und fern an.

AKTIVITÄTEN

Panorama-Therme Beuren
Schwimmen und Kuren im quellfrischen Thermalwasser sowie Wohlfühlen in der herrlichen Sauna-Landschaft des Badeparadieses »Panorama-Therme« im Nachbarort Beuren (Öffnungszeiten: tgl. 8.00 bis 22.00 Uhr).

ÜBERNACHTEN · ESSEN

► **Komfortabel**

Beurener Hof
Hohenneuffenstr. 16
72660 Beuren
Tel. (0 70 25) 9 10 11-0
Fax 9 10 11 33
www.beurener-hof.de
10 Zimmer. Die gut geführte Unterkunft verfügt auch über ein gutes Restaurant.

★ **Burgruine Hohenneuffen**

Die Burgruine thront als größte der Schwäbischen Alb über dem Städtchen auf einer 743 m hohen Bergkuppe. Die Burg ist im 11. Jh. erbaut worden und war **Sitz der Edelfreien von Neuffen**. Von 1301 bis 1801 war die Feste eine der stärksten des Landes. Im 14. Jh. residierte hier oben **Graf Ulrich IV. von Württemberg**. Während der Teilung Württembergs im 15. Jh. war sie Machtzentrum des östlichen Landesteils. Sie konnte weder im Reichskrieg von 1312 noch im Bauernkrieg bezwungen werden. 1519 musste sie sich dem Schwäbischen Bund ergeben. Im 30-jährigen Krieg kapitulierte sie nach langer Belagerung. Vom 15. bis 18. Jh. war die Burg **Staatsgefängnis**.

Die Burgruine Hohenneuffen aus der Vogelperspektive

Von der mittelalterlichen Burg sind noch Ring- und Schildmauer erhalten. Die drei Rundtürme und der Pulverturm wurden im 16. Jh. errichtet. Zu Beginn des 19. Jh.s wurden Teile der Burg geschleift.
Im Jahre 1948 verhandelten Politiker auf dem Hohenneuffen über die Bildung eines deutschen Südweststaates.
Öffnungszeiten: April – Okt. So. bis Di. 9.00 – 19.00, Mi. – Sa. 9.00 bis 22.00; Nov. – März tgl. 10.00 bis 18.00 Uhr; das Burgrestaurant ist Mo. u. Di. geschlossen).

Beuren

Der Kurort (4000 Einw.), 3 km nordöstlich von Neuffen gelegen, schmiegt sich in eine Bucht des Albtraufs zwischen der Baßgeige im Osten und dem Hohenneuffen im Westen. In seinem Ortskern sind noch einige alte **Fachwerkhäuser** erhalten, so das **Rathaus** (1526), das **Heiligenhaus** (1518) und die hübsch renovierte alte **Kelter**.

In den 1970er-Jahren hat man in Beuren erfolgreich nach Thermalwasser gebohrt. In mehreren Etappen ist daraufhin eines der meistbesuchten Thermalbäder Süddeutschlands entstanden. Heute ist die Beurener **Panorama-Therme** ein veritables **Wellness-Paradies**, das obendrein noch mit einer sehr attraktiven Saunalandschaft aufwarten kann.

Am Ortsrand befindet sich ein gut aufgemachtes bäuerliches **Freilichtmuseum** mit 22 historischen, hierher versetzten Gebäuden. Traditionelles Handwerk kann man hier ebenso studieren wie überlieferte Volkskunst. Während der Saison werden Vorführungen alter Handwerke geboten. Veranstaltungen wie Back- und Schäfertage, Mostfeste und Oldtimertreffen ergänzen das Programm (Öffnungszeiten: April – Okt. Di. – So. 9.00 – 18.00; www.freilichtmuseum-beuren.de).

Schafschur-Vorführung im Beurener Freilichtmuseum

★★ Nördlingen

N/O 1

Landkreis: Donau-Ries
Einwohnerzahl: 20 000
Höhe: 430 m ü.d.M.

Das an der Eger gelegene bayerische Städtchen Nördlingen mit seinem überaus malerischen Stadtkern und einer vollständig erhaltenen mittelalterlichen Stadtmauer ist Hauptort des zwischen Schwäbischer und Fränkischer Alb eingesenkten fruchtbaren Rieses.

Nördlingen, im Jahr 898 erstmals als Königsgut erwähnt, geht auf eine römische Siedlung zurück. Unter dem Stauferkaiser **Friedrich II.** wurde es **Freie Reichsstadt**. Es trat 1377 dem Schwäbischen Bund bei. Im Mittelalter wurde es nicht nur als Messeplatz, sondern auch als Schauplatz großer Hexenprozesse bekannt. In der Schlacht bei Nördlingen im Jahr 1634 mussten die Schweden ihre erste Niederlage auf deutschem Boden hinnehmen. Die Stadt kam im Jahre 1803 an Bayern.

BOMBE AUS DEM ALL

Es geschah vor etwa 15 Millionen Jahren. Damals näherte sich ein Himmelskörper mit einer kosmischen Geschwindigkeit von mehr als 20 Kilometern in der Sekunde der Erde. Schließlich schlug der rund 1000 Meter dicke Steinmeteorit auf dem Schwäbischen Jura bei der heutigen Stadt Nördlingen auf. Er drang mehrere hundert Meter tief in die Erdkruste ein und riss mit der Energie von mehr als 200 000 Hiroshima-Atombomben einen Krater von zirka 12 Kilometern Durchmesser auf.

Nach dem Aufprall

In der Hitze des Aufpralls (über 10 000 °C) verdampften der Meteorit und das von ihm unmittelbar getroffene anstehende Gestein geradezu explosionsartig. Der Untergrund wurde von Stoßwellen regelrecht geschüttelt. Im näheren Umkreis des Aufpralls schmolz das Gestein, in weiterer Entfernung wurde Gesteinsmaterial wurde zertrümmert bzw. ausgeworfen. Durch Ausgleichsbewegungen entstand schließlich ein gewaltiger **Krater** von 25 Kilometern Durchmesser mit einem beachtlichen inneren Ringwall. Insgesamt wurden durch den Einschlag mehr als 150 Kubikkilometer Gestein »bewegt«.

Da der Meteorit bis in den kristallinen Untergrund eindrang, wurde nicht nur das anstehende Gestein umgeschmolzen (Metamorphose), sondern es konnte auch ein neues Mineral entstehen, das heute als **Suevit** bekannt ist. Dieses enthält zum größten Teil aufgeschmolzenes Grundgebirgsmaterial und auch Einschlüsse von Sedimentgestein.

Kurze Zeit nach dem Einschlag des Meteoriten ereignete sich eine Rückfederbewegung des Untergrundgesteins. Zugleich stieg eine Explosionswolke in die Atmosphäre und wurde Auswurf weit übers Land verteilt.

Wenig später sackte alles in sich zusammen. Der ohnehin schon riesige Krater war nun noch größer, beinhaltete ein ringförmiges Becken, das bald von einem See erfüllt werden sollte. Und auch das feste Material der Explosionswolke, darunter der Suevit, fiel wieder auf die Erde.

Kein Vulkankrater!

Erst 1960 wurde die These widerlegt, dass der Rieskrater durch vulkanische Aktivität entstanden sei. Damals entdeckten die beiden US-amerikanischen Forscher Shoemaker und Chao im Suevit Bestandteile, die nur unter

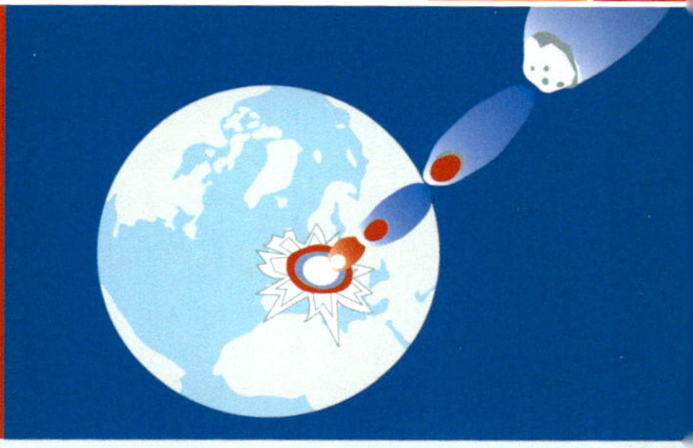

extrem hohem Druck bzw. unter extrem hohen Temperaturen entstanden sein konnten.

Wie Phönix aus der Asche

Der Meteoriteneinschlag brachte für einen Umkreis von rund 100 km Tod und Verderben. Im Krater selbst bildete sich zumindest zeitweise ein bis zu 400 Quadratkilometer großer **See**, an dessen Ufern allmählich wieder Leben erwachte. Dies bezeugen vielerlei Fossilienfunde. Im Laufe der Zeit wurde soviel Geröll, Sand und Ton in dem See abgelagert, dass er schließlich verlandete. Ein Teil der Ablagerungen wurde danach wieder ausgeräumt. Während und zwischen den Eiszeiten fand eine erneute Sedimentation statt. Windablagerungen wie Löss und Sand sollten nunmehr den **fruchtbaren Boden** bilden, der auch heute noch einen lukrativen Ackerbau ermöglicht.

Im **Nördlinger Rieskrater-Museum** kann man sich genauestens über die Entstehung des Rieses sowie über seine geologischen und geomorphologischen Besonderheiten informieren. Außerdem gibt es hier Mondgestein der Apollo-16-Mission und ein Fundstück vom »Neuschwanstein-Meteoritenfall« zu sehen (Öffnungszeiten: Di. – So. 10.00 – 12.00 u. 13.30 – 16.30 Uhr).

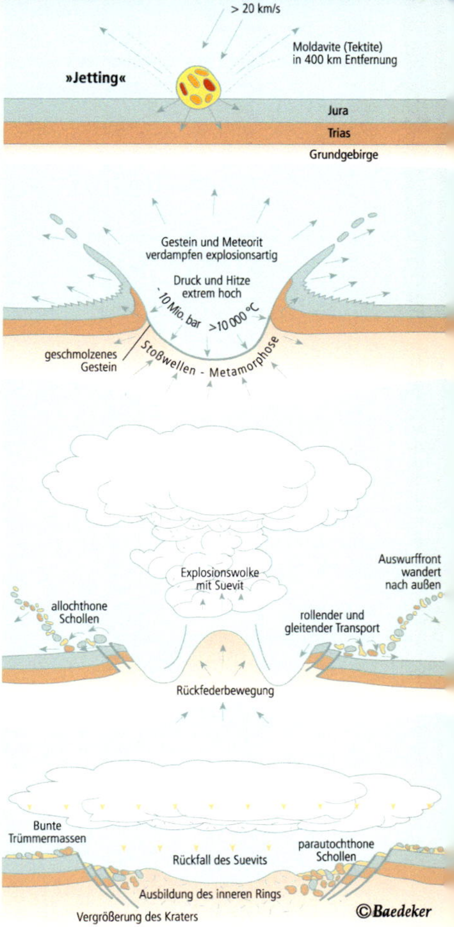

Sehenswertes in Nördlingen

✶ St. Georg

Wahrzeichen der Stadt ist die spätgotische Hallenkirche St. Georg (1427 – 1505) mit einem **»Daniel«** genannten 90 m hohen Turm, von dem der Türmer heute noch zwischen 22.00 und 24.00 Uhr sein »So G'sell so« ruft. Schmuckstück der Ausstattung ist ein barocker Hochaltar mit vorzüglichen spätgotischen Schnitzfiguren. Beachtenswert ist auch das 18 m hohe Sakramentshäuschen sowie eine **»Beweinung Christi«** von Hans Schäufelein (1521) im nördlichen Seitenschiff.

✶ Rathaus

Nördlich der Kirche steht das spätgotische, 1934 erneuerte Rathaus mit schöner überdachter **Renaissance-Freitreppe** von 1618. In der Stube des Schwäbischen Bundes hängt ein großes Wandgemälde von Hans Schäufelein.

Tanzhaus

Gegenüber dem Rathaus fällt das Tanzhaus (1444 und 1830) ins Auge. An seiner Front zum Markt befindet sich ein Standbild Kaiser Maximilians I. aus dem Jahr 1513.

Klösterle

Durch die Eisengasse gelangt man zum Hafenmarkt mit dem Klösterle, der Kirche eines ehemalige Barfüßerklosters, die im 16. Jh. in einen Kornspeicher umgewandelt wurde. Heute ist der Komplex ein gern besuchtes Veranstaltungszentrum.

NÖRDLINGEN ERLEBEN

AUSKUNFT

Tourist-Information
Marktplatz 2
86720 Nördlingen im Ries
Tel. (0 90 81) 8 41 16
www.noerdlingen.de

EVENTS

Stabenfest
Im Mai findet dieses Kinderfest statt, dessen Tradition bis 1690 zurückreicht.

Rieser Dampftage
Im Mai und August werden beim Eisenbahnmuseum wahre Dampflok-Spektakel abgehalten.

Scharlachrennen
Dieses historische Fest findet alle 2 Jahre statt (2008, 2010 usw.).

ÜBERNACHTEN · ESSEN

► **Komfortabel**

NH Klösterle
Beim Klösterle
86720 Nördlingen
Tel. (0 90 81) 8 70 80
Fax 8 70 81 00
www.nh-hotels.com
98 Zimmer. Zeitgemäß eingerichtetes Haus in der Altstadt mit regionaler und internationaler Küche.

Hotel am Ring
Bürgermeister-Reiger-Str. 14
86720 Nördlingen
Tel. (0 90 81) 2 90 03-0
Fax 2 31 70
www.hotelamring.de
39 Zimmer. Hier wohnt man recht komfortabel., der Service ist sehr gut und die Küche ebenfalls.

Kreisrund ist der heute noch von einer Wehrmauer umschlossene mittelalterliche Stadtkern von Nördlingen.

Nördlich des Klösterles liegt an der Baldinger Straße das Spital zum Heiligen Geist, eine Gründung des 13. Jh.s, das heute das überaus reichhaltige **Stadtmuseum** beherbergt. Ausgestellt sind u. a. eine geologische Sammlung, vor- und frühgeschichtliche Exponate sowie Bilder der Schwäbischen Schule (Öffnungszeiten: März – Nov. Di. – So. 13.30 – 16.30 Uhr).

★ **Heilig-Geist-Spital**

Dem Meteoriteneinschlag im Nördlinger Ries ist ein ausgezeichnetes geologisches Museum gewidmet. Man kann Gesteine aus dem Ries und vom Mond studieren und hervorragend gemachte Videofilme verdeutlichen eindrücklich, was sich beim Meteoriten-Einschlag abgespielt hat (Eugene-Shoemaker-Platz 1, Tel. 0 90 81/2 73 82 20, www.rieskrater-museum.de; Öffnungszeiten: Di. – So. 10.00 – 12.00 u. 13.30 – 16.30 Uhr).

★ **Rieskrater-museum**

Zwei imposante Bauten sind das Hallgebäude am Weinmarkt südwestlich der Georgskirche, das in den 1540er-Jahren zur Lagerung von Salz, Korn und Wein erbaut wurde, und die Alte Schranne von 1602 mit ihren Staffelgiebeln nordöstlich der Georgskirche.

Hallgebäude, Alte Schranne

Lohnend ist eine Rundwanderung auf dem Wehrgang der 2,6 km langen Stadtmauer, die mit ihren 15 Türmen aus dem 14. bis 16. Jh. stammt. Hervorzuheben sind das **Reimlinger Tor** (das älteste der Nördlinger Stadttore), das **Deininger Tor** (1517), das 1592 von W. Wallberger neu aufgebaute **Löpsinger Tor**, in dem das **Stadtmauermuseum** untergebracht ist, das **Baldinger Tor** und das **Berger Tor**. In der **Alten Bastei** finden im Sommer Freilichtspiele statt.

★ **Wehrgang**

Eisenbahnmuseum Das ehemalige Bahnbetriebswerk beherbergt heute das Bayerische Eisenbahnmuseum (Öffnungszeiten: März, April, Okt. Sa. 12.00 bis 16.00, So. 10.00 – 17.00, Mai – Sept. Di. – Sa. 12.00 – 16.00, So. 10.00 – 17.00 Uhr).

Umgebung von Nördlingen

Rieskrater Der fast kreisrunde Ries-Kessel (Durchmesser etwa 25 km) zwischen der Schwäbischen und der Fränkischen Alb entstand vor fast 15 Mio. Jahren, als ein Meteorit auf den Schwäbischen Jura prallte (siehe Baedeker-Special S. 276/277). Eger und Wörnitz haben sich einen Weg aus dem 80 bis 100 m tiefen Kessel zur Donau gegraben.

Schlacht bei Nördlingen ► Etwa 5 km südlich von Nördlingen auf dem Albuch fand eine der großen Auseinandersetzungen des Dreißigjährigen Krieges statt: die Schlacht bei Nördlingen von 1634.

Oettingen Das malerische Städtchen Oettingen (5000 Einw.), im nördlichen Ries gelegen, war Mittelpunkt eines 1806 aufgehobenen Fürstentums. Prunkvoll ausgestattete Räume und Stuckaturen des Wessobrunner Meisters Matthias Schmuzer sind im **Residenzschloss** der Fürsten von Oettingen-Spielberg (17. Jh.; Wechselausstellungen des Staatlichen Museums für Völkerkunde). In der Hofgasse findet man das Oettinger **Heimatmuseum** mit einer Biedermeierstube.

✶ Wallerstein Knapp 5 km nördlich von Nördlingen liegt der Markt Wallerstein am Fuß eines aussichtsreichen Felsens, der einstmals eine im Dreißigjährigen Krieg zerstörte staufische Burg trug. Sehenswert sind hier neben dem Schloß mit seiner außergewöhnlichen Porzellansammlung die Pfarrkirche St. Alban (frühes 17. Jh.) und eine schöne Pestsäule aus dem Jahr 1725.

✶ Wemding Das von einem Graben umzogene mittelalterliche Städtchen (5300 Einw.) liegt am östlichen Riesrand. Beachtenswert hier die **Pfarrkirche** (1309) mit Wandgemälden aus dem späten 15. Jh. und das **Heimatmuseum** im Schlosshof. Am Marktplatz steht das Geburtshaus des spätmittelalterlichen Botanikers **Leonhart Fuchs**, nach dem die Fuchsien benannt wurden.

Westlich der Stadt liegt die barocke **Wallfahrtskirche Maria Brünnlein** (1748 – 1752) des Deutschordensbaumeisters Joseph Roth mit schönen Stukkaturen und Fresken von Johann Baptist Zimmermann.

Riesbürg Die Gemeinde Riesbürg (450 – 650 m ü.d.M.; 2000 Einw.) liegt mit ihren drei Teilorten Utzmemmingen, Pflaumloch und Goldburghausen am Westrand des Rieses und somit an der Landesgrenze zwischen Baden-Württemberg und Bayern. Verwaltungszentrum der Gemeinde Riesbürg ist der Erholungsort Utzmemmingen.

Ofnethöhlen ► Etwa 1 km südöstlich von Utzmemmingen findet man am Rand des Rieskraters die Ofnethöhlen, die zu den ältesten bisher bekannten

Siedlungsplätzen auf der Schwäbischen Alb gehören. Hier hat man 33 Menschenschädel ausgegraben, die dem Paläolithikum (etwa 11 000 Jahre v. Chr.) zugerechnet werden. Außerdem entdeckte man hier steinzeitliche Geräte und Schmuck, der z. T. aus Gehäusen mediterraner Schnecken angefertigt worden ist.
Fast genau unterhalb der Ofnethöhlen liegen die Reste einer **»Villa rustica«,** die zwischen 80 und 230 n. Chr. errichtet worden ist und zu den rund 100 bekannten römischen Hofstellen im Ries gehört.

Goldburghausen

Bei Riesbürg-Goldburghausen erhebt sich der 513 m hohe **Goldberg**. Er war schon um 6000 bis 5000 v. Chr. besiedelt, auch konnten Oval- und Viereckhäuser aus der Jungsteinzeit nachgewiesen werden. Interessante steinzeitliche Kulturzeugnisse sind im **Goldbergmuseum** ausgestellt (Öffnungszeiten: April – Okt. So. 14.00 – 17.00 Uhr).

✶ Harburg (Schwaben)

Das malerische Städtchen Harburg (412 m ü.d.M.; 5600 Einw.) liegt im Tal der Wörnitz am südöstlichen Rand des Rieses. Es wird beherrscht von der auf einem Bergsporn thronenden gleichnamigen Burg des Fürstenhauses Oettingen-Wallerstein, die im Jahr 1093 erstmals erwähnt worden ist.
Rechts neben dem Oberen Tor liegt die **Burgvogtei** (16. Jh.). Im Südwesten des Schlosshofes ragt der **Diebsturm** auf, dessen Buckelquadermauerwerk ihn als einen der ältesten Teile der Burg ausweist. Im Süden des Schlosshofes befindet sich der rechteckige mittelalterliche **Saalbau**, in dem schöne Stuckarbeiten und Bildwerke zu sehen sind. Daneben steht der Östliche Bergfried, der wegen seines originellen »Schneckenhauben«-Dachs auch »Roter Schneckenturm«

Die mittelalterliche Harburg ist noch komplett erhalten.

genannt wird. Im Osten des Schlosshofes fällt der unter Einbeziehung des mittelalterlichen Palas errichtete **Fürstenbau** ins Auge. Er beherbergt die wertvollen Kunstsammlungen der Oettinger, darunter auch einige Altarbildwerke von Tilman Riemenschneider. Vom Fürstenbau führt ein Gang zur **Schlosskirche** (14./15. u. 17. Jh.), mit schönen spätgotischen Skulpturen an den Chorwänden und etlichen Grabmälern oettingischer Fürsten. Unter dem Chor liegt eine Gruftkapelle aus dem 14. Jahrhundert. Nördlich außerhalb des Schlosshofes reihen sich mehrere Nebengebäude aneinander (Führungen: n. V., Tel. 09080 / 96 860).

✶ Kesseltal

Zu den schönsten Tälern der Ostalb gehört das Kesseltal, das südlich des Nördlinger Rieses im bayerischen Teil der Schwäbischen Alb verläuft. Sehr reizvoll ist der Mittelabschnitt des Tales zwischen **Diemantstein** und dem **Markt Bissingen** (455 m ü.d.M.; 3300 Einw.). Hier windet sich das Flüsschen Kessel in vielen Schlingen an Bauerndörfchen, Burgruinen und Kapellen vorbei. Ein kunsthistorisches Kleinod ist die **Rokoko-Wallfahrtskirche in Buggenhofen** mit schönen Fresken von J. B. Enderle.

Idylle pur: das Kesseltal

Die Gemeinde **Kirchheim am Ries** (436 – 619 m ü.d.M.; 2000 Einw.) liegt mit ihren Ortsteilen Benzenzimmern, Dirgenheim, Jagstheim und Osterholz am Westrand des Rieses. Auf ihrer Markung hat man keltische, römische und vor allem alamannische Kulturzeugnisse gefunden. In Kirchheim ist das ehemalige **Zisterzienserinnenkloster** beachtenswert, das im Jahr 1267 von Graf Ludwig III. von Oettingen gestiftet wurde. Die erste Klosteranlage entstand in der ersten Hälfte des 14. Jahrhunderts. Ein zweiter Bauabschnitt folgte um 1500. Die Klosterkirche wurde im 18. Jh. barock ausgestattet. Auf dem Hochaltar (1756) zieht eine Mariendarstellung Besucher in ihren Bann. Unter der Nonnenempore mit spätgotischem Chorgestühl liegt die Stephanuskapelle mit den Grabsteinen von **Graf Friedrich III. von Oettingen** und seiner Gemahlin sowie von zwei Äbtissinnen. Am Südende des Westflügels der Klosteranlage liegt die **Stiftskapelle** aus dem 13. Jh. mit einem Gnadenbild der Schmerzensmutter und schönen Glasbildern der Verkündigung an Maria.

✶ Klosterkirche ►

✶ Nürtingen

F/G 3

Landkreis: Esslingen
Einwohnerzahl: 40 000
Höhe: 288 m ü.d.M.
Prädikat: Große Kreisstadt

Die am Neckar zwischen der Filderebene und dem Mittleren Albvorland gelegene Stadt ist heute ein bedeutender Industriestandort sowie Sitz einer Fachhochschule.

Geschichte

Im Jahr 1046 erstmals urkundlich erwähnt, wurde die Siedlung im 13. Jh. württembergisch. Nach einem großen Stadtbrand im Jahr 1750 erhielt die Stadt ihr barockes Gepräge. Bekannt wurde Nürtingen als Witwensitz württembergischer Fürstinnen.

Sehenswertes in Nürtingen und Umgebung

Laurentiuskirche

Auf dem höchsten Punkt der Altstadt, dem Schlossberg, thront die Laurentiuskirche (16. Jh.), von deren Turm man einen schönen Ausblick zu den Zeugenbergen der Schwäbischen Alb genießen kann.

Rathaus, Marktbrunnen

Nahebei stehen das Rathaus (um 1800) mit schönem Treppenhaus, der Marktbrunnen (16. Jh.), das Rieger'sche Fachwerkhaus (1578), das ehemalige Spital (18. Jh.) sowie die Kreuzkirche aus der Mitte des 15. Jh.s, die heute als Kulturzentrum und Konzertsaal dient.

Alte Lateinschule

In der Alten Lateinschule lernten u.a. der Lyriker **Friedrich Hölderlin** und der Philosoph **Friedrich Wilhelm Schelling**. An diese beiden Berühmtheiten wird hier ebenso erinnert wie an den Dichter Eduard Mörike (► Berühmte Persönlichkeiten), der sich des öfteren in Nürtingen aufgehalten hat.

NÜRTINGEN ERLEBEN

AUSKUNFT

Tourist-Information
Rathaus, Marktstr. 7
72609 Nürtingen
Tel. (0 70 22) 7 53 81
www.nuertingen.de
i-Punkt am Neckartalradweg (bei der Freien Kunstakademie)

EVENT

Maientag
Historisches Schüler- und Kinderfest im Mai.

ÜBERNACHTEN · ESSEN

► Komfortabel

Best Western am Schlossberg
Europastr. 13
72622 Nürtingen
Tel. (0 70 22) 70 40
Fax 70 43 43
www.schlossberg.bestwestern.de
176 Zimmer. Modernes Großhotel am Rand der Altstadt mit schöner Wellness-Anlage. Die Küche bietet beste internationale und auch gute regionale Gerichte.

In mustergültiger Weise ist der an der Alleenstraße gelegene ehemalige **Salemer Klosterhof** wieder hergerichtet worden. Der imposante Fachwerkbau beherbergt städtische Behörden. Im benachbarten, hübsch restaurierten alten Schützenhaus von 1565 ist das **Stadtmuseum** mit einer höchst informativen Hölderlin-Ausstellung und diversen Funden aus der Römerzeit untergebracht (Öffnungszeiten: Di., Mi., Sa. 14.30 – 17.00, So. bis 18.00, April – Sept. So. ab 11.00 Uhr).

! *Baedeker* TIPP

Sofazügle

An mehreren Wochenenden und Feiertagen im Jahr verkehrt das nostalgische Sofazügle zwischen Nürtingen und Neuffen. Es wird von einer im Jahre 1911 gebauten und heftig schnaubenden Dampflok gezogen. Weitere Informationen: Tel. (0 70 25) 23 00, www.ges-ev.de

Im nördlichen Stadtteil Unterensingen sind die **Reste eines römischen Gutshofes** mit Hypocaustum (Fußbodenheizung), Caldarium (Heißbad) und Tepidarium (Warmbad) freigelegt. Führungen n. V., Tel. (0 70 22) 7 52 82.

✶ **Sammlung Domnick**

Lohnend ist ein Besuch der Sammlung Domnick auf der Oberensinger Höhe. Der Mediziner und Kunstkenner **Dr. Ottomar Domnick** (1907 – 1989) hat Werke der int. Moderne zusammengetragen, darunter Arbeiten von Willi Baumeister, Hans Hartung, Pierre Soulages und Piero Dorazio (Öffnungszeiten: April – Okt. Di. u. Do. 15.00 bis 18.00, So. ab 13.00, Nov. – März So. 13.00 – 17.00 Uhr).

Blick übers Neckar-Wehr auf Nürtingens »Schokoladenseite«

★★ Obermarchtal

H 5

Landkreis: Alb-Donau-Kreis
Höhe: 539 m ü.d.M.
Einwohnerzahl: 1300

Die alte Klostersiedlung Obermarchtal liegt auf einer Weißjuraplatte unmittelbar südlich über der Donau, die hier ihren zweiten Durchbruch der Schwäbischen Alb verlässt.

Geschichte

Das von den Alaholfingern gegründete und später dem Kloster St. Gallen übergebene Kloster wurde im Jahr 776 erstmals erwähnt. 1171 gründete **Pfalzgraf Hugo II.** von Tübingen hier ein Prämonstratenser-Chorherrenstift, das 1140 zur Abtei und 1500 zur Reichsabtei erhoben wurde. Das heutige Kloster wurde ab 1686 errichtet. 1803 erhielten es die Fürsten von Thurn und Taxis als Ausgleich für die Verstaatlichung der Post und den Verlust ihrer linksrheinischen Besitzungen. 1806 wurde Obermarchtal württembergisch und dem Oberamt Zwiefalten untergeordnet. Seit 1973 ist das Kloster im Besitz der Diözese Rottenburg-Stuttgart, die hier ein Weiterbildungszentrum eingerichtet hat.

OBERMARCHTAL

AUSKUNFT

Gemeindeverwaltung
Hauptstr. 21
89611 Obermarchtal
Tel. (0 73 75) 205
Fax 14 63
www.obermarchtal.de

Sehenswertes in Obermarchtal und Umgebung

★★ Klosterkirche

Hauptsehenswürdigkeit der großen Klosteranlage ist die Klosterkirche, ein mustergültiger Bau der Vorarlberger Schule, der 1686 bis 1701 nach Vorlagen der Baumeister **Michael** und **Christian Thumb** sowie **Franz Beer** errichtet worden ist. Die Stuckaturen sind Meisterwerke der Wessobrunner Schule und von der Künstlerfamilie Schmuzer mitgeprägt. Am gewaltigen Hochaltar ist ein 1696 geschaffenes Gemälde von **Johann Heiß** zu sehen, an den beiden Nebenaltären Bildwerke von **Matthäus Zehender** von 1692. Sehr schön ist auch das 1690 geschaffene Chorgestühl und das wundervolle Eichenholzschnitzwerk von 1672 in der Sakristei.

◄ Kapitelsaal

Östlich an die Kirche schließt die Vierflügelanlage des Klosterkomplexes an. Sehr schön ist der Kapitelsaal mit Stuckarbeiten von **Franz Schmuzer** und einem Gestühl des Tirolers **Andreas Etschmann**.

◄ Ostflügel

In dem 1747 – 1753 von **Giovanni Bagnato** errichteten Ostflügel befindet sich das Refektorium mit Rokoko-Stuckaturen der Künstlerfamilie Pozzi und Fresken von Appiani sowie großartigen Bildern von **Hans Multscher** aus Ulm.

Musterbeispiel barocker Baukunst: die Klosterkirche in Obermarchtal

Die kleine **Pfarrkirche** des Dorfes geht auf ein Gotteshaus des 12. Jh.s zurück. 1481 wurde sie neu erbaut, 1730 – 1740 umgestaltet und 1887 sowie 1974 restauriert. Beachtenswert der spätgotische Chor sowie eine Kreuzigungsgruppe aus dem 15. Jahrhundert.
Etwa 2 km südöstlich von Obermarchtal liegt ein **Soldatenfriedhof**, der zu den wichtigsten im süddeutschen Raum gehört. Hier sind Armeeangehörige aus vielen Teilen Europas bestattet, die während der Napoleonischen Kriege im Obermarchtaler Lazarett verstarben. Ebenso liegen hier Soldaten, die in den beiden Weltkriegen gefallen sind.

Knapp 3 km östlich liegt der Ort **Untermarchtal** mit dem Mutterhaus der Barmherzigen Schwestern vom Orden des hl. Vinzenz von Paul (seit 1891). Bemerkenswert ist die moderne Klosterkirche von 1972 an Stelle eines Vorgängerbaus von 1909.

Kalkofen ▶ Außerhalb des Ortes kann man einen wieder hergestellten Kalkofen von 1922 besichtigen, der heute ein Denkmal von industriegeschichtlicher Bedeutung ist. Sehr eindrucksvoll wird hier die Geschichte der Kalkbrennerei am Südrand der Alb aufgezeigt. Zu besonderen Terminen werden der Brennvorgang und das Ablöschen des Kalkes vorgeführt (Öffnungszeiten: April – Okt. So. 11.00 – 17.00 Uhr).

★ Pfullingen

F 4

Landkreis: Reutlingen
Einwohnerzahl: 18225
Höhe: 426 m ü.d.M.

Die Industriestadt Pfullingen liegt südlich von Reutlingen am Eingang zum oberen Echaztal, nordwestlich begrenzt vom Georgenberg und östlich abgeschirmt vom knapp 700 m hohen Urselberg.

Geschichte Um das Jahr 924 erblickte der **hl. Wolfgang** hier das Licht der Welt. Im Mittelalter bestanden hier zwei Burgen: die Obere Burg, von der nur noch einige Quader erhalten sind, und die Untere Burg, eine Wasserburg, an deren Stelle der württembergische Herzog Christoph

PFULLINGEN ERLEBEN

AUSKUNFT

Tourist-Information
Stadtverwaltung
Rathaus I
Marktplatz 5
72786 Pfullingen
Tel. (0 71 21) 70 30
Fax 70 32 13
www.pfullingen.de

ÜBERNACHTEN

► **Komfortabel**

Engelhardt Garni
Hauffstr. 111
72793 Pfullingen
Tel. (0 71 21) 99 20-0, Fax 99 20-222
www.hotel-engelhardt.de
57 Zimmer. Am nördlichen Stadtrand gelegenes und bestens geführtes Haus.

1563 ein Jagdschlösschen errichten ließ. 1250 erfolgte die Gründung eines Klarissenklosters. Seit der Ansiedlung erster Industriebetriebe im 19. Jh. hat sich Pfullingen stark ausgedehnt und ist heute baulich mit der Stadt Reutlingen zusammengewachsen.

Sehenswertes in Pfullingen und Umgebung

★ **Martinskirche**

Markantestes Bauwerk der Stadt ist die Martinskirche auf geschichtsträchtigem Platz. In ihrer unmittelbaren Nähe hat man alamannische Reihengräber aufgedeckt. Bei Grabungen konnten außerdem drei Vorgängerbauten des heutigen Gotteshauses festgestellt werden, deren ältester wahrscheinlich schon im 7. Jh. bestand. Der Unterbau des Kirchturms stammt aus dem 14. Jahrhundert. Der spätgotische Chor mit Netzgewölbe wurde 1463 fertig gestellt, das Langhaus 1579 vollendet.

Rathaus, Freiung, Jagdschloss

Nahebei stehen das 1686 errichtete Rathaus, das noch einige Renaissance-Elemente aufweist, sowie das Doppelhaus namens »Freiung« mit Staffelgiebel und Erker. An der Echaz liegt das 1563 gebaute ehemalige Jagdschloss von **Herzog Christoph** an Stelle einer mittelalterlichen Wasserburg.

★ **Pfullinger Museen**

In einer von der Echaz durchflossenen Grünanlage zeigen die drei Pfullinger Museen die Entwicklung eines alten Siedlungsplatzes zur modernen Industriestadt. Noch funktionstüchtig ist die ehemalige **Baumann'sche Getreidemühle**. Im Wohntrakt der Mühle ist eine Trachtensammlung des Schwäbischen Albvereins ausgestellt. Im nahen **Schlössle**, einem Fachwerkbau aus dem 15. Jh., und in der dazugehörigen **Schlösslescheuer** veranschaulichen diverse Exponate die Stadtgeschichte, so z. B. Relikte aus frühgeschichtlicher Zeit (u. a. Armreifen aus Bronze), eine Darstellung der baulichen Entwicklung der Martinskirche sowie alte Gerätschaften von Bauern und Handwerkern (Öffnungszeiten: Mai – Okt. So. 14.00 – 17.00 Uhr).

Klosterkirche Noch gut erhalten ist das gotische Schiff der Cäcilienkirche eines 1250 gegründeten Klarissenklosters. Ein frühgotisches Sprechgitter aus Stein im ehemaligen Klostergarten war für die Nonnen die einzige Möglichkeit, mit der Welt außerhalb des Klausurbereichs in Kontakt zu treten.

*** Pfullinger Hallen** Am südlichen Stadtrand trifft man auf die 1904/1905 im Auftrag des Pfullinger Fabrikanten **Louis Laiblin** erbauten Pfullinger Hallen. Der Jugendstil-Festsaalbau wurde von Theodor Fischer konzipiert und enthält Wandmalereien – u. a. von Hans Brühlmann –, die 1906 bis 1908 unter der Leitung von **Adolf Hoelzel** entstanden sind.

Wanderziele Im Nordwesten der Stadt erhebt sich der aussichtsreiche **Georgenberg** (602 m ü.d.M.). Im Osten bzw. im Südosten von Pfullingen sind der **Urselberg** (697 m ü.d.M.) mit dem Aussichtspunkt »Hörnle«, der **Urselhochberg** (789 m ü.d.M.; Naturschutzgebiet) und der **Übersberg** (Ausflugsgasthof, Segelfluggelände) mit dem aussichtsreichen **Mädlesfels** (774 m ü.d.M.) viel besuchte Ausflugsziele.
Schöne Rundwanderungen kann man südlich bzw. südwestlich von Pfullingen im Bereich Wanne – Schönberg – Wackerstein unternehmen. Die **Wanne** (699 m ü.d.M.) ist ein geradezu ideales Freizeitgelände für Familien mit Kindern. Den **Schönberg** (793 m ü.d.M.) ziert ein weithin sichtbarer Aussichtsturm, der im Volksmund **»Pfullinger Unterhose«** genannt wird. Das Pfullinger Wahrzeichen, das 2006 aus Anlass seines 100-jährigen Bestehens frei nach Christo mit einer riesigen Unterhose verhüllt wurde, ist das erste in Eisenbeton-Bauweise errichtete Bauwerk seiner Art. Der aussichtsreiche **Wackerstein** (825 m ü.d.M.) hoch über der Genkinger Steige wird auch von Kletterern sehr geschätzt.

* Reutlingen

E/F 3/4

Landkreis: Reutlingen
Einwohnerzahl: 112 000
Höhe: 290 – 898 m ü.d.M.
Prädikat: »Tor zur Schwäbischen Alb«

Die ehemalige Freie Reichsstadt liegt im Echaztal zu Füßen des auffallenden Bergkegels Achalm. Die Wirtschaftsmetropole mit ihrer malerischen Altstadt gilt als ein »Tor zur Schwäbischen Alb«.

Geschichte Um 1024 ließ Graf Egino auf der Achalm eine Burg erbauen. 1209 erhielt der Ort das Marktrecht, wenig später das Stadtrecht und wurde unter dem Stauferkaiser Friedrich II. mit einer Mauer umgeben. Bereits im 13. Jh. kam Reutlingen durch die Verarbeitung von Leder zu großem Wohlstand. 1377 besiegten die Reutlinger Bürger das Heer des württembergischen Grafen Ulrich vor den Toren der Stadt. 1726 zerstörte ein verheerender Brand den größten Teil der städti-

REUTLINGEN ERLEBEN

AUSKUNFT

Tourist-Information
Listplatz 1
72764 Reutlingen
Tel. (0 71 21) 303-26 22
www.reutlingen.de

EVENTS

Mutscheltag
Der Donnerstag nach dem Dreikönigstag ist Reutlinger »Nationalfeiertag«. Da wird in allen »Wirtschaften« mit Inbrunst um die Mutschel gewürfelt, jenes süße oder salzige sternförmige Gebäck mit Krone und Kranz.

Reutlinger Mundart-Wochen
Im März, nach der »Fasnet«, präsentieren der schwäbische Poet Wilhelm König und die Mundartgesellschaft Württemberg eine attraktive Veranstaltungsreihe, bei der sich alles um (süddeutsche) Dialekte dreht.

Schwörtag
Am Ulrichstag, dem 2. Sonntag nach dem 4. Juli, wird neuerdings wieder der Schwörtag festlich begangen. Erstmals wurde dieses Fest im Jahre 1374 gefeiert.

Weindorf »Reutlinger Herbst«
Im September lockt das rund um die Marienkirche aufgebaute »Weindorf« Liebhaber guter Weine und leckerer Speisen an.

SHOPPING

Wilhelmstraße
Die taditionsreichste Shoppingmeile am Nordwestrand der Alb ist die Reutlinger Wilhelmstraße, eine Fußgängerzone, die den alten Stadtkern von Nordwest nach Südost durchmisst. Von der Müller-Galerie bis zum Breuninger gibt es hier alles, was Rang und Namen hat. Eine Entdeckungstour durch die Seitengassen lohnt: Hier stößt man auf nette Boutiquen und trendige Bistros.

Markt
Obst, Gemüse, Blumen und viele Spezialitäten aus dem Albvorland und von der Alb werden auf dem Wochenmarkt feilgeboten, der immer Di., Do., und Sa.-vormittags auf dem Marktplatz abgehalten wird.

ÜBERNACHTEN / ESSEN

► Komfortabel

① ***Fora***
Am Echazufer 22
72764 Reutlingen
Tel. (0 71 21) 92 40
www.fora.de
152 Zimmer und 4 Suiten. Zeitgemäßes Großstadthotel mit gutem Restaurant.

② ***Fortuna***
Carl-Zeiss-Str. 75
72770 Reutlingen
Tel. (0 71 21) 58 40
Fax 58 41 13
www.fortuna-hotels.de
100 Zimmer. Modernes Haus an der Stadtautobahn von Reutlingen nach Tübingen. Gutes Restaurant.

Baedeker-Empfehlung

③ ***Achalm-Hotel***
An der Achalm
72766 Reutlingen
Tel. (0 71 21) 48 20, Fax 48 21 00
www.achalm.com
34 Zimmer und 1 Suite. Aussichtsreich über der Stadt gelegenes Haus mit ambitionierter Küche.

schen Bausubstanz; die Stadtmauer riss man im Laufe des 19. Jahrhunderts ab. Im Jahre 1856 ist die Reutlinger Webschule eingerichtet worden, aus der das Technikum der Textilindustrie hervorgehen sollte. Berühmtester Sohn der Stadt ist der 1789 geborene Friedrich List (►Berühmte Persönlichkeiten).

Sehenswertes in Reutlingen

Nikolaikirche

Am Beginn der Wilhelmstraße, der Hauptachse der Stadt, steht die Nikolaikirche, die 1358 geweiht worden ist. Vor dem Gotteshaus befindet sich der **Gerber- und Färberbrunnen**, eine Arbeit von J. Zeitler (1921). Der Brunnen, in dem alljährlich die frisch gebackenen Absolventen der Reutlinger Gerberschule »getauft« werden, erinnert an zwei in der Vergangenheit für die Stadt wichtige Gewerbe.

★ **Spital**

Das alte Spital, ein beachtlicher Bau an der Nordostseite des Marktplatzes wurde 1333 erstmals erwähnt. Im 16. Jh. hat man ihn um- und ausgebaut. 1849 tagte hier die Volksversammlung der württembergischen und badischen Demokraten. Im Keller des Spitals hat das renommierte **Theater in der Tonne** seine Heimstatt.

***Reutlingen** Orientierung*

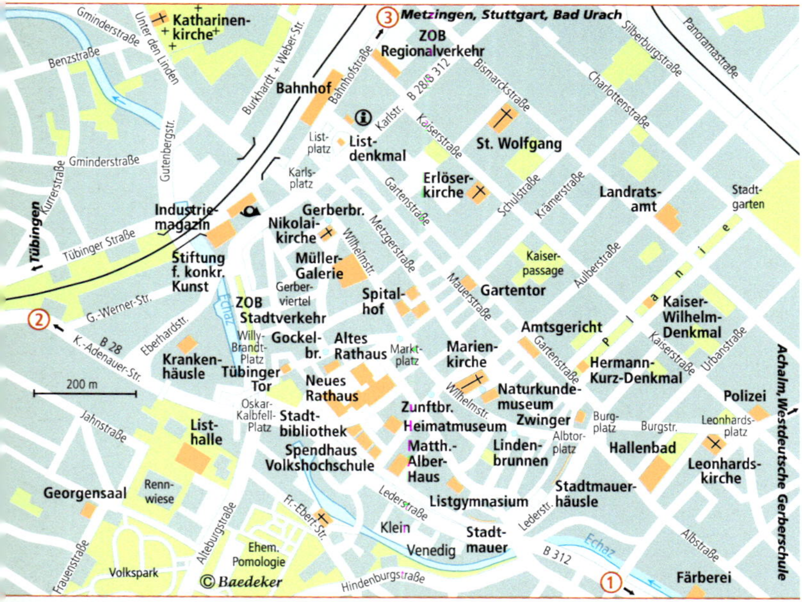

Übernachten ① Fora ② Fortuna ③ Achalm

Der Marktplatz ist ist in den 1970er-Jahren neu gestaltet worden. Vor der Kulisse von Zunft-, Geschäfts- und Bürgerhäusern zeigt er sich an Markttagen recht fotogen. Der **Marktbrunnen** von 1570 mit einer Darstellung des Kaisers Maximilian II. als Ritter ist eine Arbeit von Leonhard Baumhauer. Die Südwestseite des Marktplatzes beherrscht das moderne **Rathaus**. Das Foyer des Rathauses ziert der »Sturmbock« von HAP Grieshaber (1966).

Marktplatz

Vom Marktplatz führt die geschäftige Katharinenstraße zum mächtigen Tübinger Tor (früher Mettmannstor genannt), das zwischen 1220 und 1240 errichtet worden ist; der Fachwerkaufbau stammt aus dem 16. Jahrhundert.

★ Tübinger Tor

Das Gegenstück zum Tübinger Tor ist das Gartentor – früher auch Neues Tor genannt – nordöstlich des Marktplatzes, das im 13. / 14. Jh. erbaut worden ist. Recht hübsch ist der **Gartentorbrunnen**, der 1931 an Stelle eines älteren Röhrenbrunnens entstand.

Gartentor

Geht man vom Marktplatz auf der Wilhelmstraße ein paar Schritte weiter stadteinwärts, erreicht man die Marienkirche, **eine der schönsten Schöpfungen der Hochgotik** und seit 1988 »Nationales Kulturdenkmal«. Ihr ältester rückwärtiger Teil stammt noch aus dem 12. Jh.; ansonsten wurde sie zwischen 1247 und 1343 erbaut. Der 73 m hohe Turm mit Rosette entstand 1494 nach Plänen von Peter von Breisach und Matthäus Böblinger. Sehenswert sind die **Wandmalereien** aus dem 14. Jh. in der Turmhalle und in der Sakristei. An der Ostwand des Chores sieht man ein schönes spätgotisches **Heiliges Grab**. Im südlichen Seitenschiff steht ein bemerkenswerter Taufstein von 1499 (Öffnungszeiten: Di. bis Fr. 10.00 – 12.00 u. 14.00 – 17.00, Sa. 10.00 – 13.00 Uhr).

★ Marienkirche

i Sturmbock

- Vor dem Südportal der Marienkirche liegt eine Nachbildung jenes Sturmbocks, den die Reutlinger im Jahr 1247 nach der erfolgreichen Abwehr feindlicher Besatzer in die Stadt geholt haben. Damals gelobten die Reutlinger auch den Bau der Kirche. Übrigens: Der Sturmbock soll Maßstab für den Bau des Gotteshauses gewesen sein.

Im südlich benachbarten Fachwerkbau der Alten Lateinschule ist das überaus reichhaltige Naturkundemuseum untergebracht. Besonders eindrucksvoll sind **Fossilien** aus den verschiedenen Juraschichten, die im Stadtgebiet von Reutlingen und in der weiteren Umgebung gefunden wurden (Öffnungszeiten: Di. bis So. 11.00 – 17.00, Do. bis 19.00, So. bis 18.00 Uhr).

★ Naturkundemuseum

In der Oberamteistraße, südwestlich der Marienkirche, lockt der 1983 geschaffene Zunftbrunnen mit Bronze-Darstellungen der alten Reutlinger Zünfte viele Besucher der Stadt an. Kindern kann man anhand der Figuren allerhand Wissenswertes erklären.

Zunftbrunnen

Friedrich-List-Gymnasium

Südwestlich der Wilhelmstraße, zwischen Kanzleiplatz und Lederstraße, fällt das Friedrich-List-Gymnasium ins Auge, ein schmucker **Fachwerkbau**, der mehrfach umgestaltet worden ist. 1273 befand sich hier ein **Barfüßerkloster**, das 1535 aufgelöst worden ist. Danach diente der Komplex als Zeughaus und Spital. Nach dem großen Stadtbrand 1726 hielt der Große Rat der Reichsstadt hier seine Versammlung ab. Im »Schwörhof«, dem heutigen Kanzleiplatz, huldigten die Reutlinger Bürger ihrer alljährlich neu gewählten Obrigkeit. Nachdem Reutlingen 1803 an Württemberg gekommen war, diente das Gebäude zunächst als Kaserne, dann als **Kanzlei**. Seit 1872 ist dort eine Schule untergebracht.

Städtisches Kunstmuseum

Weiter nordwestlich steht das 1518 erbaute Spendhaus(»Fruchtkasten«). Heute ist hier das renommierte Städtische Kunstmuseum untergebracht. Zum reichen Fundus des Museums gehören eine umfangreiche **Grieshaber-Sammlung** (► Baedeker Special S. 48/49) sowie etliche Arbeiten von **Wilhelm Laage** (Öffnungszeiten: Di. bis So. 11.00 – 17.00, Do. bis 19.00, So. bis 18.00 Uhr).

Heimatmuseum

Wenige Schritte stadteinwärts trifft man auf den früheren Königsbronner Klosterhof (14. Jh.), dessen vorderer Fachwerkbau aus dem Jahre 1538 stammt und dessen spätgotische Kapelle um 1500 entstand. Der Gebäudekomplex war im 19. Jh. Sitz der württembergischen Oberamtei. Der ehemalige Klosterhof, der von 1990 bis 1996 aufwändig renoviert worden ist, beherbergt mit dem Reutlinger Heimatmuseum eine der bedeutendsten stadt- und regionalhistorischen

Stets belebt: der Reutlinger Marktplatz

Sammlungen Baden-Württembergs. »Highlights« der Ausstellungen sind **mittelalterliche Sakralkunst**, eine umfangreiche **Kollektion von Zunftgegenständen** inklusive einer Weingärtner-Zunftstube, **Erinnerungen an Friedrich List** (►Berühmte Persönlichkeiten) sowie an den Reutlinger Schriftsteller Hermann Kurz und dessen berühmte Tochter Isolde (Öffnungszeiten: Di. – So. 11.00 – 17.00, Do. bis 19.00, So. bis 18.00 Uhr).

★ **Stiftung für Konkrete Kunst**

In einem ehemaligen Fabrikgebäude jenseits der Straßenkreuzung namens Wandel-Knoten zeigt die Stiftung für Konkrete Kunst Arbeiten aus der Sammlung Manfred Wandel, u. a. Werke von **Willi Baumeister**, Adolf Fleischmann, Anton Stankowski, Gottfried Honegger, **Yves Klein** und **Hermann de Vries**, sowie aus dem Archiv des Stuttgarter Ästhetikers Max Bense (Öffnungszeiten: Mi. u. Sa. 14.00 bis 18.00 Uhr).
In den Shedhallen auf dem Wandel-Areal sind zahlreiche Zeugnisse der langen Reutlinger Industriekultur ausgestellt, darunter einige **Textilmaschinen** und auch die **älteste Dampfmaschine Württembergs** (Besichtigung n. V. unter Tel. 07121 / 303 26 22).

Pomologie

Südwestlich oberhalb des Stadtzentrums breitet sich die »grüne Lunge« Reutlingens aus. Dazu zählt auch die ehemalige Pomologie. Hübsch ist der **Rosengarten** mit kleinem Pavillon auf dem Gelände des von **Eduard Lucas** 1860 gegründeten Pomologischen Institutes, einer Lehr- und Forschungsanstalt für den Obstanbau.

★ **Achalm**

Reutlingens 707 m hoher **kegelförmiger Hausberg** (Aufstieg zirka eine Stunde), der im Norden der Stadt aufragt, ist kein ehemaliger Vulkan, sondern ein **Weißjura-Zeugenberg**, der inzwischen vom eigentlichen Albtrauf abgetrennt ist. Auf seinem Gipfel steht ein fahnenbewehrter Bergfried, von dem aus man eine **herrliche Aussicht** genießen kann. Angeblich soll der Berg nach dem Ausruf eines Burggrafen benannt sein, der dahinsterbend flehte: »Ach, Allm(ächtiger)!«. Übrigens: An der sonnenreichen Südostflanke steht noch das Haus von HAP Grieshaber (►Baedeker Special S. 48/49).

★ **Georgenberg**

Reutlingens zweiter Hausberg ist der an seiner Sonnenseite von Obstbäumen, vielen Beerenbüschen und auch einigen Weinreben bestandene Georgenberg (602 m), der im Süden der Stadt an der Grenze zu ►Pfullingen aufragt. Im Gegensatz zum Weißjura-Zeugenberg Achalm ist der Georgenberg **Überrest eines Vulkan-Embryos** des »Schwäbischen Vulkans« (►Naturraum, S. 23).

Betzingen, Gmindersdorf

An der westlichen Stadtgrenze zum Vorort Betzingen hat der Fabrikant Gminder 1903 bis 1914 von dem zu seiner Zeit berühmten Architekten und Stadtplaner **Theodor Fischer** für seine Arbeiter eine mustergültige und mittlerweile denkmalgeschützte Siedlung errichten lassen.

Gustav Werner

GOTT IM MASCHINENSAAL

Einen originär schwäbischen Versuch, die »soziale Frage« des 19. Jh.s christlich-praktisch zu lösen, unternahm der Theologe, Industriepionier und Sozialreformer Gustav Werner (1809 – 1887) in Reutlingen. Er nahm sich der Waisenkinder, Obdachlosen und behinderten Menschen an und wurde so einer der Väter der evangelischen Diakonie.

Schon früh hatte Gustav Werner sich um die Kindererziehung gesorgt. Seine Vorträge und Predigten führten zum Konflikt mit der Kirchenleitung so dass er das Pfarramt aufgab. Nun gründete er in Reutlingen ein Waisenhaus.

Scheunenpredigten

In seinen berühmten Scheunenpredigten brachte er seinen diakonischen Aufruf unters Volk, warb um Mitarbeiter und finanzielle Unterstützung. Der charismatische Prediger hatte regen Zulauf. Reutlinger Bürgertöchter traten in die **Hausgenossenschaft zum Bruderhaus** ein. Hier widmeten sie sich ganz der Erziehung und Pflege von Bedürftigen. Ihr Vermögen stellten sie der diakonischen Arbeit zur Verfügung, wodurch der Grundstock für die finanzielle Entwicklung des Bruderhauses gelegt wurde. Als auch Handwerker und Winzer in die Hausgenossenschaft eintraten, gründeten sie anstaltseigene Handwerkerbetriebe als weitere Finanzierungsquellen.

Gustav Werner und das Bruderhaus waren vom **Pietismus** geprägt und vom Gedanken der **tätigen Nächstenliebe** durchdrungen. Aber er dachte auch ökonomisch und sah in der technischen Entwicklung sowie im industriellen Fortschritt eine Herausforderung, die er mit dem Christentum verbinden wollte: »Entweder geht die aufblühende Industrie mit ihren die Volksgemeinschaft schädigenden Grundsätzen der freien Konkurrenz, der Lohnsklaverei, der rücksichtslosen Durchsetzung kapitalistischer Erwerbsgesetze einem totalen Materialismus entgegen, was die Verarmung breiter Volksmassen zur Folge haben könnte, oder es ist möglich, die Industrie mit christlichen Grundsätzen zu durchdringen, die Fabrik zu einem Tempel Gottes auszubauen, die Arbeit dem Dienste Gottes unterzuordnen.« Gustav Werner sah die Fabrik als ein sozial-ethisches Problem und wollte »Gott in den Maschinensaal« holen. »Arbeit statt Almosen« war für ihn grundlegend für ein würdevolles Leben. Um jedem seiner

Gottlieb Daimler

Wilhelm Maybach

Schützlinge und auch seinem diakonischen Werk selbst diese Würde und finanzielle Unabhängigkeit zu ermöglichen, wurde er unternehmerisch tätig. 1850 erwarb er eine Reutlinger Papierfabrik, die 1861 nach Dettingen/Erms verlegt wurde. Die anstaltseigenen Handwerksbetriebe (Schlosserei, Gießerei, Schmiede, Wagnerei usw.) wurden zu den »Vereinigten Werkstätten«, der späteren **Bruderhaus Maschinenfabrik** zusammengeschlossen. Hergestellt wurden u. a. Wasserräder, Turbinen, Pressen, landwirtschaftliche Maschinen. Alle Bruderhaus-Erzeugnisse waren für ihre hervorragende Qualität bekannt.

»Bildung ist Investition in die Zukunft«

Nach dieser aktuell klingenden Devise sorgte Gustav Werner in eigenen Schulen für eine solide Ausbildung seiner Zöglinge. Die Schulbildung wurde durch eine Lehre im eigenen Betrieb ergänzt. Eine Talentschmiede war seine Maschinenfabrik: 1863 trat der junge Ingenieur **Gottlieb Daimler** (1834 bis 1900) die Stelle eines Werkstattleiters an und begegnete dort dem Lehrling **Wilhelm Maybach** (1846 – 1929), der als 10-jähriger Waisenknabe von Gustav Werner aufgenommen worden war. Eine höchst fruchtbare Zusammenarbeit begann. 1868 wechselte Gottlieb Daimler nach Karlsruhe. Wilhelm Maybach folgte ihm 1869. Beide Konstrukteure arbeiteten über 30 Jahre eng zusammen und schrieben gemeinsam Automobilgeschichte (1883 entstand der erste schnell laufende Benzinmotor, 1901 startete der erste Mercedes Rennwagen, 1921 fuhr der »Maybach W 3« als erstes Serienfahrzeug).

Dem Bruderhaus treu

Daimler und Maybach blieben zeitlebens dem Bruderhaus und seinen Ideen verbunden. Dies gilt auch für etliche andere große Unternehmer, deren Karrieren als Lehrlinge oder Mitarbeiter in den Wernerschen Werkstätten begannen. Lehrling bei Werner war auch Karl Danzer, der Gründer eines heute auf dem ganzen Globus aktiven Furnierwerks. Auch »Werner & Pfleiderer«, heute Weltmarktführer in der Back-Technik, entstand im Umfeld von Gustav Werner. Nicht zu vergessen ist Gottlob Krum, der langjährige Leiter der Bruderhaus-Papierfabrik, dem 1894 das Patent für das **Tempo-Taschentuch** verliehen wurde.

Gustav Werners Lebenswerk hat Früchte getragen. 2004 fusionierte die »Gustav Werner Stiftung« mit der Uracher »Haus am Berg GmbH« zur **BruderhausDiakonie**. Sie ist einer der größten Sozialdienstleister Süddeutschlands.

Museum »Im Dorf« ► Mitten im Reutlinger Vorort Betzingen bekommt man einen guten Einblick in das dörfliche Leben vergangener Jahrhunderte. Besonders beachtenswert sind die historischen **Betzinger Trachten**. Das Museum ist in einem für die Gegend typischen mehrstöckigen **»Trippelhaus«** untergebracht (Im Dorf 16; Öffnungszeiten: April – Okt. Sa. 14.00 – 17.00, So. 10.30 – 12.00 u. 13.30 – 17.00 Uhr).

Umgebung von Reutlingen

Gönningen Ca. 10 km südwestlich von Reutlingen liegt das alte **Samenhändlerstädtchen** Gönningen. Im Rathaus ist ein Museum untergebracht, das sehr anschaulich das einstmals ortstypische Gewerbe vorstellt.

Gönninger Seen ► Östlich aufwärts im Wiesaztal liegen die in alten Tuffsteinbrüchen entstandenen Gönninger Seen, die **»Plitwitzer Seen der Schwäbischen Alb«**, die ein beliebtes Ausflugsziel sind.

★ **Rossberg** Südlich von Gönningen erhebt sich der 869 m hohe Rossberg, eine bis in den Weißjura hinaufreichende **Bergkuppe mit Aussichtsturm und Wanderheim**. Von hier oben kann man bei günstiger Witterung im Süden die Alpenkette sehen und im Westen die dunkle Silhouette des Schwarzwaldes mit der Hornisgrinde erkennen. Am südwestlichen Felsvorsprung steht ein Denkmal zu Ehren des Naturforschers Friedrich August Quenstedt (►Berühmte Persönlichkeiten).

Eningen unter Achalm Der staatlich anerkannte Erholungsort (465 m ü.d.M.; 10 000 Einw.) liegt 4 km südöstlich von Reutlingen. Er wurde nach dem Dreißigjährigen Krieg bekannt durch den von vielen seiner Einwohner betriebenen **Hausierhandel** mit Artikeln des täglichen Bedarfs. Eine Blüte erreichte dieser Handel im 18. und in der ersten Hälfte des 19. Jh.s, als sich Handelsvertreter aus dem In- und Ausland mit den Eninger Landhändlern zum »Eninger Kongress« trafen, einer Messe, bei der oft große Umsätze getätigt wurden.

Sehenswertes ► Eine Besichtigung lohnen das **Heimatmuseum** (Öffnungszeiten: April bis Okt. jeden 1. So. im Monat 14.00 – 17.00 Uhr) sowie das benachbarte **Haus des Eninger Malers Paul Jauch** (Führungen n. V.).

★ Riedlingen

G 6

Landkreis: Biberach
Einwohnerzahl: 9 000
Höhe: 542 m ü.d.M.

Das ehemalige Oberamtsstädtchen Riedlingen, das sein mittelalterliches Stadtbild bewahren konnte, liegt an der oberen Donau zwischen den Ausläufern der Schwäbischen Alb und dem Bussen, dem 767 m hohen »heiligen Berg« Oberschwabens.

RIEDLINGEN ERLEBEN

AUSKUNFT

Tourist-Information
Marktplatz 1
88499 Riedlingen
Tel. (0 73 71) / 1 83 10
www.riedlingen.de

AKTIVITÄTEN

Radeln
Riedlingen ist ein geradezu idealer Ausgangspunkt für Radtouren entlang der Donau bzw. entlang des Südrandes der Alb und zum nahen Federsee.

EVENTS

Fasnet
Riedlingen ist eine Hochburg der schwäbischen Fastnacht. Hauptakteure sind die Mitglieder der Narrenzunft »Gole«. Besonders hoch geht es her vom »Schmutzigen Donnerstag« bis zum Fastnachtsdienstag.

Fohlenmarkt
Deutschlands größter Warmblut-Fohlenmarkt findet immer am letzten Donnerstag im August statt.

Gallusmarkt
Dieser große Jahrmarkt wird am 2. Montag im Okt. veranstaltet; am Vorabend gibt's am Donauaufer ein großes Feuerwerk.

ÜBERNACHTEN · ESSEN

► Komfortabel / Günstig

Mohren
Marktplatz 7
88499 Riedlingen
Tel. (0 73 71) 92 79 30
Fax 1 31 19
www.hotelmohren.com
25 Zimmer. Traditionsreiches Gasthaus mitten in der verkehrsberuhigten Altstadt mit schwäbischer Feinschmecker-Küche und gemütlicher Weinstube.

Geschichte

Im 13. Jh. gründeten die Grafen von Veringen hier eine Stadt, die noch vor 1300 an das Haus Habsburg kam. Bereits damals hatte Riedlingen das Marktrecht, woraus sich die heute noch bedeutenden Vieh- und Pferdemärkte entwickelten. Riedlingen ist Geburtsort des Barock-Bildhauers **Johann Joseph Christian** (1706 – 1777). Es gehört auch zu den Hochburgen der oberschwäbischen Fasnet.

Sehenswertes in Riedlingen und Umgebung

★ Altstadt

Der alte Kern des Donaustädtchens ist noch gut erhalten. Die betagtesten Bauten stammen noch aus dem 14. Jahrhundert. Besonders hübsch bietet sich der **Marktplatz** dar, den stolze Fachwerk-Bürgerhäuser aus dem 17. und 18. Jh. umrahmen.
Wahrzeichen der Stadt ist die dreischiffige **Stadtpfarrkirche St. Georg** aus dem 14. Jh. mit ihrem 43 m hohen Turm. Beachtenswert sind das 1486 entstandene Sterngewölbe des Chores sowie Reste spätgotischer Wandmalereien. Die modernen Glasmalereien hat der Künstler A. Burkart in den 1930er-Jahren angefertigt. Jüngste Attrak-

Die Donau bei Riedlingen ist bei Freizeit-Kapitänen sehr beliebt.

tion des Gotteshauses ist die 1997 von Hartwig Späth gebaute Orgel, deren Klänge Freunde geistlicher Musik aus nah und fern anziehen.
An der Südostecke der Stadtmauer steht der restaurierte **Zellemees-Turm** (früher Wehrturm und Gefängnis), der mit dem benachbarten Turm der St.-Georgskirche die Silhouette der Altstadt prägt.
Das **Rathaus** (Staffelgiebel) ist ein im Kern aus dem 15. Jh. stammendes Kaufhaus (»Grät«) mit dreischiffigen Hallen in 3 Geschossen. Ein restauriertes mittelalterliches Fachwerkhaus (Wochenmarkt 3) beherbergt das **Heimatmuseum**, in dem die facettenreiche Geschichte der Stadt ausgebreitet ist. Besonders kostbar ist die Sammlung von mehr als 200 wertvollen Hinterglasbildern.

Umgebung von Riedlingen

★ **Bussen**

Etwa 5 km östlich von Riedlingen bildet der 767 m hohe Bussen (767 m ü.d.M.), der **»heilige Berg« Oberschwabens**, eine weithin sichtbare Landmarke. Auf seinem Gipfel steht eine 1516 erbaute, 1781 und 1961 restaurierte **Wallfahrtskirche** mit einer Pietà aus dem 15. Jahrhundert. Auch sieht man noch die Überbleibsel einer auf vorgeschichtlichen Befestigungsresten stehenden mittelalterlichen Burgruine. Vom Bussen hat man eine **überwältigende Aussicht** über ganz Oberschwaben und auf die Silhouette der Alpen.

★★ **Federsee**

Ein überaus lohnendes Ausflugsziel, wenn auch bereits in Oberschwaben gelegen, ist der knapp 20 km südöstlich gelegene Federsee.

Dieses Überbleibsel des Eiszeitalters hat heute nur noch eine Wasserfläche von 1,5 km², ist aber von über 33 km² Moor umgeben, in dem **über 260 verschiedene Vogelarten** leben. Über die Naturgeschichte informiert man sich in Bad Buchau im **NABU Naturschutzzentrum Federsee** (Öffnungszeiten: Mitte März – Mitte Sept. Di, – Fr. 13.00 – 17.00, Sa., So. 11.00 – 12.00 u. 13.00 – 17.00, Mitte Sept. bis Mitte März Do. 13.00 – 17.00 Uhr; Winterpause 22.Dez. – 10. Jan.).
In den Mooren und Sumpfwiesen hat man in den letzten Jahrzehnten Überreste frühgeschichtlicher Siedlungen entdeckt. Am Rand des Federseebeckens, im **Federsee-Museum**, hat man viele Funde zusammengetragen. Der Außenbereich ist als **ArchäoPark** gestaltet, in dem jungsteinzeitliche und bronzezeitliche Wohn- und Wirtschaftsbauten nachempfunden sind (Öffnungszeiten: 1. April – 1. Nov. tgl. 10.00 bis 18.00, 2. Nov. – 31. März nur So. 10.00 – 16.00 Uhr).

*** Heiligkreuztal**

Etwa 6 km westlich von Riedlingen liegt die ehemalige Klostersiedlung Heiligkreuztal, wo zu Beginn des 13. Jh.s ein Frauenkloster gegründet und 1233 in den Zisterzienserorden aufgenommen wurde. Ihr heutiges Gesicht erhielt die Klostersiedlung vor allem im 17. und 18. Jh. Heiligkreuztal gehörte seit 1611 zu Schwäbisch-Österreich und kam 1803 an Württemberg. Ein Jahr später wurde das Kloster aufgehoben. Heute ist Heiligkreuztal eines der besterhaltenen Nonnenklöster in Schwaben.

** ◄ Klosterkirche

Sehenswert ist die 1256 geweihte Klosterkirche, eine frühgotische Basilika mit Umbauten aus dem 13. Jh. Ein künstlerisches Kleinod ist das **Ostfenster** mit Glasmalereien aus einer Konstanzer Werkstatt. Die Ausstattung stammt im Wesentlichen aus dem 14. bis 18. Jh., darunter eine Christus-Johannes-Gruppe (um 1330), Wandfresken aus dem 14. Jh und im Chor Malereien des Meisters von Meßkirch aus dem Jahr 1532. Auch der Nord- und der Ostflügel des gotischen Kreuzganges wurden vom Meister von Meßkirch ausgemalt. In der Klausur sind noch romanische Baureste feststellbar (Öffnungszeiten: Mo. – Fr. 8.00 – 19.00, Sa. 8.00 – 14.00 Uhr).
Beachtenswert am **Mühlenweiher** sind ferner die Pfisterei (Bäckerei) und die Mühle; nahebei liegt der sog. Eselsbau. Alle drei Gebäude stammen aus der Spätgotik bzw. der Frührenaissance. In der **Bruderkirche** können Gemälde, Skulpturen und Reliquiensarkophage aus der Zeit des Klosters nach Vereinbarung besichtigt werden.

Hohmichele

5 km südwestlich von Heiligkreuztal findet man den Hohmichele, **einen der größten hallstattzeitlichen Grabhügel** mit etwa 80 Metern Durchmesser und einer Höhe von etwa 14 Metern. Er gehört zu einem Grabhügelfeld, das vom nahen keltischen Fürstensitz Heuneburg aus angelegt worden ist.

**** Heuneburg**

5 km südlich von Heiligkreuztal liegt auf dem Donausteilufer bei Herbertingen-Hundersingen die Heuneburg, **einer der wichtigsten hallstattzeitlichen Fürstensitze in Süddeutschland** aus dem 5. / 6. Jh.

Einige Bauten und der Wehrgang der Heuneburg sind rekonstruiert.

v. Chr.). Man vermutet, dass die Heuneburg mit jenem **»Pyrene«** identisch ist, das der Geschichtsschreiber Herodot im 5. Jh. v. Chr. erwähnt hat. Ein Teil der historischen Anlage, darunter eine 80 Meter lange Lehmziegelmauer, ein hölzerner Wehrgang und mehrere Gebäude sind rekonstruiert und als Freilichtmuseum zugänglich.

In der Zehntscheuer des Klosters Heiligkreuztal in Herbertingen-Hundersingen ist ein **Museum** eingerichtet, in dem man u. a. ein **Diorama der hallstattzeitlichen Heuneburg** sowie Funde aus jener Epoche sehen kann (Öffnungszeiten: April – Okt. Di. – Sa. 10.00 – 16.30, Juli u. Aug. bis 18.00, So. 10.00 – 12.00 u. 13.00 – 17.00 Uhr).

Ein etwa 8 km langer **Archäologischer Wanderweg** führt vom Museum zu den nördlich gelegenen Fürstengräbern Lehenbühl und Baumburg sowie zur Heuneburg .

★ Rottenburg am Neckar

D 4

Landkreis: Tübingen
Einwohnerzahl: 43 000
Höhe: 341 m ü.d.M.
Prädikat: Bischofsstadt

Die Bischofsstadt Rottenburg, eine Hochburg der schwäbisch-alemannischen Fasnet, liegt in einer herrlichen Neckarlandschaft, die im Süden vom waldreichen Rammert und im Norden vom Spitzberg mit der weithin sichtbaren Wurmlinger Kapelle begrenzt wird.

Geschichte

Die heutige Stadt Rottenburg geht auf eine keltische Siedlung namens **Sumelocenna** zurück, die in der Römerzeit ein bedeutender Ort wurde. Am Rande dieser später von den Alamannen zerstörten Siedlung entstand im frühen Mittelalter Rottenburg, das im 13. Jh. von den Grafen von Hohenberg das Stadtrecht erhielt. 1381 kam die junge Stadt an Österreich. Als **vorgeschobener Posten der Donaumonarchie** erlebte sie zwischen 1454 und 1482 eine Blütezeit, als Mechthild von der Pfalz, die Gemahlin von Erzherzog Albrecht VI. von Österreich, hier residierte. 1806 wurde die ehemals vorderösterreichische Stadt württembergisch.

Im Jahre 1828 wurde hier der erste Bischof der wenige Jahre vorher neu errichteten **Diözese Rottenburg**, der heutigen Diözese Rottenburg-Stuttgart, inthronisiert.

Sehenswertes in Rottenburg

Mittelpunkt der Stadt ist der Dom St. Martin am Marktplatz, die Kathedrale der Diözese Rottenburg-Stuttgart. Das Gotteshaus ist aus einer im 12. Jh. gegründeten Liebfrauenkapelle hervorgegangen. Chor und Turm entstanden im 15. Jh., das Chorgewölbe 1867/1868.

★ **Dom St. Martin**

Vor der Kirche öffnet sich der Marktplatz mit einem gotischen Marktbrunnen. Herausragende 1735 errichtete Bauten am Marktplatz sind das **Rathaus** und das **Wagnersche Haus**.

Marktplatz

Nordöstlich des Doms steht das Bischöfliche Palais (17. Jh.), in dem früher ein Jesuitenkolleg untergebracht war. Am Ostrand der Altstadt ist noch ein **Teil der alten Stadtbefestigung** erhalten mit Doppelmauer, Graben (teils aufgefüllt), Zwinger und zwei Türmen.

Bischöfliche Palais

ROTTENBURG ERLEBEN

AUSKUNFT

Tourist-Information
Marktplatz 24
72108 Rottenburg am Neckar
Tel. (0 74 72) 91 62 36
www.rottenburg.de

EVENTS

Rottenburger Fasnet
Highlights der Rottenburger Fastnachtsveranstaltungen sind der große »Ommzug« am Faschingssonntag und die »Fasnetsverbrennung« vor dem Rathaus in der Nacht zum Aschermittwoch.

Neckarfest
Tausende von Besuchern erleben jedes Jahr am letzten Juniwochenende dieses Stadtfest mit Musik- und Kleinkunstveranstaltungen, Flohmarkt und vielem mehr.

AKTIVITÄTEN

Neckartal-Radweg
Der insgesamt 350 km lange Neckar-Radweg von Villingen-Schwenningen über Rottenburg, Tübingen, Plochingen (und Heidelberg) geradezu ideal für Familien mit Kindern.

Mit dem Boot auf dem Neckar
Ruder- und Tretboote für Ausflüge auf dem Neckar werden u. a. in Tübingen verliehen. Kanus, Kajaks und Canadier werden in Rottenburg am Neckar, Rottenburg-Bierlingen und Reutlingen-Mittelstadt ausgeliehen.

ÜBERNACHTEN · ESSEN

► Komfortabel

① ***Martinshof***
Eugen-Bolz-Platz 5
72108 Rottenburg
(0 74 72) 91 99 40, Fax 2 46 91
www.martinshof-rottenburg.de
34 Zimmer. Gediegenes Haus mit feinem Restaurant am Ostrand der Altstadt.

► Günstig

② ***Württemberger Hof***
Tübinger Str. 18
72108 Rottenburg
Tel. (0 74 72) 9 63 60, Fax 4 33 40
www.wuerttembergerhof.de
17 Zimmer. Freundliches Haus mit zweckmäßig eingerichteten Zimmern. Im Restaurant werden gute schwäbische Gerichte serviert.

Rottenburg a. N. *Orientierung*

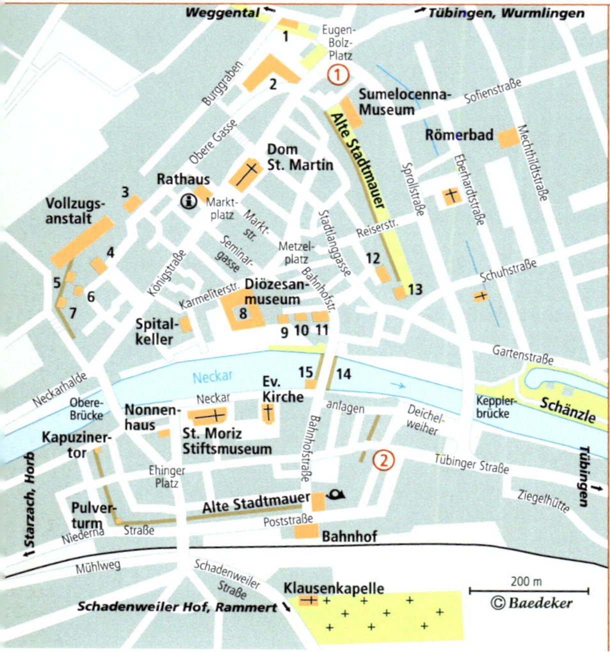

1 Autobushof
2 Bischöfl. Ordinariat, Diözesanarchiv
3 Bindhaus
4 Vogteihaus
5 Schütteturm
6 Falckh'sches Haus
7 Kalkweiler Tor
8 Priesterseminar
9 Hirscherhaus
10 Stadtmühle
11 Zehntscheuer, Sülchgau-Museum
12 Scharfrichterhaus
13 Zwinger
14 J.-Eberle-Brücke
15 St. Johannes Nepomuk

Übernachten und Essen

① Martinshof
② Württemberger Hof

✶ Sumelocenna-Museum

Wenige Schritte vom bischöflichen Palais entfernt lohnt das Sumelocenna-Museum einen Besuch. Hier hat man die Reste einer größeren, von den Römern im 2. Jh. n. Chr. errichteten Sanitäranlage freigelegt. Die zugehörige Ausstellung vermittelt beste Einblicke in das Alltagsleben jener Zeit (Öffnungszeiten: Di. – Fr. 10.00 – 12.00 u. 14.00 – 16.30, Sa. u. So. 10.00 – 16.30 Uhr). Übrigens: In der Nähe, unter dem Eugen-Bolz-Gymnasium, wurde ein Römerbad freigelegt.

Zehntscheuer

Vom Marktplatz führt die Marktgasse südwärts zum Metzelplatz hinunter. Ein paar Schritte weiter in Richtung Neckar erreicht man die stattliche Zehntscheuer (1645) mit zwei schönen Doppeladler-Reliefs. Sie beherbergt das **Sülchgau-Museum**, das vor allem vor und frühgeschichtliche Exponate zeigt (Öffnungszeiten: Di., Do. u. So. 14.00 bis 17.00, Mi. u. Fr. 10.00 – 12.00 Uhr).

✶✶ Diözesanmuseum

Recht fotogen präsentiert sich die Rottenburger **Neckarpartie** zwischen der Oberen und der Mittleren Brücke. Am Nordufer des Neckars steht das ehemalige, im 13. Jh. gegründete **Karmeliterkloster**, das ab 1736 seine heutige Gestalt erhalten hat. Es beherbergt das Diözesanmuseum, dessen Schwerpunkte gotische und barocke Sakralkunst sind. Hier werden **Kunstgegenstände von Weltrang** aufbewahrt, so etwa das kostbare Bursareliquiar aus Ennabeuren (7. Jh.) und höchst eindrucksvolle Bildwerke verschiedener von der Alb stammender Künstler, darunter Arbeiten von Hans Schäufelein und der Künstlerfamilie Strüb sowie vom Meister von Meßkirch (Öffnungszeiten: Di. – Fr. 14.00 – 17.00, Sa. 10.00 – 13.00 u. 14.00 bis 17.00, So. 11.00 – 17.00 Uhr).

Stiftskirche St. Moriz

Am Südufer des Neckars stehen die Stiftskirche St. Moriz (14. Jh.) mit schönen Fresken aus dem 14. und 15. Jh. und den Grabmälern der Grafen von Hohenberg und das Nonnenhaus (um 1440). Angeschlossen ist das **Stiftsmuseum St. Moriz**.
Zwischen der Oberen Brücke und der Niedernauer Straße sind noch Reste der Stadtbefestigung aus dem 14. Jh. erhalten, darunter das **Kapuzinertor**, vor dem sich einst ein Kapuzinerkloster befand, und der Pulverturm.

✶ Wallfahrtskirche Weggental

Nordwestlich des Stadtzentrums liegt in einem anmutigen Tal die wundervolle Wallfahrtskirche Weggental, die 1682 – 1695 nach Plänen von **Michael Thumb** errichtet wurde. Sie enthält großartige Stuckaturen von Prospero Benno und Johann Georg Brix sowie eine seltene Mariä-Ohnmacht-Gruppe (um 1460). Neben der Kirche befindet sich ein kleines Franziskanerkloster aus dem 18. Jh. mit schöner Fassadenmalerei.

Sülchenkirche

Am nordöstlichen Stadtrand steht die Sülchenkirche (1513; roman. Baureste), die **Grablege der Rottenburger Bischöfe**. Im benachbarten Neubaugebiet Lindele hat man 1984 ein keltisches Gräberfeld (8.–3. Jh. v. Chr.) aufgedeckt.

Droben stehet die (Wurmlinger) Kapelle ...

Umgebung von Rottenburg

✶ Wurmlinger Kapelle Knapp 5 km nordöstlich Rottenburgs steht die weithin als Landmarke sichtbare Wurmlinger Kapelle auf einem 475 m hohen Bergkegel (► Bild S. 303). Das im 17. Jh. errichtete Kirchlein, bekannt geworden durch Ludwig Uhlands Gedicht »Droben stehet die Kapelle«, ist barock ausgestattet; die Krypta stammt von dem Vorgängerbau aus dem 11. Jahrhundert.

Starzach Beiderseits des oberen Neckars erstreckt sich die noch sehr stark landwirtschaftlich geprägte Gemeinde Starzach (3000 Einw.). Im Teilort **Wachendorf** sollte man das **Schloss** (15. Jh.) besuchen. Sehenswert ist die Freiherr von Ow-Wachendorf'sche Sammlung (bes. Waffen). Auf einem Sporn über dem Neckar zwischen Börstingen und Sulzau liegt das **Schloss Weitenburg**, das um 1400 erstmals erwähnt worden ist. Die heutige Schlossanlage wurde großenteils im 16. und 17. Jh. errichtet. Südflügel und Kapelle entstanden 1869. Ein Teil des Schlosses beherbergt heute ein Luxushotel. Im Neckartal unterhalb der Burg, wurde ein schöner **18-Loch-Golfplatz** angelegt.

Baisingen Im Rottenburger Stadtteil Baisingen hat man die einstige **Synagoge** wieder hergerichtet. Sie ist heute als Gedenkstätte zugänglich (Öffnungszeiten: So. 14.00 – 16.00 Uhr).

✶✶ Rottweil

B 5/6

Landkreis: Rottweil	**Höhe:** 507 – 745 m ü. d. M.
Einwohnerzahl: 26 000	**Prädikat:** Älteste Stadt Baden-Württembergs

Die ehemalige Freie Reichsstadt Rottweil nennt sich selbst »älteste Stadt Baden-Württembergs«. Sehr viel bekannter ist sie jedoch als Hochburg der schwäbisch-alemannischen Fasnet, in der jedes Jahr der berühmte Rottweiler Narrensprung stattfindet.

Geschichte Rottweil liegt jenseits des Südwestrands der Alb auf einer Hochfläche am oberen Neckar. In der Zeit nach 70 n. Chr. legten die Römer hier am Schnittpunkt zweier wichtiger Straßen (Straßburg – Augsburg, Hüfingen – Rottenburg) ein Kastell an, aus dem später das Municipium Arae Flaviae erwuchs. Aber noch vor 260 n. Chr. gaben die Römer diesen Stützpunkt auf. Im Mittelalter (um 771) befand sich hier ein Königshof. Mitte des 12. Jh.s entstand wohl unter dem zähringischen Herzog Konrad ein Markt, der 1234 als Stadt bezeugt ist. Die Stadt, die 1463 ein erstes Bündniss mit den Schweizer Eidgenossen schloss, betrachtete sich bis 1802 als »der Schweiz zugewandter Ort«. Wichtige Gewerbezweige waren in der Vergangenheit das Schmiede-

Rottweil Orientierung

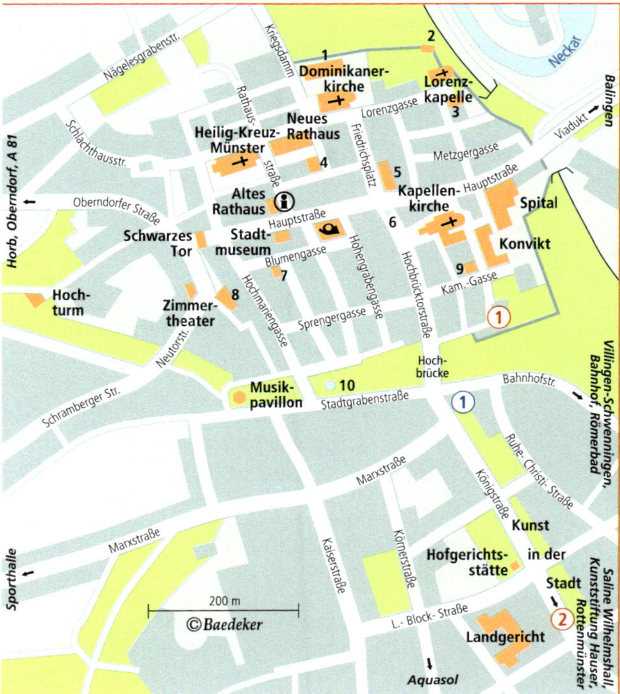

Übernachten
① Johanniterbad
② Bären

Essen
① Villa Duttenhofer

1 Dominikaner-museum
2 Pulverturm
3 Jugendherberge
4 Archiv
5 Forum Kunst
6 Marktbrunnen
7 Haus Armleder
8 Zehntscheuer
9 Volkshochschule
10 Gänswasen-brunnen

handwerk, die Tuchmacherei, das Buchdruckgewerbe und die Schießpulverproduktion. Rottweil ist heute Mittelzentrum für ein weites Umland und ein wichtiger Industriestandort (u.a. Metallverarbeitung, Feinmechanik, Elektronik/Elektrotechnik, Chemie).

Sehenswertes in Rottweil

★ **Altstadt**

Die malerische Altstadt von Rottweil mit ihren weithin sichtbaren Türmen thront auf einem steilen Muschelkalksporn über dem Neckar. Traufständige **Bürger- und Patrizierhäuser**, von denen einige bis ins 14. Jh. zurückreichen, und Reste der mittelalterlichen Stadtbefestigung bilden ein abwechslungsreiches Ensemble.

Stadtmitte

Mitten in der Stadt, dort, wo sich die beiden Hauptachsen der Stadt (Hauptstraße/Hochbrückenstraße bzw. Friedensplatz) kreuzen, steht der aus der Übergangszeit von der Gotik zur Renaissance stammende **Marktbrunnen**. Seine Säule weist reichen, nach Vorlagen von Hans Burgkmair gestalteten Figurenschmuck auf. Auf der Säule steht ein

ROTTWEIL ERLEBEN

AUSKUNFT

Tourist-Information
Hauptstr. 21, 78628 Rottweil
Tel. (07 41) 49 42 80
www.rottweil.de

EVENTS

Rottweiler Narrensprung
Rottweil ist die Hochburg der schwäbisch-alemannischen Fasnet. Jährlich am Rosenmontag (8.00 Uhr) und Fastnachtsdienstag (8.00 u. 14.00 Uhr) findet hier der Rottweiler Narrensprung statt, der tausende von Besuchern aus nah und fern anzieht.

Jazz in town
Dreiwöchiges Jazzfestival im Mai.

Sommersprossen
Etwa ein Dutzend Klassikkonzerte von international renommierten Musikern und jungen Nachwuchskünstlern.

Rottweiler Ferienzauber
Den ganzen August über gibt es auf den Bühnen am Wasserturm und im Kraftwerk Pop- und Rock-Konzerte und Kleinkunstveranstaltungen mit internationalen und regionalen Künstlern.

AKTIVITÄTEN

Erlebnisbad »aquasol«
Am Südrand der Kernstadt liegt dieses Thermalsolbad mit Riesenrutsche, Sauna und Wellness-Bereich (Öffnungszeiten: Mo. 13.00 – 22.00, Di. – So. 10.00 – 22.00 Uhr).

ESSEN

► Fein & teuer

① ***Villa Duttenhofer L'Étoile***
Königstr. 1
78628 Rottweil
Tel. (07 41) 4 31 05
In der großzügig dimensionierten Gründerzeit-Villa stimmt alles: Erlesene regionale und internationale Spezialitäten, eine hervorragende Weinkarte, ein guter Service und natürlich auch die Dekoration.

ÜBERNACHTEN

► Komfortabel

① ***Ringhotel Johanniterbad***
Johannsergasse 12
78628 Rottweil
Tel. (07 41) 53 07 00, Fax 4 12 73
27 Zi., www.johanniterbad.de
Ruhiges und gut geführtes Haus in der historischen Altstadt. Das Restaurant »Johanniterstube« gehört zu den besten der Stadt.

► Günstig

② ***Hotel Bären***
Hochmaurenstr. 1, 78628 Rottweil
Tel. (07 41) 1 74 60-0, Fax 1 74 60 40
17 Zi. und 8 App.,
www.baeren-rottweil.de
Freundliche Unterkunft mit modern eingerichteten Zimmern, wenige Gehminuten von der Altstadt entfernt. Gutes Hotelrestaurant.

Eidgenosse nach Art der Schweizer Vennerbrunnen. Das **Alte Rathaus** an der Hauptstraße wurde 1321 erstmals erwähnt. Sein heutiges Aussehen erhielt es im 16. Jh.; eindrucksvoll ist der Ratssaal mit Kassettendecke und vielen Wappenscheiben.

★ **Stadtmuseum**

Gegenüber, im Herderschen Haus mit seiner schmucken Fassade von 1709, ist das Stadtmuseum eingerichtet. Besondere Kostbarkeiten der reichen Sammlung sind der **Bundesbrief** mit der Schweizerischen Eidgenossenschaft von 1519 und die **Pürschgerichtskarte** von David Rötlin von 1564. Im **»Fasnetszimmer«** kann man sich über die Rottweiler Fasnet informieren (Hauptstr. 20; Öffnungszeiten: Di. – So. 10.00 – 12.00 Uhr; Fei. geschlossen).

Schwarzes Tor

Das Schwarze Tor ist mit das bekannteste Bauwerk der Stadt. **Durch dieses Tor springen an Fastnacht die Rottweiler Narren** (»Rottweiler Narrensprung«). Der Torturm mit seinem aus grob behauenen Buckelquadern bestehenden Schaft wurde zur Zeit des Stauferkaisers Friedrich II. errichtet (1289 erste Erwähnung).

★ **Heilig-Kreuz-Münster**

Das **bedeutendste Gotteshaus der Stadt** ist das Heilig-Kreuz-Münster, dessen Anfänge bis ins 13. Jh. zurückreichen. Die mächtigen Untergeschosse des Turms der ursprünglich spätromanischen Pfeilerbasilika entstanden vor 1250 mit dem Rundbogentörlein und dem Rundbogenfries. Die Gewölbe der Kirche wurden bis 1517 geschlossen. Nach dem Dreißigjährigen Krieg erfolgte eine barocke Umgestaltung des Münsters. Im Rahmen von umfangreichen Restaurierungsarbeiten in den 1840er-Jahren hat es der seinerzeit geachtete

Das stauferzeitliche Schwarze Tor bewacht Rottweils Altstadt.

Architekt Carl Alexander von Heideloff regotisiert. Besondere Sehenswürdigkeiten im Münster sind das **Altarkreuz von Veit Stoß**, der **Apostelaltar von Cord Bogentrik**, die sog. **Rottweiler Madonna**, die Kanzel, das figurenreiche Gewölbe im Südschiff und nicht zuletzt die **Zunftlaternen** im hinteren Seitenschiff.

✶✶ Dominikanermuseum

Um 1260 haben sich Predigermönche aus dem Orden des hl. Dominikus in Rottweil niedergelassen. Als Rottweil 1802 zu Württemberg kam, erfolgte die Aufhebung des Klosters. Die Konventsgebäude hat man nach und nach abgebrochen. Anstelle der abgebrochenen Konventsgebäude des ehem. Dominikanerklosters entstand das Dominikanermuseum als Zweigstelle des Württembergischen Landesmuseums. Es beherbergt Kulturzeugnisse aus der Römerzeit, deren Glanzstück ein **Orpheus-Mosaik** (2. Jh. n. Chr.) ist. Den zweiten Ausstellungsschwerpunkt bilden **spätgotische Skulpturen und Tafelbilder** der Sammlung Dursch, die vom 13. bis zum 16. Jh. im schwäbischen Raum entstanden sind. Viele bedeutende schwäbische Künstler jener Epoche sind vertreten (Öffnungszeiten: Di. – So. 14.00 – 17.00 Uhr, Fei. geschlossen).

✶ Lorenzkapelle

Die Lorenzkapelle, eine um 1580 errichtete spätgotische Friedhofskapelle, dient seit 1851 als Museum. Hier ist großartige Rottweiler Steinmetzkunst zu sehen, darunter auch Steinplastiken des Kapellenturms aus dem 14. Jh. (Öffnungszeiten: Di. – So. 14.00 – 17.00 Uhr, Fei. geschlossen).

✶ Kapellenkirche

Die ursprünglich gotische Kapellenkirche an der Hochbrückenstraße wurde 1727 barockisiert und von Joseph Firtmair ausgemalt. Ein Kulturdenkmal ersten Ranges ist der 70 m hohe, mit spätgotischem Figurenschmuck versehene Turm. Besonders bemerkenswert ist das Relief über dem Hauptportal, das Christus als Weltenrichter zeigt.
Am 31. Dezember 1999 wurde auf dem Platz vor der Kapellenkirche die sog. **Postbox**, ein Container mit rund 3800 Briefen aus aller Welt in einem Schacht versiegelt. Erst im Jahr 2099 sollen die bis dahin ungelesenen Briefe ihren Adressaten zugestellt werden.
Nett ist das **Spielzeugmuseum** im Gebäude Hochbrückenstr. 9, das Puppen und Spielzeug aus zwei Jahrhunderten aufbewahrt (Öffnungszeiten: Mi. – Sa. 14.00 – 17.00, So., Fei. 11.00 – 17.00 Uhr).

Umgebung von Rottweil

Saline Wilhelmshall

Etwa 2 km südöstlich vom Stadtzentrum liegt die ehem. Saline Wilhelmshall. Die Anlage wurde 1824 in Betrieb genommen und erreichte Mitte des 19. Jh.s ihre wirtschaftliche Blütezeit. Nach der Aufhebung des Salzmonopols im Jahre 1868 ging der Absatz jedoch zurück. Die Saline wurde 1969 stillgelegt. Im Unteren Bohrhaus ist ein **Salinenmuseum** untergebracht (Öffnungszeiten: Mai – Sept. So. u. Fei. 14.30 – 17.00 Uhr u. n. V.).

Auf dem Gelände der Saline arbeitete ab 1969 der Rottweiler Künstler Erich Hauser (1930 – 2004), der hauptsächlich mit **Großplastiken aus Stahl** Furore machte. Etliche seiner teils recht abstrakten Kunstwerke sind auf dem Gelände aufgestellt (Öffnungszeiten: Di., Mi., Fr. 14.00 – 17.00, Do. 17.00 – 20.00, Sa., So. 11.00 – 17.00 Uhr).

Kunststiftung Erich Hauser

2 km südlich vom Stadtzentrum liegt die ehem. Reichsabtei Rottenmünster mit sehenswerter **Klosterkirche**. Diese wurde im 30-jährigen Krieg zerstört und 1661 – 1664 von den Vorarlberger Barockbaumeistern **Michael Beer** und **Michael Thumb** wieder aufgebaut.

Rottenmünster

St. Johann

F/G 4

Landkreis: Reutlingen
Einwohnerzahl: 5300
Höhe: 683 – 758 m ü.d.M.
Prädikat: Erholungsort

Die aus den Dörfern Würtingen, Bleichstetten, Gächingen, Lonsingen, Ohnastetten und Upfingen sowie aus dem namensgebenden Gestütshof St. Johann gebildete Gemeinde liegt am Nordrand der hier sehr reizvollen Kuppenalb zwischen Echaz- und Ermstal.

Sehenswertes in St. Johann und Umgebung

Ein viel besuchtes Ausflugsziel ist der Gestütshof St. Johann, 1465 als »Capelle Sancti Johannis in Alpibus« erwähnt und später Stützpunkt für Jagdunternehmungen der württembergischen Herzöge.
Vom Gestütshof lohnen Wanderungen zur **Hohen Warte** (820 m ü.d.M.), ins Naherholungsgebiet **Eninger Weide** sowie zum **Fohlenhof**, der 1767 im Auftrag von Herzog Karl am Albrand gegen Güterstein (► Bad Urach) angelegt worden ist. Östlich vom Fohlenhof hat man von den **Rutschenfelsen** bzw. vom **Camererstein** einen schönen Talblick in Richtung Bad Urach. Unweit südlich vom Camererstein trifft man auf den **Rutschenbrunnen** über einem alten Vulkanschlot. Und weiter westlich kann man am Wochenende in der **Rohrauer Hütte** einkehren.
Nördlich vom Gestütshof erreicht man die aussichtsreichen Kletterfelsen **Grüner Fels** (803 m ü. d. M.), **Wiesfels, Rossfels** und **Olgafels** (786 m ü. d. M.). Östlich vom Segelflugplatz Rossfeld, über dem Dettinger Ermstal, befinden sich die **Höllenlöcher**, die durch talwärtige Neigung der Felsen entstanden sind.

Gestütshof St. Johann

* ◄ Wanderziele

Im Osten der Gemeinde St. Johann liegt das Dorf Upfingen in einer weiten sonnenbeschienenen Mulde. Besonders bachtenswert ist hier die **spätgotische Pfarrkirche** (1448) mit schönem Chor (Kreuzrippengewölbe), einem Taufstein des Meisters von Urach und schönen Fresken. Das **Ski- und Heimatmuseum** lohnt ebenfalls einen Besuch.

Upfingen

ST. JOHANN ERLEBEN

AUSKUNFT

Tourist-Information
Schulstrasse 1
72813 St. Johann-Würtingen
Tel. (0 71 22) 8 29 90
www.st-johann.de

AKTIVITÄTEN

Wintersport
Auf der gesamten Gemarkung St. Johann werden bei entsprechender Schneelage miteinander verbundene Loipen für jeden Geschmack gespurt. Allerdings herrscht an sonnigen Winterwochenenden oft starkes Gedränge.

ÜBERNACHTEN · ESSEN

► Komfortabel / Günstig

Hirsch
Hirschstr. 4
72813 St. Johann-Würtingen
Tel. (0 71 22) 82 98-0
Fax 82 98 45
www.hirsch-st-johann.de
29 Zimmer. Mitten im Ort gelegener und kürzlich modern erweiterter Landgasthof mit freundlichen Zimmern. Die Küche bietet schwäbische und internationale Gerichte.

Baedeker-Empfehlung

Landgasthof und Metzgerei Hirsch
Parkstr. 2, 72813 St. Johann-Gächingen
Tel. (0 71 22) 82 87-0, Fax 82 87 11
www.failenschmid.de
In diesem ausgezeichneten echt schwäbischen Landgasthof mit eigener Metzgerei gibt es nicht nur den altbekannten Rostbraten mit Spätzle, sondern auch Fleisch und Wurst vom Albbüffel, der neuerdings auf der Hochfläche weidet.

Ohnastetten Das Dorf Ohnastetten liegt im Südwesten der Gemarkung St. Johann und ist ein typisches, noch stark von der Landwirtschaft geprägtes Albdorf. Knapp 2 km nordwestlich des Ortes findet man den **Stahlecker Hof**, ein beliebtes Ausflugsziel, von dem Wanderungen zur **Burgruine Stahleck**, zum **Eckfelsen** (748 m ü.d.M.) sowie zur **Burgruine Greifenstein** möglich sind.

Schömberg

C 5

Landkreis: Zollernalbkreis
Einwohnerzahl: 4600
Höhe: 676 – 724 m ü.d.M.

Das alte Städtchen Schömberg, Zentrum des Oberen Schlichemtals, liegt in einer herrlichen Landschaft am Fuße der höchsten Berge der Schwäbischen Alb.

Geschichte Gründer der 1269 erstmals bezeugten Stadt waren wohl die Grafen von Zollern. 1381 kam Schömberg als Teil der Herrschaft Hohenberg an Österreich. 1750 wütete ein verheerender Stadtbrand, der einen teilweisen Neuaufbau erforderlich machte. 1805 kam Schömberg an Württemberg.

Sehenswertes in Schömberg und Umgebung

Altstadt

Schömberg ist das Musterbeispiel eines alten südwestdeutschen Zwergstädtchens. Der kleine Kern mit seinen hübschen **Fachwerkhäusern** wird von einer breiten Hauptstraße und einer aus Brunnen- und Spitalgasse gebildeten Querachse gegliedert. Recht hübsch ist der **Narrenbrunnen**.

◄ Narrenmuseum

Einen Besuch lohnt das kleine Narrenmuseum in der »Alten Schule«. Historische Narrengewänder und »Häser«, alte Dokumente und Urkunden erzählen von der Geschichte und Tradition der Schömberger Fasnet (Schulgasse 13; Öffnungszeiten: n. V., Tel. 07427 / 940 20).

Wallfahrtskirche Palmbühl

Nordöstlich des Städtchens, jenseits des Schlichemtales, wurde die Wallfahrtskirche Palmbühl 1631 auf den Resten einer alten Kapelle errichtet. Die **barocke Ausstattung** aus dem 18. Jh. ist vollständig erhalten. Daneben steht ein Bruderhaus von 1695, in dem zeitweilig Franziskanermönche wohnen.

Ehrenfriedhöfe

Im Zweiten Weltkrieg mussten Zwangsarbeiter im Raum Schömberg **Ölschiefer** zur Brennstoffgewinnung abbauen. In Schömberg und dem Nachbarort Schörzingen gibt es Ehrenfriedhöfe für die Opfer der **NS-Zwangsarbeitslager**.

SCHÖMBERG ERLEBEN

AUSKUNFT

Touristikgemeinschaft Oberes Schlichemtal
Schillerstr. 29
72355 Schömberg
Tel. 07427 / 949 80
www.oberes-schlichemtal.de

EVENTS

Schömberger Fasnet
Auch Schömberg gehört zu den Orten, deren Fastnacht auf eine lange Tradition zurückblicken kann. Höhepunkt ist die farbenfrohe Polonaise am Fastnachtsdienstag.

Leonhardsritt
Im Oktober gibt es den Leonhardsritt und eine Tiersegnung auf dem Palmbühl.

AKTIVITÄTEN

Wassersport
Der Schlichem-Stausee unterhalb der Altstadt ist vor allem im Sommer ein beliebtes Ziel von Wassersportlern.

ÜBERNACHTEN · ESSEN

► Günstig

Baier
Balinger Str.1
72355 Schömberg
Tel. (0 74 27) 25 50, Fax 61 46
28 Zimmer. Beliebte Unterkunft an der B 27 mit eigener Bäckerei-Konditorei.

Auch im Herbst gibt es noch ein paar warme Tage am Schlichem-Stausee.

Gedenkstätte Eckerwald ▶ In den letzten Monaten des Zweiten Weltkriegs hat man im Eckerwald südwestlich von Schömberg begonnen, ein **Ölschiefer-Verschwelwerk** zu errichten, von dem noch einige Ruinen zu sehen sind. Weit über 500 KZ-Häftlinge fanden hier den Tod. Eine 1989 enthüllte, überlebensgroße Bronzefigur des Rottweiler Künstlers Siegfried Haas erinnert an die schreckliche Vergangenheit.

★★ Schwäbisch Gmünd

J/K 2

Landkreis: Ostalbkreis
Einwohnerzahl: 62 000
Höhe: 321 – 781 m ü.d.M.
Prädikat: Große Kreisstadt

Schwäbisch Gmünd, die älteste Stauferstadt und ehemalige Freie Reichsstadt, liegt im oberen Remstal nördlich der drei Kaiserberge und ist heute ein wichtiger Schulstandort und wirtschaftliches Zentrum der Region Ostwürttemberg.

Geschichte Die Siedlung **»Gamundia«** wurde 782 erstmals urkundlich erwähnt. Sie erhielt vom Stauferkönig **Konrad III.** (1138 – 1152) das Stadtrecht. Vom 13. bis 15. Jh. erlebte die Stadt eine Blüte mit reger Bautätigkeit (etliche Klostergründungen, Bau der romanischen Johanniskirche und des gotischen Heilig-Kreuz-Münsters). Damals machten auch die Gmünder Künstler Peter Parler (► Berühmte Persönlichkeiten), Jerg Ratgeb und Hans Baldung-Grien von sich reden.

Ab dem 14. Jh. konnte sich das Schmiedehandwerk gut entwickeln. In der zweiten Hälfte des 16. Jh.s wurden Gmünder Sensen nach Frankreich und Spanien exportiert. Ende des 17. und im 18. Jh. sorgte das Gold- und Silberschmiedehandwerk für eine neuerliche Blüte. 1820 entstand hier die erste Silberwarenfabrik. 1825 wurde ein katholisches Lehrerseminar ins Leben gerufen, aus dem später eine Pädagogische Hochschule erwuchs. Ordensschwestern bauten chulische und karitative Einrichtungen auf, darunter eine Gehörlosenschule und ein Blindenheim. Alsbald wurde Gmünd im Volksmund **»Schwäbisch Nazareth«** genannt.

Sehenswertes in Schwäbisch Gmünd

★ **Johanniskirche**

An der Westseite des lang gestreckten, von barocken Bürgerhäusern umgebenen Marktplatzes steht die Johanniskirche, eine 1220 bis

SCHWÄBISCH GMÜND ERLEBEN

AUSKUNFT

i-Punkt
Marktplatz 37/1
73525 Schwäbisch Gmünd
Tel. (0 71 71) 6 03 42 50
www.schwaebisch-gmuend.de

EVENTS

Guggenmusiker-Treffen
An einem Wochenende in der Fastnachtszeit treffen sich in Gmünd Guggenmusiker aus ganz Süddeutschland und der Schweiz. Höhepunkt ist ein nächtliches Monsterkonzert auf dem Marktplatz.

Europäische Kirchenmusiktage
im Juli und August.

Gmünder Herbst
Traditionelles Stadtfest im September.

ÜBERNACHTEN · ESSEN

► Komfortabel

① ***Fortuna***
Hauberweg 4
73525 Schwäbisch Gmünd
Tel. (0 71 71) 10 90, Fax 10 91 13
www.fortuna-hotels.de
Modernes Stadthotel mit zeitgemäß eingerichteten Zimmern und »Vitarium«. Die Küche des Hauses bietet deutsche und internationale Gerichte.

Baedeker-Empfehlung

② ***Pelikan***
Türlensteg 9
73525 Schwäbisch Gmünd
Tel. (0 71 71) 35 90, Fax 35 93 59
www.hotel-pelikan.de
62 Zimmer. Altbekannte Adresse im Herzen der Stadt mit hübsch eingerichteten Zimmern und guter regionaler sowie internationaler Küche.

► Günstig

③ ***Gelbes Haus***
Hauptstr. 83
73527 Schwäbisch Gmünd
Hussenhofen
Tel. (0 71 71) 98 70 50, Fax 8 83 68
www.hotel-gelbes-haus.de
34 Zimmer. Gemütlicher Landgasthof mit eigener Metzgerei, Biergarten und bester schwäbischer Küche.

Schwäbisch Gmünd Orientierung

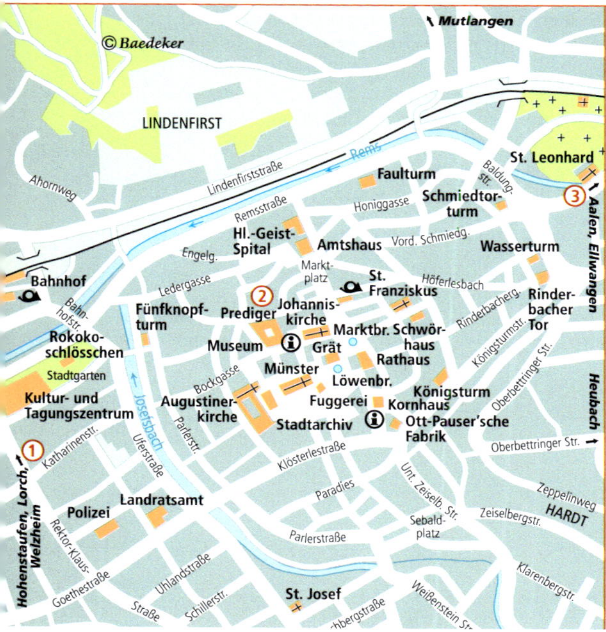

Übernachten und **Essen**

① Pelikan
② Fortuna
③ Gelbes Haus

1250 erbaute **spätromanische Pfeilerbasilika** mit schönem Banddekor, zumeist aus der Tier- und Fabelwelt, und einem eindrucksvollen Turm. Vor dem Gotteshaus befindet sich der **Marienbrunnen**, dessen Renaissance-Säule mit einer Barock-Doppel-Madonna bekrönt ist.

Kulturzentrum »Prediger«

Westlich benachbart ist ein ehemaliges Dominikanerkloster, das bereits 1294 erwähnt worden ist und im 18. Jh. nach Entwürfen von **Dominikus Zimmermann** umgestaltet wurde. Von 1969 bis 1973 hat man den Komplex völlig umgebaut, wobei versucht wurde, das äußere Bild des alten Bauwerks zu erhalten. Restauriert wurden der Kreuzgang im Erdgeschoss, das barocke Treppenhaus im Ostflügel, das Refektorium und die barocke Fassadenmalerei. Der »Prediger«, der heute Räumlichkeiten für kulturelle Veranstaltungen bietet, beherbergt auch die Volkshochschule, die Galerie der Stadt sowie das städtische Verkehrsamt.

★ Museum im Prediger ►

Einen Besuch lohnt das ebenfalls hier untergebrachte Museum, das Einblicke in die hiesige Erd- und Landschaftsgeschichte, die Vor- und Frühgeschichte und die Entwicklung des Gmünder Kunsthandwerks (Sakralkunst, Teile des Gmünder Münsterschatzes, Goldschmiedewerkstatt) gewährt (Öffnungszeiten: Di. – Fr. 14.00 – 17.00, Do. bis 19.00, Sa. u. So. 11.00 – 17.00 Uhr).

★★ Heilig-Kreuz-Münster

Hauptsehenswürdigkeit von Schwäbisch Gmünd ist das Heilig-Kreuz-Münster, die **älteste süddeutsche Hallenkirche**, mit deren Bau um 1310 an Stelle eines nicht vollendeten romanischen Gotteshauses begonnen wurde. Baumeister des Langhauses waren der berühmte Architekt Heinrich Parler und dessen Sohn Peter (►Berühmte Persönlichkeiten). Außen wie innen gefallen reich gestaltete Bauteile und Skulpturen aus der Parler'schen Bauhütte.
Am nördlichen Langhaus-Portal befinden sich eine Geburt Christi und eine Anbetung der Könige, am südlichen Chorportal eine Auferstehung und ein Jüngstes Gericht von Peter Parler (um 1350), in der mittleren Chorkapelle ein Heiliges Grab aus der Parler-Hütte sowie ein Sebaldus-Altar (1510) und in der Taufkapelle ein Glasfenster aus der Werkstatt Dürers aus dem Jahr 1505. Die Orgelempore hat der Gmünder Johann Michael Maucher 1688 geschaffen. Kanzel und Chorgestühl sind Arbeiten des Augsburgers Adolf Daucher. Der isoliert stehende, gedrungene Glockenturm an der Nordseite des Münsters ist aus einem staufischen Wohnturm entstanden. Vor dem Gotteshaus steht der wunderschöne **Löwenbrunnen** aus dem 16. Jahrhundert mit reich verzierter Brunnensäule und dem Stadtwappen.

Heilig-Kreuz-Münster Orientierung

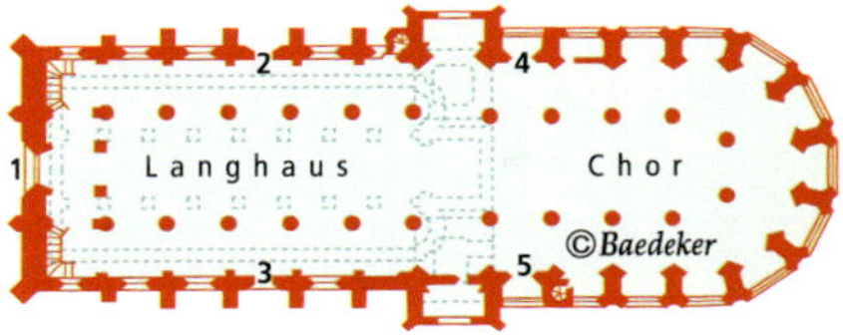

1 Hauptportal
2 Nordportal des Langhauses
3 Südportal des Langhauses
4 Nordportal des Chores
5 Südportal des Chores

Grundriss des romanischen Vorgängerbaus

Augustinerkirche

Südwestlich vom Münster steht die ehem. Augustinerkirche und heutige ev. Stadtkirche, ein Sakralbau des 15. Jh.s, der im 18. Jahrhundert nach Entwürfen des Stadtbaumeisters **Johann Michael Keller** barockisiert wurde. Ausgestattet ist das Gotteshaus mit meisterhaften Deckenfresken von J. Anwander und schönen Stuckarbeiten.

★ Rathaus

Der Südteil des Marktplatzes wird vom schönen Rathaus beherrscht, das 1760 von **Johann Michael Keller** als Bürgerhaus errichtet und 1783 zum Rathaus ausgebaut wurde. Zu Beginn des 20. Jh.s hat man das Amtsgebäude in neobarockem Stil erweitert.

◄ »Grät«

Beim Rathaus fällt ein Fachwerkbau von 1536 ins Auge. Das »Grät« genannte Gebäude diente als Rathaus und später als Kaufhaus.

Kornhaus

Im Kornhaus (südöstlich vom Rathaus), einem Fachwerkbau von 1507, ist die **Galerie des Gmünder Kunstvereins** untergebracht.

★ Bijouteriemuseum

Die ehemalige, noch »authentisch« eingerichtete **Ott-Pauser'sche Fabrik** von 1845 fungiert heute als überaus sehenswertes Silberwaren- und Bijouteriemuseum, in dem das traditionelle Gmünder

Kunsthandwerk transparent gemacht wird. Gezeigt werden u.a. ein Schmelzofen, eine Drahtziehbank und Schleif- und Poliermaschinen (Milchgässle 10; Öffnungszeiten: Mai – Okt. Mi. u. Sa. 14.00 bis 17.00, So. ab 11.00 Uhr).

Franziskanerkirche Nordwestlich des Marktplatzes steht die Franziskanerkirche, die um 1220 als eine der ältesten Ordensniederlassungen Deutschlands gegründet wurde. Das Gotteshaus wurde 1720 – 1750 barockisiert. Wunderschön sind die Fresken von Josef Wannenmacher und der Hochaltar von Dominikus Zimmermann.

Schwörhaus Neben der Franziskanerkirche steht das Schwörhaus, ein Renaissancebau von 1590, der einst Wirtschaftshof des Klosters Königsbronn war. Heute beherbergt er die städtische Musikschule.

Stadtmauer Von der mittelalterlichen Stadtmauer, die im 19. Jh. abgerissen wurde, sind noch einige wenige Reste erhalten, darunter 6 der einst 24 Türme: am Westrand der Altstadt der Knöpflesturm (Fünfknopfturm; 15. Jh.), an der Ostseite der Königsturm (mit 38 m der höchste Turm), an der Nordostseite Schmiedtorturm (um 1350), Wasserturm (14. Jh.) und der Rinderbacher Torturm (14. Jh.), an der Nordwestseite der Altstadt der Faulturm.

Stadtgarten Südwestlich der Altstadt erstreckt sich zwischen Josefsbach und Rems der Stadtgarten mit einem von J. M. Keller erbauten **Rokoko-Lustschlösschen**. Benachbart ist das moderne Kultur- und Tagungszentrum »Stadtgarten«.

St. Salvator Jenseits des Bahnhofs führt ein Stationenweg zu der in den Fels gehauenen **Wallfahrtsdoppelkapelle** St. Salvator aus dem 17. Jh., von der aus man eine schöne Aussicht genießen kann.

✶ Weledea-Erlebniszentrum Im Gmünder Vorort Wetzgau hat die anthroposophisch orientierte Heilmittelfirma ein Besucherzentrum eingerichtet, von dem aus auch Führungen durch den großen Heilpflanzengarten angeboten werden (April – Mitte Okt., Mo. – Fr. N. V., Tel. 0 71 71 / 919-432).

Umgebung von Schwäbisch Gmünd

Römerbad Im südwestlichen Stadtteil **Schirenhof** ist das Bad eines kleinen römischen Kastells aus dem 2. Jh. n. Chr. restauriert worden. Unweit vom Schirenhof, im **Rotenbachtal**, sind Reste des römischen Limes zu sehen (►Baedeker-Special S. 36/37).

Waldstetten, Weilerstoffel Etwa 4 km südöstlich von Schwäbisch Gmünd liegt die Gemeinde Waldstetten und knapp 3 km weiter das Dorf Weilerstoffel, beide

Schmuckstück auf dem Gmünder Marktplatz: der Marienbrunnen →

HOTEL
KRONE
Jeans & So.
Mode &

reizvoll gelegene Ausgangspunkte für Wanderungen auf den Hornberg, zur Reiterleskapelle, auf das Rechbergle sowie auf den 757 m hohen Stuifen, den bewaldeten östlichsten der drei Kaiserberge.

Hornberg Auf dem Hornberg südlich von Schwäbisch Gmünd befindet sich einer der ältesten deutschen Segelflugplätze Deutschlands. Von hier aus kann man aufs **Kalte Feld** (781 m ü. d. M.) wandern, an dessen höchstem Punkt das **Franz-Keller-Haus** des Albvereins zur Rast einlädt (geöffnet Sa., So., Fei.)..

✶ **Ausflug zum Rechberg** Von Schwäbisch Gmünd kommt man über **Straßdorf** (3 km) südwärts in Serpentinen bergauf nach **Rechberg-Vorderweiler** (3,5 km). Hier biegt man nach rechts in Richtung **Rechberg-Hinterweiler** ab. Hinter dem Ort steht die **Ruine der Burg Rechberg** auf einem Bergsporn (643 m ü.d.M.). Die Feste ist im 12. Jh. erbaut und 1865 durch Blitzschlag zerstört worden. Von hier hat man einen schönen Blick zum Hohenstaufen und über das Rehgebirge hinweg zum Trauf der Filsalb. Von der Ruine führt ein Stationenweg auf den 707 m hohen Gipfel des zu den drei Kaiserbergen gehörigen Rechbergs, den eine im 17. Jh. erbaute **Wallfahrtskirche** krönt.

! *Baedeker* TIPP

Hölltal-Trip

Vom Hölltal am westlichen Gmünder Stadtrand führt ein vorbildlich angelegter geologischer Lehrpfad auf den Rechberg hinauf. Zahlreiche Schrift-und Schautafeln erläutern die Erd- und Landschaftsgeschichte dieses Teils der östlichen Schwäbischen Alb und ihres Vorlandes.

✶✶ Sigmaringen

F 6

Landkreis: Sigmaringen
Einwohnerzahl: 17 000
Höhe: 570 – 794 m ü.d.M.

Das einstige Residenzstädtchen Sigmaringen, dominiert von einem spätmittelalterlichen Fürstenschloss, liegt wunderschön in einer Weitung der Donau am Südrand der Schwäbischen Alb.

Geschichte 1806 wurde Sigmaringen Hauptstadt des souveränen Fürstentums Hohenzollern-Sigmaringen. 1849/1850 kamen Stadt und Land an Preußen. Von 1850 bis 1945 war Sigmaringen Sitz des preußischen Regierungsbezirks. Von September 1944 bis April 1945 residierte hier die französische Vichy-Regierung unter Marschall Pétain.

Sehenswertes in Sigmaringen

✶✶ **Schloss** Hauptsehenswürdigkeit der Stadt an der Donau und zugleich ihr Wahrzeichen ist das Schloss der Fürsten von Sigmaringen-Hohenzol-

Ein malerischer Anblick: das auf einem Felssporn über der Donau errichtete Sigmaringer Zollernschloss

lern auf steilem Fels über dem Fluss. Von der mittelalterlichen Burganlage ist noch der Bergfried aus dem 12. Jh. erhalten. Im 15. und 16. Jh. wurde die Burg zum Schloss ausgebaut. Nach umfangreichen Baumaßnahmen im 19. Jh. fiel das Schloss 1893 teilweise einem Brand zum Opfer. Sein Wiederaufbau erfolgte 1895 bis 1899 unter der Leitung des Hofbaurats **Johannes de Pay** und des Architekten **Emanuel von Seidl**.
Beachtenswert ist die Ausstattung mit prachtvollen Sälen und Salons. Die Waffenhalle beherbergt mit ca. 3000 mittelalterlichen und neuzeitlichen Exponaten eine der größten privaten Waffensammlungen Europas. Außerdem präsentiert das Schloss eine Miniaturensammlung, eine archäologische Sammlung mit Funden aus der Zeit zwischen 10 000 v. Chr. und 700 n. Chr. sowie eine Kunstsammlung mit Werken süddeutscher Meister. Im Marstallmuseum sind alte Kutschen und Schlitten versammelt (Öffnungszeiten: Mai – Okt. tgl. 9.00 – 16.45, Nov. u. Feb. – April tgl. 9.30 – 16.30, Dez. u. Jan. n. V. unter Tel. 07571 / 72 92 30).

★ St. Johannes Evangelist

Wichtigster Sakralbau der Stadt ist die Kirche St. Johannes Evangelist, die auf ein Gotteshaus des 13. Jh.s zurückgeht. Ihr Langhaus wurde 1756 – 1763 nach Vorlagen des Dornbirner Baumeisters Johann Martin Ilg errichtet. Die Rocaille-Stuckarbeiten stammen von Johann Jakob Schwarzmann aus Schnifis, die prachtvolle Ausmalung besorgte Andreas Meinrad von Ow, die Altaraufbauten entwarf Johann Michael Feichtmayr. In der nördlichen Seitenkapelle steht die Wiege des 1746 heilig gesprochenen Kapuzinerpaters **Fidelis** aus Sigmaringen, der 1622 als Märtyrer starb.

Josephskapelle

Auf dem Josephsberg steht eine Kapelle, die 1629 von Hans Alberthal erbaut und 1660 von Michael Beer umgestaltet worden ist. Der heutige achteckige Kuppelbau stammt aus dem Jahre 1739. Beachtenswert sind die Stuckarbeiten von Nikolaus Schütz, die Fresken von Ignaz Joseph Wegscheider sowie die Figuren der Heiligen Meinrad und Fidelis von Johann Joseph Christian.

Runder Turm

Weitere sehenswerte Bauten in Sigmaringen sind das 1827 gebaute Hoftheater, der aus einem 1822 erbauten Schlösschen erwachsene

Sigmaringen Orientierung

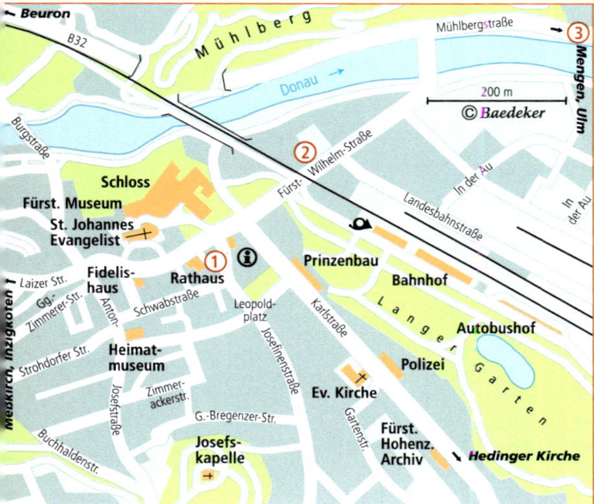

Übernachten und Essen
① Traube
② Fürstenhof
③ Hohenzollern

Prinzenbau von 1847, das 1848 errichtete Ständehaus und der »Runde Turm«, ein Rest der einstigen mittelalterlichen Stadtbefestigung, der heute das **Heimatmuseum** beherbergt (Antonstr. 22; Öffnungszeiten: Mi., Sa. u. So. 14.00 – 17.00 Uhr).

Umgebung von Sigmaringen

Laiz Das Dorf liegt 2 km westlich von Sigmaringen an einem Donauübergang, an dem sich einstmals Römerstraßen kreuzten. Beachtenswert ist die **Pfarrkirche Peter und Paul**, das einstige Gotteshaus eines im 14. Jh. gegründeten Franziskanerinnenklosters. Die um 1426 errichtete Kirche enthält Bildwerke von Andreas Meinrad von Ow sowie eine schöne Stuckdecke des aus Laiz gebürtigen Joseph Henselmann.

Inzigkofen 2 km südwestlich von Laiz folgt der Ort Inzigkofen mit einem **ehemaligen Augustinerkloster**, das im 14. Jh. gegründet worden ist. Sehenswert ist die 1780 nach Plänen von Christian Großbayer erbaute Kirche St. Johannes Baptista und die von Ignaz Joseph Wegscheider im Jahr 1740 ausgemalte **Einsiedlerkapelle** im Klostergarten.

Josephslust Südlich von Sigmaringen erstreckt sich der große **Wildpark** Josephslust mit alten Baumbeständen, Volière und Wildschweingehege. Beim Haupttor an der Straße Sigmaringen – Krauchenwies steht das 1727 gebaute **Jagdschlösschen** Josephslust, das später Sitz einer Försterei wurde. Etwa in der Mitte des Parks liegt der 1956/1957 erbaute **Landsitz der Fürsten von Hohenzollern-Sigmaringen**.

Scheer an der Donau

Das altertümliche Städtchen Scheer (577 m ü.d.M.; 3000 Einw.) liegt imposant auf einem schmalen Felssporn, der von der Donau umflossen wird. Das **Schloss**, 1485 bis 1505 erbaut, besteht aus drei mehrstöckigen mit Staffelgiebeln geschmückten Gebäuden. Die Burgkapelle weihte man 1505. Das Torhaus stammt aus dem 17. Jh. Die Pfarrkirche St. Nikolaus aus dem 14. Jh. wurde um 1500 umgebaut und Mitte des 18. Jh.s barockisiert. In dem Gotteshaus sind Stuckaturen und Altäre von J. A. Feichtmayr, Fresken verschiedener Meister sowie das Grabmal für Truchseß Andreas von Waldburg-Sonnenberg beachtenswert.

SIGMARINGEN ERLEBEN

AUSKUNFT

Tourist-Info
Fürst-Wilhelm-Str. 15
72488 Sigmaringen
Tel. (0 75 71) 10 62 22
Fax 10 62 21
www.sigmaringen.de

AKTIVITÄTEN

Radeln
Sigmaringen eignet sich hervorragend für Radausflüge entlang der Donau, beispielsweise in deren westlich gelegenes felsenreiches Durchbruchstal.

Baden
7 km südlich von Sigmaringen, bei Krauchenwies, gibt es einen bestens zum Baden geeigenten Baggersee mit Sandstrand.

ÜBERNACHTEN · ESSEN

► Komfortabel / Günstig

① ***Traube***
Fürst-Wilhelm-Str. 19
72488 Sigmaringen
Tel. (0 75 71) 64 51-0
Fax 64 51 20
www.hotel-traube-sigmaringen.de
20 Zimmer. Gemütlicher Fachwerk-Gasthof im Stadtzentrum, der gern von Radtouristen aufgesucht wird. Schwäbische und internationale Küche.

② ***Fürstenhof***
Zeppelinstr. 14
72488 Sigmaringen
Tel. (0 75 71) 72 06-0
Fax 72 06 44
www.fuerstenhof-sig.de
36 Zimmer. Sehr ruhig am Stadtrand gelegenes Haus mit hübschen sonnigen Zimmern. Das Restaurant bietet viele leckere Spezialitäten.

③ ***Hohenzollern***
Egelfinger Str. 11
72511 Sigmaringen-Bingen
Tel. (0 75 71) 6 11 55
Fax 6 11 57
www.hotelhohenzollern.de
23 Zimmer und 3 Suiten. Unkonventionelle Unterkunft mit einigen behindertengerechten Apartments. Italienisches Restaurant.

Strandbad Krauchenwies

✶✶ Sonnenbühl · Bärenhöhle

E/F 4

Landkreis: Reutlingen
Einwohnerzahl: 7000
Höhe: 710 – 861 m ü.d.M.

Die Gemeinde Sonnenbühl, mit den Ortsteilen Erpfingen, Genkingen, Undingen und Willmandingen auf der Reutlinger Alb gelegen, ist mit den Publikumsmagneten Bärenhöhle, Nebelhöhle und Schloss Lichtenstein ein stark besuchtes Ausflugsziel.

Sehenwertes in Sonnenbühl und Umgebung

Erpfingen Im Mittelalter erhob sich über dem Ort eine mächtige Burg. Bis ins 19. Jh. hatte Erpfingen mit seiner großen Gemarkung eine wechselvolle Geschichte, die überwiegend von großer Armut der Dorfbewohner gekennzeichnet war. Erst in der zweiten Hälfte des 19. Jh.s verbesserten sich die Verhältnisse. Den Durchbruch zum Touristenort erreichte Erpfingen nach der Entdeckung der Bärenhöhle im Jahr 1949. Für Freunde des Kuriosen lohnt ein Besuch des einzigen **Ostereimuseums** Deutschlands, in dem kunstvoll verzierte Vogeleier aus aller Welt ausgestellt sind (Steigstr. 8; Öffnungszeiten: 11. März bis 5. Juni Di. – Sa. 10.00 – 17.00, So. ab 11.00, 6. Juni – 5. Nov. Di. bis So. 13.00 – 17.00 Uhr).

? WUSSTEN SIE SCHON ...?

- dass Deutschlands Kältepol oftmals im Großen Rinnental am Rande des Undinger Golfplatzes liegt? Hier werden im Winter nicht selten Temperaturen unter - 35 °C gemessen. Selbst in manchen Sommernächten werden hier bei bestimmten Wetterlagen Minus-Temperaturen registriert.

Die **Bärenhöhle**, eine der Hauptsehenswürdigkeiten der Alb, findet man ca. 2,5 km nördlich von Sonnenbühl-Erpfingen. Ihr vorderer Abschnitt, die **Karlshöhle**, wurde 1834 von dem Erpfinger Lehrer Fauth entdeckt. Reste von zahlreichen Höhlenbären, wundervolle Tropfsteinbildungen und auch einige Klingen aus der jüngeren Steinzeit zogen damals viele Besucher in ihren Bann. Leider wurde die Karlshöhle fast völlig ausgeplündert. Im Jahre 1949 fiel dem Erpfinger Höhlenführer **Karl Bez** auf, wie Fledermäuse durch ein enges Loch noch tiefer in den Berg

Bärenskelett in der Bärenhöhle

entschwanden. Er zwängte sich ebenfalls durch diese Öffnung und entdeckte die eigentliche Bärenhöhle mit ihren großartigen Stalaktiten und Stalagmiten, ihren imposanten Sinterbildungen – deren schönste Beispiele im hinteren Teil der Höhle zu sehen sind – und einer Vielzahl von Tierresten. Die heutige Bärenhöhle, die auf einer Länge von rund 270 Meter begehbar ist, ist das Fragment einer einstmals viel längeren, trockengefallenen Flusshöhle. In der Höhle hat man u. a. Schalen von etlichen Muschel- und Schneckenarten gefunden. Die ältesten Säugetierreste sind etwa ein bis zwei Milionen Jahre alt. Vor 50 000 bis 20 000 Jahren diente die Höhle großen Höhlenbären (Ursus spelaeus) als Winterquartier, Wurfplatz und Sterbestätte. Daneben hat man Reste u. a. von Schneehasen und Höhlenlöwen geborgen (Öffnungszeiten: April – Okt. tgl. 9.00 – 17.30, Nov. u. März Sa. u. So. 9.00 – 17.00 Uhr).
Praktisch auf dem »Dach« der Bärenhöhle ist das »**Traumland**« angelegt, eine Mischung aus **Vergnügungs- und Märchenpark** mit Riesenrad, Märchengarten, Oldtimerbahn, »Jumping Tower«, Ponyreiten und vielen anderen Attraktionen (Öffnungszeiten: April – Mitte Sept. tgl. 9.30 – 18.00, Mitte Sept. – Anfang Nov. tgl. 9.30 – 17.00 Uhr).

★★ Nebelhöhle

Die nordöstlich der Ortschaft Genkingen nahe am Albtrauf gelegene Nebelhöhle ist nach der Bärenhöhle die meistbesuchte Schauhöhle der Schwäbischen Alb. 1486/1487 wurde die etwa 380 m lange Tropfsteinhöhle erstmals schriftlich erwähnt, aber erst 1517 entdeckt. Deckenkolke, Lehmterrassen, diverse Sinterbildungen, Stalaktiten und Stalagmiten geben dem Kundigen Aufschluss über einzelne Epochen und Klimabedingungen während der Höhlenentstehung. In der Höhle herrscht eine fast konstante Temperatur von 9,5 °C und eine nahezu gleich bleibende Luftfeuchtigkeit von 98%. Diese Umstände

Nebelhöhle Orientierung

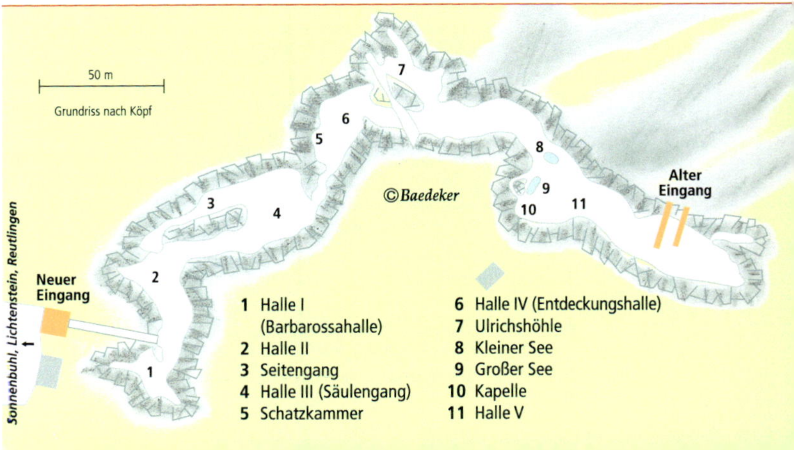

SONNENBÜHL ERLEBEN

AUSKUNFT

Tourist-Info
Rathaus Undingen
Hauptstr. 2
72820 Sonnenbühl-Undingen
Tel. (0 71 28) 9 25 18, Fax 9 25 50
www.sonnenbuehl.de

AKTIVITÄTEN

Wintersport
Auf der gesamten Gemarkung werden bei entsprechender Schneelage zahlreiche schöne und miteinander verbundene Loipen gespurt.

Golf
Bei Sonnenbühl-Undingen ist ein großzügig proportionierter 18-Loch-Golfplatz angelegt. Auskunft: Golf-Club Reutlingen-Sonnenbühl, Tel. (0 71 28) 92 60-0, www.golfclubreutlingen.de

EVENT

Nebelhöhlenfest
Als am 4. August 1803 Kurfürst Friedrich I. von Württemberg die Nebelhöhle besuchte, wurde erstmals das »Nebelhöhlenfest« gefeiert, das seither alljährlich zu Pfingsten abgehalten wird und große Besucherscharen anzieht.

ÜBERNACHTEN · ESSEN

► Komfortabel

Baedeker-Empfehlung

Hirsch
Im Dorf 12
72820 Sonnenbühl-Erpfingen
Tel. (0 71 28) 92 91-0, Fax 31 21
www.restaurant-hotel-hirsch.de
11 Zimmer. Zu dem hübschen Landhotel gehören ein feines Restaurant und eine preiswertere »Dorfstube«. Frische und Raffinesse sind der Schlüssel zum Erfolg für Sternekoch Gerd Windhösel.

Feriendorf Sonnenmatte
Tel. (0 72 28) 9 29 90
www.die-sonnenmatte.de
Das Feriendorf liegt auf einer sonnigen Anhöhe außerhalb von Erpfingen mit mehreren gut (teils behindertengerecht) ausgestatteten Ferienbungalows, die sich bestens für Familien mit Kindern eignen.

und die zeitweise künstliche Beleuchtung der Höhle haben eine interessante Pflanzen- und Tierwelt entstehen lassen, die von Bakterien und Pilzen über Blau- und Grünalgen bis zu diversen Moosen und Farnen reicht. Die Herkunft des Namens »Nebelhöhle« ist nicht eindeutig geklärt. In alter Zeit wurden Nebel, die aus der Höhle emporstiegen, als Zeichen bevorstehender Unwetter gedeutet.

Herzog-Ulrich-Sage ►

Einer Sage nach soll sich der flüchtige württembergische Herzog Ulrich in der Nebelhöhle aufgehalten haben. Für diese Begebenheit, die der Dichter Wilhelm Hauff (► Berühmte Persönlichkeiten) in seinen Roman »Lichtenstein« aufgenommen hat, gibt es jedoch keine historischen Belege (Öffnungszeiten: April – Okt. tgl. 9.00 – 17.30, Nov. u. März Sa. u. So. 9.00 bis 17.00 Uhr).

Das Dorf Willmandingen besitzt ebenfalls eine schöne Dorfkirche. Turm und Chor des 1903 von dem Architekten Dolmetsch umgestalteten Gotteshauses erinnern an einen frühgotischen Vorgängerbau. In der Kirche konnte man 1969 spätromanische Fresken freilegen. Wacholder- und Streuobstbestände sind die besonderen Kennzeichen des **Naturschutzgebietes Ruchberg**, auf dem auch Spuren einer eisenzeitlichen Siedlung nachgewiesen sind. Etwa 2 km nördlich von Willmandingen liegt der 880 m hohe **Bolberg** als reizvolles Wanderziel. Von seinem Südhang kann man gelegentlich die Alpen sehen. **Willmandingen**

✶ Spaichingen

C 6

Landkreis: Tuttlingen
Einwohnerzahl: 12 000
Höhe: 650 m ü.d.M.

Die aus einem lang gestreckten Straßendorf hervorgegangene einstige Oberamtsstadt Spaichingen liegt vor den sonnigen Höhen der Südwestalb am Fuße des 985 m hohen Dreifaltigkeitsbergs mit seiner weithin sichtbaren frühbarocken Wallfahrtskirche.

Geschichte

Die Stadt kam als Teil der Grafschaft Hohenberg 1381 an Österreich und konnte sich schon bald darauf zum lebhaften Warenumschlagsplatz entwickeln. Neben dem Handel gewann das Textilgewerbe immer mehr an Bedeutung. Bereits 1768 nahm eine Florettseidenspinnerei ihren Betrieb auf.

Sehenswertes in Spaichingen und Umgebung

✶ Gewerbemuseum

Interesse verdient dieses Museum, in dem – für Württemberg exemplarisch – der Übergang vom Bauerndorf zur Industriestadt aufgezeigt wird. Magere Böden und Realteilung zwangen viele Spaichinger Bauern zur Aufnahme eines handwerklichen Zweitberufes. In Heimarbeit produzierten sie für die nahen Schwenninger Uhrenfabriken oder gründeten eigene Betriebe, von denen einige Berühmtheit erlangten, z. B. die Klavierfabrik Sauter und die Tabakwarenfabrik Burger. Weitere Abteilungen befassen sich mit der Natur- und Kulturgeschichte der Region (Öffnungszeiten: So. 14.00 – 17.00 Uhr). ⌚

✶ Dreifaltigkeitsberg

Östlich der Stadt erhebt sich der Dreifaltigkeitsberg (985 m ü.d.M.), auf dem Siedlungs- und Befestigungsspuren aus der Jungsteinzeit, der Bronze- und Hallstattzeit sowie der Latène-Zeit nachgewiesen werden konnten. An der Stelle einer **uralten Kultstätte** entstand im frühen 14. Jh. erstmals eine Kapelle, die bald **Ziel großer Wallfahrten** wurde. 1415 hat man hier oben ein Steinkirchlein geweiht, das 1592 erweitert und 1666 bis 1673 durch den heutigen Bau ersetzt worden ist. Ein weiterer Ausbau des Gotteshauses erfolgte 1762. Ausgestattet ist die Kapelle u. a. mit schönen Altarbildern des Konstanzer Künstlers Franz Ferdinand Dent (1765). 1924 ließen sich hier oben Claretiner-Mönche nieder und errichteten ein kleines Kloster.

Klippeneck

Nordöstlich von Spaichingen erhebt sich das 981 m hohe **Klippeneck** (Zufahrt über Denkingen, ca. 7,5 km) mit einem der meistbesuchten Segelflugplätze der Schwäbischen Alb.

? WUSSTEN SIE SCHON ...?

- ... dass das Klippeneck auch als »Sonnenstube« der Alb bekannt ist, werden hier doch im Jahresdurchschnitt mehr als 2000 Sonnenstunden gezählt.

Von **Gosheim**, ca. 10 km nördlich von Spaichingen, lohnt eine Wanderung auf den 1015 m hohen **Lemberg**, den **höchsten Berg der Schwäbischen Alb**, von dessen Aussichtsturm, einer 33 m hohen Eisenkonstruktion, man bei günstiger Witterung eine überwältigende Fernsicht genießen kann. Östlich unterhalb des Lembergs steht die ca. 100 Jahre alte, 34 m hohe **»Wunderfichte«** mit einem Stammdurchmesser von 4 m.

Oberhohenberg

Deilingen (826 m ü.d.M.; 1500 Einw.) ist ein guter Ausgangspunkt für Wanderungen zu den höchsten Erhebungen der Alb. Südwestlich von Deilingen erhebt sich der Oberhohenberg, mit 1011 m der zweithöchste Berg der Schwäbischen Alb. Hier stand im Mittelalter eine Burg, die 1449 von Rottweil zerstört wurde. Sie war **Stammsitz der Grafen von Hohenberg**, die ihren großen Herrschaftsbereich, u. a. Horb und Rottenburg, 1381 an Österreich veräußerten. Vom Oberhohenberg lohnt eine Wanderung zum benachbarten Lemberg.

Hohenkarpfen

Lohnend ist ein Abstecher auf den ca. 3 km südlich von Spaichingen gelegenen aussichtsreichen Hohenkarpfen (902 m ü.d.M.), wo noch Reste einer 1634 abgebrochenen mittelalterlichen Burg zu sehen sind.

SPAICHINGEN ERLEBEN

AUSKUNFT

Tourist-Information
Stadtverwaltung
Marktplatz 19
78549 Spaichingen
Tel. (0 74 24) 9 57 11 11
www.spaichingen.de

AKTIVITÄTEN

Segelfliegen
Auf dem nahen Klippeneck gibt es vor allem an Wochenenden Möglichkeiten zum Mitfliegen im Segelflugzeug.

ÜBERNACHTEN

► **Komfortabel / Günstig**

Zum Kameralamt Garni
Balgheimer Str.1
78549 Spaichingen
Tel. (0 74 24) 9 40 70
Fax 9 40 72 03
www.kameralamt.de
9 Zimmer. Das ehemalige Kameralamt (Finanzamt) der früheren Oberamtsstadt Spaichingen ist mit viel Liebe zur Fremdenherberge umgestaltet worden.

Auf dem Klippeneck: Warten auf den Start per Hochleistungs-Seilwinde

Sie war im 14. und frühen 15. Jh. ein berüchtigter Raubrittersitz. 1444 kam die Burg an Württemberg.

Im **Hofgut Hohenkarpfen** in dem Dörfchen Hausen ob Verena ist ein kleines **Kunstmuseum** eingerichtet worden, das jährlich zwei bis drei Wechselausstellungen zur Kunst des 19. und 20. Jh.s im deutschen Südwesten zeigt (Öffnungszeiten: Palmsonntag – Allerseelen Mi. – So. 13.30 – 18.30 Uhr).

★ Steinheim am Albuch

L 2

Landkreis: Heidenheim
Höhe: 540 m ü.d.M.
Einwohnerzahl: 900C

Die »Meteorkratergemeinde« Steinheim am Albuch liegt in einem vor etwa 15 Mio. Jahren durch Meteoriteneinschlag entstandenen, 2,5 km großen Becken auf der Ostalb.

Sehenswertes in Steinheim

Heimatstube

Im Hof des ehemaligen Augustiner-Chorherrenstifts findet man die Heimatstube mit interessanten ortskundlichen Ausstellungsstücken und einer kleinen Ostasien-Sammlung (Öffnungszeiten: Mai – Anfang Okt. So. 14.00 – 16.30 Uhr).

✶ Meteorkratermuseum

Im Ortsteil Sontheim im Stubental sollte man das Meteorkratermuseum besuchen, in dem die jüngere Erdgeschichte mit Fossilfunden aus dem Steinheimer Becken – u. a. Reste von Schnappschildkröten, Gabelhirschen und Säbelzahntigern – dokumentiert wird (Öffnungszeiten: März – Okt. Di. – So. 9.00 – 12.00 u. 14.00 – 17.00 Uhr).

Geologischer Wanderweg ►

Beim Museum beginnt ein geologischer Rundwanderweg (lange und kurze Route, durch rote Pfeile markiert), der die interessantesten Stellen im Steinheimer Becken berührt.

✶ Wental

Nordwestlich von Steinheim erstreckt sich das als **Naturschutzgebiet** ausgewiesene, viel besuchte Wental, ein romantisches Trockental mit bizarren Felsbildungen, die entsprechende Namen erhielten, z. B. Spitzbubenstadel, Sphinx, Bischofsmütze, Nilpferd, Wentalweible oder Hirschfelsen.

Mauertal

Nördlich vom Steinheimer Ortsteil Söhnstetten liegt das Mauertal, das Musterbeispiel eines Alb-Trockentales mit seinen typischen Magerwiesen und Wacholderbüschen. Durch das Mauertal verläuft im Winter eine viel begangene Loipe.

Umgebung von Steinheim

Albuch

Der Albuch ist jener Teil der Ostalb, der sich zwischen Fils- bzw. Lautertal im Westen, dem Lonetal im Süden und der Kocher-Brenz-Furche im Osten erstreckt. Das Gebiet ist relativ dünn besiedelt, aber landschaftlich überaus reizvoll.

Blick (mit geologischer Belehrung) in den Meteoritenkrater des Steinheimer Beckens

STEINHEIM AM ALBUCH ERLEBEN

AUSKUNFT

Gemeindeverwaltung
Hauptstr. 24
89555 Steinheim am Albuch
www.steinheim.com

AKTIVITÄTEN

Wandern, Radeln
Steinheim am Albuch ist ein idealer Ausgangspunkt für Wanderungen und Radtouren (u. a. Wental, Mauertal).

ÜBERNACHTEN · ESSEN

► Komfortabel / Günstig

Zum Kreuz
Hauptstr. 26
89555 Steinheim am Albuch
Tel. (0 73 29) 96 15-0, Fax 96 15 55
www.kreuz-steinheim.de
30 Zimmer. Freundliches Hotel mit gutem Restaurant, das vornehmlich schwäbisch-bodenständige, aber auch trendige Gerichte bietet.

◄ Flora

Der Nordteil des Albuchs ist dicht bewaldet und weist für die Alb ansonsten untypische Feuersteinlehmböden auf, in denen seltene Pflanzen gedeihen, z.B. Arnika und einige Fingerhutarten.

◄ Böhmenkirch

Am westlichen Rand des Albuchs liegt die Gemeinde Böhmenkirch (696 m ü.d.M.; 5000 Einw.), ein recht gern gewählter Ausgangspunkt für Wanderungen und Skilanglauftouren. Das Nachbardorf Treffelhausen hat sich als Wintersportort (vier Skilifte, gepflegte Loipen) einen Namen gemacht.

◄ Bartholomä

Am Nordwestrand des Albuchs liegt der kleine Ort Bartholomä mit der Feriensiedlung **Amalienhof**.

◄ Raue Wiese

In der Nähe der Heidhöfe zwischen Böhmenkirch und Bartholomä finden botanisch Interessierte das Naturschutzgebiet »Raue Wiese«, ein Biotop, das durch seine Pflanzenvielfalt bekannt geworden ist.

Gerstetten

Die Gemeinde Gerstetten (624 m ü.d.M.; 12 000 Einw.) ist ein für den ansonsten mittel- bis kleinbäuerlich strukturierten südlichen Albuch wichtiger Industriestandort. In den letzten Jahren ist Gerstetten zu einem beliebten Stützpunkt für Erkundungen der Lone-Alb geworden.

◄ Alter Bahnhof

Vom restaurierten Bahnhofsareal starten im Sommer **Museumsdampfzüge** der Ulmer Eisenbahnfreunde. Im Erdgeschoss des historischen Bahnhofgebäudes ist ein kleines **Eisenbahnmuseum** eingerichtet. Ferner ist hier das **Riffmuseum** mit seiner sehenswerten Fossilien- und Mineraliensammlung untergebracht. Zu sehen sind u. a. Kalzite, Quarze und versteinerte Korallen, Ammoniten, Schwämme und Seeigel (Öffnungszeiten: März – Okt. So. 10.00 – 17.00 Uhr).

◄ Wasserturm

Modernes Wahrzeichen von Gerstetten ist der 35 m hohe, sektkelchförmige Wasserturm, von dem aus man bei günstiger Witterung nicht nur die ganze Ostalb überblicken, sondern weit im Süden auch die Schneegipfel der Alpen leuchten sehen kann (Öffnungszeiten: Mai – Okt. So. 14.00 – 16.00 Uhr, jedoch nur bei schönem Wetter).

Bohrmuschellöcher am Heldenfinger Kliff

Sehenswert im Ortsteil **Gussenstadt** ist das Heimatmuseum im Ursula-Stift mit Zeugnissen bäuerlicher Kultur aus mehreren Jahrhunderten (Marktstr. 3; Öffnungszeiten: Mai – Anfang Okt. So. 13.30 – 16.30 Uhr).

Eine »geologische Wallfahrtsstätte« ist das Kliff zu Gerstetten gehörende Ort **Heldenfingen**. Es ist ein fossiler Rest der bis zu 70 m hohen Steilküste des Molassemeeres, das vor etwa 25 Millionen Jahren den Raum zwischen der heutigen Schwäbischen Alb und den sich heraushebenden Alpen bedeckte. Am Kliff kann man noch zahlreiche, von Bohrmuscheln ausgeräumte Löcher feststellen.

Hungerbrunnental

Südlich von Gerstetten-Heuchlingen verläuft das Hungerbrunnental mit einer meist versiegten Quelle. Hier findet traditionell am Palmsonntag der **»Brezgenmarkt«** statt. Früher galt der Hungerbrunnen als Orakelstätte und noch heute trifft man Leute, die das Fließen des Brunnens als Vorboten einer heran nahenden Notzeit deuten.

Stetten am kalten Markt

E 6

Landkreis: Sigmaringen
Einwohnerzahl: 5300
Höhe: 809 m ü.d.M.

Stetten am kalten Markt liegt auf dem klimatisch rauen südöstlichen Ausläufer des Großen Heubergs inmitten der herrlichen Landschaft des Naturparks Obere Donau.

STETTEN AM KALTEN MARKT ERLEBEN

AUSKUNFT

Rathaus
72510 Stetten am kalten Markt
Tel. (0 75 73) 95 15 11, Fax 95 15 55
www.stetten-akm.de

AKTIVITÄTEN

Nordic Walking
Der neue »Nature Fitness Park« bietet 12 Touren (insges. 67 km Streckenlänge) für ambitionierte Walker.

ÜBERNACHTEN · ESSEN

Rössle
Auf der Hilb 13
72510 Stetten a. k. M.
Tel. (0 75 73) 95 13 00
Fax 95 13 02 22
www.roessle-stetten.de
35 Zimmer. Neuer Landgasthof mit netten Zimmern. Die Küche bietet vor allem schwäbische bzw. badische Gerichte.

Geschichte

Der Ort wurde in karolingischer Zeit gegründet und war im Hochmittelalter Sitz eines Niederadelsgeschlechtes. Nach mehrfachem Besitzwechsel kam der Ort 1803 an Baden.
Stetten am kalten Markt ist bis heute ein wichtiger Bundeswehrstandort. Der nordwestliche Teil der Markung gehört zu dem 1912 angelegten, 4800 ha großen Truppenübungsplatz Heuberg.

Sehenswertes in Stetten a. k. M. und Umgebung

Ein stattliches Bauwerk ist das Stettener **Rathaus**. Es handelt sich hierbei um ein im 16. Jahrhundert errichtetes Schloss mit schönen Giebeln. Die **Pfarrkirche St. Mauritius** entstand in ihrer heutigen Gestalt im Wesentlichen im 17. Jahrhundert, sie besitzt jedoch einen gotischen Chor und einen im 13. Jahrhundert errichteten Turm. Im 3 km östlich im Schmeietal gelegenen Ortsteil Storzingen informiert ein kleines Museum über die Heimatgeschichte.

? WUSSTEN SIE SCHON ...?

- ... dass die erste bemannte Rakete (Typ »Natter«) am 1. März 1945 auf dem Truppenübungsplatz Heuberg bei Stetten am kalten Markt startete?

* Schmeietal

Östlich und südöstlich von Stetten strebt die Schmeie in einem schlingenreichen Tal der Donau zu. Lohnende Wanderziele sind das Dorf Storzingen, die Ruine der mittelalterlichen Burg Weckenstein südlich von Storzingen, **Heidenschloss** genannt, das Dorf Oberschmeien, von dem aus ein Abstecher östlich zur **Fürstenhöhe** mit einem 1881 von Fürst Karl Anton von Hohenzollern-Sigmaringen errichteten Blockhaus möglich ist.

* Schaufelsen

Etwa 4 km südlich von Stetten a.k.M. liegt der Schaufelsen – nahebei gibt es ein Naturfreundehaus –, von dem aus man einen überwältigenden Blick ins Donau-Durchbruchstal hat.

* Trochtelfingen

F 5

Landkreis: Reutlingen
Einwohnerzahl: 6 500
Höhe: 700 – 849 m ü.d.M.
Prädikat: Erholungsort

Das Landstädtchen Trochtelfingen, seit 1981 staatlich anerkannter Erholungsort, liegt in schöner, abwechslungsreicher Landschaft im Südwesten der Schwäbischen Alb.

Geschichte

Trochtelfingen wurde im 12. Jh. von den Pfalzgrafen von Tübingen gegründet. 1310 kam der Ort an Württemberg und 1316 an die Grafen von Werdenberg. 1534 gelangte er in den Besitz des Hauses Fürstenberg. 1806 wurde die Stadt hohenzollerisch und 1850 preußisch.

TROCHTELFINGEN ERLEBEN

AUSKUNFT

Tourist-Information
Rathausplatz 9
72818 Trochtelfingen
Tel. (0 71 24) 48 20
www.trochtelfingen.de

SHOPPING

Saisonale Märkte beim Alb-Gold Kundenzentrum
Im Außenbereich des Kundenzentrums der Nudelfabrik werden zu verschiedenen Anlässen (Ostern, Sommerbeginn, Herbst, Weihnachtszeit) bunte Märkte veranstaltet, bei denen man auch beste Produkte regionaler Erzeuger kaufen kann.

ÜBERNACHTEN · ESSEN

► Komfortabel / Günstig
Rössle
Marktstr. 48
72818 Trochtelfingen
Tel. (0 71 24) 92 50
Fax 92 52 00
www. hotel-restaurant-roessle.de
28 Zimmer. Gepflegte Unterkunft mit gutem Service. Die Küche bietet saisonale regionale Köstlichkeiten ebenso wie internationale Gerichte.

Sehenswertes in Trochtelfingen und Umgebung

✶ Stadtkern Malerisch bietet sich der denkmalgeschützte Stadtkern dar mit zahlreichen Fachwerkhäusern aus dem 17. und 18. Jahrhundert. Die Stadt war einstmals dreifach ummauert. Besonders markant ist der früher sechs- und heute noch viergeschossige Rundturm am südlichen Stadtrand und ein kleinerer Rundturm an der Westseite der Stadt. Das **Schloss** der Grafen von Werdenberg, ein Rechteckbau mit Staffelgiebeln, wurde um 1450 errichtet und dient heute als Schulhaus. Die **Pfarrkirche St. Martin** geht in ihrem Kern wohl auf das 13. Jh. zurück. Das Langhaus stammt von 1451 und wurde 1823 umgestaltet. Bemerkenswert sind die Deckengemälde im Chor aus dem 14. Jh. und die Wandmalereien aus dem 15. Jahrhundert. Am **Markt** steht das **Alte Rathaus** von 1747. Recht hübsch ist der **Stadtbrunnen** aus dem 18. Jh. mit einer Darstellung des hl. Mauritius. Einen Besuch lohnt auch das **Bierkrug- und Bierdeckelmuseum** der **Albquell-Brauerei** am Lindenplatz (Führungen n. V., Tel. 07124 / 733).

Alb-Gold Kundenzentrum Trochtelfingens stärkste Touristenattraktion, die neulich sogar einen eigenen Bahnhaltepunkt bekommen hat, ist das Kundenzentrum einer **Nudelfabrik mit eigenem Kräutergarten**. Hier wird »Infotainment« auf hohem Niveau betrieben (Nudelrestaurant, Landmarkt, Betriebsbesichtigung, Kochstudio, Seminarräume; Informationen: Alb-Gold Teigwaren, Tel. 0 71 24 / 92 91-155, www.alb-gold.de)

Steinhilben 3 km östlich von Trochtelfingen liegt das Dorf Steinhilben, Ausgangspunkt für Radwanderungen auf der südlichen Alb. Südlich von Steinhilben erhebt sich der 849 m hohe **Augstberg** mit Aussichtsturm.

Mägerkingen

Rund 3 km südwestlich von Trochtelfingen, am Zusammenfluss von Seckach und Lauchert, liegt die Ortschaft Mägerkingen. Der vor einigen Jahren angelegte, 1,2 ha große **Lauchertsee** ist im Sommer ein beliebtes Ausflugsziel. Östlich von Mägerkingen findet man die Reste der mittelalterlichen **Burg Hielock**.

★ Trossingen

B 6

Landkreis: Tuttlingen
Einwohnerzahl: 12 000
Höhe: 699 m ü.d.M.
Prädikat: Musikstadt

Die aus einem alten Bauerndorf hervorgegangene Kleinstadt liegt, umgeben von ländlicher Idylle, in einer der sonnenreichsten Regionen Deutschlands auf der Hochfläche der Baar.

Im Jahr 1857 gründete **Matthias Hohner** (1833 – 1902) in dem 1927 zu Stadt erhobenen Ort eine Musikinstrumentenfabrik, die inzwischen Weltruhm erlangt hat. Trossingen ist darüber hinaus Standort einer Staatlichen Hochschule für Musik, einer Bundesakademie für musikalische Jugendbildung und des Hohner-Konservatoriums, einer Fachschule für Harmonikalehrer. Darüber hinaus bietet die Stadt das ganze Jahr über zahlreiche musikalische Veranstaltungen.

? WUSSTEN SIE SCHON ...?

- ... dass die Mundharmonika, 1821 von dem Berliner Christian Friedrich Ludwig Buschmann (1805 – 1864) entwickelt, das am weitesten verbreitete Musikinstrument der Welt ist? Der Uhrmacher Christian Meßner, bekannt als »Zeug-Christe«, begann 1827 in Trossingen mit der Produktion solcher Instrumente, 1857 nahm Matthias Hohner die Massenfertigung auf.

Sehenswertes in Trossingen und Umgebung

Stadtzentrum

Im Stadtzentrum sind das schmucke **Jugendstil-Rathaus** sowie die **Martin-Luther-Kirche** sehenswert. Das Gotteshaus wurde 1742 bis 1746 erbaut. Der untere Teil seines Turmes ist spätgotisch. Im ehemaligen Gasthaus »Lamm« am Marktplatz ist das **Heimatmuseum »Auberlehaus«** untergebracht, in dem u.a. das Skelett des **»Plateosaurus trossingensis«** (Abguss; Original im Stuttgarter Museum am Löwentor) aufgebaut ist. Dieser Saurier wurde im Trosselbachtal gefunden und ist etwa 200 Mio. Jahre alt. Beachtung verdient auch die **Harmo-**

Trossingens berühmtestes Produkt

TROSSINGEN ERLEBEN

AUSKUNFT

Tourist-Information
Bürgerbüro
78674 Trossingen
Tel. (0 74 25) 25-144, Fax 25-150
www.trossingen.de

EVENTS

Blues-Fabrik
Dieses kleine, aber hochkarätig besetzte Festival findet an einem Wochenende im September statt.

Sonstige Konzerte
Das ganze Jahr über werden von Studierenden der Trossinger Musikhochschule, der Bundesakademie für musikalische Jugendbildung und des Hohner-Konservatoriums für Harmonika-Lehrer Konzerte an diversen Veranstaltungsorten aufgeführt.

ÜBERNACHTEN · ESSEN

► Günstig

Bären
Hohnerstr. 25
78647 Trossingen
Tel. (0 74 25) 60 07
Fax 2 13 95
www.trossingenhotelbaeren.de
20 Zimmer. Freundliches Haus mit guter Küche.

nikastube mit einer Harmonika-Ausstellung und die **Demetz-Galerie** mit Werken des Trossinger Künstlers Karl Demetz (Öffnungszeiten: April – Anf. Jan. So. 14.00 bis 17.00 Uhr).

Harmonika-museum ► Nebenan zahlreichen Instrumente aus der Sammlung Hohner zu sehen. Besondere Attraktionen des Museums sind das **größte spielbare Knopfakkordeon der Welt** und die 1931 gebaute »Hohner Magic-Organa«, ein Musikautomat mit Akkordeon und Schlagzeug (Öffnungszeiten: Di. – Fr. u. So. 13.30 – 17.00 Uhr).

Eisenbahn-museum ► In der Fahrzeughalle des Stadtbahnhofs ist das Trossinger Eisenbahnmuseum untergebracht, das zahlreiche historische Loks und Wagons zeigt, darunter den T 1, den ältesten betriebsfähigen elektrischen Triebwagen der Welt. Und natürlich werden mit den Exponaten auch Museumsfahrten unternommen (Öffnungszeiten: April – Okt. jeden 1. So. im Monat 14.00 – 17.00 Uhr).

Hohner-Areal ► Im 1960 fertig gestellten **Dr.-Ernst-Hohner-Konzerthaus** (Hangenstraße) finden hochrangige Musikveranstaltungen statt. Die in der Zeit von 1850 bis 1964 errichteten **Fabrikgebäude** der Firma Hohner stehen samt Dampfkessel und Maschinenhaus unter Denkmalschutz und können n. V. besichtigt werden.

Talheim Etwa 8 km südlich von Trossingen liegt das Dorf Talheim (755 m ü.d.M.; 1000 Einw.) im Tal des Krähenbachs. Interessant sind das **Ochsenbeckenhaus**, ein Renaissance-Fachwerkbau und die **Heimatstube** am Schneckenburger Platz, die einen Einblick in die Ortsgeschichte Talheims und die Geschichte der Herrschaft Lupfen bietet (Öffnungszeiten n. V., Tel. 07464 / 98 95 10).

Von Talheim aus sollte man den nördlich des Ortes gelegenen aussichtsreichen Lupfen (977 m ü.d.M.) erwandern, auf dem Reste der Stammburg des seit 1065 bezeugten Adelsgeschlechts derer von Lupfen erhalten sind.

◄ Lupfen

✶✶ Tübingen

E 3

Landkreis: Tübingen
Einwohnerzahl: 84 000
Höhe: 307 – 515 m ü.d.M.
Prädikat: Universitätsstadt

Die berühmte Universitätsstadt Tübingen, Sitz eines Regierungspräsidiums und einer Landkreisverwaltung, liegt reizvoll am Neckar sowie an den Wasserläufen von Ammer, Steinlach und Goldersbach im Vorland der mittleren Schwäbischen Alb.

Attraktive Neckarstadt

Tübingen ist zweifellos eine der attraktivsten Städte Süddeutschlands. Dies hat sie in erster Linie dem Umstand zu verdanken, dass ihr alter Kern von Zerstörungen im Zweiten Weltkrieg verschont geblieben ist. Eine seit den späten 1960er-Jahren mit großem Aufwand, aber dennoch behutsam betriebene Stadtsanierung und -restaurierung hat mit dazu beigetragen, dass Tübingen nicht nur als Kulisse für diverse Filmproduktionen geschätzt ist, sondern auch von einer wachsenden Zahl in- und ausländischer Touristen besucht wird.
Die Stadt wird geprägt von den Einrichtungen der Eberhard-Karls-Universität, die mit rund 22 000 Studenten eine der größten des Landes Baden-Württemberg ist, sowie von zahlreichen Behörden, Forschungseinrichtungen, kulturellen Institutionen und großen Klinik-Komplexen. Zwei Drittel aller Arbeitsplätze in Tübingen werden von öffentlichen und privaten Dienstleistungsbetrieben gestellt.

i Nobelpreise nach Tübingen

- Dass in der Neckarstadt hochkarätige Forschung betrieben wird, belegen die Nobelpreise, die an Tübinger Forscher verliehen worden sind: 1907 erhielt Eduard Buchner den Nobelpreis für Chemie, 1909 wurde Karl Ferdinand Braun mit dem Physik-Nobelpreis ausgezeichnet, 1939 wurde der Chemiker Adolf Butenandt geehrt, 1979 erhielt Georg Wittig den Chemie-Nobelpreis und 1989 erhielt diesen Preis der in Tübingen ausgebildete Wissenschaftler Hartmut Michel. 1995 bekam die Entwicklungsbiologin Christiane Nüsslein-Volhard den Nobelpreis für Medizin zuerkannt. Im selben Jahr wurden die Tübinger Mitglieder der internationalen Pugwash-Konferenzen (Max Gierer, Georg Melchers, Volker Rittberger und Friedrich W. Schmahl) mit dem Friedensnobelpreis ausgezeichnet.

1078 wurde **»Tvvingia«** erstmals urkundlich erwähnt. Kurze Zeit später stiegen die Grafen von Tübingen zu Pfalzgrafen auf, deren Einflusssphäre von der Nagold über die Alb bis an die Donau reichte. 1477 gründete der württembergische **Graf Eberhard im Bart** (► Berühmte Persönlichkeiten)

TÜBINGEN ERLEBEN

AUSKUNFT

Bürger- und Verkehrsverein
An der Neckarbrücke 1
72072 Tübingen
Tel. (0 70 71) 91 36-0
Fax 3 50 70
www.tuebingen-info.de

AKTIVITÄTEN

Sightseeing
Der Bürger- und Verkehrsverein bietet in Zusammenarbeit mit dem Kulturamt Stadtführungen – auch in lateinischer Sprache! – an.

Stocherkahnfahrten
Eine Fahrt mit dem Stocherkahn (Auskünfte beim Bürger- und Verkehrsverein an der Neckarbrücke) ist quasi ein Muss für jeden Tübingen-Besucher.

EVENTS

Stocherkahnrennen
Mitte Juni findet das berühmte Stocherkahnrennen der Tübinger Studentenverbindungen statt. Die Mitglieder der Verlierer-Mannschaft »dürfen« nach der Siegerehrung jeweils einen kräftigen Schluck Lebertran zu sich nehmen.

Sommerfest
Im Juni/Juli veranstaltet der Bürger- und Verkehrsverein auf dem Festplatz sein beliebtes Sommerfest.

Baedeker-Empfehlung

Umbrisch-provenzalischer Markt
Ein Highlight im jährlichen Festkalender ist dieser Markt an einem Wochenende im September, bei dem es mediterrane Genüsse zuhauf aus der umbrischen Partnerstadt Perugia, der provenzalischen Partnerstadt Aix-en-Provence und der waadtländischen Partnerstadt Aigle gibt.

Tübinger Jazz- und Klassiktage
Dieses Musikfest im Oktober hat einen guten Ruf weit über die Landesgrenzen hinaus.

Weihnachtsmarkt
Der Tübinger Weihnachtsmarkt, der

die Universität. Als Gegenleistung für die Unterstützung bei der Niederschlagung des Bauernaufstands des Armen Konrad handelte 1514 die »württembergische Ehrbarkeit«, d. h. die städtische Oberschicht, mit dem württembergischen Herzog Ulrich den **Tübinger Vertrag** aus, in dem erstmals auf dem europäischen Festland Grund- und Menschenrechte verankert wurden. 1831 kam es aus Protest gegen Polizeiwillkür zum sog. **Gôgenaufstand** von Handwerkern und Weingärtnern, der von Sicherheitskräften niedergeschlagen wurde. 1904 ließ man erstmals Frauen zum Studium an der Universität zu. Von 1947 bis 1952 war Tübingen die Hauptstadt des Landes Württemberg-Hohenzollern; der Landtag trat im Kloster Bebenhausen zusammen.

an nur einem Wochenende im Advent abgehalten wird, ist der Schönste seiner Art im gesamten Land zwischen Neckar und Bodensee.

ESSEN

► Erschwinglich

① ***Rosenau***
Rosenau 15
Tel. (0 70 71) 6 88 66
Oben beim Botanischen Garten locken regionale, saisonale und internationale Leckereien.

② ***Museum***
Wilhelmstr. 3
Tel. (0 70 71) 2 28 28
Kreatives und leicht mediterran Angehauchtes gibt es in diesem netten Lokal an der vielbefahrenen Straßenkreuzung »Lustnauer Tor« am Ostrand der Altstadt.

③ ***Historische Weinstube Forelle***
Kronenstr. 8
Tel. (0 70 71) 2 40 94
Tübingens schönste Weinstube mit historischen Bildern von württembergischen Hofmaler Robert Haag (19. Jh.) findet man in der Altstadt zwischen der Stiftskirche und dem Aufgang zum Schloss. Hier genießt man eine feine regionale Küche.

ÜBERNACHTEN

► Komfortabel

① ***Krone***
Uhlandstr 1
72072 Tübingen
Tel. (0 70 71) 1 33 10
www.krone-tuebingen.de
Das »Erste Haus am Platz« (am Zinser-Dreieck, Nähe Neckarbrücke) pflegt einen gediegenen Komfort mit stilvoll eingerichteten Zimmern, elegantem Restaurant und trendigem Bistro »Ludwig's«.

② ***Domizil***
Wöhrdstr.3, 72072 Tübingen
Tel. (0 70 71) 13 90
www.hotel-domizil.de
Modernes Stadthotel in reizvoller Lage am Neckar mit guter Ausstattung und gutem Service.

► Günstig

③ ***Kupferhammer***
Westbahnhofstr. 57
72072 Tübingen
Tel. (0 70 71) 41 80
Fax 41 82 99
www.hotel-kupferhammer.de
Wohnliche und zeitgemäß ausgestattete Zimmer sprechen für dieses freundliche Haus in der Nähe des Westbahnhofs.

Eberhard-Karls-Universität

An der Tübinger Universität, benannt nach ihrem Gründer **Graf Eberhard im Bart** und ihrem Förderer Herzog Karl Eugen, sind derzeit rund 22 000 Studenten eingeschrieben. Insgesamt beschäftigt die Universität, inklusive Uni-Klinikum, über 10 000 Menschen und ist damit der größte Arbeitgeber in Südwürttemberg.
Erste Unterkunft der 1477 gegründeten Universität war der **Bebenhäuser Hof** (Münzgasse 22) bei der Stiftskirche.
Im 18. und 19. Jh. hat man das Schloss in den Universitätsbetrieb miteinbezogen. 1863 erhielt die Universität eine naturwissenschaftliche Fakultät. Inzwischen war vor dem Lustnauer Tor ein neues Universitätsviertel mit botanischem Garten und Neuer Aula entstanden. Ende des 19. Jh.s kamen erste große Klinikbauten hinzu. 1912 folgte

Tübingen Orientierung

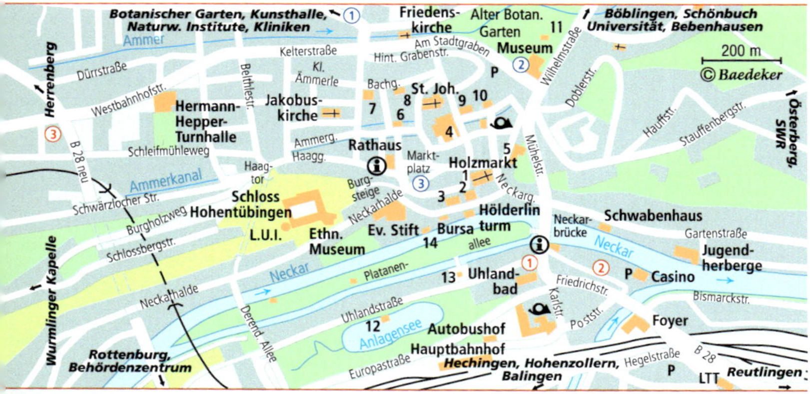

1 Stiftskirche
2 Alte Aula
3 Karzer
4 Wilhelmsstift
5 Bebenhäuser Pfleghof
6 Kornhaus (Stadtmuseum)
7 Fruchtkasten
8 Stiefelhof
9 Altes Schlachthaus
10 Nonnenhaus
11 Hölderlindenkmal
12 Dannecker'sche Nymphengruppe
13 Uhlanddenkmal
14 Neckarbad

Übernachten
① Krone
② Domizil
③ Kupferhammer

Essen
① Rosenau
② Museum
③ Forelle

die von Paul Bonatz entworfene **Universitätsbibliothek**. Nördlich oberhalb der Stadt entstanden ab den 1960er-Jahren die naturwissenschaftlichen Institute auf der Morgenstelle sowie die neuen Kliniken auf dem Schnarrenberg. Jüngstes Hätschelkind von Uni und Stadt ist ein **Wissenschafts- und Technologiepark**, der gegenwärtig im Gewann Obere Viehweide heranwächst.

✶ ✶ Vom Neckar zum Marktplatz

✶ **Platanenallee**

Den schönsten Blick auf die malerische Neckarfront der Altstadt hat man von der Eberhardsbrücke (Neckarbrücke) bzw. von der im 19. Jh. auf einer lang gestreckten Insel zwischen dem Neckar und dem Flutkanal angelegten Platanenallee mit ihrem alten Baumbestand.

Zwingel

Von der Eberhardsbrücke erreicht man den Zwingel, den Rest einer ins 13. Jh. zurückreichenden Stadtmauer mit dem Sockel eines Wehrturms.

Hölderlinturm

Eines der Tübinger Wahrzeichen ist der gelb gestrichene Hölderlinturm, in dem der Dichter Friedrich Hölderlin (Berühmte Persönlichkeiten) von 1807 bis 1843 in geistiger Umnachtung lebte (Öffnungszeiten: Di. – Fr. 10.00 – 12.00 u. 15.00 – 17.00, Sa. u. So. 14.00 bis 17.00; Führungen: Sa. u. So. 17.00 Uhr).

Postkartenansicht von Tübingens Neckarfront mit Hölderlinturm, Stiftskirche und Stocherkähnen →

★ Bursa

Etwas oberhalb des Hölderlinturms steht die stattliche Bursa, die in den Jahren 1478 bis 1482 errichtet worden ist. Hier hat der Humanist **Philipp Melanchthon** Vorlesungen gehalten. Von 1803 bis 1805 wurde die alte Lehranstalt zum ersten Tübinger Klinikum umgebaut. Das Gebäude beherbergt heute u. a. das Philosophische Seminar und das Kunsthistorische Institut der Universität.

★★ Evangelisches Stift

Von der Bursa geht es hinauf zum Ev. Stift, das 1536 von Herzog Ulrich gegründet worden ist und 1547 in einem ehem. Augustinerkloster eingerichtet wurde. Diese »Pfaffenschmiede« entwickelte sich rasch zum Treffpunkt der heranwachsenden Elite Württembergs.

i Schelling und der Hegel...

- Berühmte »Stiftsköpfe« waren Johannes Kepler (1571 – 1630), Friedrich Hölderlin (1770 – 1843), Georg Wilhelm Friedrich Hegel (1770 – 1831), Friedrich Wilhelm Schelling (1775 – 1854), Gustav Schwab (1792 – 1850), Wilhelm Hauff (1802 – 1827) und Eduard Mörike (1804 – 1875).

Oberhalb der Bursa, in Richtung Stiftskirche, steht die **Alte Aula**. Das einstige Zentrum der Universität ist 1777 vom herzoglichen Hofbaumeister Fischer im klassizistischen Stil erbaut worden. Es beherbergt heute u. a. die Seminare für Orientalistik und Indologie.

Cotta-Haus

Gegenüber fällt das Cotta-Haus ins Auge, einst Sitz des berühmten Verlages, in dem auch Werke Goethes erschienen sind. Bei Renovierungsarbeiten im Jahr 1987 hat man barocke Malereien entdeckt.

Karzer

Einige Schritte in der Münzgasse aufwärts erreicht man den alten Universitätskarzer, die universitäre Arrestzelle, in der bis ins 19. Jh. hinein »disziplinlose« Studenten ihre Strafe absitzen mussten (Münzgasse 20; Führungen: April – Okt. Sa. u. So. 14.00 Uhr).

★ Stiftskirche

Das Stadtbild wird von der spätgotischen Stiftskirche beherrscht, die in der zweiten Hälfte des 15. Jh.s erbaut worden ist. Ausgestattet ist sie mit einer prachtvollen **Steinkanzel** (Ende 15. Jh.), einem schön verzierten Taufstein von 1497 sowie mit einem **Flügelaltar des Dürer-Schülers Hans Schäufelein** aus Nördlingen (1520). Ein markanter **Lettner** trennt das Mittelschiff vom Chor, dessen Architektur dem aargauischen Meister Peter von Koblenz zugeschrieben wird.

Der **Chor** wurde 1537 **Grablege** des württembergischen Herrscherhauses. Hierher hat man den 1496 verstorbenen Eberhard im Barte überführt. Ein kunsthistorisches

Stiftskirche Orientierung

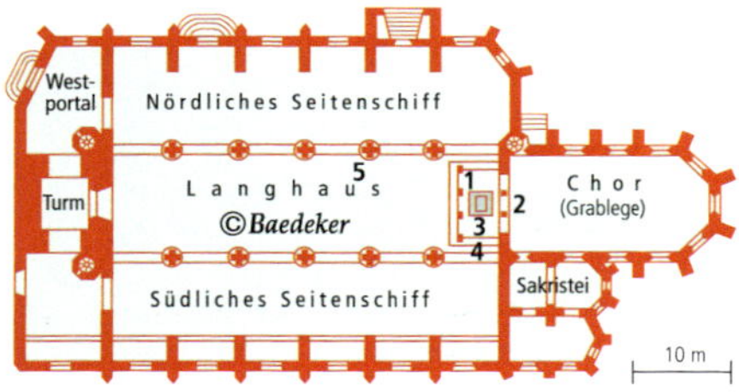

1 Altar 2 Lettner 3 Retabel 4 Taufstein 5 Kanzel

Kleinod ist das vom Ulmer Bildhauer Hans Multscher geschaffene Grabmal der Gräfin Mechthild. Man beachte vor allem die Glasmalereien elsässischer Meister, u.a. von Peter Hemmel von Andlau, von denen bereits Goethe beeindruckt gewesen ist. Vom Turm der Stiftskirche hat man einen schönen Blick über die Stadt und ihr Umland. Am Sonntagmorgen kurz nach 8 Uhr sind die Turmbläser zu hören.

★ ◄ Glasmalereien ◄ Turm

Holzmarkt

Den langgestreckten Holzmarkt zu Füßen der Stiftskirche ziert ein liebevoll gearbeiteter Georgsbrunnen. In der Buchhandlung Heckenhauer (heute Antiquariat) am Holzmarkt haben der Dichter **Hermann Hesse** von 1895 bis 1899 sowie **Josef Eberle (alias Sebastian Blau)**, Journalist und Mitbegründer der »Stuttgarter Zeitung«, von 1917 bis 1920 eine Buchhändlerlehre absolviert.

◄ Pfleghof

Östlich oberhalb des Holzmarktes steht der ehemalige Bebenhäuser Pfleghof, ein Gebäudekomplex des 15. Jh.s mit spätgotischer Marienkapelle sowie einem schönen Musik- und Festsaal.

★ **Neckargasse**

Vom Holzmarkt führt die belebte Neckargasse mit ihren hübschen Geschäftshäusern zur Eberhardsbrücke (Neckarbrücke) hinunter.

Schwabenhaus

Östlich der Eberhardsbrücke an der Gartenstraße (Nr. 12) fällt das Schwabenhaus als hübsch restauriertes Jugendstilgebäude ins Auge. Es ist heute Sitz der Hochschule für Kirchenmusik.

★★ **Marktplatz, Rathaus**

Der dreieckige Marktplatz mit Neptunbrunnen, umrahmt vom stattlichen Rathaus und einigen vorbildlich renovierten alten Fachwerkbauten, ist an Markttagen – Mo., Mi.u. Fr. 7.00 – 13.00 Uhr – besonders fotogen und gilt als **»Wohnzimmer Tübingens«**. Hier trifft man sich, und hier wird auch so manches Fest gefeiert.

Das **Rathaus**, 1435 zunächst als zweistöckiges Gebäude entstanden, wurde im Lauf der Zeit immer weiter ausgebaut. Sehr hübsch präsentiert sich seine dem Marktplatz zugewandte Fassade, deren Sgraffito-Malerei **Professor Dollinger** 1876 geschaffen hat.

Im ersten Stock des Rathauses befindet sich der Große Sitzungssaal, im zweiten Stock der sog. **Öhrn**, ein prachtvoll mit »Gerechtigkeitsbildern« (16. Jahrhundert) ausgeschmückter Empfangssaal. Über dem Eingang erinnert ein Eberkopf (1548) an die herzoglichen Jagden im Schönbuch. Das Amtszimmer des Oberbürgermeisters, einstmals

? WUSSTEN SIE SCHON ...?

- ... dass der aus Altena in Nordrhein-Westfalen gebürtige Bestseller-Autor Peter Prange schon seit langem in Tübingen lebt? Von seiner Wahlheimat sagte er einmal: »Tübingen ist das Zentrum der Weltabgeschiedenheit«. Und vielleicht verdankt ja diesem ruhigen Tübinger Ambiente eine große Leserschaft – dank zahlreicher Übersetzungen inzwischen weltweit – Pranges unterhaltsame historische Romane. Berühmt und monatelang in den Bestseller-Listen aufgeführt ist die »Weltenbauer-Trilogie« mit den Romanen »Die Principessa« (2003), »Die Philosophin« (2003) und »Miss Emiliy Paxton« (2005). Sein »Das Bernstein-Amulett« (1999) bildete die Romanvorlage für einen ARD-Zweiteiler.

✶ Astronomische Uhr ▶ Gerichtsstube, wurde 1760 mit Stuckaturen und Ornamenten ausgestattet. Auf dem Giebelchen an der Schauseite des Rathauses gefällt eine im Jahr 1511 von Johannes Stöffler geschaffene kunstvolle astronomische Uhr (Glockenspiel).

Burgsteige Vom Marktplatz erreicht man in wenigen Schritten die steile Burgsteige. Die **älteste Straße der Stadt** mit einigen recht betagten Wohnhäusern führt hinauf zum Schloss Hohentübingen.

✶ ✶ Schloss Hohentübingen

Durch ein schönes **Renaissance-Portal** (1604/1606), das im Stil eines römischen Triumphbogens gehalten ist, betritt man das aussichtsreiche Vorwerk des Schlosses. Der **Fünfeckturm** an der Südostecke des Schlosses wurde nach der Sprengung seines Vorgängerbaus durch die Franzosen im Jahr 1647 neu errichtet.

Die Vierflügelanlage ist im 16. Jh. auf den Resten einer Burg der Pfalzgrafen von Tübingen entstanden. Treppentürme, Zwerggiebel, Loggienbalkone und wunderschöne Portale umgeben den Innenhof mit Brunnen.

Fürstenzimmer ▶ Im Fürstenzimmer von 1537 ist ein Teil der bedeutenden Kölle'schen Gemäldesammlung zu sehen, die 1850 in den Besitz der Universität gekommen ist, ferner eine Ende des 16. Jh.s entstandene Porträt-Serie der Professorengalerie.

Schlosskapelle ▶ Ein kunsthistorisches Kleinod ist die Schlosskapelle im Erdgeschoss des Südflügels.

Wertvollstes Ausstellungsstück auf Schloss Hohentübingen ist das zirka 35 000 Jahre alte Vogelherd-Pferdchen.

In dem Schloss sind verschiedene Institute und auch die kulturhistorisch bedeutsamen Sammlungen der Universität (u.a. Urgeschichte, Vor- und Frühgeschichte, Archäologie, Ägyptologie, Altorientalistik, Ethnologie) untergebracht.

◄ Institute und Sammlungen

★ ★
◄ Schlossmuseum

Im Schloss werden die von Tübinger Forschern zusammengetragenen Schätze in einer Art Zeitreise präsentiert. Dazu gehören mit den **Vogelherdfiguren** einige der ältesten Artefakte der Welt. Diese Tierfigürchen aus Mammutelfenbein hat der Forscher Gustav Riek 1931 in der Vogelherdhöhle am Rand des ► Lonetals ausgegraben. Sie sind Zeugnisse einer eiszeitlichen Kultur und haben ein Alter von ca. 35 000 Jahren. Beachtung verdienen die Funde aus der Keltenzeit, darunter auch einige Prunkstücke von der **Heuneburg** (► Riedlingen). Glanzstücke unter den Altertümern der Ägyptologischen Sammlung und der Archäologischen Sammlung sind die berühmte **Mastaba des Seschem-Nofer III.**, eine ägyptische Grabkammer aus dem 3. Jtsd. v. Chr., sowie der sog. **Tübinger Waffenläufer**, eine um 485 v. Chr. entstandene Bronzefigur. Ebenfalls besten Ruf genießt die umfangreiche **Münzsammlung** der Universität mit ihrer weltberühmten Kollektion islamischer Münzen. (Öffnungszeiten: Mai – Sept. Mi. – So. 10.00 bis 18.00, Okt – April Mi. – So. 10.00 – 17.00 Uhr).

★
◄ Rittersaal, Glyptothek

Der Rittersaal im Nordflügel dient als **Glyptothek** (Abgusssammlung) des Archäologischen Institutes. Viele der hier ausgestellten Kopien sind von Originalen gefertigt, die inzwischen verschollen oder gar zerstört sind (Öffnungszeiten: Mai – Sept. Mi., Sa. u. So. 10.00 bis 16.00, Okt. – April Mi. u. So. 10.00 – 16.00 Uhr).

Der **Schlosskeller** unter dem Rittersaal, bekannt durch sein riesiges, im 16. Jh. kon-struiertes **850-Hektoliter-Weinfass**, ist im Laufe der Schlossrenovierung in den 1980er- und 1990er-Jahren zum Ruheplatz einer großen **Fledermauskolonie** geworden.

Der **Fünfeckturm** ist kürzlich renoviert worden und beherbergt die hochinteressanten **Sammlungen des Völkerkundlichen Instituts**. Einen Schwerpunkt bilden mehrere Hundert Objekte aus der Südsee.

! *Baedeker* TIPP

Batman in Aktion

Frau Bausenwein vom Freundeskreis der Schlossfledermäuse Tübingen e.V. bietet desöfteren am Samstagabend (nicht bei Regen und Sturm!) Fledermaus-Führungen an. Nähere Infos: Tel. 0 70 71/7 87 01, www.fledermaeuse intuebingen.de

◄ Haspelturm

Im Haspelturm in der Südwestecke des Schlosses ist das renommierte, von Professor Dr. Hermann Bausinger geprägte Ludwig-Uhland-Institut für Empirische Kulturwissenschaften der Universität mit seiner volkskundlichen Sammlung untergebracht.

Uhland-Haus

Südlich unterhalb des Schlosses, an der Neckarhalde, steht das Geburtshaus des schwäbischen Dichters Ludwig Uhland (► Berühmte Persönlichkeiten), der sich auch als Mitbegründer der Germanistik einen Namen gemacht hat.

Gemütliche Einkehr zwischen Ober- und Unterstadt

Unterstadt

Ammergasse Vom Haagtorplatz führt die sehr idyllische Ammergasse entlang des kleinen Ammerkanals stadteinwärts zur Krummen Brücke. Hier treffen mehrere Sträßchen der Unterstadt aufeinander. An der Ostseite des Platzes steht das bereits im 13. Jh. erwähnte ehemalige **Spital**, das heute als »Bürgerheim« der Altenhilfe Tübingen genutzt wird.

Gôgei Nordwestlich der Krummen Brücke breitet sich das »Gôgei« genannte einstige Wohngebiet der Tübinger Weingärtner (Gôgen) aus mit der um 1500 erbauten **Jakobuskirche** als Mittelpunkt.

Fruchtschranne Nördlich der Krummen Brücke erreicht man den Fachwerkbau der herzoglichen Fruchtschranne (15. Jh.). Sie ist eines der ältesten Bauwerke der Stadt.

Kornhaus, Stadtmuseum Von der Krummen Brücke aus gelangt man durch die Kornhausstraße zum Kornhaus von 1453, in dessen Erdgeschoss einstmals mit Getreide gehandelt wurde. Hier ist das reichhaltige Tübinger Stadtmuseum untergebracht, das auch an die Silhouetten-Filmemacherin und Scherenschnitt-Künstlerin **Lotte Reiniger** (1899 bis 1989) erinnert. Zu ihren bekanntesten Arbeiten zählen »Die Abenteuer des Prinzen Achmed« (Öffnungszeiten: Di. – So. 11.00 – 17.00 Uhr).

Lammhof Zwischen Marktplatz, Marktgasse, Kornhausstraße und Hirschstraße liegt der Lammhof mit der Lammhofpassage. Dieser Komplex ist ein beispielhaft sanierter Ausschnitt der Tübinger Altstadt.

Nördlich unterhalb des Holzmarktes mit der Stiftskirche erreicht man das Wilhelmsstift, eine 1588 – 1592 im Stil der Renaissance errichtete Vierflügelanlage. Sie beherbergte zunächst das Collegium Illustre (Adelsakademie). 1817 hat man die Ellwanger katholisch-theologische Fakultät hierher verlegt. Noch heute werden im Wilhelmsstift katholische Theologiestudenten ausgebildet. **Wilhelmsstift**

Hinter dem Stift lädt die 1875 errichtete neugotische St.-Johannes-Kirche mit ihren schönem Glasmalereien zu einem Besuch ein. ◄ Johanneskirche

Kernstück des nordöstlichen Teils der Altstadt zwischen Langer Gasse und Stadtgraben ist das Nonnenhaus am Ammerkanal, ein Fachwerkbau des 14. Jh.s mit hübschem Treppenaufgang und Vorbau, wo einstmals Beginen lebten. Nach der Reformation ließ sich hier der Medizinprofessor und »Vater der Botanik« **Leonhard Fuchs** (1501 bis 1566) nieder, nach dem die Fuchsie benannt ist. Neben dem Haus hatte Fuchs den ersten botanischen Garten Tübingens angelegt. **Nonnenhaus**

Wilhelmstraße · Universität

Jenseits des Stadtgrabens erstreckt sich der Alte Botanische Garten der Universität, der 1981 als Grünanlage wieder hergerichtet worden ist. Er ist sozusagen der Münchner Englische Garten in Minitaturausgabe, in dem sich die Studierenden ebenso entspannt geben wie in der bayerischen Hauptstadt. Und für Kinder hat man hier neulich wahrlich einen Luxusspielplatz geschaffen. **✶ Alter Botanischer Garten**

An der Wilhelmstraße steht das Stammhaus der traditionsreichen Osianderschen Buchhandlung, die inzwischen mit Filialen in etlichen Städten Südwestdeutschlands vertreten ist. Die älteste Buchhandlung Württembergs konnte 1996 ihr 400-jähriges Bestehen feiern. **Osiandersche Buchhandlung**

Nordöstlich der Altstadt erstreckt sich das Universitätsviertel entlang der Wilhelmstraße, mit dessen Bau im 19. Jh. begonnen worden ist. Markante Gebäude sind die Neue Aula (1845) und der Altbau der Universitätsbibliothek von 1912, den Paul Bonatz entworfen hat. **Neue Aula, Universitätsbibliothek**

Im Gebäude Sigwartstr. 3 kann man die Zoologische Schausammlung der Universität besichtigen (Öffnungszeiten: Mi. u. Do. 9.00 bis 12.00 u. 13.00 – 16.00 Uhr). **Zoologische Schausammlung**

Im Geologischen Institut lädt eine Gesteins- und Fossiliensammlung, u. a. mit **Versteinerungen aus dem Schwäbischen Jura**, Saurierresten, Ammoniten und Korallen, zum Besuch ein (Sigwartstr. 10; Öffnungszeiten: während des Semesters Mo. – Fr. 9.00 – 17.00 Uhr). **✶ Geologisch-paläontologische Schausammlung**

Oberhalb des Geologischen Institutes, Mörikestraße 1, ist die 1901 erbaute Villa Lange ein Blickfang. **Konrad Lange**, der Tübinger Ordinarius für Kunstgeschichte und langjährige Direktor der Stuttgarter **Villa Lange (Pankok-Haus)**

Staatsgalerie, ließ sich vom genialen Münchner Jugendstil-Architekten und -Künstler Bernhard Pankok (1872 – 1943) ein Gesamtkunstwerk schaffen.

Auto- und Spielzeugmuseum »Boxenstop«

In der Brunnenstraße Nr. 18 kann man in einer einzigartigen Kombination im Auto- und Spielzeugmuseum »Boxenstop« über 70 Automobilveteranen und über 1000 alte Spielsachen bewundern (Öffnungszeiten: April – Okt. Mi. – Sa. 10.00 – 12.00 u. 14.00 bis 17.00, So. 10.00 – 17.00; Nov. – März So. 10.00 – 17.00 Uhr).

Mineralogische Schausammlung

Im **Lothar-Meyer-Bau** sowie in einem Nebengebäude kann man eine interessante Mineraliensammlung in Augenschein nehmen. Zu sehen sind u. a. Edelsteine, Erze und Meteorite. (Wilhelmstr. 56; Öffnungszeiten: Mi. und jeden letzten So im Monat 15.00 – 17.00, Aug. – Mitte Okt. geöffnet n. V., Tel. 07071 / 297 26 00).

Zahnärztliche Sammlung

Leichte Schauer des Grauens erfassen Besucher beim Anblick alter Gerätschaften der Zahnärztlichen Sammlung im Zentrum für Zahn-, Mund- und Kieferheilkunde in der Osianderstr. 2 (Öffnungszeiten: Mo. – Fr. 8.00 – 12.00 u. 14.00 – 17.00 Uhr; während des Semesters nur n. V. unter Tel. 07071 / 298 51 80).

Stadtfriedhof

Auf dem Stadtfriedhof hinter dem sog. Kupferbau zwischen Gmelin- und Wildermuthstraße können die Gräber zahlreicher namhafter Persönlichkeiten besucht werden. Beigesetzt sind hier u.a. die Dichter Friedrich Hölderlin, Ludwig Uhland, Hermann Kurz, Isolde Kurz und Ottilie Wildermuth sowie der Komponist Friedrich Silcher.

Weitere Sehenswürdigkeiten in Tübingen

Mittelpunkt von Baden-Württemberg

Im Käsenbachtal (Gewann Elysium) unterhalb des Neuen Botanischen Gartens, nur einige Gehminuten nördlich vom Stadtfriedhof, vermerkt ein unscheinbarer Kegel aus Muschelkalk den geografischen Mittelpunkt des Landes Baden-Württemberg.

✶ Neuer Botanischer Garten

Oberhalb des Elysiums wurde der Neue Botanische Garten angelegt, in dessen Gewächshäusern und Freianlagen ein umfassendes Spektrum der Pflanzenwelt – rund 12 000 verschiedene Arten – gezeigt wird. Tropische Wirtschaftspflanzen können hier ebenso aus der Nähe betrachtet werden wie diverse Kakteen, »Blühende Steine«, Mittelmeerflora, ein schwäbisches Bauerngärtlein, ein Arboretum und ein Alpinum. An den Tübinger Forscher Correns, der um 1900 die Mendelschen Regeln wiederentdeckte, wird in einem »Genetischen Feld« erinnert (Öffnungszeiten: tgl. 8.00 – 16.45, im Sommer Sa. und So. bis 19.00, Führungen: jeden 2. So im Monat 14.00 Uhr).

✶ Kunsthalle

Ebenfalls nördlich oberhalb der Kernstadt erreicht man die 1971 eröffnete und seit vielen Jahren von **Götz Adriani** geleitete Tübinger

Kunsthalle, die durch Ausstellungen großer Meister, u. a. Cézanne, Degas, Kandinsky, Klimt, Picasso, Renoir und Toulouse-Lautrec, bundesweiten Ruhm erlangt hat (Philosophenweg 76; Öffnungszeiten: Di. – So. 11.00 – 18.00; Führungen: Sa. 14.30 Uhr).

✶✶ Bebenhausen

Klostersiedlung

Die Klostersiedlung Bebenhausen, 5 km nördlich der Kernstadt gelegen und 1975 unter Ensemble-Denkmalschutz gestellt, ist das Musterbeispiel einer alten südwestdeutschen Klostersiedlung. Hier entstand im 12. Jh. (Weihe 1187) eine Zisterzienserabtei, die 1560 bis 1630 und 1650 bis 1807 eine evangelische Klosterschule beherbergte. Danach wurde das ehemalige Abthaus bzw. Gästehaus des Klosters zum Jagdschloss des württembergischen Königs umgebaut. König Wilhelm II. (1848 – 1921) wohnte hier mit seiner Gemahlin Charlotte (1864 – 1946) nach seiner Abdankung im Jahre 1918.

◂ Landtag von Württemberg-Hohenzollern

Von 1947 bis 1952 traten im Kloster Bebenhausen der Landtag und die Regierung von Württemberg-Hohenzollern zusammen. Staatspräsident war damals **Gebhard Müller**, als dessen Stellvertreter und Justizminister wirkte der Sozialdemokrat **Carlo Schmid**, Staatsrat, Innenminister und Flüchtlingskommisar war **Theodor Eschenburg**.

Heilige Schauer umfangen den abendlichen Besucher von Kloster Bebenhausen.

★★ Ehemaliges Zisterzienserkloster ▸

Die ältesten Bauteile des Klosters reichen zurück bis in die Blütezeit des staufischen Kaiserreiches, darunter die 1228 geweihte **spätromanische Kirche** mit einem einmaligen gotischen Dachreiter sowie der Kapitelsaal und das Parlatorium im Ostflügel. Das darüberliegende Dormitorium wurde im 16. Jahrhundert umgestaltet. Im Südflügel befindet sich das im Jahr 1335 erbaute Sommerrefektorium. Im Westflügel sind das Winterrefektorium (16. Jahrhundert) und das Laienrefektorium untergebracht. Der eindrucksvolle **Kreuzgang** mit der Brunnenkapelle entstand in der zweiten Hälfte des 15. Jahrhunderts neu. Im östlichen Klausurbezirk stehen das Herrenhaus und das Abtshaus.

Ehem. Kloster Bebenhausen

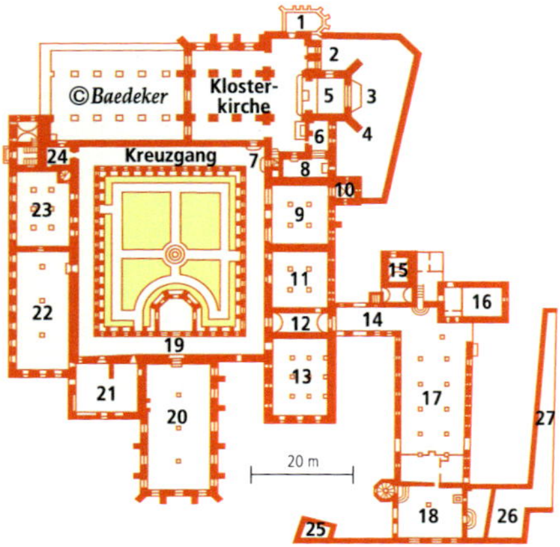

1 Konradskapelle (abgebr.)
2 Nordkapellen
3 Ostkapellen
4 Friedhof
5 Hochgotische Maßwerkfenster
6 Neue Sakristei
7 Portal der Mönche
8 Alte Sakristei
9 Kapitelsaal
10 Johanneskapelle
11 Parlatorium
12 Pfortengang
13 Fraterie
14 Verbindungsgang
15 Wärmestube
16 Kloake
17 Gästehaus
18 Speisesaal
19 Brunnenhaus
20 Sommerrefektorium
21 Küche
22 Winterrefektorium
23 Laienbruderrefektorium
24 Portal der Laienbrüder
25 Abtshaus
26 Abtsküche
27 Krankenhaus

Der innere Klosterbezirk wird von einer Mauer mit dem Schreibturm umschlossen. Beachtung verdient die Kreuzigungsgruppe aus dem 15. Jahrhundert. Die äußere Mauer schließt Ökonomiegebäude und einen Großteil des Ortes mit ein. Eine ständige Ausstellung informiert über den Zisterzienserorden (Öffnungszeiten: April – Okt. tgl. 9.00 bis 18.00, Nov. – März Di. – So. 9.00 – 12.00 u. 13.00 bis 17.00; Führungen: April – Okt. Sa., So., Fei. 10.00, 11.00, 12.00, 14.00, 15.00, 16.00, 17.00 Uhr).

Der Südostflügel der alten Klosteranlage – ehemaliges Gästehaus, Abthaus, Speisesaal und Küche – ist im 19. Jahrhundert zum herzoglich- bzw. königlich württembergischen **Jagdschloss** ausgebaut worden. Die Gemächer wurden größtenteils im historistischen Stil ausgestattet.

★ Ehemaliges Jagdschloss ▸

Von 1914 bis 1918 erfolgte der Ausbau des ehemaligen Klosterspitals im englischen Landhausstil. Darin sollte der Hofstaat untergebracht werden. Außerdem wurde eine für die damalige Zeit hochmoderne Einbauküche installiert.

Die königlichen Gemächer sind nur im Rahmen einer Führung zugänglich (Di. – So. 10.00, 11.00, 12.00, 14.00, 15.00 u. 16.00, im Sommer auch 17.00, werktags auch 9.00 Uhr).

Südöstlich von Bebenhausen erhebt sich der 465 m hohe Kirnberg, an dessen Südosthang ein **geologischer Lehrpfad** angelegt wurde. Ausgangspunkt ist der Parkplatz an der B 27 zwischen Bebenhausen und Lustnau. Kundige Naturfreunde können im stellenweise freigelegten Rätsandstein Fossilien aus dem Erdmittelalter entdecken, darunter auch Haifischzähne.

Kirnberg

! Baedeker TIPP

Wo man königlich speist ...

Seit Jahr und Tag ist das Restaurant »Waldhorn« an der alten B 27 bzw. in Sichtweite von Schloss Bebenhausen eine Institution. Als Nachfolger von Sternekoch Ulrich Schilling schwingt heute Helmut Balthasar Schulz den Kochlöffel, der zu den Besten seiner Zunft weit und breit zählt. Tischreservierung: Tel. (0 70 71) 6 12 70, www.waldhorn-bebenhausen.de

Umgebung von Tübingen

Der Schönbuch, im Süden vom Neckartal und im Osten von der Filderebene begrenzt, ist eines der wichtigsten Naherholungsgebiete für den hochindustrialisierten Ballungsraum Stuttgart sowie für die Städte Reutlingen und Tübingen. Der südliche Teil des Waldgebietes ist als Naturpark ausgewiesen.

✶ Schönbuch

In der Vergangenheit war der Schönbuch bevorzugtes Jagdgebiet der württembergischen Herzöge, woran u. a. die Jagdschlösser Bebenhausen, Einsiedel und Waldenbuch erinnern. Heute ist der Schönbuch durch ein engmaschiges Rad- und Wanderwegenetz mit zahlreichen Rast- und Spielplätzen erschlossen. Wildgehege findet man bei Herrenberg, Ammerbuch-Breitenholz und Ammerbuch-Entringen, zwischen Bebenhausen und Weil im Schönbuch, bei Steinenbronn und Filderstadt-Plattenhardt.

◄ Einstiges Jagdgebiet

In einem Schreibturm am Eingang zum Klosterbezirk Bebenhausen ist das Informationszentrum des Naturparks Schönbuch mit einer Ausstellung untergebracht (Öffnungszeiten: April – Okt. Di. – Fr. 9.00 – 17.00, Sa. u. So. 10.00 – 17.00 Uhr).

◄ Naturparkzentrum

Das **Schönbuchmuseum** in Dettenhausen informiert über die Wirtschaftsgeschichte des Waldgebietes (Ringstr. 3; Öffnungszeiten: So. 14.00 – 18.00 Uhr).

◄ Dettenhausen

Einen Besuch lohnt auch das **Kathree-Häusle** in der Kirchstraße 15, wo man einiges über das kärgliche Leben früherer Zeiten erfährt (Öffnungszeiten: n. V. unter Tel. 07157 / 126 32).

Das gewerbereiche Städtchen Waldenbuch (362 m ü.d.M.; 8000 Einw.), u. a. Standort der »Ritter-Sport«-Schokoladenfabrik, liegt im östlichen Schönbuch. Recht hübsch sind der **Marktplatz** mit einem Brunnen von 1728 und das **Fachwerk-Rathaus** von 1781.

Waldenbuch

In dem von Herzog Christoph erbauten Jagdschloss (16. Jh.) ist das Museum für Volkskultur in Württemberg als Zweig des Württembergischen Landesmuseums untergebracht (Öffnungszeiten: Di. – Sa. 10.00 – 17.00, So. bis 18.00 Uhr).

✶ ◄ Museum für Volkskultur

Ein weißer, vom Schweizer Stararchitekten Max Dudler entworfener Kubus auf dem Gelände der Schokoladenfabrik Ritter ist seit Herbst

✶ ◄ Museum Ritter

Quadratisch, praktisch, gut: das nagelneue Museum Ritter in Waldenbuch

2005 stark besuchtes Wallfahrtsziel von Freunden moderner Kunst aus nah und fern. Nicht nur das Gebäude selbst, sondern auch die von Firmengründer-Enkelin Marli Hoppe-Ritter zusammengetragenen Kunstwerke zeigen sich »quadratisch, praktisch, gut«. Dazu gehören Arbeiten von Kasimir Malewitsch und Alexander Rodtschenko ebenso wie vom Bauhaus-Künstler Josef Albers und den beiden zeitgenössischen Künstlern Imi Knoebel und Beat Zoderer (Öffnungszeiten: Di. – So. 11.00 – 18.00 Uhr).

Schoki bis zum Abwinken ▶

Süßes gibt es gleich nebenan im Besucherzentrum der Firma Ritter. Hier kann man nicht nur Schokolade in Hülle und Fülle kaufen, hier gibt es sogar eine Schoko-Werkstatt, in der Kinder neue Kompositionen kreieren können (Öffnungszeiten s. oben).

Herrenberg

Am Westabfall des Schönbuchs liegt die Stadt Herrenberg (27 000 Einw.), die 1228 von den Pfalzgrafen von Tübingen gegründet worden ist. Reste der pfalzgräflichen Burg sind noch erhalten. Die **Altstadt** mit ihren schönen **Fachwerkbauten** ist in den letzten Jahren hübsch herausgeputzt worden. Hauptsehenswürdigkeit und Wahrzeichen der Stadt ist die 1276 – 1293 und 1471 – 1493 errichtete **Stiftskirche** mit ihrem mächtigen, weithin sichtbaren Turm (»Glucke vom Gäu«), der ein **Glockenmuseum** beherbergt. Beachtenswert sind Taufstein, Kanzel und Chorgestühl (16. Jh.).

Kirchentellinsfurt

Ca. 7 km östlich von Tübingen liegt der Ort Kirchentellinsfurt an der Mündung der Echaz in den Neckar, in weitem Umkreis bekannt durch seinen Baggersee. Im 1560 errichteten **Renaissance-Schloss** ist ein kleines **Museum** untergebracht, das u.a. die Geschichte des Schlosses und des Ortes dokumentiert (Öffnungszeiten: So. 14.00 bis 17.00 Uhr).

Am Parkplatz neben der B 27 sind Abgüsse eines **römischen Pfeilergrabmals** aufgestellt, das sich einstmals hier befunden hat.

◄ Einsiedel

Nördlich von Kirchentellinsfurt, auf einer Rodungsinsel im südlichen Schönbuch, liegt das Hofgut Einsiedel. Beachtung verdient das 1482 auf Geheiß des Grafen Eberhard im Barte errichtete Jagdschlösschen. Hier beginnt ein **archäologisch-historischer Wanderweg**, der keltische und römische Kulturreste erschließt. Schautafeln erklären die Geschichte der wirtschaftlichen Nutzung (»Schönbuchgerechtigkeiten«) und der herrschaftlichen Jagd.

Gomaringen

10 km südlich von Tübingen liegt Gomaringen mit einem renovierten Schlösschen aus dem 15./16. Jahrhundert. Hier wohnte von 1708 bis 1712 »die Grävenitz«, die berühmt-berüchtigte Mätresse des württembergischen Herzogs Eberhard Ludwig. Von 1837 bis 1841 lebte **Gustav Schwab** (► Berühmte Persönlichkeiten) als Pfarrer im Schloss und verfasste hier seine »Sagen des klassischen Altertums«.

★ Tuttlingen

C/D 7

Landkreis: Tuttlinger
Einwohnerzahl: 35 000
Höhe: 645 m ü.d.M.
Prädikat: Zentrum der Medizintechnik

Die planmäßig angelegte Stadt Tuttlingen liegt im oberen Donautal zu Füßen der Honburg. Tuttlingen hat nicht nur als Industriestandort, sondern auch als Verwaltungs- und Dienstleistungszentrum große Bedeutung für ein weites Umland.

Weltzentrum der Medizintechnik

Nicht ohne Stolz nennt sich Tuttlingen »Weltzentrum der Medizintechnik«, sind hier doch über 250 Unternehmen angesiedelt, die medizintechnische Erzeugnisse entwickeln und produzieren. Chirurgische Bestecke der Firma Aesculap und Endoskope von Karl Storz findet man heute in Operationssälen und Arztpraxen auf dem ganzen Globus.

Geschichte

Grabfunde belegen, dass in Tuttlingen einst ein römisches Kastell bestanden hat. Tuttlingen selbst wurde 797 erstmals erwähnt. Ein Heer der Reichsstädte zerstörte 1377 die damals schon württembergische Stadt. Im 16. und 17. Jh. war Tuttlingen einer der wichtigsten strategischen Vorposten Württembergs und hatte sehr unter Kriegswirren zu leiden. 1803 fiel die Stadt einem verheerenden Brand zum Opfer. Sie wurde danach planmäßig wieder aufgebaut. 1867 legte **Gottfried Jetter** den Grundstein für die Entwicklung der Stadt zum Weltzentrum der Medizintechnik.

Tuttlingen Orientierung

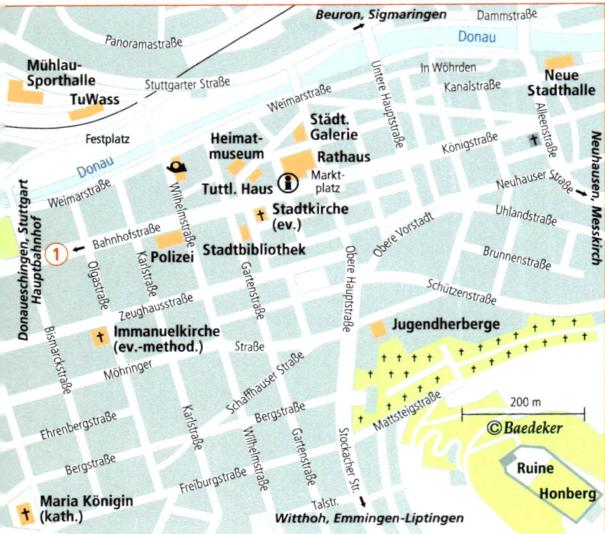

Übernachten und Essen
① Löwen

Sehenswertes in Tuttlingen

Stadtzentrum

Geschäftiger Mittelpunkt der Stadt ist der **Marktplatz** mit dem **klassizistischen Rathaus**, das 1803 / 1804 erbaut worden ist. Hier beginnt die **Bahnhofstraße**, Tuttlingens belebte Einkaufsmeile, die zusammen mit der vom Marktplatz ostwärts führenden Königstraße die Hauptachse der Stadt bildet. An etlichen Plätzen sind **Plastiken zeitgenössischer Künstler** aufgestellt. Beachtenswert sind die Kunstwerke auf dem Marktplatz, vor allem die Brunnenpyramide von Martin Rissler, die Bronzeskulptur »Stier und Mann« von Karl-Henning Seeman sowie die Darstellung eines Chirurgiemechanikers von Roland Martin.

Stadtkirche

Die Stadtkirche ist von 1815 bis 1817 erbaut worden; ihr Turm wurde 1868 erhöht. Im Jahre 1903 erhielt das Gotteshaus durch den Architekten Dolmetsch seine bemerkenswerte Jugendstilfassade.

Städtische Galerie

Hier sieht man u. a. Werke von Erich Hauser, Alfred Hrdlicka und Martha Hoepffner sowie Wechselausstellungen moderner Kunst (Rathausstr. 7; Öffnungszeiten: Di. – So. 11.00 – 18.00 Uhr).

★ Tuttlinger Haus

Dieses typische Ackerbürgerhaus hinter dem Rathaus ist seit 1997 als Museum zugänglich. Hier wird man mit einigen Aspekten der Stadtgeschichte und vor allem mit der Wohnkultur Tuttlinger Bürger vertraut gemacht (Donaustr. 19; Öffnungszeiten: Ostern – 1. Nov. Di., Do., Sa. u. So. 14.00 – 17.00 Uhr).

Gleich gegenüber, im mächtigen herzoglich-württembergischen **Fruchtkasten**, ist das reichhaltige Tuttlinger Heimatmuseum untergebracht mit einer naturhistorischen Sammlung, die u. a. eine Fossiliensammlung umfasst, sowie einer frühgeschichtlichen Abteilung mit alamannischen und merowingischen Funden. Der Schwerpunkt der Ausstellung liegt auf der Industriegeschichte der Stadt, wobei der Bogen von den Anfängen der Textil- und Lederindustrie über die Entwicklung der Eisenverhüttung und der Metallindustrie bis zur Medizin-Hightech-Industrie gespannt wird (Donaustr. 50; Öffnungszeiten: Di., Do., Sa. u. So. 14.00 – 17.00 Uhr).

✶✶ **Heimatmuseum**

Ein Highlight zeitgenössischer Architektur ist das **»Forum für Kommunikation und Fortbildung in der Medizin«**, das Tuttlingens bekanntestes medizintechnisches Unternehmen im Jahre 1995 am Aesculap-Platz im Westen der Stadt eröffnet hat.

Aesculapium

Umgebung von Tuttlingen

Knapp 5 km südwestlich donauaufwärts der Kernstadt liegt das ehemals fürstenbergische Städtchen Möhringen, das 1973 Stadtteil von

✶ **Möhringen**

TUTTLINGEN ERLEBEN

AUSKUNFT

Tourist-Information
Rathausstraße 1, 78532 Tuttlingen
Tel. (0 74 61) 9 93 40
www.tuttlingen.de

AKTIVITÄTEN

Tuttlinger Wasserwelt
Jüngste Attraktion der Stadt ist das 2001 in den Grünanlagen an der Donau eröffnete Thermalbad »TuWass« (Mühlenweg 1; Öffnungszeiten: tgl. 10.00 – 22.00, Sa. ab 8.00, So. ab 9.00 Uhr).

EVENTS

Southside Festival
Ziemlich was los ist an einem Wochenende im Juni/Juli auf dem ehemaligen Flugplatz der Bundeswehr bei Neuhausen ob Eck, den dann treffen sich zehntausende Fans zur ohrenbetäubenden Musik von »Oasis«, »Wir sind Helden«, »Rammstein« & Co.

Honberg-Sommer
Jedes Jahr im Juli (vor den Sommerferien) bildet die Burgruine Honberg knapp drei Wochen lang die Kulisse für ein vielbesuchtes Musik- und Kulturerlebnis mit Musikzelt und riesigem Biergarten. Die Bandbreite der Veranstaltungen reicht von volkstümlich über »mainstream« bis zu klassischer Musik. Und dazwischen gibt's auch Kabarett.

ÜBERNACHTEN · ESSEN

► Günstig

① ***Löwen***
Mittelgasse 4
78532 Tuttlingen-Möhringen
Tel. (0 74 62) 62 77
Fax 70 50
www.loewen-moehringen.de
16 Zimmer. Gemütlicher Gasthof mit ruhig gelegenem Gästehaus, der besonders von Radtouristen geschätzt wird.

Neu- und Altbauten von Tuttlingens Vorzeige-Firma »Aesculap«

Tuttlingen wurde und heute ein gern besuchter staatlich anerkannter Luftkurort ist. Die alte Stadtbefestigung ist weitgehend abgetragen. Im renovierten fürstenbergischen **Schloss** vom Ende des 17. Jh.s sind u. a. die örtliche Touristen-Information und das **Heimatmuseum** untergebracht, das die Möhringer Ortsgeschichte dokumentiert und eine Sammlung historischer Saiteninstrumente präsentiert (Hermann-Leiber-Str. 4; Öffnungszeiten: Mo. – Do. 8.00 – 11.00 u. 14.00 bis 16.00, Fr. 8.00 – 11.00 Uhr).
Im ehemaligen Bahnbetriebswerk Möhringens zeigt das **Dampflokmuseum** u. a. 26 historische Dampflokomotiven (Öffnungszeiten: 1. Mai bis 3. Okt. So. 10.00 – 17.00 Uhr).

Donauversickerung

In der großen Schlinge des Donautales südlich von Möhringen in Richtung Immendingen versickern bis zu 28 000 Liter Donauwasser pro Sekunde im hier recht klüftigen und verkarsteten unteren Weißjura, um 12 km weiter südlich im Aachtopf (Hegau), einer der stärksten Quellen Deutschlands, wieder auszutreten. In der Nähe der »Versinkungsstellen« sind Wanderparkplätze angelegt.

✶ Immendingen

Zirka 10 km südwestlich donauaufwärts von Tuttlingen liegt Immendingen (662 m ü.d.M.; 5500 Einw.) an der Einmündung des Bachzimmerner Tales in die Donau. Der ehemals ritterschaftliche Ort hat sich in den letzten Jahren zu einem gut besuchten Ausflugs- und Ferienort im **Naturpark Obere Donau** entwickeln können. Sehenswert ist das schmucke Schloss aus dem 16 Jh., in dem heute die Gemeindeverwaltung untergebracht ist. In der näheren Umgebung von Immendingen sind schöne Wanderwege ausgeschildert, die natur- und kulturhistorisch interessante Plätze erschließen.

8 km südöstlich von Immendingen, unterhalb von Hattingen, erstreckt sich das **Naturschutzgebiet Rehletal-Ramberg** mit einem botanischen Lehrpfad (Orchideenblüte Ende Mai bis Mitte Juni).

Rehletal-Ramberg

Südlich von Tuttlingen erhebt sich der Höhenzug Witthoh bis 864 m ü.d.M., ein Teil der mittleren Hegaualb. Bemerkenswert ist sein offener, von Einzelhöfen durchsetzter Südabschnitt.

Witthoh

Das größte Dorf hier oben ist **Emmingen ab Egg** (770 m ü.d.M.), Teilort der Gemeinde Emmingen-Liptingen (3500 Einw.) und staatlich anerkannter Erholungsort mit diversen Freizeiteinrichtungen, darunter ein landwirtschaftlicher Lehrpfad, Tennisplätze und Wintersportanlagen, und einem Dorfmuseum. An den Ausgängen des mehrfach preisgekrönten Dorfes stehen noch alte Pestkreuze.

◄ Emmingen-Liptingen

Etwa 2 km westlich oberhalb von Emmingen liegt der Gasthof Windegg auf einer Anhöhe (838 m ü.d.M.), von der man eine überwältigende Fernsicht bis zum Bodensee und zu den Alpen genießen kann.

◄ Windegg

Etwa 10 km östlich von Tuttlingen erreicht man Neuhausen ob Eck (769 m ü.d.M.; 4000 Einw.). Die Gemeinde liegt am Nordostrand der noch stark landwirtschaftlich geprägten Hegaualb. Am nördlichen Ortsrand ist 1988 ein regionales bäuerliches Freilichtmuseum eröffnet worden. Beachtenswert sind hier v. a. das alte Kirchlein aus Tischardt bei Nürtingen, dessen älteste Bauteile aus dem 15. Jh. stammen, das aus Schopfloch bei Freudenstadt hierher versetzte Wirtshaus »Ochsen« (1707) und eine Schmiede aus dem 17. Jh. (Öffnungszeiten: April – Ende Okt. Di. – So. 9.00 – 18.00 Uhr).

★ **Freilichtmuseum Neuhausen ob Eck**

Voll funktionsfähig: das Bauernhaus »Biehle« aus dem 18. Jahrhundert im Freilichtmuseum Neuhausen ob Eck

★ **Lippachtal** Im Westteil des Naturparks Obere Donau hat das Flüsschen Lippach ein **malerisches Tal** geschaffen, das bei Mühlheim ins Obere Donautal einmündet. In dem fast unbesiedelten Tal, das von einigen aussichtsreichen Felsen bekränzt ist, kann man »Natur pur« genießen. Etwa 3 km oberhalb von Mühlheim grüßt der **Rappenfelsen** vom östlichen Talrand. Nahebei liegt die wenig bekannte **Rappenfelsenhöhle**. Weiter talaufwärts folgen der **Biegelfels** und die **Burgruine Walterstein**. Am Talschluss erreicht man die alte **Lippachmühle**, die heute eine Ausflugsgaststätte beherbergt. Von hier lohnt ein kurzer, aber steiler Anstieg zum Glatten Felsen.

★★ Ulm

K/L 4

Stadtkreis: Ulm
Einwohnerzahl: 120 000
Höhe: 478 m ü.d.M.
Prädikat: Wissenschaftsstadt

Die alte Reichsstadt Ulm liegt auf dem linken Donauufer am Südrand der Flächenalb. Sie ist das wirtschaftliche und kulturelle Zentrum des württembergischen Oberlandes.

Geschichte 854 ist die **fränkische Königspfalz** »Ulma« beurkundet. Die Anfänge der Stadtgründung vermutet man im 11. Jahrhundert. Im 14. Jh. wurde die Stadt stark ausgebaut. Die Grundsteinlegung für das Münster erfolgte 1377. Im Jahr 1397 einigten sich Patrizier und Zünfte im **Großen Schwörbrief** über das Stadtregiment. Im 15. Jh. blühte die Stadt richtig auf. Fernhandel und Barchentweberei brachten großen Reichtum. 1488 führte Ulm den Schwäbischen Städtebund an. Während der Türkenkriege wurden von Ulm aus Truppen donauabwärts geschickt, später folgten ihnen schwäbische Siedler, die sich dann im südosteuropäischen Donauraum (»Donauschwaben«) niederließen. Im 18. und 19. Jh. wechselten sich Bayern, Franzosen und Österreicher in der Stadtherrschaft ab. 1810 kam Ulm an Württemberg. 1811 versuchte Albrecht Ludwig Berblinger, der **»Schneider von Ulm«**, vergeblich, von der Adlerbastei aus die Donau zu überfliegen. 1967 erfolgte die Gründung der Ulmer Universität. Mit dem auf dem Eselsberg entstandenen Hightech-Forschungszentrum hat sich Ulm zur **»Wissenschaftsstadt«** entwickelt.

Sehenswertes in Ulm

★★ **Ulmer Münster** In der Stadtmitte erhebt sich das Münster, die nach dem Kölner Dom größte gotische Kirche Deutschlands (1377 begonnen, bis 1529 fortgeführt, 1844 bis 1890 ausgebaut).

Alte und neue Architektur in Ulm: das ehrwürdige Münster und gleich daneben das hypermoderne Stadthaus →

Ulmer Münster • Turm Aufriss

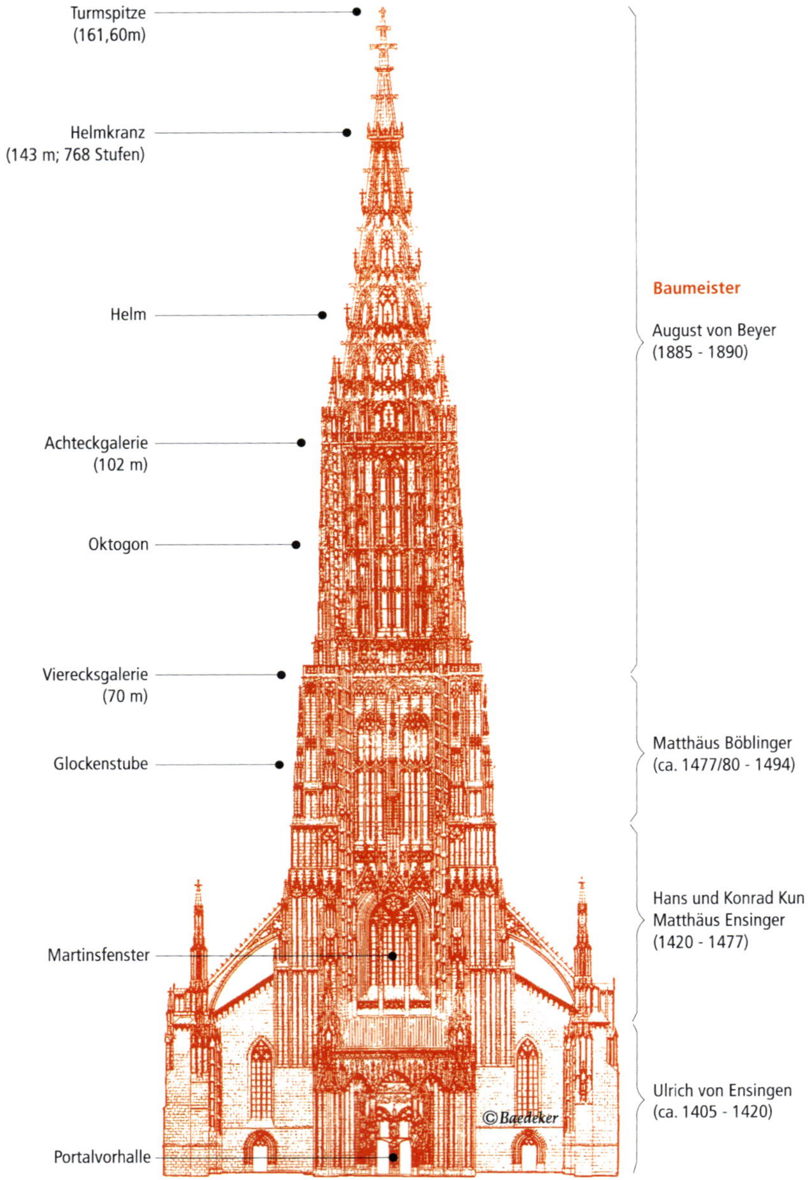

Ulmer Münster Orientierung

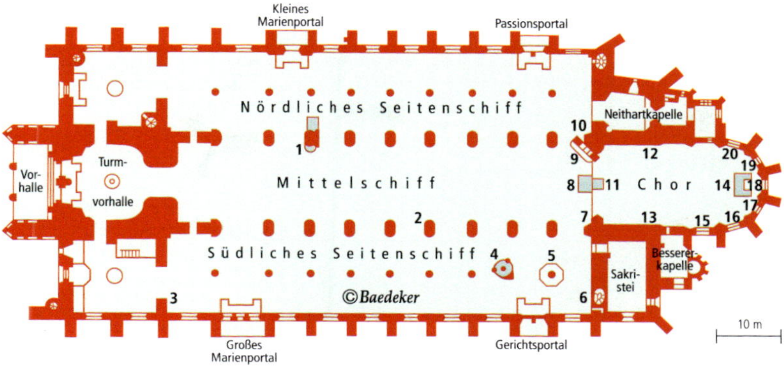

1 Kanzel
2 Gründungsrelief
3 Parlerstein
4 Taufstein
5 Weihwasserbecken
6 Kargaltar
7 Schmerzensmann
8 Abendmahl, Triumphkreuz, Weltgericht
9 Sakramentshaus
10 Figur Hans Ehingers
11 Dreisitz
12 Chorgestühl (Männer)
13 Chorgestühl (Frauen)
14 Choraltar
15 Medaillonfenster
16 Freuden-Marien-Fenster
17 Annen-Marien-Fenster
18 Ratsfenster
19 Kramerfenster
20 Johannesfenster

◄ Turm

Der hoch aufragende Turm, unter **Ulrich von Ensingen** 1392 begonnen und 1880 – 1890 nach dem von **Matthäus Böblinger** (1450 – 1506) hinterlassenen Aufriss vollendet, ist mit genau 161,53 m Höhe der **höchste Kirchturm der Welt**. Von der Aussichtsplattform in 140 m Höhe – zu der 768 Stufen führen – bietet sich bei entsprechender Wetterlage eine überwältigende Fernsicht bis zu den Alpen (Öffnungszeiten: Nov. – Feb. tgl. 9.00 – 15.45, März u. Okt. tgl. bis 16.45, April, Mai, Juni u. Sept. tgl. bis 17.45, Juli u. Aug. tgl. bis 18.45 Uhr).

◄ Ausstattung

In dem 123,56 m langen, 48,80 m breiten und 41,60 m hohen Münster sind beachtenswert die spätgotische Kanzel mit einem Kanzeldeckel von Jörg Syrlin d. J. (1510), das 26 m hohe Sakramentshaus (1467), das kunstvoll geschnitzte Chorgestühl von Jörg Syrlin d. Ä. (1469 – 1474), der Choraltar von Martin Schaffner (1521), die gotischen Glasfenster im Chor und in der Besserer-Kapelle von Hans Acker und Peter Hemmel von Andlau (15. Jh.) und die Orgel mit 93 klingenden Registern und ca. 8000 Pfeifen (Öffnungszeiten: Nov. bis Feb. tgl. 9.00 – 16.45, März u. Okt. tgl. bis 17.45, April, Mai, Juni u. Sept. tgl. bis 18.45, Juli u. Aug. tgl. bis 19.45).

Münsterplatz

Der Münsterplatz ist in den 1990er-Jahren nach Abschluss archäologischer Untersuchungen – unter anderem Funde aus der Spätsteinzeit, Glockenbecherkultur; Gebeine aus vorstaufischer Zeit – neu gestaltet worden.

ULM ERLEBEN

AUSKUNFT

Tourist-Information
Stadthaus, Münsterplatz 50
89073 Ulm
Tel. (07 31) 1 61 28 30
www.tourismus.ulm.de

AKTIVITÄTEN

Baden
An der Straße nach Wiblingen ist das Freizeit- und Spaßbad »Atlantis« eine besondere Attraktion für Jung und Alt (Öffnungszeiten: tgl. 9.00 – 22.00, Sa. bis 24.00 Uhr).

Boot fahren
Unten an der Donau starten in der warmen Jahreszeit Ausflugsboote zu Rundfahrten. Man kann aber auch ins eigene Kanu einsteigen und vor der Kulisse der mittelalterlichen Altstadt herumschippern.

EVENTS

Internationales Donaufest
Zu einem Event, das inzwischen über 250 000 Besucher pro Jahr anzieht, hat sich das Ulmer Donaufest im Juli gemausert. Ein abwechslungsreiches kulturelles Programm mit Teilnehmern aus allen Donau-Anrainerstaaten sowie kulinarische und kunsthandwerkliche Besonderheiten aus den Gebieten beiderseits von Europas Schicksalstrom machen dies möglich.

Schwörmontag, Nabada
An einem Montag im Juli schwört der Oberbürgermeister feierlich auf die Stadtverfassung. Danach findet ein bunter Wasserfestzug auf der Donau (»Nabada«) statt. Alle vier Jahre 2008, 2012 usw.) wird in diesem Rahmen auch ein spektakuläres Fischestechen veranstaltet.

Weihnachtsmarkt
Alle Jahre wieder in der Adventszeit zieht der heimelige Ulmer Weihnachtsmarkt zu Füßen des Ulmer Münsters Hunderttausende in seinen Bann.

ESSEN

► Erschwinglich

① ***Zur Forelle***
Fischergasse 25
89073 Ulm
Tel. (07 31) 6 39 24
Alteingesessenes gemütliches Restaurant im historischen Fischerviertel. Es gibt regionale Gerichte und raffinierte Eigenkreationen.

► Preiswert

② ***Gerberhaus***
Weinhofberg,
89073 Ulm
Tel. (07 31) 9 94 98
Uriges Ambiente herrscht in dem hübsch gelegenen Lokal, das Freunde der schwäbischen Küche mit Maultaschen, Kässpätzle oder Rostbraten glücklich macht.

③ ***Lochmühle***
Gerbergasse 6
89073 Ulm
Tel. (07 31) 6 73 05
Eine der ältesten Mühlen Ulms, anno 1356 erstmals urkundlich erwähnt, beherbergt diese urgemütliche Gaststube, die mit historischem Flair, einer wunderschönen Terrasse und herzhafter regionaltypischer Küche ihre Gäste zu überzeugen weiß.

ÜBERNACHTEN

► Luxus / Komfortabel

① ***Maritim***
Basteistr. 40
89073 Ulm

Tel. (07 31) 72 30
Fax 92 31 00 00
www.maritim.de
Erstklassiges Haus mit einer außergewöhnlichen Architektur, direkt an der Donau gelegen, elegant und stilvoll möblierte Zimmer und Suiten mit allem Komfort und herrlicher Aussicht. Panorama-Restaurant im 16. Stock. Ansprechender Wellness-Bereich.

► Komfortabel

② *Schiefes Haus*
Schwörhausgasse 6
89073 Ulm
Tel. (07 31) 96 79 30
Fax 9 67 93 33
www.schiefeshausulm.de
Das ziemlich aufwändig restaurierte und dennoch schiefe historische Fachwerkhaus aus dem 13. Jh. verbindet alte Bausubstanz mit den Annehmlichkeiten des 21. Jh.s, modernes Design, wohin man blickt, wohnliche Zimmer.

► Günstig

③ *Ibis*
Neutorstr. 12
89073 Ulm
Tel. (07 31) 9 64 70
Fax 9 64 71 23
www.accor.com
Recht praktische und wirklich preiswerte Übernachtungsmöglichkeite gegenüber dem Ulmer Theater und nicht weit vom Hauptbahnhof entfernt. Die Zimmer sind zeitgemäß eingerichtet.

Ulm Orientierung

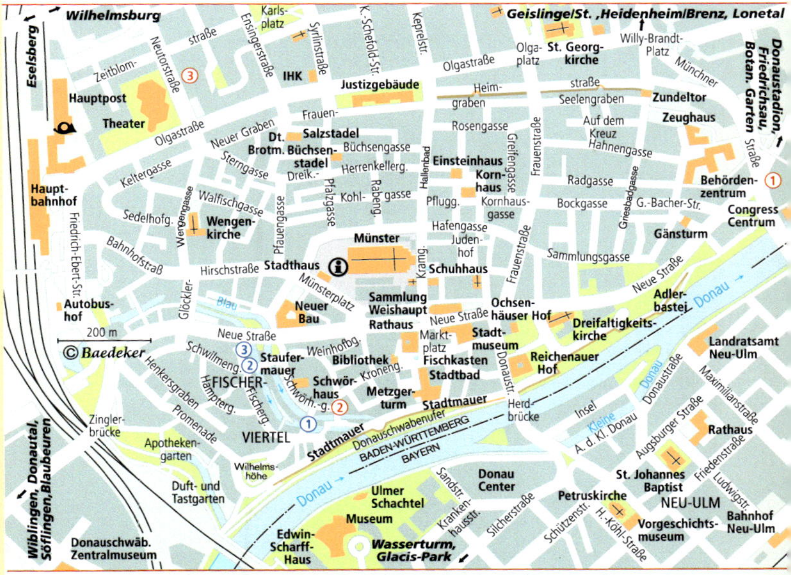

Übernachten
① Maritim
② Schiefes Haus
③ Ibis

Essen
① Zur Forelle
② Gerberhaus
③ Lochmühle

Stadthaus

Postmoderner Blickfang ist das im Jahre 1993 fertig gestellte, leuchtend weiße Stadthaus (3000 m² Nutzfläche; Konzert- und Vortragssaal, Ausstellungsräume, Café-Restaurant), das der New Yorker Stararchitekt **Richard Meier** entworfen hat (Öffnungszeiten: Mo. bis Sa. 9.00 – 18.00, Do. bis 20.00, So. 11.00 – 18.00 Uhr).

Schuhhaus

Hinter dem Münster lädt das Schuhhaus (1537) ein, ehedem Zunfthaus der Schuster mit dem Tanz- und Fechtsaal der Patrizier. Es beherbergt die Arbeits- und Ausstellungsräume des Ulmer Kunstvereins. Vor dem Schuhhaus gefällt ein 1580 von C. Bauhofer gestalteter Georgsbrunnen (Öffnungszeiten: Di. – Fr. 14.00 – 18.00, Sa. u. So. 11.00 – 17.00 Uhr).

Kornhaus

Nordöstlich hinter dem Münster steht das Kornhaus aus dem Jahr 1594 mit schönem Sgrafitto-Putz. Es beherbergt einen Konzertsaal und Tagungsräume.

Einsteinhaus

Im benachbarten Einsteinhaus, dem Hauptgebäude der Ulmer Volkshochschule, das im 1. OG eine Einstein-Ausstellung beherbergt, wurde 2001 die **Gedenkstätte »Weiße Rose«** eingerichtet. Hier wird an die von den Nazis ermordete Studentin **Sophie Scholl** (1921 – 1943) erinnert, die am 18. Februar 1943 Flugblätter in den Lichthof der Münchner Universität segeln ließ (Kornhausplatz 5; Öffnungszeiten: Mo. – Fr. 8.00 – 22.00, Sa. bis 15.00 Uhr; während der Sommer- und Weihnachtsferien geschlossen).

Naturkundliches Bildungszentrum

In einem Gebäudetrakt der Friedrich-List-Schule lädt das Naturkundliche Zentrum zum Besuch ein, das für seine großartige Fossiliensammlung mit Fundstücken aus der Ulmer Region berühmt ist (Öffnungszeiten: Di. – So. 11.00 – 17.00 Uhr).

Museum der Brotkultur

In dem nördlich vom Münsterplatz gelegenen Salzstadel von 1592 ist ein sehenswertes Museum eingerichtet, das einen sehr guten Einblick in die Geschichte des Brotbackens vermittelt und auch zeigt, wie die Menschen im Laufe der Jahrhunderte immer wieder gegen den Hunger kämpfen mussten (Salzstadelgasse 10, Öffnungszeiten: tgl. 10.00 bis 17.00, Mi. bis 20.30 Uhr).

St. Michael zu den Wengen

Nordwestlich vom Münsterplatz steht die 1399 erbaute »Wengenkirche«, die 1944 zerstört und 10 Jahre später wieder aufgebaut wurde. Kunsthistorische Besonderheiten sind die spätgotische Kreuzigungsgruppe und ein Altarbild von Franz Martin Kuen von 1766.

Neuer Bau

An der Südseite des Münsterplatzes fällt der Neue Bau ins Auge, ein wuchtiger, im späten 16. Jh. errichteter Backsteinbau, der früher einmal als Lager- und Amtshaus sowie als Stützpunkt der Polizei gedient hat. Den **Hildegardsbrunnen** im Hof hat der Künstler C. Bauhofer 1591 geschaffen.

★ **Fischer- und Gerberviertel**

Im Bereich der Blaumündung liegt das überaus malerische Fischer- und Gerberviertel mit dem **Schönen Haus**, dem **Zunfthaus der Schiffsleute**, der **Ulmer Münze**, dem **Gasthaus »Forelle«** und dem **Fischerplätzle**. Jenseits der Blaumündung ist noch ein Rest der **staufischen Stadtmauer** aus dem 12./13. Jh. erhalten, ferner das **Schiefe Haus** (15./16. Jh.), eines der ältesten noch bestehenden Fachwerk-Wohnhäuser der Stadt. Nahebei, an der Stadtmauer von 1480, »steht« der **Metzgerturm** (1345), auch bekannt als »Schiefer Turm von Ulm« (Neigung: 2,05 m), der einst als Kerker diente.

★ ◄ Schwörhaus

Am Weinhof 12 steht das 1612 errichtete Schwörhaus, von dessen Balkon alljährlich der Oberbürgermeister den Eid auf die Stadtverfassung (Schwörbrief von 1397) erneuert. Es ist heute als **Haus der Stadtgeschichte** zugänglich. Viele hochinteressante Exponate ermöglichen eine Zeitreise durch Ulms Historie (Öffnungszeiten: Mo. bis Do. 8.30 – 17.00, Fr. 8.30 – 14.00 Uhr). Vor dem Gebäude gefällt ein **Christophorusbrunnen**, den Jörg Syrlin d. Ä. 1584 geschaffen hat. Weiter östlich, vor dem altehrwürdigen Rathaus, bildet die 2004 nach Plänen von Gottfried Böhm fertiggestellte hypermoderne **Glaspyramide** der neuen **Stadtbibliothek** einen starken architektonischen Kontrast.

Nur wenige Schritte weiter östlich beherrscht das geschichtsträchtige und wahrlich stattliche **Rathaus** die Szenerie. Es wurde 1370 als Kaufhaus erbaut und dient seit 1419 als Amtsgebäude. Die prachtvollen **Wandmalereien** und der reiche figürliche Schmuck sind im 16. Jh. angefertigt worden. Am Ostgiebel des Rathauses ist eine kunstvolle **astronomische Uhr** (1520) angebracht. Im Treppenhaus gefällt eine Nachbildung des im Jahre 1811 gebauten Fluggerätes von Albrecht Ludwig Berblinger (► Berühmte Persönlichkeiten), des legendären »Schneiders von Ulm« (Öffnungszeiten: Mo. – Mi. 7.00 – 16.30, Do. bis 18.00, Fr. bis 12.00 Uhr).

An der Ostseite des Marktplatzes, gegenüber dem Rathaus, lohnt das **Ulmer Museum** unbedingt einen Besuch. Es beherbergt die bedeu-

Hübsch renoviertes Fachwerk im Fischerviertel

tendste künstlerische und kunsthandwerkliche Sammlung des Ulmer und oberschwäbischen Raumes seit dem Mittelalter sowie eine reichhaltige stadthistorische Kollektion und Wechselausstellungen moderner Kunst. Das Museum verfügt auch über eine Sammlung von Zeichnungen und Druckgrafiken von Pablo Picasso.

✶ ✶ Prähistorische Sammlung ►

Großartig ist die Prähistorische Sammlung. Die gezeigten Exponate reichen bis in die Altsteinzeit (80 000 v. Chr.) zurück. Ausgestellt sind einige der ältesten bislang in Europa gefundenen Kunstgegenstände aus den Höhlen der Eiszeitjäger im ►Lonetal. Prunkstück ist eine ca. 32 000 Jahre alte Statuette mit dem Kopf eines Höhlenlöwen. Ferner sind Schmuck, Keramik und diverse Geräte aus der Jungsteinzeit, der Bronzezeit sowie aus der Zeit der Kelten, Römer und Alamannen zu sehen (Öffnungszeiten: Di. – So. 11.00 – 17.00, Do. – 20.00 Uhr).

Neue Mitte

Seit den 1990er-Jahren wurde um die Neugestaltung bzw. den Rückbau der Neuen Straße im Herzen der Stadt gerungen. Nach ausführlichen mittelalterarchäologischen Untersuchungen, die viele neue Erkenntnisse über die frühe Geschichte der Stadt zutage förderten, wurde im Frühling 2006 eine neue Tiefgarage mit »archäologischen Fenstern« eröffnet, durch die man ebenso wie unter dem Stadthaus am Münsterplatz Einblicke in die frühmittelalterliche Geschichte der Stadt erhält. Oberirdisch ist inzwischen der vom Münchner Stararchitekten Braunfels entworfene Neubau der **Ulmer Kreissparkasse** fertiggestellt.

✶ Sammlung Weishaupt ►

Gegenüber dem Ulmer Museum – und mit diesem durch einen Fußgängersteg verbunden – zieht der pompöse Neubau der Kunstsammlung Weishaupt nicht nur Kunstsinnige, sondern auch gewöhnliche Passanten in seinen Bann. Diese neue vom Münchner Architekten Wolfram Wöhr entworfene Galerie wurde im Herbst 2007 eröffnet. Sie beherbergt eine große **Grafiksammlung** sowie **großformatige Werke** überwiegend **zeitgenössischer Kunstschaffender**.

Grüner Hof, Ochsenhäuser Klosterhof, Reichenauer Hof, Adlerbastei

Im Dreieck Donaustraße – Neue Straße – Donau sind beachtenswert der **Grüne Hof** mit romanischem **Steinhaus** und **Nikolauskapelle** (gotische Fresken), der **Ochsenhäuser Klosterhof** (15. Jh.), der von Ulrich Ehinger 1534 erbaute **Reichenauer Hof** (mehrmals Aufenthaltsort von Kaiser Karl V.; Prunkraum mit Freskenzyklus, 14. Jh., im Ostflügel), die **Dreifaltigkeitskirche** (17. Jh.) mit ihrem Zwiebelturm und die von Gideon Bader 1605 – 1608 erbaute **Adlerbastei**, von der **Albrecht Ludwig Berblinger** 1811 seinen missglückten Flugversuch über die Donau unternahm. Weiter nordöstlich trifft man auf den **Gänsturm** (1360) mit dem **Löwenbrunnen** (16. Jh.) und auf das **Zeughaus** (1522), die ehemalige Rüstkammer der Reichsstadt.

Garnisonkirchen

Nördlich der Altstadt stehen die Garnisonkirchen **St. Georg** (1904, neugotischer Baustil) und die 1910 gebaute **Pauluskirche**. Letztere, mit mächtigem Doppelturm, ist von Theodor Fischer entworfen worden und ist ein Meisterwerk des Jugendstils in Schwaben.

Zwischen 1842 und 1867 wurde um die Stadt die Bundesfestung Ulm gebaut. Sie umfasst mehrere Forts, einen 9 km langen Festungsgürtel mit 41 Hauptwerken, drei Haupttoren, etlichen Vorwerken sowie die auf dem rechten Donauufer angelegte, heute bayerische Stadt Neu-Ulm. Ende des 19. Jh.s wurde die nie umkämpfte Festung militärisch bedeutungslos.

✶ **Bundesfestung Ulm**

Auf dem Areal der Oberen Donaubastion ist im Sommer 2000 das Donauschwäbisches Zentralmuseum eröffnet worden, das sich mit der Geschichte jener »schwäbischen« Bauern und Handwerker beschäftigt, die nach den Türkenkriegen bzw. im 18. und 19. Jh. donauabwärts nach Ungarn, Rumänien, Kroatien und in andere Gebiete Südosteuropas ausgewandert sind und dort wichtige ethnische Minderheiten gebildet haben. In der Ausstellung wird der Bogen vom Leben im habsburgisch beherrschten Vielvölkerstaat über die Folgen der beiden Weltkriege bis zur jüngsten Entwicklung nach dem Fall des Eisernen Vorhangs gespannt (Schillerstr. 1; Öffnungszeiten: Di. – So. 10.00 – 17.00).

✶ **Donauschwäbisches Zentralmuseum**

! *Baedeker* TIPP

Legoland Deutschland

Nur 20 Autominuten östlich von Ulm entfernt, bei Günzburg, lockt das deutsche Legoland Jung und Alt in seinen Bann. Achterbahnen, Wildwasserfahrten, diverse Shows, 4D-Movies, Lego-Miniaturnachbauten berühmter Bauwerke und vieles mehr ziehen Besucherscharen aus nah und fern an. Öffnungszeiten: April – Anfang Nov. tgl. 10.00 – 18.00 Uhr, in den Schulferien und im Hochsommer länger.

Hier war während der Zeit des Nationalsozialismus ein Konzentrationslager eingerichtet. Heute gibt es hier eine Gedenkstätte.

Fort Oberer Kuhberg

Im Nordosten der Stadt liegt die Friedrichsau, ein 1811 vom württembergischen König Friedrich gestifteter Park, in dem 1980 die erste baden-württembergische Landesgartenschau stattfand. Hier ist auch der neue **Botanische Garten** der Universität Ulm angelegt. Ferner lockt der **Tiergarten** mit Aquarium und Tropenhaus (Öffnungszeiten: Sommer tgl. 10.00 – 18.00, im Winter bis 17.00 Uhr).
Ebenfalls in der Friedrichsau breitet sich das gut 40 000 m² große Messegelände aus. Rock- & Pop-Konzerte, sportliche Wettbewerbe und sonstige Großveranstaltungen finden in der Donauhalle statt.

Friedrichsau

◄ Donauhalle, Messe Ulm

Neu-Ulm

Landkreis: Neu-Ulm
Einwohnerzahl: 48 000
Höhe: 472 m ü.d.M.
Prädikat: Kreisstadt

Die bayerische Kreisstadt Neu-Ulm liegt am rechten Donauufer gegenüber der alten Reichsstadt Ulm. Neu-Ulm wurde 1811 angelegt und war bis zum Ersten Weltkrieg in erster Linie Garnisonstadt.

Edwin-Scharff-Haus

Ulmer Schachtel ►

In einer Grünanlage am Donauufer steht das Edwin-Scharff-Haus, ein 1977 fertig gestelltes Kultur- und Tagungszentrum mit einer kleinen Galerie zu Ehren des Künstlers Edwin Scharff (1877 – 1955). Vor dem Gebäude steht die Nachbildung einer Zille bzw. einer »Ulmer Schachtel«. Mit solchen Booten sind im 18. und 19. Jh. viele Schwaben donauabwärts in ihre neue südosteuropäische Heimat gefahren.

Archäologisches Museum

Die Ausstellung am Petrusplatz mit ihren hochinteressanten vorgeschichtlichen Funden aus ganz Bayerisch-Schwaben ist Zweigmuseum der Münchner Archäologischen Staatssammlung (Öffnungszeiten: Di. – Sa. 13.00 – 17.00, Do. bis 19.00, So. 10.00 – 18.00 Uhr).

St. Johann Baptist

Das markante Gotteshaus mit seinem dreigliedrigen Portal an der Augsburger Straße ist 1921 bis 1927 von Dominikus Böhm in expressionistischer Manier umgestaltet worden.

Wiley-Gelände

Wo bis 1991 noch US-Truppen samt ihren schweren Waffen stationiert waren, ist inzwischen ein belebtes Zentrum städtischer Subkultur mit Szene- und Musik-Kneipen, Probenräumen für Musiker, Konzerthalle und Mega-Kino entstanden.

Umgebung von Ulm

★ Kloster Wiblingen

Etwa 5 km südlich der Kernstadt erreicht man das im Zeitalter des Barock entstandene bauliche Ensemble des (im 11. Jh. gestifteten und 1806 aufgehobenen) Benediktinerklosters Wiblingen. Architektonischer Höhepunkt ist die 1780 errichtete **Basilika**, die bereits An-

Ein Höhepunkt barocker Baukunst ist der Bibliothekssaal des Klosters Wiblingen.

klänge an den Frühklassizismus zeigt. Motive der Antike wie Akanthusblatt, Rosette, Eierstab und Perlstab sowie weiß-goldenes Dekor verleihen dem Gotteshaus eine besondere Würde. Daneben ziehen meisterhafte Bildwerke von Januarius Zick die Besucher in ihren Bann (Öffnungszeiten: Sommer tgl. 9.00 – 18.00, im Winter bis 17.00 Uhr).

★ ★ ◄ Bibliothek

Im Nordflügel des Klostergebäudes befindet sich ein wundervoll ausgestatteter Bibliothekssaal mit einem 1744 von Martin Kuen geschaffenen Deckenfresko und reichem figürlichem Schmuck (Öffnungszeiten: April – Okt. Di. – So. u. Fei. 10.00 – 17.00, Nov. – März Sa., So., Fei. 13.00 – 16.00 Uhr, Führungen Sa., So., Fei. stündlich).

Erbach

Die Gemeinde Erbach (480 m ü.d.M.; 10 000 Einw.) liegt südwestlich von Ulm beziehungsweise am Südrand des »Hochsträß« genannten südlichen Ausläufers der Mittleren Alb.

◄ Schloss

Das Erbacher Schloss ist 1550 unter **Hans von Baumgarten** im Stil der Renaissance errichtet worden. Das Schloss beherbergt heute u. a. ein kleines Museum und ein Restaurant.

★ ◄ Rokoko-Kirche

Ein richtiges Kleinod ist die Rokoko-Kirche von Erbach, die 1769 von Franz Kleinhans fertig gestellt wurde. Ausgestattet ist das Gotteshaus mit Fresken von Martin Kuen und kunstvollen Stuckarbeiten.

★ Weilheim an der Teck

H 3

Landkreis: Esslingen
Einwohnerzahl: 10 000
Höhe: 385 m ü.d.M.

Die alte zähringische Stadt Weilheim liegt am Rande der Schwäbischen Alb im Lindachtal zu Füßen des 598 m hohen Bergs Limburg, auf dem im Mittelalter eine mächtige Burg thronte.

Geschichte

Im Hochmittelalter kam der Ort an die hier ansässigen Zähringer. Diese erbauten um 1060 unter **Berthold I.** die mächtige Limburg auf dem Kegelberg südlich der Stadt. Nach dem Anschluss an Württemberg 1334 lag Weilheim im Schatten der wirtschaftlich stärkeren und verkehrsgünstiger gelegenen Amtsstadt Kirchheim.

Sehenswertes in Weilheim und Umgebung

★ **Peterskirche**

Ein Kleinod ist die spätgotische Peterskirche, eine Westturmanlage, mit deren Bau **Peter von Koblenz** 1489 begonnen hat. Sie geht auf ein 1089 geweihtes Gotteshaus zurück, in dessen Nähe die Zähringer um 1070 ihr Hauskloster gegründet hatten. Das zähringische Kloster wurde 1093 in den Südschwarzwald nach St. Peter verlegt.

Die vor einigen Jahren renovierte Peterskirche hat eine dreischiffige Halle mit **Netzrippengewölbe** und einen dreiseitig schließenden

WEILHEIM

AUSKUNFT

Stadtverwaltung
Marktplatz 6
73235 Weilheim an der Teck
Tel. (0 7023) 10 61 02, Fax 10 61 46
www.weilheim-teck.de

Chor mit prächtigem Sterngewölbe. Bemerkenswert sind auch die von **Christoph von Urach** geschaffenen Plastiken sowie schöne Wandfresken aus der Zeit um 1500. Die Orgel auf der nachträglich eingezogenen Empore hat Andreas Goll 1795 gebaut.

Beachtung verdienen auch das **Rathaus** (1777), das **Amtshaus** (17. u. 18. Jh.), das **Kapuzinerhaus** (1565), die **Schlossscheuer** (15. Jh.) sowie etliche Fachwerkhäuser des 16. bis 18. Jahrhunderts. Von der mittel-alterlichen **Stadtmauer** sind noch ein paar Reste erhalten.

Limburg Südlich der Stadt erhebt sich der Berg Limburg (598 m ü.d.M.), auf dem die Zähringer um 1060 eine Burg mit zwei Türmen errichteten, die jedoch seit dem späten 12. Jh. nicht mehr erwähnt wurde. Die Burgkapelle St. Michael hat man im 16. Jh. abgetragen.

Neidlingen Knapp 5 km südöstlich von Weilheim liegt das in ganz Württemberg bekannte **Kirschendorf** Neidlingen im obersten Lindachtal. Hier sind noch einige Fachwerkbauten des 16. –18. Jh.s erhalten, z. B. das 1761 erbaute Rathaus.

✶ Neidlinger Wasserfälle ► Von Neidlingen führen schöne Wanderwege zu den Neidlinger Wasserfällen (Lindachursprung) und zu der auf steilem Fels thronenden **Burgruine Reußenstein**. Auch lohnt der beschwerliche Anstieg auf den sagenumwobenen, aussichtsreichen Heimenstein (763 m ü.d.M.) südlich von Neidlingen.

✶✶ **Randecker Maar** Das Randecker Maar ist mit mehr als 1 km Durchmesser der größte Schlot des Schwäbischen Vulkans. Dieser Trichter war einstmals von einem Maarsee erfüllt, wie Ablagerungen und fossile Reste einer reichen Pflanzen- und Tierwelt belegen. Im Laufe der jüngsten Erdgeschichte hat der Zipfelbach den Nordrand des Trichters »angeknabbert« und der einstige Kratersee lief allmählich aus. Den besten Blick über das Maar hat man übrigens an seinem Südrand vom »Salzmannstein« aus.

Am Südostrand des Maares bestand im Mittelalter eine Burg. Heute ist nur noch der erstmals im 16. Jahrhundert erwähnte Wirtschaftshof erhalten. Südlich vom Randecker Maar liegt das Naturschutzgebiet Schopflocher Moor mit der Torfgrube, dem einzigen

✶ Torfgrube ►

! *Baedeker* TIPP

Des Schwaben Trost bleibt sein Most

Etwa 4 km südöstlich von Weilheim liegt der von Ausflüglern und »Moschd-Trinkern« wegen seiner Apfelwein-Wirtschaften gern besuchte Weiler Häringen.

Die sog. Torfgrube bei Schopfloch ist das einzige Hochmoor auf der Alb.

Hochmoor auf der Alb. Hier wurde im 17. Jh. Torf gestochen, den man unter anderem für die Beheizung des »Wunderbades« Bad Boll verwendete.

Am Ostrand der Torfgrube lädt das Otto-Hoffmeister-Haus zur Einkehr ein. Nahebei gibt es tiefe **Dolinen**, die den alten Vulkanschlot umgrenzen. ◄ Otto-Hoffmeister-Haus

Südlich der Torfgrube, am Rande eines aufgelassenen Marmor-Steinbruchs, ist das Naturschutzzentrum Schopflocher Alb eingerichtet (Öffnungszeiten: Di. – Fr. 14.00 – 17.00, So. [im Winter nur jeden 1. So. im Monat] 11.00 – 17.00 Uhr). ◄ Naturschutzzentrum Schopflocher Alb

Ochsenwang

Nordwestlich des Maares liegt das alte zähringische Dorf Ochsenwang. Hier hat **Eduard Mörike** (► Berühmte Persönlichkeiten) 1832 / 1833 als Pfarrverweser gewirkt und seinen »Maler Nolten« verfasst. Gegenüber der kleinen Pfarrkirche (1706) kann man die Mörike-Stube besuchen (Öffnungszeiten: n. V. unter Tel. 07023 / 23 04).

Nordwestlich von Ochsenwang bietet der 811 m hohe Breitenstein einen überwältigenden Blick ins Albvorland. Östlich vom Breitenstein erreicht man die Felsschlucht **Auchtert** (813 m ü.d.M.; Naturdenkmal) und schließlich den **Mörikefels**, von dem aus man einen schönen Blick ins **Zipfelbachtal** und auf Weilheim genießen kann. ◄ Breitenstein

Südwestlich von Ochsenwang sind die Ruinen der Diepoldsburg und die Burgruine Rauber beliebte Ausflugsziele. ◄ Diepoldsburg, Rauber

✶ Wiesensteig

H 3

Landkreis: Göppingen
Einwohnerzahl: 2500
Höhe: 585 – 750 m ü.d.M.
Prädikat: Erholungsort

Das altertümliche Städtchen im oberen Filstal ist ein gern gewählter Ausgangspunkt für erlebnisreiche Wanderungen und ein beliebter Wintersportort.

Sehenswertes in Wiesensteig und Umgebung

Fachwerk-Altstadt

Recht hübsch ist der von renovierten Fachwerkhäusern umrahmte **Marktplatz** mit dem Elefantenbrunnen (Wappentier der Helfensteiner). Die Szenerie wird beherrscht von der zweitürmigen **Pfarrkirche St. Cyriacus** (15. Jh., im 18. Jh. klassizistisch umgestaltet, schöne Ausstattung), einstmals Teil eines Benediktinerklosters, dessen Anfänge bis ins 9. Jh. zurückreichen. In der Unterstadt bietet das 1555 erbaute und später umgestaltete helfensteinische **Schloss** Platz für kulturelle Veranstaltungen.

Filsursprung

Etwa eine Gehstunde talaufwärts von Wiesensteig erreicht man den Filsursprung. Das Wasser tritt hier aus einer stark schüttenden Schichtquelle aus. Ein hübscher Rastplatz lädt zum Verweilen ein.

▶ WIESENSTEIG ERLEBEN

AUSKUNFT

Stadtverwaltung
Hauptstr. 25
73349 Wiesensteig
Tel. (0 73 35) 96 20-0, Fax 96 20 24
www.wiesensteig.de

AKTIVITÄTEN

Wintersport
Hinten im Schöntal gibt es nicht nur eine Skisprungschanze, sondern auch nahezu alpine Abfahrten. Rund um den Ort werden Loipen gespurt.

EVENTS

Wiesensteiger Fasnet
In den letzten »tollen Tagen« der Fastnachtszeit geht es auch in Wiesensteig rund. Höhepunkt ist der Umzug am Rosenmontag.

ÜBERNACHTEN · ESSEN

► Günstig

Selteltor
Westerheimer Str. 3
73349 Wiesensteig
Tel. (0 73 35) 18 30
www.selteltor.de
20 Zimmer. Gemütlicher Gasthof gleich neben der Kirche mit gutbürgerlicher schwäbischer Küche.

Zum Filsursprung
Helfensteinerstr. 81
73349 Wiesensteig
Tel. (0 73 35) 53 34
Fax 75 26
www.gasthof-filsursprung.de
6 Zimmer. Ausgesprochen heimelige Unterkunft im Tal der jungen Fils mit guter bodenständiger Küche.

Eines der meistbesuchten Ausflugsziele der Alb: der Reußenstein

Südlich oberhalb des Filsursprungs findet man an einem Talhang den Eingang zur 1820 entdeckten Schertelshöhle. In der 212 m langen Schauhöhle kann man schöne Tropfstein- und Sinterbildungen bewundern (Führungen: Mai – Okt. tgl. 9.00 – 17.00 Uhr).

★ Schertelshöhle

Etwa 6 km westlich von Wiesensteig thront die **Burgruine Reußenstein** (751 m ü.d.M.; 13. Jh.) auf schroffem Fels. Von hier oben bietet sich eine großartige Aussicht ins Neidlinger Tal. An den Reußenstein-Felsen gehen an schönen Tagen Dutzende von Kletterern ihrer waghalsigen Freizeitbeschäftigung nach.

★ Reußenstein

Eine der schönsten Rundwanderungen der Mittleren Alb führt vom Parkplatz beim **Reußenstein** zunächst südwestlich entlang des Traufes bergab zum **Bahnhöfle** am Ende des Neidlinger Tales (► Weilheim). Von hier lohnen etwa 20-minütige Abstecher entweder zum aussichtsreichen **Heimenstein** (763 m ü.d.M.), in dessen 24 m langer Karsthöhle der sagenhafte Riese Heime gewohnt haben soll, bzw. zur **Neidlinger Tropfsteinhöhle** und den **Neidlinger Wasserfällen**.

★ Rundwanderung

Vom Bahnhöfle geht es südostwärts weiter zum **Grauen Stein** und ins **Hasental**. Von hier führt ein Weg zur **Schertelshöhle**. Kurz vor der Höhle passiert man die im Zweiten Weltkrieg gesprengte **Burkhardtshöhle**, in der man in den 1930er-Jahren zahlreiche, etwa 17 000 Jahre alte steinzeitliche Klingen gefunden hat. Ein paar Schritte weiter folgt das **Steinerne Haus**, eine rund 55 m lange Höhle, die in Kriegszeiten als Zufluchtsort diente und in der man Kulturreste der Bandkeramiker sowie aus der Bronzezeit entdeckt hat. Nach der Besichtigung der Schertelshöhle geht es talwärts zum **Filsursprung**. Von hier wandert man in nordwestlicher Richtung bergauf durch schönen Mischwald zurück zum Parkplatz Reußenstein.

Westerheim Die 7 km südlich von Wiesensteig auf der Albhochfläche gelegene Gemeinde Westerheim (820 m ü. d. M.; 2500 Einw.) bietet als **Ferien- und Naherholungsort** eine ganze Reihe von Freizeiteinrichtungen; eine große Ferienhaussiedlung sowie einer der größten Campingplätze Süddeutschlands unterstreichen die Bedeutung des Fremdenverkehrs für Westerheim, das seit 1986 als Luftkurort staatlich anerkannt ist.- Dank seiner Höhenlage ist Westerheim auch ein relativ schnee-sicherer **Wintersportplatz** mit Skiliften und schönen Loipen.

Mühlhausen 2 km talabwärts liegt das Dorf Mühlhausen mit seiner hübsch renovierten Pfarrkirche. Naturliebhaber finden nordöstlich der Ortschaft eine der interessantesten **Orchideenwiesen** der Schwäbischen Alb.

Gruibingen 2 km nördlich von Mühlhausen liegt das alamannische Urdorf Gruibingen. In der trutzigen **Martinskirche** wurde vor einigen Jahren ein merowingischer goldener Ohrring gefunden. Bei Restaurierungsarbeiten konnte man außerdem gotische Fresken freilegen.
Gruibingen liegt inmitten eines reizvollen Wandergebietes mit dem aussichtsreichen **Rufstein** (757 m ü.d.M.) und der kleinen Karsthöhle »Schlagstüble«, dem **Mähdlesberg** mit seinen Wacholderheiden, dem **Kornberg** (779 m ü.d.M.), dem 794 m hohen **Boßler** mit seinem beliebten Naturfreunde-Haus und dem **Sickenbühl** (776 m ü.d.M.) mit Skiabfahrt und der Sickenbühlhütte.

★★ Zwiefalten

G 5

Landkreis: Reutlingen
Einwohnerzahl: 2200
Höhe: 540 – 760 m ü.d.M.
Prädikat: Erholungsort

Zwiefalten liegt am Südrand der mittleren Alb im Zentrum einer kleinen Talspinne, die von der fischreichen Zwiefaltener Ach durchflossen wird. Berühmtheit erlangte der im Jahr 904 erstmals urkundlich erwähnte Ort durch sein von den Grafen Kuno und Luithold von Achalm im Jahr 1089 gestiftetes Benediktinerkloster.

Das Kloster, aus dem einige bedeutende Kirchenmusiker hervorgegangen sind (u.a. Ernest Weinrauch), beherbergt ein Zentrum für Psychiatrie.

Sehenswertes in Zwiefalten und Umgebung

★★ Münster Das zweitürmige Barockmünster, eines der schönsten Gotteshäuser seiner Art, wurde unter Abt Augustin Stegmüller 1741 – 1765 nach Plänen des Münchner Baumeisters **Johann Michael Fischer** errrichtet; 1975 – 1984 wurde die gesamte Klosteranlage mit großem Aufwand renoviert. Das Kloster, aus dem einige bedeutende Kirchenmu-

siker hervorgegangen sind – darunter auch Ernest Weinrauch (1730 bis 1793) –, beherbergt heute ein psychiatrisches Landeskrankenhaus. Prachtvoll ist die Deckenausmalung von **Franz Joseph Spiegler** aus Wangen, der ein vorgegebenes ikonographisches Programm verwirklichte. **Johann Michael Feichtmayr** besorgte mit seinen Gehilfen die ideenreiche Stuckornamentik. Das sehr schöne Chorgestühl hat der Riedlinger Meister **Joseph Christian** gestaltet. Er schuf übrigens auch die Sandsteinfiguren an der Tuffstein-Westfassade.
Am Kreuzaltar ist ein spätgotisches Gnadenbild der Muttergottes (Schwäbische Schule) bemerkenswert. Die Fresken in den Seitenkapellen sind Frühwerke des süddeutschen Künstlers **Meinrad von Ow** (Öffnungszeiten: Sommer tgl. 9.30 – 18.00, Winter Mo. – Sa. 10.00 – 16.00], So. 9.30 – 16.00 Uhr; Führungen: n. V., Tel. 07373 / 22 52).

Das Zwiefalter Münster, ein Schmuckstück des Barock

Zwiefaltendorf

Knapp 5 km südöstlich von Zwiefalten liegt die zu ►Riedlingen gehörende Ortschaft Zwiefaltendorf an der Mündung der Zwiefalter Aach in die Donau. Hauptattraktion des Ortes ist die **Tropfsteinhöhle** unter dem Brauereigasthof »Rössle« (Besichtigung n. V.; Tel. 07373 / 643). Sehenswert ist auch das **historische Sägewerk**, das von der durchfließenden Aach angetrieben wird. In der dem hl. Michael geweihten Dorfkirche (15. u. 18. Jh.) verdient das von Jörg Syrlin geschaffene Chorgestühl Beachtung. Auf dem Turm brütet alljährlich ein Weißstorch-Pärchen.

✶ Wimsener Höhle (Friedrichshöhle)

Etwa 4 km nördlich von Zwiefalten liegt die Wimsener Höhle, das Musterbeispiel einer aktiven Flusshöhle. Die Höhle, die 1803 vom damaligen württembergischen Kurfürsten Friedrich besucht worden ist und seither auch **Friedrichshöhle** genannt wird, ist auf einer Länge von ca. 70 m mit dem Kahn befahrbar. Sie setzt sich dann in einem Labyrinth von teils trocken gefallenen, teils von Wasser durchfluteten Gängen mit schönen Tropfstein- und Sinterbildungen fort. Von der Höhle sind bislang etwas mehr als 700 m vermessen worden, ihre Gesamtlänge ist noch nicht bekannt (Öffnungszeiten: April – Okt. tgl. 10.00 – 19.00 Uhr).

ZWIEFALTEN ERLEBEN

AUSKUNFT

Tourist-Information
Im Peterstor oder im Rathaus
88529 Zwiefalten
Tel. (0 73 73) 91 58 11 bzw. 205-20
www.zwiefalten.de

AKTIVITÄTEN

Radeln
»Sightseeing by bike« ist hier momentan total angesagt. Zum einen lohnt der höchst abwechslungsreiche »Zwiefalter Albradweg« ein wenig Beinmuskeleinsatz, zum anderen führt nur wenige Kilometer weiter nordöstlich eine besonders attraktive Etappe des Donau-Radwegs vorbei.

Mit dem Alb-Guide unterwegs
Zwiefaltens naturräumlich höchst abwechslungsreiche Umgebung (bes. Lautertal) lernt man am besten mit geschulten Alb-Führern kennen, die einem nicht nur die Besonderheiten der Karst-Phänomenologie erklären können, sondern die auch wissen, wo es im Frühling Märzenbecher und im Sommer Orchideen zu sehen gibt.

EVENTS

Zwiefalter Fasnet
In der »5. Jahreszeit« toben die Zwiefalter »Rälle« und viele andere Narren durch die Straßen und Gassen des Klosterdorfs. Besonders viel los ist an den letzten Tagen der Fastnachtszeit.

Münsterkonzerte
An einigen Sonntagen von Juni bis September sind im Münster hochkarätige Vokal- und Instrumental-Ensembles und -Solisten zu hören.

ESSEN

► Günstig

Felsen
Riedlinger Str. 6
88529 Zwiefalten-Baach
Tel. (0 73 73) 344
Fax 22 58
www.gasthaus-felsen.de
Gut schwäbisch - und das vor allem mit Bio- und Demeter-Produkten aus der Region speist man etwas außerhalb von Zwiefalten bei Dorothea und Anton Ege.

Wimsener Mühle ► Gleich nebenan ist kürzlich die alte Mühle (18. Jh.) mit viel Liebe zum Detail renoviert worden. Hier gibt es jetzt Raum für diverse Kulturprogramme.

✶ Schloss Ehrenfels Unweit nördlich der Wimsener Höhle trifft man auf das lang gestreckte Schloss Ehrenfels, das zwischen 1735 und 1740 errichtet wurde. Das kürzlich aufwändig renovierte Schloss, das man für festliche Anlässe mieten kann, diente den Äbten von Zwiefalten zeitweilig als Sommerresidenz. Nicht weit vom Schloss entfernt liegt die Ruine der mittelalterlichen Burg Alt-Ehrenfels. Von dieser Wehranlage zeugen heute nur noch einige spärliche Mauerreste.

Alt-Ehrenfels ►

Hayingen Das alte Landstädtchen Hayingen (661 m ü.d.M.; 2200 Einw.), seit einigen Jahren als Luftkurort staatlich anerkannt, liegt auf der südlichen mittleren Flächenalb 6 km nördlich von Zwiefalten. Es ist ein sehr guter Ausgangspunkt für Wanderungen und Radtouren ins Tal der Großen Lauter oder in noch weniger besuchte, aber landschaftlich höchst reizvolle Bereiche der Zwiefalter Alb. Östlich des Städtchens liegt das **Lauterdörfle**, ein gern besuchtes Feriendorf. Nahebei findet man das überregional bekannte **Hayinger Naturtheater** in einer Talschlucht.

Die Wimsener Höhle ist eine aktive Flusshöhle.

Von Zwiefalten aus geht es auf dem **Prälatenweg** nordostwärts bergan und man erreicht das kleine Dörflein **Oberwilzingen**. Von dort geht es durch das **Schneiderstal** ins Tal der Großen Lauter, dann flussaufwärts durch einen landschaftlich besonders reizvollen Talabschnitt mit den Burgruinen **Monsberg** und **Wartstein** sowie dem Wasserfall **Hoher Geißel** und den **Ochsenlöchern** genannten kleinen Höhlen (►Lautertal). Nun führt der Weg westwärts steil bergauf an der zur luxuriösen Ferienunterkunft hergerichteten **Maisenburg** vorbei zum Lauterdörfle und weiter nach Hayingen.

Von Hayingen wandert man westwärts bergab zum **Hayinger Brückle** und gelangt durch das romantische **Glastal** mit der **Kleinen Bärenhöhle**, der **Glashöhle** (steinzeitlicher Siedlungsplatz) und dem imposanten **Lämmerstein** (716 m ü.d.M.) zum Schloss Ehrenfels, weiter zur **Wimsener Höhle** (Friedrichshöhle) und im Achtal abwärts nach Zwiefalten.

Wenige Kilometer westlich, im Lehrtal bei Pfronstetten, ist der barrierefreier **PhänoPfad Pfronstetten** angelegt, der dem Besucher an 18 Stationen besondere Erscheinungen in Wald und Natur spielerisch erhellen soll. Am Ende des Pfades kann man die **Schäferei Fauser** besichtigen (nach Vereinbarung, Tel. 0 73 88 / 12 81).

! *Baedeker* TIPP

Über 50 Jahre Demeter-Vollwertkost

gibt es im Landgasthof Rose in Hayingen-Ehestetten. Und seit ein paar Jahren kann man hier auch besonders gesund logieren, denn die »Rose« ist das erste Biohotel in Baden-Württemberg. Das Wirtsehepaar Tress ist aber nicht nur gastronomisch aktiv, sondern bietet auch Vollwert-Kochkurse an, veranstaltet Hoffeste, der Wirt persönlich betätigt sich auch als Alb-Guide. Auskunft: Biohotel-Gasthof Rose, Aichelauer Str. 6, 72534 Hayingen-Ehestetten, Tel. (0 73 83) 94 98-0, Fax 94 98 22, www.rose-ehestetten.de

REGISTER

a

b

c

d

Z

BILDNACHWEIS

Fieselmann S. 1, 4, 6 (unten), 7, 8, 9, 10/11, 12, 13 (Mitte und unten), 14, 15, 16, 23, 29, 37, 40, 46, 51, 52, 56, 60, 61, 63, 67, 70, 72, 89, 90, 92, 95, 100/101 (2x), 103 (oben links, unten links und Mitte), 106, 111 (links), 116, 118, 121, 124, 125, 141, 142, 147, 148, 154, 157, 163, 168, 188, 191, 199, 203, 209, 210, 220, 221 (oben links und rechts), 226, 233, 236, 240, 242, 243, 253, 254, 259, 262, 268, 270, 271, 272, 274, 275, 279, 281, 282, 284, 292, 298, 300, 312, 319, 322, 327, 328, 330, 333, 339, 344, 347, 357, 369, 371, 373, 375, hintere Umschlagklappe
HB Verlag/Fieselmann S. 123, 178, 307
HB Verlag/Müller S. 2, 5, 42, 44, 50, 55, 82, 103 (unten rechts), 107, 113, 128, 151, 185, 221 (oben Mitte und Klappe), 227, 228, 234, 247, 250, 286, 317, 363, 366
Inger S. 214, 221 (unten links), 354
Käthe Kruse Puppen GmbH S. 181
Landesbildstelle Baden-Württemberg S. 34
Lang S. 6 (oben), 28, hintere Umschlagaußenseite (Mitte)
Linde S. 13 (oben), 21, 33, 111 (rechts), 135, 149, 170, 172, 184, 193, 218, 303, 321, 350, 355
picture alliance/akg-images S. 295
Universität Tübingen S. 11 (Einklinker), 342
WALA-Heilmittel GmbH S. 165
Württembergische Landesbibliothek S. 49, 294

Titelbild: mauritius images/Alfred Albinger

VERZEICHNIS DER KARTEN & GRAFISCHEN DARSTELLUNGEN

IMPRESSUM

Ausstattung:
165 Abbildungen, 37 Karten und grafische Darstellungen, eine große Reisekarte
Text:
Helmut Linde; mit Beiträgen von
Dr. Cornelia Hermanns, Dr. Georg Scherm, Dieter Luippold, Hans Molter, Rotraut Schönleber, Dina Stahn, Reinhard Strüber und Jens Wassermann
Bearbeitung:
Baedeker Redaktion
(Rainer Eisenschmid)
Kartografie:
Christoph Gallus, Hohberg; Franz Kaiser, Sindelfingen;
MAIRDUMONT, Ostfildern (Reisekarte)
3D-Illustrationen:
jangled nerves, Stuttgart
Gestalterisches Konzept:
independent Medien-Design, München
(Kathrin Schemel)

Chefredaktion:
Rainer Eisenschmid,
Baedeker Ostfildern

9. Auflage 2008

Urheberschaft:
Karl Baedeker Verlag, Ostfildern

Printed in China
Gedruckt auf 100% chlorfrei gebleichtem Papier

BAEDEKER VERLAGSPROGRAMM

- Ägypten
- Algarve
- Allgäu
- Amsterdam
- Andalusien
- Athen
- Australien
- Australien • Osten
- Bali
- Baltikum
- Barcelona
- Belgien
- Berlin • Potsdam
- Bodensee
- Brasilien
- Bretagne
- Brüssel
- Budapest
- Bulgarien
- Burgund
- Chicago • Große Seen
- China
- Costa Blanca
- Costa Brava
- Dänemark
- Deutsche Nordseeküste
- Deutschland
- Djerba • Südtunesien
- Dominikanische Republik
- Dresden
- Dubai • Vereinigte Arabische Emirate
- Elba
- Elsass • Vogesen
- Finnland
- Florenz
- Florida
- Franken
- Frankfurt am Main
- Frankreich
- Fuerteventura
- Gardasee
- Golf von Neapel
- Gomera
- Gran Canaria
- Griechenland
- Griechische Inseln
- Großbritannien
- Hamburg
- Harz
- Hongkong • Macau
- Indien
- Irland
- Island
- Israel
- Istanbul
- Istrien • Kvarner Bucht
- Italien
- Italien • Norden
- Italien • Süden
- Italienische Adria
- Italienische Riviera
- Japan
- Jordanien
- Kalifornien
- Kanada • Osten
- Kanada • Westen
- Kanalinseln
- Kenia
- Köln
- Kopenhagen
- Korfu • Ionische Inseln
- Korsika
- Kos
- Kreta
- Kroatische Adriaküste • Dalmatien
- Kuba
- La Palma
- Lanzarote
- Lissabon
- Loire
- London
- Madeira
- Madrid

- Malediven
- Mallorca
- Malta • Gozo • Comino
- Marokko
- Mecklenburg-Vorpommern
- Menorca
- Mexiko
- Moskau
- München
- Namibia
- Neuseeland
- New York
- Niederlande
- Norwegen
- Oberbayern
- Oberitalienische Seen • Lombardei • Mailand
- Österreich
- Paris
- Peking
- Piemont
- Polen
- Polnische Ostseeküste • Danzig • Masuren
- Portugal
- Prag
- Provence • Côte d'Azur
- Rhodos
- Rom
- Rügen • Hiddensee
- Sachsen
- Salzburger Land
- St. Petersburg
- Sardinien
- Schottland
- Schwäbische Alb
- Schwarzwald
- Schweden
- Schweiz
- Sizilien
- Skandinavien
- Slowenien
- Spanien
- Spanien • Norden • Jakobsweg
- Sri Lanka
- Stuttgart
- Südafrika
- Südengland
- Südtirol
- Sylt
- Teneriffa
- Tessin
- Thailand
- Toskana
- Tschechien
- Tunesien
- Türkei
- Türkische Mittelmeerküste
- Umbrien
- Ungarn
- USA
- USA • Nordosten
- USA • Südwesten
- Usedom
- Venedig
- Vietnam
- Weimar
- Wien
- Zypern

LIEBE LESERINNEN, LIEBE LESER,

ein herzliches Dankeschön, dass Sie sich für einen Baedeker Allianz Reiseführer entschieden haben. Er wird Sie zuverlässig auf Ihrer Reise begleiten und Sie nicht im Stich lassen.
Natürlich beschreibt er die wichtigen Sehenswürdigkeiten, aber er empfiehlt auch die nettesten Kneipen und Bars, dazu Hotels für den großen und kleinen Geldbeutel, gibt Tipps für Restaurants, Shopping und für vieles mehr, was eine Reise zum Erlebnis macht. Dafür haben die Autoren und der Redakteur Helmut Linde Sorge getragen. Sie sind für Sie regelmäßig auf die Alb gereist und haben all ihre Erfahrungen und Kenntnisse in diesen Reiseführer gepackt.

Trotzdem: Die Erfahrung zeigt, dass Fehler und Änderungen nach Drucklegung, für die der Verlag keine Haftung übernehmen kann, nicht ausgeschlossen werden können. Für Kritik, Berichtigungen und Verbesserungsvorschläge sind wir Ihnen außerordentlich dankbar. Schreiben Sie uns, mailen Sie uns oder rufen Sie an:

► **Verlag Karl Baedeker GmbH**
Redaktion
Postfach 3162
D-73751 Ostfildern
Tel. (0711) 4502-262, Fax -343
E-Mail: info@baedeker.com

Besuchen Sie uns auch im Internet unter www. baedeker.com. Hier finden Sie jeden Monat den aktuellen Reisetipp der Redaktion und das gesamte Verlagsprogramm. Hier können Sie auch lesen, wer Karl Baedeker war und wie er seinen ersten Reiseführer geschrieben hat. Mit seinen über 175 Jahren ist der Karl Baedeker Verlag der älteste Reiseführer-Verlag der Welt.

www.baedeker.com

ZU GEWINNEN: STADTREISE NACH LONDON

Unter allen Einsendungen verlost der Verlag am Jahresende – unter Ausschluss des Rechtswegs – eine Städtekurzreise für zwei Personen nach London.
Freuen Sie sich auf ein spannendes Wochenende in London. Natürlich ist ein Baedeker Allianz Reiseführer London auch dabei!